珍藏本·增订本

纪念版

汉译世界学术名著丛书

反逻辑学家

〔古希腊〕塞克斯都·恩披里柯 著

崔延强 译注

商务印书馆
SINCE1897
The Commercial Press

Sextus Empiricus

PROS LOGIKOUS

根据 H. Mutschmann and J. Mau, *Sexti Empirici Opera*, vol. 2: *Adversus Dogmaticos* (Teubner, Leipzig, 1914)，从希腊文译出

汉译世界学术名著丛书
（120年纪念版·珍藏本）
增订本出版说明

2017年10月，为纪念商务印书馆创立120周年，本馆推出“汉译世界学术名著丛书”（120年纪念版·珍藏本），计七百种。近五六年来，仰赖学界同人倾力支持，订正旧译，增补新译，拓展新著，积累日多。为满足读者需要，本馆在七百种的基础上，继续推出“汉译世界学术名著丛书”（120年纪念版·珍藏本·增订本）三百种。至此，“汉译世界学术名著丛书”累计出版已达千种。

今后，本馆将继续推进丛书的翻译出版工作，在积累单本名著的基础上陆续分辑刊行，汇印出版。为促进中外文明互鉴、推动我国学术发展，使“汉译世界学术名著丛书”这项对我国学术文化有基本建设意义的重大工程发挥更大作用，诚望海内外学术界、翻译界继续给予支持，帮助我们把这套丛书出得更好。

商务印书馆编辑部

2024年2月

汉译世界学术名著丛书
（120 年纪念版·珍藏本）
出 版 说 明

2017 年 2 月 11 日，商务印书馆迎来 120 岁的生日。120 年前，商务印书馆前贤怀揣文化救国的理想，抱持“昌明教育，开启民智”的使命，立足本土，放眼寰宇，以出版为津梁，沟通中西，为中国、为世界提供最富智慧的思想文化成果。无论世事白云苍狗，潮流左右激荡，甚至战火硝烟弥漫，始终践行学术报国之志，无改初心。

逐译世界各国学术名著，即其一端。早在 20 世纪初年便出版《原富》《天演论》等影响至今的代表性著作，1950 年代后更致力于外国哲学和社会科学经典的译介，及至 1980 年代，辑为“汉译世界学术名著丛书”，汇涓为流，蔚为大观。丛书自 1981 年开始出版，历时三十余年，迄今已推出七百种，是我国现代出版史上规模最大、最为重要的学术翻译工程。

丛书所选之书，立场观点不囿于一派，学科领域不限于一门，皆为文明开启以来，各时代、各国家、各民族的思想与文化精粹，代表着人类已经到达过的精神境界。丛书系统译介世界学术经典，引领时代思想，为本土原创学术的发展提供丰富的文化滋养，为推动中国现代学术和现代化进程做出了突出的贡献。

为纪念商务印书馆成立120周年，我们整体推出“汉译世界学术名著丛书”120年纪念版的珍藏本，寄望既利于文化积累，又便于研读查考，同时向长期支持丛书出版的译者、编者和读者致以敬意。

两甲子后的今天，商务印书馆又站在了一个新的历史时间节点上。我们不仅要铭记先辈的身影和足迹，更须让我们的步伐充满新的时代精神。这是商务人代代相传的事业，更是与国家和民族的命运始终紧密相连的事业。我们责无旁贷，必须做好我们这代人的传承与创造，让我们的努力和成果不仅凝聚成民族文化的记忆，还能成为后来人可以接续的事业。唯此，才能不负前贤，无愧来者。

商务印书馆编辑部

2017年10月

译者前言

什么是古典怀疑论？

以塞克斯都·恩披里柯（Sextus Empiricus，公元2—3世纪）[①]为集大成者的皮浪派，以及以阿尔克西劳（Arcesilaus，公元前316—前241年）和卡尔内亚德（Carneades，公元前214—前129年）为代表的中期学园派构成哲学史上最早的怀疑论，即古典怀疑论形态。他们所坚持和捍卫的不仅是一种去逻各斯中心主义的批判活动，更是一种试图通过这种批判活动而每每保持存疑、达致宁静的生活方式。怀疑是一种治疗术，它通过祛除附加在人们心灵上的虚幻观念，切断知识与幸福的“天然”联系，给人们例示一种无独断信念烦扰的生活何以可能。它是一种解构性的、非体系化的哲学，不预设任何自己的观点。它是生活世界的经验、常识、习惯和传统的守护者，表达出一种明显的自然主义倾向。如果我们不理解古典怀疑论这一精神实质，就很难读懂塞克斯都，

① 有关塞克斯都·恩披里柯的生平与著作的介绍，参见拙译：《皮浪学说概要》译者序，商务印书馆2019年版。下文中，塞克斯都·恩披里柯简称塞克斯都。

甚至还会误读塞克斯都。因此译者认为，以此为序，系统梳理这一怀疑论传统，阐释其精神实质十分必要。

一、两种怀疑论传统

在西方哲学史上大致有两种怀疑论传统。一种是以怀疑为手段破解人心制造幻象的机理，扫除束缚人心的虚假观念和独断信念，寻求支撑知识大厦的可靠基础的思想传统，也即休谟所称作的“先行于一切研究和哲学的怀疑论”[①]。这种传统是知识建构形态的，怀疑不过是借以获取确凿知识、实现哲学革命的工具。在这种意义上，苏格拉底、培根、笛卡尔、巴克莱、康德、胡塞尔以及逻辑实证主义等等均可归于这类传统。无论是苏格拉底为接生真理之子所进行的辩证法的操练（gumnastikon），还是培根对阻碍新知识产生的“四假象”的破除，笛卡尔为寻找知识的“阿基米德点”所使用的普遍怀疑，巴克莱对人心制造普遍观念幻象的“抽象”能力所做的批判，以及康德为给道德信仰让出地盘而对传统理性概念的颠覆，抑或是逻辑实证主义拒斥形而上学的“划界”，胡塞尔对形而上学的“搁置”（epochē），这一切都是为构建他们心目中的真知识，如所谓“新工具”、“新科学”、“本质的科学”以及“作为未来科学的形而上学”所做的准备。在他们那里，怀疑是检验知识合法性的唯一手段。用康德的话说：

① 休谟：《人类理解研究》，关文运译，商务印书馆 1957 年版，第 148 页。

> 怀疑论者是独断的理性诡辩家的管教员，意在对知性和理性本身做出一种有益的批判……因此尽管就其自身来看怀疑的做法对于理性问题来说是不能令人满意的，但它却是预备性的，以便提醒理性要小心行事，并且它指向这样一种彻底的手段，该手段能够保障理性的合法的所有物。[①]

在这种意义上，哲学史就是一部怀疑与反怀疑的批判史。我们发现，在哲学的进程中几乎每一次转型和革命，哲学家都是基于怀疑、克服怀疑，从而宣称一个新思想时代的到来。他们无不坚信，自己有能力结束哲学上的混乱，用真理代替意见，开辟某种全新的道路。然而，这些哲学批判与革命都预设了某些实在性的或争论性的论题为真，即做出关于外部实在的设定，用一种独断论去代替另一种独断论。从怀疑走向独断是所有知识建构形态的怀疑论的宿命。例如，笛卡尔《第一哲学沉思录》一书的公开目的是"挫败"怀疑论，他在回答第二组反驳时声称自己"很久以前看过几本学院成员和怀疑论者撰写的有关这个话题的著作，当再次食用这盘不新鲜的剩菜时感到恶心"[②]。但他还是兴致勃勃地为享用这盘残羹冷炙辩护：正是通过这些怀疑论的证明使他相信心灵比物体更容易被认识。他的怀疑论及其解决的意义在于把信

---

① 康德：《纯粹理性批判》，韩林合译，商务印书馆 2022 年版，第 809 页。

② R. Descartes, *Meditations Concerning First Philosophy and Objections and Replies*, in R. Descartes, *The Philosophical Works of Descartes*, 2 Vols., translated by Elizabeth S. Haldane and G. R. T. Ross, Cambridge: Cambridge University Press, 1972, 2: 31. 注意本句中"学院成员"（Academics）是指 1635 年路易十三成立的"法兰西学院"成员，并非指柏拉图学园派成员。

念的合理性问题和处理相冲突的观念问题转化为确定性问题，而这个问题又在于发现心灵的本性，而心灵的本性在于自我意识，即我在怀疑、我在思想、我在感觉本身是清楚明白的，进而找到自认为不可动摇的“我”。从“我”的心里有不属于自己的物理属性的观念和无限完满的观念推出心外有物和上帝存在，构筑起近代哲学所谓的外部世界问题（the problem of the external world）。因此知识建构形态的怀疑论旨在探讨人心能否透过“观念的面纱”（veil of ideas），跨越心物之间的鸿沟认识外部世界。

另一种怀疑论传统是特殊意义上的，指只做解构不做建构，只做批判不做判断，不以回答外部实在为己任，不以知识论为中心，而以针对既有哲学观点、命题、体系的批判本身为目的的思想传统。这种传统是“解构性的”、“寄生性的”（parasitic）和“治疗性的”。这种怀疑论的古典形态有两大脉络。一个是以“皮浪主义”为标签的怀疑论运动，它兴起于公元前3世纪，历时五百余年。皮浪（Pyrrho，公元前360—前270年）是运动的发起者，提蒙（Timon，公元前320—前230年）是倡导者，经埃奈西德穆（Aenesidemus，公元前1世纪）和阿格里帕（Agrippa，公元1—2世纪）所谓“新一代”怀疑论者的复兴，至塞克斯都形成一套系统严整的规训方式，成为皮浪主义的集大成者。另一个脉络是以第二代和第三代，即中期学园派领袖阿尔克西劳和卡尔内亚德为代表，以鼓噪“回到苏格拉底”而自居的思想运动，该运动终结于公元1世纪第五代学园派领袖，即宣称重返老学园派的安提奥科斯（Antiochus，约公元前130—前68年）。两大派系虽有分殊，甚至皮浪主义者把学园派怀疑论视为否定的独断论，认为他们挂着柏拉图的头，摇着皮浪的尾，身子却是辩证法家狄奥多罗（Diodorus）的，是十足的柏拉图主义者[①]，但他们对独断哲学所采取的辩难方法，以及把怀疑论作为一种去知识化的生活方式的精神实质是一致的，同属古典怀疑论。这种古典形态的怀疑论具有以下三个关键特征：

首先，从对象来看，怀疑论所质疑和批判的不是现象或显明之物，而是独断论所谈论的非显明之物（adēlon），即独断论对外部实在做出的种种解释和论证。怀疑论使用的“现象”（phainomenon）一词，既指感觉对象和思想对象所直接呈现的一种印象或表象（phantasis），也指自然本能、习惯、教化和技艺等生活世界的经验（empeiria）和常识（prolēpsis）。怀疑论者认为这些东西属于显明之物，不是怀疑的对象，他们会自觉不自觉地给予“赞同”（sugkatathesin）。也即怀疑论不涉足外部实在问题，不回答“是”什么，或“不是”什么，而是以独断论的解释为解构对象，“寄生”于其文本之上，作为一种异己的对立面，瓦解其意义，中和其力量，避免预设自己的任何答案，只提出“反题”（antiresia）或辩难（aporia），给独断论命题开出“药方”，使正题与反题在可信或不可信方面达致等效。显然，怀疑论具有文本学意义的（contextual）、反体系的（anti-systematic）和非原理的（non-doctrinal）特征[②]，因此，它没有自己的认识论，它所使用的“现象”不是一个认识论概念，如果有什么认识论观点也是从

① *PH* 1. 234.

② M. Williams, “Scepticism Without Theory,” *Review of Metaphysics*, 41, 1988, p. 588.

独断论那里“借来的”[①]。怀疑论“反体系”的思想特质在回答怀疑论者是否拥有体系（airesis）[②]这一问题时表述得相当清楚。塞克斯都说：

> 如果有人声称“体系”依赖于一系列彼此之间以及同现象之间具有融贯性或一致性的信念，并把信念说成是对某种非显明之物的认同，那么我们说怀疑论者没有体系。如果有人说“体系”是某种基于现象、遵循一系列论证（logōi）得到的规训（agōgē），而这些论证表明过一种正当生活何以可能（这里“正当”一词不能仅从“德性”上，而应从更为宽泛的意义上去理解）[③]，并能驱使人们达致存疑，那么我们说怀疑论者拥有体系。因为我们遵循一系列论证，这些论证基于现象，为我们指明一种与自己城邦的习俗、法律、规训和私人情感相契合的生活。[④]

可见，怀疑论正是因为不涉足非显明之物，不预设自己的观点，不以一种体系代替另一种体系，才能持续不断地维系自己的批判活动，才能每每保持存疑，过一种跟随现象、与生活规训相

① D. R. Hiley, “The Deep Challenge of Pyrrhonian Scepticism,” *Journal of the History of Philosophy*, 25 (2), 1987, p. 194.

② airesis 一词常被理解为“学派”、“学校”、“原则”等，笔者认为根据文本读作“体系”更为恰当。

③ 这里表明怀疑论者对行为是否“正当”的判定理据并非依赖于“德性”这种独断论所虚构的非显明的东西，而是取决于是否与法律、习俗、规训等显明之物一致。所以，怀疑论不是生活与行动的弃绝者，而是日常生活世界的守护者。

④ *PH* 1. 16-18.

契合的生活。理论体系批判的目的并非在于创建另一种理论体系，而在于祛除所有理论体系的遮蔽，呈现生活世界显明之域。因此，怀疑论既不宣称已经发现真理，也不断言真理是不可把握的，而是不断地究问（zēteō）和辩难（aporeō），保持与独断论永久对话。[①]塞克斯都进一步表明：

> 对事物持续不断的研究同那些不知道事物在本性上究竟是什么的人并非不相容（anakolouthon），只与那些自认为已经准确认识事物本性的人相排斥。因为对后者正像他们所认为的那样，研究已达终点（epi peras），而对前者所有研究赖以建立的出发点（akmē），即尚未发现结果的认识依然存在。[②]

无独有偶，这也正是罗蒂心目中"教化哲学"（deifying philosophy）所具备的思想特质。他认为教化哲学的目的在于"维持谈话继续进行，而不是发现真理"，在于抗拒那些"系统哲学家"企图以一种特殊条件下所描述的真理观取代所有其他描述，与所有描述达成普遍可公度性（universal commensuration）的方案从而结束谈话。因此"教化哲学同意拉辛的选择：无限地追求真理而非'全部真理'"，"把保持谈话继续下去看作哲学的充分的目的，把智慧看作是维持谈话的能力"。[③]

① *PH* 1. 1.

② *PH* 2. 11.

③ 理查·罗蒂：《哲学和自然之镜》，李幼蒸译，生活·读书·新知三联书店 1987 年版，第 328—329 页。

其次，从方法上看，怀疑论把针对独断论各种观点所建立的反驳归结为“论式”（tropos），即论证的范型或形式，换言之，也就是作为治疗术的怀疑论给独断论开出的药方，其作用在于根治独断论的鲁莽与自负，祛除附加在人们心灵上的独断信念。怀疑论者先后凝练了针对一般性命题的十大论式、五大论式和两大论式，以及针对特殊命题，比如原因论的八大论式。这些论式以三条规则为基础，它们不是怀疑论所持有的观点，也不是亚里士多德的三段论和辩证法家、斯多亚派的命题逻辑，而是基于人类思维能力的清楚明白的经验事实。这三条规则也正是罗蒂所说的，拒绝把自己装扮成真理的发现者，揭露哲学家自我欺瞒，维持谈话能力的“元规则”（meta-rule）：

> 第一条：证明一个无限系列是不可能的。[1]
>
> 第二条：试图通过成问题的东西确定成问题的东西是荒谬的。[2]
>
> 第三条：相矛盾的命题不可能同时为真。

第一条表明，如果一个命题要被证明为真，则必须首先具备为真的标准。而这个标准如要为真，就必须首先得以证明。而它要得以证明，就必然需要另一个为真的标准。如此往复，必将导致循环推理（eis diallelon）和无穷后退（eis apeiron），但证

---

① *PH* 2. 78, 85, 124.

② *PH* 1. 90; 2. 33, 36, 122; 3. 52, 122. *M* 7. 266; 8. 66, 285, 364.

明一个无限系列是不可能的，因此不得不保持存疑。第二条表明，独断论如果要避免循环推理和无穷后退，就必须找到一个论证的出发点。而这个出发点实质上也是未经证明或不可证明的假设（hupolēpsis）。因此，其证明本身不过是借助有待研究的问题证明有待研究的问题，或把成问题的东西直接设定为当然的前提（to zētoumenon sunarpazō），但这是荒谬的，因而不得不保持存疑。第三条是不矛盾律，所有哲学命题都无法满足这条要求，因为对于任何一个命题都可以找到一个与之对立的等效命题，即对立的命题在逻辑上无法证明为真或为假。因为对立的任何一方都不是判断双方分歧的标准，连第三方也不可能是判断的标准，因而哲学命题在逻辑上是不可证明的（anapodeiktos）。怀疑论者用这些规则和论式对几乎所有独断论的主要命题进行诘难。换句话说，任何命题都可以被纳入其中进行反驳，表现出明显的心智规训（diagogē）的特征。

最后，从动机和目的来看，怀疑论不仅是一种心智批判的规训方式，更是一种试图通过这种去逻各斯中心主义的批判活动而每每保持存疑（epochē）、达致宁静（ataraxia）的生活方式（agogē）。它把这种批判活动本身所带来的心灵愉悦视为生活的最高幸福，给人们例示一种跟随现象、基于本能、遵循习惯、承袭技艺，不受任何独断哲学烦扰的生活方式何以可能。我们看到，怀疑论对独断论做出的“元规则”意义上的批判，在生活世界中对理性和知识的放逐，对知识与幸福的天然关系的破除，埋下了反智主义（anti-intellectualism）、自然主义和保守主义的种子，并在近代早期，随着塞克斯都的著作的发现、翻译和传播，在意大利和法国人文主义者以及17世纪的休谟那里生根发芽，演绎为一种传统。甚至有学者认为在后期维特根斯坦、罗蒂的“教化”哲学，福柯和德里达的后现代主义那里，这种传统仍然生生不息，是皮浪主义在当下的深刻挑战。[①] 还有学者认为，古代之后，唯一真正的怀疑论是皮浪主义，蒙台涅、休谟和维特根斯坦则是这一传统的代表。[②] 但我们也应看到，作为一种生活方式的怀疑论，即试图通过心智批判活动以期达致宁静与幸福的生活目的的这种怀疑论，是希腊化时代所独有的，并未构成近代以来自称或被称为“新皮浪主义”或“后皮浪主义”凡此种种怀疑论哲学的目的。如果在蒙台涅那里，其怀疑论的目的在于试图借用皮浪主义摧毁人类理性的自负，自认无知，匍匐于虔信主义的脚下，那么在休谟那里，其怀疑论的目的则是铲除关于外部实在、因果关系和自我同一性的证明的理性根基，构筑一套自然主义的信念体系。因此，蒙台涅鼓噪的“无知”和休谟构建的非理性的“信念”是另一种解释世界的哲学，而不是去哲学化的生活方式。作为生活方式的怀疑论只属于古代世界。

二、存疑：通向宁静之路

早期教父哲学家尤西比乌斯（Eusebius，约公元256—339年）在其《福音的准备》（*Praeparatio Evangelica*）一书中引述了亚里

① D. R. Hiley, “The Deep Challenge of Pyrrhonian Scepticism,” *Journal of the History of Philosophy*, 25 (2), 1987, pp. 185-213.

② W. Sinnott-Armstrong, ed., *Pyrrhonian Skepticism,* Oxford: Oxford University Press, 2004, p. 4.

士多克勒斯（Aristocles，公元1世纪）关于怀疑论的30行文字。[①]开篇这样写道：

> 万事之前必须就我们自己的认识进行检视（diaskepsasthai）。因为如果我们本性上一无所知，那就没有进一步研究（skopein）其他东西的必要了。
>
> 古人当中就有一些说过这种话的人，他们曾受到亚里士多德的批判。埃利斯的皮浪力主这种说法，但没有留下任何书面文字，而他的学生提蒙声称，凡是想要幸福的人（ton mellonta eudaimonēsein）必须考虑三件事情：首先，事物本性上（pephuke）究竟如何；其次，对待它们我们应采取什么态度；最后，对于持有这种态度的人将会达致怎样的结果。
>
> 他说，皮浪宣称事物都是同样无差别的、不确定的和无法决断的。由于这个原因，我们的感觉和观念都不是真的或都不是假的。因此，我们不应当相信它们，而应当是不持有观念的、不偏不倚的和无倾向的，对每种事物我们说它"是并非甚于不是"，或"既是又不是"，或"既不是又非不是"。
>
> 对那些处于此种状态的人，提蒙说，他们首先进入"静默"或"无言"，然后达致宁静，埃奈西德穆说是快乐。[②]

① 有学者认为这个文本是亚里士多克勒斯直接阅读提蒙的《讽刺诗》（*Silloi*）和《彼提亚》（*Pytho*）以及埃奈西德穆的著述所作的批判性文本，其中几乎没有发现学园派阿尔克西劳和卡尔内亚德的影响痕迹，因此是最接近早期皮浪主义原义的文献。参见 M. L. Chiesara, ed., *Aristocles of Messene: Testimonia and Fragments*, Oxford: Oxford University Press, 2001, p. 86。

② *PE* 14. 18. 1-4.

这里，提蒙提出的“想要幸福的人”必须思考的三个问题，即事物的本性（ousia）究竟如何，对待事物的本性应持有怎样的态度，以及我们的理解力（katalēpsis）能否达致这种本性，这种态度会导致什么结果，涉及希腊哲学三个部分的基本问题。第一个是自然哲学所追问的本原或存在问题，第二个是逻辑学所讨论的真理标准问题，第三个是伦理学所欲求达致的生活目的或幸福问题，它是前两个问题的最终归宿。任何哲学，无论是独断论还是怀疑论，都试图回答这三个问题，通过自己的哲学活动实现自己所标榜的生活目的。

一种回答方式是独断论的。所谓“独断”（dogma），该词原指一般意见、观念、信念等等。怀疑论者所说的独断论是指“对有关非显明之物的知识的赞同”，独断论者（dogmatikos）不仅拥有一般的观点和信念，而且拥有原理、信条和体系。① 他们武断地宣称外部存在正“是”（esti）像它显现的那样，或不“是”像它显现的那样。如伊壁鸠鲁称，所有表象都是清楚明白的，一切感觉为真，外部存在不仅“显得是”（phainetai）可视的或可听的，而且本身就“是”像它所显现的那样，因为所有表象都来自真实的外部存在，并与之完全一致。② 德谟克里特则称，一切表象都是

① 或许柏拉图是第一位使用 dogma 一词的哲学家。另有衍生名词 dogmatikos（独断论者）、动词 dogmatizein（持有信念或武断地认为）、衍生副词 dogmatikōs（独断地）。据统计，塞克斯都使用 dogma 25 次，dogmatizein 30 次，dogmitikos 200 次，dogmatikōs 20 次。其中在《皮浪学说概要》中使用次数接近一半（约 140 次），尽管《反学问家》的篇幅是前者的三倍。参见 J. Barnes, “The Belief of a Pyrrhonist,” in M. F. Burnyeat and M. Frede, eds., *The Original Sceptics: A Controversy*, Indianapolis: Hackett Publishing Company, 1997, pp. 58-91。

② *M* 7. 20.

不可见的原子运动对感官造成的某种影响和变化，是虚幻的，外部存在被认为（doxazetai）像它显现的那样，但它们并非真“是”（kat'alētheian）这样，真实存在的东西只有不可感的原子与虚空。[①] 斯多亚派称，清楚明白的东西被认为是通过某种标准被直接认识的，非显明之物则是通过记号和证明，根据来自清楚明白的东西的推演（metabasis）来追寻的。[②] 无论独断论者认为表象和外部存在是否具有一致性或相似性，他们都不无自信地断言哲学应当而且必须以显明之物为“记号”（sēmeion）推知非显明之物，唯有这种知识才是必然的。因为在他们看来，“现象是非显明之物的视觉”[③]，即显明之物是推证非显明之物的真实性的记号和证据。例如，斯多亚派在麦加拉派的基础上，建立了一整套严密精致的命题逻辑，并以之为工具证明知识的必然性。他们认为论证的第一个条件必须是“有效的”或“能推出结论的”（sunaktikoi）。[④] 即仅当人们普遍同意前提为真，结论显然由前提推出（akolouthein），换言之，如果前提为真则结论也必为真，那么前提与结论都是显明的。例如：“如果这是白天，则这是亮的；这是白天；所以这是亮的。”又如：“如果狄翁走路，则狄翁运动；狄翁走路；所以狄翁运动。”

然而，斯多亚派并不满足于这种论证形式，虽然它符合“有

---

① *M* 7. 135-136.

② *M* 7. 25.

③ *M* 7. 140. 狄奥提摩斯（Diotimus）认为这句话出自德谟克里特，是他提出的判断真假的标准。原文是“opsis agr tōn adēlōn ta phainomena”。

④ 在斯多亚派的逻辑学中，sunaktikos、perainōn、hugies 三者是经常交替使用的同义词，指论证形式是“有效的”、“确凿的”、“有结论的”、“能推出结论的”。参见 *M* 8. 120。

效性”这个条件，但其结论并不是依靠前提这种论证的先在环节的力量揭示出来的，而是靠一种自明的东西（tōn autophōratōn），由自己的显明特征被我们理解的。也就是说，证明之为证明不仅形式是有效的，而且其前提一定能揭示或指示结论。换言之，结论必须是非显明的，需要通过显明的前提来揭示，这就构成论证的第二个条件。而结论是非显明的论证又有两种情况，一种是根据信念、记忆以及经验观察建立起来的。例如：“如果这个妇女乳房有奶，则她已怀孕；这个妇女乳房有奶；所以她已怀孕。”又如：“如果神说此人将富有，则此人将富有；神说此人将富有；所以此人将富有。”但斯多亚派认为“她已怀孕”和“此人将富有”这些结论并非来自前提的力量本身（dunameōs），即不是依靠逻辑证明建立起来的，而是根据观察所得来的经验，根据“相信神的话”这样的信念类推出来的，因此没有绝对必然性。于是，他们引入论证的第三个条件：其非显明的结论必须依靠前提力量本身被揭示出来。例如：“如果汗自表皮流出，那么肉体中存在着能被思想的毛孔[①]；汗自表皮流出；所以肉体中存在着能被思想的毛孔。”再如：“那种一旦与肉体分离人将死亡的东西是灵魂；而血液一旦与肉体分离人将死亡；所以灵魂是血液。”又如：“如果运动存在，则虚空存在；运动存在；所以虚空存在。”斯多亚派不无确信：“血液是灵魂”和“虚空存在”这样的命题尽管是非显明的，不属于经验观察的对象，但可以通过前提自身的本性（ek

① “能被思想的毛孔”（oi noētoi poroi），即只能由心智推知而不能被直接感知的毛孔。另见 *PH* 2. 98, 140。

tēs autōn phuseōs）揭示出来。它们依赖论证力量本身，因而是必然的。哲学的任务在于运用逻辑论证把握有关非显明之物的知识，揭示事物的真理。因此斯多亚派认为，证明之为证明，仅当所有这些条件凑齐（sundramontōn），即论证既是有效的又是真的，且能呈现非显明之物。为此，他们把证明界定为："一种由一致同意的前提，根据推理（kata sunagōgēn）揭示非显明结论的论证。"[①]

而且，独断论者认为这种逻辑真理是通向幸福的唯一路径，即德性系于知识，幸福必须以把握外部实在的真理为基础。这是一种为人们所普遍认同的主流信念。只要人类完全展示出自己的天性，就能获得知识、实现德性、达致幸福。按亚里士多德的解释，人天生是求知的动物。从感觉、记忆、经验、技艺到知识，既是心灵的一个从特殊到普遍、从有待于他者到以自身为目的的认识过程，也是人的本性或形式的实现过程。本性的完全实现（entelekheia）也就是认识的完全自足[②]，即达致"为自身而存在"的思辨的或理论的知识（theōrētikai）。"自足"（autarkeia）是思辨知识的前提和归宿，也是幸福的全部意义和唯一标志。幸福系于以自身为目的的思辨知识，在于对真理的把握。

另一种回答方式是怀疑论的。提蒙给出了与独断论截然不同的回答，一种皮浪怀疑论的环环相扣的三个答案：

第一，事物本性是无差别的（adiaphora）、不确定的（astathmēta）和无法决断的（anepikrita）。

① *M* 8. 314.

② 关于 entelekheia 的解释见 Simplicius, *Physics*, 278. 6。

按独断论的理解，差别性是事物独立存在的本质特征，“根据差别存在的东西”（kata diaphoran）[①] 就是根据自己的实在性（kat' idian hupostasin），在绝对意义上被思想的东西，而认识就在于发现这种绝对差别之物的判断标准。因此，否弃这种东西的可判断性和确定性，就意味着否弃外部实在的可理解性。因为在怀疑论看来，人类的理解力只能把握现象中已有的东西，一旦离开显明经验，涉足非显明之物，就等于缪用这种能力，夸大其作用，必然陷入相对性和不确定性。我们无法知道显明经验与非显明之物是否存在记号与被这种记号所揭示的关系。人心从显明的表示者（sēmainonta）到非显明的被表示者（sēmainomena）的飞跃，用休谟的话说，“无论如何也不配作那样辽远，那样深奥的研究”。塞克斯都说，一切推证不能与现象相悖：

> 如果推证是一个盗贼，几乎在我们的眼皮底下把现象偷走，难道我们还不应该在非显明的东西上对它仔细审查，从而避免跟着它鲁莽行事吗？[②]

也就是说，怀疑论的任务在于监督理性推证，以免“在我们眼皮底下把现象偷走”，做出“不合法”的解释；在于给心灵挂上砝码，避免它任意起飞，叛离经验之域。怀疑论进一步挖掘独断论的症结。认为独断论之所以相信人的理解力能够把握非显明之

① *M* 8. 161-162; 10. 263-265. *PH* 1. 135, 137.

② *PH* 1. 20.

物，乃是基于一种跨越显明之物的类比，即通过主观经验的联想、想象和比附产生对外部实在的冲动，对支配宇宙本原的冲动，编造超验的独断论神话。塞克斯都描述了这种类比原则：

> 一个有关同类事物能认识同类事物的古老观念，远在自然哲学家那里就广为流传。对这种说教（paramuthias），德谟克里特似乎提供了论证，柏拉图在其《提迈欧篇》也似乎有所触及。[①]

“同类事物能认识同类事物的古老观念”就是塞克斯都在多处引用的“我们以土看土，以水看水，以气看神圣的气，以火看毁灭性的火，以爱看爱，以悲怨的恨看恨”这种类比法。[②] 毕达戈拉派、德谟克里特、恩培多克勒、柏拉图等无不以之为据推证非显明之物。例如，早期自然哲学家菲洛劳斯（Philolaus，约公元前470—前385年）认为，有一种非同寻常的理性，即由求知活动生成（apo tōn mathēmatōn）的理性，“它能思辨（theōrētikon）万物的本性，因而对之具有某种亲和力（suggeneia），因为本性上相似之物为相似之物所理解”[③]。又如，波西多尼俄斯（Posidonius，约公元前135—前51年）在《提迈欧篇》注释中所说，“正像光被具有光的形式的视觉把握，声被具有气的形式的听觉把握，因

① *M* 7. 116.

② *M* 7. 92, 121. 又见 Aristotle, *De Anima*, 404 b 13-15 以及 *Metaphisica*, 1000 b 6a-8。

③ *M* 7. 92.

此万物的本性应被与之相亲和的（suggenous）理性把握”[①]。“万物相似于数”，即相似于那种做出判断，并与构成万物的数同种（homoiogenei）的理性。[②] 再如，柏拉图在《提迈欧篇》使用了同一种证明形式，确立灵魂是非物体的东西。他说如果不同感官因感知不同对象而分别与对象相似，和对象是同一“形式”的，那么灵魂由于认知非物体的理念，如数、限（peiras）等等，因此也必然类似于这些东西，所以是非物体的。[③] 然而怀疑论表明，独断论的类比原则超越了显明经验。我们可以说，每种感觉都有自己的对象，但没有任何根据说，理性也有一个超验的对象，而且这个对象与自己必然匹配一致。理性的对象只能是印象或表象，其能力仅限于对这些东西进行加工改造。怀疑论还发现，独断论不仅使用类比原则确立人类理性认识能力，而且还用来推证一切非显明之物的实在性。例如在解释神的概念和证明“神存在”时，独断论通常使用两种类比法。一种为“宇宙的有序安排”（para tēs kosmikes diatakseōs）。独断论利用日常生活中的事例进行类比，如熟悉航海的人，一旦自远处看到惠风鼓动船帆，一切航事皆备，便意识到有人在指引航程，将船只带到既定的港口，同样那些初次仰望天空的人，看到太阳东升西沉，星星有序起舞，便寻找这个最美丽的秩序的造物主或工匠（dēmiourgos），猜想这不是偶然（ek tautomatou）发生的，而是由某种更加有力和不死的本性所致，

① *M* 7. 93.

② *M* 7. 108.

③ *M* 7. 119. 出自 Plato, *Timaeus*, 45 b-c。

这就是神。[①] 另一种类比法是“基于对人的超越”(kata tēn apo tōn anthropōn metabasin)。独断论声称，神存在的观念发乎那些梦中幻象或宇宙天体中所看到的东西，而神是永恒的、不死的和至福的观念则是基于对人的超越。正像在外观上通过放大普通人，我们可以得到独目巨人（Cyclops）的观念，因此当我们想象一个幸福、好运和充满一切善的人，然后通过不断强化（epiteinantes）这些东西，便形成一个在所有这些方面达到极致（ton akron）的神的概念。再者，当我们想象一个长寿的人，通过把过去、未来和当下相连接，从而形成一个永恒的概念，于是称神是永恒的。[②] 怀疑论指出，独断论通过类比得到的关于神存在的结论是一种独断的假设，从经验世界到外部实在并无必由之路。人心可以想象一种至善至美的观念，但这种观念不等于外部实在本身，也即“并非能被思想的东西都分有真实性，一种东西可能被思想但并非存在，如马人和女妖”[③]。

再者，塞克斯都指出斯多亚派通过逻辑证明所获得的关于非显明之物的知识不可能具有绝对真理性。因为一个论证的真假在于其结论是否与经验事实相符合。当结论涉及显明之物，很容易将之诉诸事实，符合者为真，不符合者为假；但当结论涉及非显明之物，由于它不能被观察，找不到一种东西与之参照，因此留给心灵的只能是或然性的推测。因为无人可以断定其论证绝对为真，已把握外部实在：

① *M* 9.27.

② *M* 9.45-46.

③ *M* 9.49.

> 这就是怀疑派为何把那些探究非显明之物的人极为精妙地比作在黑暗中向某个目标射箭的人。正像当中可能有人射中目标，有人没有射中，但谁射中谁没射中是无法知晓的，同样真理几乎藏于黑暗深处，诸多论证向它进发，但其中哪个与之一致哪个不一致是不可能知道的，因为研究对象远离清楚的经验。[①]

另外，塞克斯都在解释克塞诺芬尼的“一切都是不可理解的”这一命题时提到了类似的观点和事例：

> 至少在非显明的事物上，人类根本不知道真的和熟悉的东西。即使偶然碰到这种东西，无论如何他也不知道自己已碰到它，而是想象（oietai）和认为（dokei）这样。因为，正像如果我们假设某些人在一间装满财宝的黑暗的屋子里寻找金子，那么将发生的是，一旦他们当中每个人抓到放在这间屋子里的某件财宝，都会想象自己触到了金子，但他们当中将无人能确信自己已碰到金子，尽管十分幸运他确实碰到了金子。同样，一大群哲学家为探寻真理涌入这个宇宙，就像走进一个巨大的房屋，而那个已把握真理的人可能并不相信自己已命中目标。[②]

① *M* 8. 325.

② *M* 7. 51-52.

可见，一旦独断论离开显明经验，涉足非显明的东西，就无法建立具有确证性的知识，任何逻辑论证的力量都无法保证这样的知识具有绝对真理性。或许世上根本不存在斯多亚派所梦想的“可理解的表象”（kataēlptike phantasia），那种纯粹无条件的真理的标准，像光明一样，既是自身的标准也是黑暗的标准，其清楚明白性“几近于抓住我们的头发一样”[①]把握实在、揭示真理。独断论所追求的这种既具备确定性和永真性，又能揭示非显明的对象、产生新知识的论证实际只是一种幻想。借用现代哲学术语，这种试图把先验分析判断与后天综合判断结合起来的“先验综合判断”，正如维特根斯坦所说，无异于“瞎子脑海里的一朵美丽的云彩”。始于对确定性的渴望，终于似是而非的假定，是一切独断论的症结。

第二，对待事物的态度是不持有观念的（adoxastos）、不偏不倚的（aklinēs）和无倾向的（akradantos）。

既然事物本性是无差别的，也就是不真不假的、无法界定的，对待这种东西只能采取不持观念、不置可否、无所倾向的态度。塞克斯都在《皮浪学说概要》第一卷所集中阐释的“怀疑派的短语”，例如，那些表达或然性的“或许”、“可能”、“大概”，揭示论证无差别性的“不比什么更”（ou mallon）、“每个论证都有一个对立的等效论证”，以及表现存疑态度的“不可说”、“我不理解”、“我存疑”、“我不做任何确定”、“一切都是不可确定的”、“一切都是不可理解的”，都表明了怀疑论的这种态度。塞

① 有关斯多亚派的真理标准说，参见 *M* 7. 227-260。

克斯都强调：这些短语本身不是对非显明之物做出的一种肯定或否定的断定（dogmatikēn），而是对独断论的命题呈现给我们的一种状态（diathesis）和感受（pathos）的报告（apaggelia），这种状态和感受也就是独断论的命题相对怀疑论而言，在可信与不可信之间所达致的无差别性（adiaphoria）和等效性（isostheneia）。[①] 例如当怀疑派说“对每个论证都有一个对立的等效论证”，实际是指：“就每个我所考察的以独断的方式建立的论证，对我而言似乎都有另一个以独断的方式建立的具有同等可信和不可信的论证与之对立。”[②]

第三，这种态度所导致的结果首先是静默或无言（aphasia），然后是宁静（ataraxia）或快乐（hedonē）。

塞克斯都表明，怀疑论的缘起和其他哲学一样，也是试图通过获得外部实在的真理以求得心灵的宁静，他说：

> 怀疑论的起因正是在于对宁静的向往。那些才华卓著的人为事物中的矛盾所烦扰（tarassomenoi），对更应赞同哪一方犹疑不决，于是他们研究事物中什么是真的，什么是假的，并希望通过对这些矛盾的判定以求得宁静（ataraktēsontes）。[③]

但在怀疑论看来，各派哲学之间的纷争本身反映这种知识缺乏他们所鼓噪的唯一性、必然性和自足性，不能回答实在的真理

① *PH* 1. 187, 192, 196, 197, 198, 200.
② *PH* 1. 203.
③ *PH* 1. 12.

性，无法带来心灵的宁静。相反，试图寻找真理，对事物抱有本性上或善或恶的观念，正是制造心灵不宁的原因，使人遭受双重痛苦：感受（pathaos）本身的痛苦和相信这种东西本性上是恶的这种观念的痛苦。怀疑论的目的正是为了祛除“所有这些东西本性上是恶的”这种附加给心灵的观念（to prosdoxazein），避免烦扰（ataraktēsontes），在无法抗拒的必然性上则保持节制或适度（metriōteron）。①

塞克斯都描述了怀疑论者的这段心路历程，并为怀疑论下了一个经典定义：

> 怀疑论者开始从事哲学是为了判定表象，理解何者为真何者为假从而获得宁静，但却陷入同等力量的纷争，因为无法做出判断而保持存疑。随着进入存疑，观念上的宁静便不期而至。②
>
> 怀疑论是一种把现象（phainomenōn）和思想（nooumenōn）以任何一种方式相互对立起来的能力，由之而来，因被对立起来的东西以及论证之间的等效性，我们首先进入存疑，随之达致宁静。③

可见，怀疑论是一种善于发现和利用现象与现象、思想与思想、现象与思想之间的矛盾，建立对立命题的等效性，从而导致

① *PH* 1. 29.

② *PH* 1. 26.

③ *PH* 1. 8.

存疑、达致宁静的能力。这里“能力”（dunamis）一词透露出怀疑论作为一种心智规训的特征，表明这种能力的养成非一朝一夕所能及，而是长期致力于批判活动、使心灵每每保持存疑的结果。正如阿尔克西劳声称，为了使这种批判活动保持常新，即使没有斯多亚派这个对手，也得造出一个来。

这里，“存疑”一词，在日常表达中指中止、保持、定位；在医学上指停滞或固位。[①] 阿尔克西劳首次将这一生活用语引入学园派。他认为存疑是把苏格拉底的“辩难法”（aporētikē）推向极致的结果。按西塞罗的解释，阿尔克西劳的方法在于为论证双方建立具有同等说服力的论证，使听众对任何一方不做赞同（adsensio）。[②] 卡尔内亚德将之发挥得淋漓尽致，试图用存疑消除一切独断信念，确立存疑在辩证法中的唯一地位。他把存疑比作“拳击手的防御”、“驾车人的勒马急停”[③]，其学生科雷托马科（Cleitomachus）说：“当卡尔内亚德祛除了我们心中的赞同，即那些像野蛮凶残的妖魔一样的信念和鲁莽时，他完成了赫拉克勒斯般的伟业。”[④] 塞克斯都则把存疑比作心灵的一种不置可否、无所偏倚的“站立”（stasis dianoias）或“观念的缺失”（arrepsia）状态。[⑤]

由此可见，存疑是不断提炼和运用种种“辩难”（aporia）或“反题”（antiresia）作为训练方式，保持与独断论进行持久对话的

① LS 677.
② *Acad* 1. 45.
③ *ad Att* 13. 21.
④ *Acad* 2. 108.
⑤ *PH* 1. 10.

一种心灵状态。同时，存疑又是通向宁静的必由之路。宁静伴随存疑不期而至（parēkolouthesen oion tuchikōs），如影之随形（hōs skia sōmati）。这点正像发生在画家阿帕勒斯（Apelles）身上的故事：一次他创作一幅表现马嘴吐出的泡沫的图画，屡试不果，便放弃尝试，把一块擦拭画笔的海绵甩向画面，当海绵碰到画面恰好造出马嘴泡沫的形象。[①] 同样，怀疑论所期待的这种宁静也是搁置判断、保持存疑的结果，随之而来的就是提蒙和埃奈西德穆所讲的心灵的静默或不可言说之乐。

三、怀疑论的批判活动是否可能？

在与独断论的论辩中，怀疑论必然会面对来自独断论的反驳。其中尤为关键的问题之一是怀疑论的批判活动是否可能。独断论指责，怀疑论必将陷入“自我指涉”或“自我反驳”（peritrepē）[②]。通过怀疑论对自己批判活动的辩护，我们不仅发现怀疑论已初步接触到通过语义分层解决语言悖论这一语言哲学问题，而且进一步明白怀疑论如何通过文本学或元规则意义上的解构，充分展现出反体系化、非原理化的本质特征和达致心灵宁静的动机与目的。独断论对怀疑论“自我指涉”的指责有两种形式：

其一，怀疑论者要么理解证明是什么，要么不理解；如果理解并得到它的概念，则证明存在；如果不理解，那如何研究自己

① *PH* 1. 28-29.

② 该词的动词形式为 peritrepetai，原指“翻转”、“转向”、“推翻”等。参见 *PH* 1. 122, 139, 200; 2. 64, 76, 88, 91, 128, 133, 179, 185, 188; 3. 19, 28 和 *M* 7. 390, 398。

根本不理解的东西？[①]

其二，凡宣称“证明不存在”者，或只是宣称，未经证明，或通过证明。但仅仅宣称不能使人信服，因为如果不提供证明，声称“证明存在”也是可信的；如果通过证明，就等于承认“证明存在”。因为“证明不存在”的证明本身证明了“证明存在”。[②]

针对自我指涉问题，怀疑论者的回应分为两步：首先区分两种不同意义的“思想”（noēsis）、“理解”（katalēpsis）和“赞同”（sugkatathesis）。一种指纯粹之“思”（to noein haplōs），即是一种对所思之物呈现出来的清楚明白的感受印象的赞同，形成有关对象的“概念”（epinoia）和“常识”（prolēpsis）[③]；另一种则不止于纯粹之“思”以及由之所得到的概念和常识，而是涉足非显明之物，是对所思之物的实在性给予赞同或判定（epikrisis）。塞克斯都说，怀疑论所说的“理解”和“思想”属于第一种，只是一种“简单思想”或一般认识，并不涉及对象的实在性问题。换言之，我们可以对某种东西进行思想，形成有关这种东西的概念和常识，我们可以拥有关于独断论各种学说和命题的一般认识，明白斯多亚派和伊壁鸠鲁派在说什么，但这并不等于我们一定会赞同他们的主张，会持有确切的信念（dogmatizein）。独断论实际混淆了两种意义的“思想”与“理解”，即把仅仅具有某物的概念或常识这种“简单思想”等同于对某物的实在性的把握、断定和认同。如

① *M* 8. 337.

② *M* 8. 463-465.

③ prolēpsis 一词，相当于英文的 preconception，指未经理性阐释、加工的日常观念。根据语境可释读为“常识”、“前理解”、“前概念”、“前见”、“预想”等。

果按照独断论的逻辑推下去，就会得出这样的结果：一旦对某种学说的内容有所思想就等于对其实在性给予赞同，就不能产生怀疑。这种结果是荒谬的。怀疑论认为我们可以形成关于独断论的种种“简单思想”，但由于我们无法判断它们并发现其中何者是最具权威性的，它们之间是等效的，任何一个不比另外一个更为可信或更不可信，因此我们不得不回到（periistasthai）存疑和无倾向状态。[①] 怀疑论不断提醒对手，当我们使用“思想”、“理解”、“赞同”这些语词时，应注意两种不同意义的表述：

> 我们承认这是白天、我们活着以及生活中的其他现象。但对于独断论者以其论证所确切肯定并声称已经理解的（kateilēpsthai）东西，因它们是非显明之物，我们对之保持存疑（epechomen），只承认自己的感受（ta pathē）。我们同意我们在看，承认我们在思，但我们如何看或如何思，我们并不知道。我们在叙述意义上（diēgēmatikōs）说某个东西似乎是白的，但并非确切地肯定它本质上（ontōs）就是白的。至于“不确定任何东西”等短语，我们并非作为一种独断的信念（dogmatōn）来表达的，因为这不同于说“宇宙是圆的”。后者涉及非显明之物，前者只是一种承认或认可（exomlogēseis）。[②]

① *M* 8. 333a.

② DL 9. 103-104.

显然，当怀疑派说“不确定任何东西”时，乃是在非独断的意义上（adoxastōs）使用这个表述形式的，同表达“宇宙是圆的”这个命题有着本质区别。因为“宇宙是圆的”这个命题属于独断论的语言系统，它表达或陈述了非显明之物，是对事物本身进行了独断解释；而“不确定任何东西”属于怀疑论的表述形式，它仅仅描述了心灵的存疑状态。通过怀疑论对自己的表述形式的分析和限定，我们发现它竭力将自己的语言系统与独断论区别开来，这点已经触及逻辑经验主义有关“元语言”和“对象语言”之间的区别，借用维特根斯坦的话来说，怀疑论试图把自己的哲学话语作为一种“解释的”形式、“语言批判的”形式、“为思想划定界限的”形式，以表明独断论的命题何以是不真不假、不可判断、不可言说的无意义命题，也即怀疑论是一种言说独断论何以不可言说的话语方式。塞克斯都举了一个形象的例子说明这一言说特征：

> 许多东西是基于例外（kat'hupexairesin）来说的。就像我们称宙斯是诸神和人类之父，正是基于他自己这一例外来说的（因为他不是自己的父亲），同样当我们说证明不存在时，也是基于这一例外即揭示“证明不存在”的论证来说的，因为只有这个论证是证明。[①]

我们看到，怀疑论为解决“自我指涉”这一语义悖论问题所

① *M* 8.479.

进行的朴素直观的思考在某种意义上可视为“罗素方案”的古代构想。罗素以“说谎者”悖论为例，指出“我断定的任何东西是假的”这一断定涉及包含它自身在内的全部分子，故而导致恶性循环推理，产生悖论。因此，“凡涉及一个集合的全部分子的东西，本身决不能也是这个集合的一个分子”。也即，我们必须把涉及某个命题全体的命题同不涉及这一命题全体的命题区分开来，避免使涉及某个命题全体的命题成为这个全体的分子。可以把“第一级命题”规定为那些不涉及任何命题全体的命题，把“第二级命题”规定为涉及第一级命题全体的命题，以此类推，以至无穷。因此那位说谎者不得不说：“我正在断定一个第一级的假命题，这种断定是假的。”[①] 这就是罗素通过区分逻辑类型解决悖论的基本思路，而这个思路的种子或许早在希腊怀疑论那里已经埋下。

其次，即使怀疑论的确自我反驳、自我指涉，也不足以说明怀疑论对独断论的批判是无效的。相反，这正是怀疑论作为一种反哲学的哲学所追求的最终目标，或者说是它所预设的一种“计谋”。而这种计谋在于怀疑论把自己的理智活动视为一种心灵治疗术，通过诊断独断论的症结，对症下药，提出种种“药力”不等的辩难或反题，即所谓的论式，使正题与反题在可信或不可信方面达致等效，从而进入存疑和宁静。塞克斯都深刻描述了怀疑论作为心灵治疗术的这一特征：

① 转自 M. K. 穆尼茨：《当代分析哲学》，吴牟人、张汝伦、黄勇译，复旦大学出版社 1986 年版，第 191—193 页。

> 怀疑论者，作为人类的热爱者（to philanthrōpos），希望尽其所能地通过论证来医治独断论者的自负与鲁莽。正像治疗肉体疾患的医生拥有不同效力的疗法，对身染重病的采取重度治疗，对病情较轻的采取轻度治疗，怀疑论者同样给出力度不同的论证，在那些深受鲁莽之苦的人身上使用分量重的、能强有力地根除独断论者自负之症的论证，而在那些自负之症流于浅表、易于治疗、通过适度说服即能治愈的人身上使用一般分量的论证。因此，从怀疑立场出发者，并不迟疑于有时提出说服力强的论证，有时提出说服力显得较弱的论证，这是有意为之，因为对他来说通常较弱的论证足以实现目标。①

可见，“辩难”或反题（aporia）是理解怀疑论这一本质特征的关键词。该词从构词意义上指“迷路”、“困惑”、“不可行”等，该词及其衍生词在《反逻辑学家》中使用频率极高，不低于40次，实际是“怀疑”的代名词。怀疑即探究，探究即辩难，怀疑派（skeptikoi）就是辩难派或诘难派（aporētikoi）。辩难或反题不是怀疑论坚持的观点，怀疑论没有建立自己的任何结论。②如在反驳独断论有关真理的标准时，塞克斯都反复强调提出辩难的意图：

① *PH* 3.280-281.

② 老一代哲学史家常把反题误判为怀疑论自己的观点，如策勒尔（Zeller）的《古希腊哲学史纲》。直到20世纪80年代，随着J. Annas和J. Barnes等一批新一代哲学史家对塞克斯都文本的深入翻译和研究，才纠正了这一误读。参见J. Annas and J. Barnes, *The Modes of Scepticism*, Cambridge: Cambridge University Press, 1985。

> 我们不是想表明真理的标准是不存在的（因为这是独断的观点），而是说，既然独断论者貌似可信地（pithanos）确立“真理的标准是存在的”，我们则建立与之相反的似乎也是可信的论证，既不确定它们是真的，也不确定它们比与之相反的论证更加可信，正是因为这些论证与独断论者的论证之间存在着明显的同等可信性，由此我们达致存疑。①

怀疑论一旦通过反题或辩难祛除了独断论的“鲁莽”和“自负”，使心灵保持存疑与宁静，其批判活动也就完成了使命。既然怀疑论是一种“寄生性的”或“解构性的”批判活动，自我消解、自我否定也正是怀疑论自身的归宿。怀疑论的批判与批判的扬弃不是一劳永逸的，而是像珀涅罗珀（Penelope）为其公公织榇盖一样，白天织多少，夜间就拆多少。②又好比是章鱼，先长出触手，然后自我吞食。③最典型的隐喻莫过于怀疑论把辩难或反题比作“泻药”、“火”和“梯子”。在建立反题“证明不存在”后，塞克斯都说：

> 因此出于自我反驳的形式，“证明不存在”这句话本身也是真的。正像泻药把自己连同体内存在的液汁一起排出，这些论证也能将自己和其他那些所谓可证明的论证一起消除

① *PH* 2. 79.

② *Acad* 2. 95.

③ 转自 D. Sedley, “The Motivation of Greek Skepticism,” in M. F. Burnyeat, ed., *The Skeptical Tradition*, Berkeley/Los Angeles/London: University of California Press, 1983, p.17。

> (sumperigraphein)。这不是不相容的(apemphainon),因为“无物为真”这句话本身不仅否定所有其他东西,也同时推翻自己。[①]
>
> 因为有许多东西对待自己如同对待他物。例如,就像在火燃尽质料之后也毁灭自己,又像泻药在祛除体内的液汁之后也排出自己,因此反对证明的论证在否弃所有证明之后也能消解自己。再如,对于一个爬梯登高者,当他爬上去之后用脚蹬掉梯子不是不可能的,同样对于怀疑论者,当他通过揭示“证明不存在”的论证之阶(epibathras)达到预设目标之后,否弃这个论证本身也不是不可能的。[②]

哲学史上也有惊人的相似一幕。尽管语境不同、所涉及的具体问题也不同,但维特根斯坦所描述的不可表述、只能显示的“世界图式”,这条思想和行动流淌的古老“河床”,转动的“合页”,前提和结论相互印证支撑的“脚手架”和“蜘蛛网”却一脉相承、生生不息——维特根斯坦在《逻辑哲学论》最后一段也谈到有关“梯子”的隐喻:

> 我的命题通过下述方式而进行阐释:凡是理解我的人,当他借助这些命题,攀登上去并超越它们时,最后会认识到它们是无意义的。(可以说,在爬上梯子之后,他必须把梯子

① *PH* 1. 187-188.

② *M* 8. 480-481.

丢掉。)

他必须超越这些命题，然后才会正确地看世界。[1]

维特根斯坦把自己的哲学视为一种语言批判，一种为思想划定明确界限的解释活动，这种活动的目的不是建立一套学说，不是构造一些哲学命题，而是在于使思想明晰，理解哪些是能够说的，哪些是不能说的。一旦明白了这个问题，就可以把自己说的这些东西像梯子一样丢掉。哲学活动止于这种洞察，尽管所得到的洞察不能在真正的命题中得以陈述。“世界的意义必定在世界之外”！这正是一个真正解决了生命意义的人的归宿。同样，怀疑论作为反哲学的哲学，当用反驳的泻药清除独断论的自负与鲁莽，借辩难的梯级达致反独断论的目的，便消解和超越了自身。心灵无言的宁静和满足止于对真假善恶之物的判断。

四、怀疑论的生活方式何以可能?

怀疑论对一切保持存疑，是否意味着否弃自己的生活实践?怀疑论者无法行动，不可能按其彻底的怀疑论生活——不仅同时代的对手提出这种诘难，休谟也持类似的批判态度。他说：

一个皮浪主义者并不能期望他的哲学在人心上会有任何

① 维特根斯坦：《逻辑哲学论》，陈启伟译，涂纪亮主编：《维特根斯坦全集》第1卷，河北教育出版社2003年版，第263页。

恒常的影响；纵然它能有那种影响，他也不能期望那种影响会有益于社会。正好相反，他还必须承认（如果他可以承认任何事情），他的原则如果有了普遍的稳定的影响，人生就必然会消灭，一切推论，一切行动就会立刻停止，一切人都会处于浑然无知状态。一直到自然的需要，因为不满足之故，了结了他那可怜的生涯。[①]

休谟还补充说，生活的一点小事足以驱散一个皮浪主义者的犹疑和怀疑，让他从怀疑的梦中惊醒，嘲笑自己，因为人类不得不行动，不得不推理，不得不保持信念。[②] 然而我们发现休谟的这种批判是一种误读。休谟所坚持的自然主义信念正是皮浪所守护的日常生活观念。正如有学者认为，其思想高度最接近阿尔克西劳和卡尔内亚德，实质上是一位“后皮浪哲学家”。[③] 历史的误解何以发生已无法确证[④]，我们还是回到怀疑论如何回应否弃生活、无法行动这一诘难。

怀疑论强调，存疑并非意味着对任何事物无动于衷，而是对

① 参见休谟：《人类理解研究》，关文运译，第 158 页。为适应当代读者，个别字句根据原文略作调整。

② 参见休谟：《人类理解研究》，关文运译，第 159 页。

③ D. Norton, *David Hume*, Princeton: Princeton University Press, 1982.

④ 有学者认为休谟读到的古代怀疑论文献主要来自法国启蒙思想家皮埃尔·贝尔（Pierre Bayle）的《历史的和批判的词典》。从该词典有关古代怀疑论的词条看，其撰写的主要依据应该是 17 世纪流传较广的西塞罗的《学园派》和第欧根尼·拉尔修（以下简称第欧根尼）《名哲言行录》有关皮浪的记述，因此贝尔和休谟读过塞克斯都的著作的证据不足。从休谟把皮浪归为“极端怀疑论”，把中期学园派归为“温和怀疑论”来看，这种划分也说明他的文献来源似乎更接近西塞罗和第欧根尼。我们可以猜想，如果他读过塞克斯都的文本，他会不会感到与自己的观点似曾相识？还会这样划分古代怀疑论吗？

生活中那些必然发生的事情保持“适度感受”（metriopatheia）。传统哲学史对皮浪主义误读的一个主要原因是把 ataraxia 这一核心概念译为或解释为“不动心”或“无欲”。实际上，这个意思并不属于 ataraxia，该词在怀疑论抑或在伊壁鸠鲁那里，是指在观念上不受各种说教和独断信念的烦扰，去逻各斯化的宁静状态。而“无欲”或“不动心”一词为 apatheia，是指对知识和德性之外的一切无知与罪恶的弃绝，对不善不恶、既非有益又非无益的“无差别之物”（adiaphora）或“中间之物”的拒斥或漠视，它更契合于斯多亚派智者的理想。而怀疑论讲的是“适度感受”或“节欲”，更接近伊壁鸠鲁对自然而必需之物所持的态度，即以“一切痛苦的解除”（aponia）为快乐的最高限度[①]，这是一种无灵魂激烈运动的沉静之乐。皮浪同伊壁鸠鲁在灵魂无烦扰、欲望有节制这一生活目的上殊途同归，这点大概与他们都深受德谟克里特的思想影响有关。怀疑论者表明，他们不会剥夺自己的感觉，不会在感到热或冷时而说“不热”或“不冷”。[②]“他不是由石头雕出来的，或是由木头削出来的，他有肉体，有灵魂，有易动的心灵和易动的感官。”[③]怀疑论者从不怀疑显明的感觉印象，而是怀疑对这些显明之物是否真实呈现外部实在所做出的种种解释和判断：

> 我们不会推翻那些基于感受印象、自觉不自觉地引导我们给予认同的东西，这些东西就是现象（phainomena）。当

① *KD* 3.

② *PH* 1. 13.

③ *Acad* 2. 101.

> 我们质疑外部实在（to hupokeimenon）是否像它显现的那样（hopoion phainetai）时，我们承认它显现这个事实，我们质疑的不是现象而是对现象做出的那些解释，这与质疑现象本身是有区别的。[①]

怀疑论者接受自然的引导，跟着现象走，以感受（pathos）为行动准则。只要诉诸现象，就可以“不持有信念地”活着，因为：

> 以怀疑方式做哲学的人（aoporētikōs philosophounta），如果不至于完全丧失活动能力（anenergēton）、在生活中无所作为（apraktōn），就必然会具有选择和规避的标准，也就是现象。[②]

怀疑论认为其选择和规避的生活准则（biōtikē tērēsis）包括四个方面：自然的引导、感受的驱迫、法律与习惯的传承和技艺的教化。由自然之引导，我们自然能感觉和思想；为感受所驱迫，我们饥则食，渴则饮；通过习惯和法律的传承，我们在生活上以虔敬为善，视不敬为恶；通过技艺的规训，我们在自己所接受的技艺中有所作为。[③] 在这种意义上，怀疑论是经验、常识、习惯和传统的守护者，表达出一种自然主义的倾向。在塞克斯都文本中，经验

---

① *PH* 1. 19.

② *M* 7. 30. 怀疑论者是否能够生活的论述，参见 *PH* 1. 23. *M* 11. 162-166. DL 9. 104-105. *PE* 14. 18. 25-26。

③ *PH* 1. 23.

(empeiria)、显明事实(enargeia)、现象(phainomanon)、显明之物(dēla, prodēla)、前见或常识(prolēpsis)基本上是同义词。塞克斯都强调,请务必记住怀疑派的习惯(ethos),即从不拒斥显明的东西,不与日常经验为敌。在反驳独断论的记号理论时说:

> 既然存在着两种记号:记忆性的(hupomnēstikon,被认为主要用于暂时非显明的东西)和指示性的(endeiktikon,用于本性上非显明的东西),那么有关记忆性记号我们并不打算统统进行追问和诘难,因为这种东西在生活中被所有人普遍相信是有用的,而是针对指示性记号,因为它是由独断哲学家和理性派医生所杜撰出来的[①],能给他们提供最为必需的帮助。因此,我们并不像某些人所污蔑我们的那样,声称记号不存在,从而抗拒人类的一般常识(prolēpsis),把生活搅乱。因为如果我们否弃一切记号,或许会与生活和所有人为敌。实际我们自己是这样来认知的:由烟推知火,由伤疤推知曾经发生的创痛,由心脏的刺伤推知死亡,由以前的头带推知油膏[②]。那么,既然我们肯定生活所使用的记忆性记号,否弃独断论者所虚构的记号,因此我们不仅不与生活为敌,而且还为之代言(sunagoreuomen)[③],因为我们驳斥的是那些抗拒

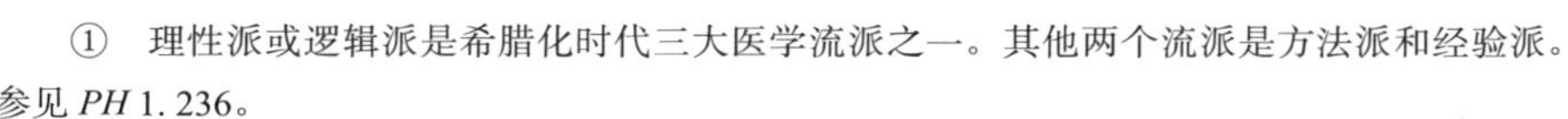

① 理性派或逻辑派是希腊化时代三大医学流派之一。其他两个流派是方法派和经验派。参见 *PH* 1. 236。

② 头带和油膏指运动员的装饰,作为获胜的象征。

③ 这里使用 sunagoreuomen 一词,指"为某人说话"、"代言"、"支持"、"声援"。在《皮浪学说概要》中意思类似的段落使用的则是 sunagōnizometha,指"与某人共同战斗"或"与之为伍",二者意思相近。参见 *PH* 1. 23; 2. 102。

> 一般常识，声称可以通过自然研究，以记号的方式认识本性上非显明之物的独断论者。①

显然就怀疑派看来，“由烟推知火，由伤疤推知曾经发生的创痛，由心脏的刺伤推知死亡，由以前的头带推知油膏”这些“记忆性”或“联想性”的自然记号足以满足行动和生活，不需要杜撰一套所谓“指示性”的人工记号或逻辑证明，以之推证和揭示本性上非显明的东西。后者是反生活、反常识的，只能把生活搞乱，制造心灵的不宁。可见，“如无必要，毋增实体”这种奥卡姆式的剃刀，在希腊怀疑论这里早已磨砺。在怀疑论看来，否弃独断论哲学对经验和常识的阐释与过度阐释，切断独断信念与生活世界之间的“天然”脐带，不仅不会弃绝生活、无所作为，而且相反，是过一种超然物外（apragmosunēs）、从容平静的生活（euroia）的前提。据第欧根尼，皮浪从未著书立说，他用自己的行动向人们昭示这种生活方式何以可能。第欧根尼转述了一个广为流传的故事：一次，当皮浪一行乘坐的小船遭遇风暴，学生们惊慌失措，皮浪指着船角的一头悠闲进食的猪说，智者应保持这种宁静（ataraxia）。② 皮浪的生活备受众人欣羡，甚至伊壁鸠鲁经常向听过皮浪演讲的学生询问，对他称赞有加。③ 然而，这种价值无别（adiaphoron）、超然物外的境界历练并非一蹴而就。皮浪承认完全克服人性局限是困难的，但应尽量首先用行动（tois ergois）

① *M* 8. 156-158.

② DL 9. 68.

③ DL 9. 64.

与环境抗争，如果不行则继之以语言（tōi logōi）。[①]

同皮浪主义一样，学园派怀疑论在与斯多亚派就真理标准进行论辩过程中也要回答来自对手的质疑：怀疑派的生活方式是否可能？一个拒绝赞同外部存在的真实性、对一切保持存疑的人何以能正确行动，确保达致幸福这一生活目的？阿尔克西劳回答说：

> 对一切保持存疑的人将通过“正当理由”（tōi eulogōi）[②]绳墨或规范（kanoniei）选择、规避及一般活动。据之前往，他将身正行端（katorthōsei）。因为幸福由慎思（dia tēs phronēseōs）而生，慎思则系于端正的行为。端正的行为在于一旦践行就获得正当理由的辩护。因此，凡诉诸“正当理由”者将身正行端，过得幸福。[③]

这里，阿尔克西劳把“正当理由”作为行动的标准，而“正当理由”（eulogos）不等于逻各斯（logos）或思辨理性（thēoria），不依赖于逻辑论证，而是系于慎思或实践智慧（phronēsis）。他明确提出“幸福由慎思而生”，也就是说，行动的正确性不以把握实在、发现真理为前提，只需诉诸基于生活实践的慎思。阿尔克西劳以近乎同语反复的方式强调：凡诉诸正当理由者就能正确行动、

① DL 9. 66-67. “完全克服人性局限是困难的”（chalepon eiē holoscherōs ekdunai ton anthrōpon）这句话也为亚里士多克勒斯所记载。参见 Eusebius, *PE* 14. 18. 26。

② eulogos 一词由 eu（好的）+logos（理由）构成，to eulogon 可理解为“正当理由”或“充分理由”。

③ *M* 7. 158.

过得幸福，而正确行动一旦完成就能获得正当理由的辩护。也即，正确行动的理由是自明的，无需诉诸哲学的解释。我们发现，phronēsis 一词原本作为生活用语，是指一种基于生活经验的有关德性的慎思、审慎、明智、明辨、领悟、直观、直觉、洞察，也即所谓的“实践智慧”，在苏格拉底那里甚至与德性（arete）是同义词[①]，限制在伦理领域，与思辨理性（thēoria）和逻各斯有一定边界。赫拉克利特也区分了两者，他说：尽管 logos 对所有人是共通的或公共的，但人们好像按自己的 phronēsis 活着。即每个人好像都有自己的直觉或慎思，拒绝听从支配一切的理性法则。柏拉图则试图贯通 thēoria 与 phronēsis，淡化后者的实践伦理色彩，将之提升为一种对“形式”（eide）的思辨[②]，甚至把它作为“心灵”（nous）的同义词，属于最高知识形态。[③] 亚里士多德早期基本沿袭柏拉图的用法，但在《尼各马科伦理学》中把 phronēsis 重新限定在伦理领域，而把柏拉图 phronēsis 的思辨功能分离开来，作为思辨智慧（thēoretical sophia）。[④] 由此可见，phronēsis 和 thēoria 两者无论被混同还是分离，前者在价值上始终低于后者，受后者的支配。在古典时期发现高于思辨智慧的实践智慧，或发现可以离开思辨智慧的实践智慧是不可能的。希腊化时代，皮浪派、学园派怀疑论以及伊壁鸠鲁派等开始走出古典时期的主流思想，试图去逻各斯中心主义，切断逻辑理性与生活实践的关系，赋予实

① Plato, *Gorgias*, 460 b. *Meno*, 88 a- 89 a.

② Plato, *Republic*, 50 a ff.

③ Plato, *Philebus,* 22 a, 22 d, 66 b.

④ Aristotle, *Nicomachhean Ethics*, 6. 1140 a-b.

践智慧比思辨智慧更高的地位。阿尔克西劳标榜自己是苏格拉底的继承人，其作为生活准则的“正当理由”（tōi eulogōi）正是这种重返苏格拉底的精神体现。对独断信念保持存疑、搁置判断是通往幸福的前提条件，行动的正确合理性系于慎思而不是沉思。慎思的合理性不需要思辨论证，无需建构知识保障体系，它根植于生活世界，基于日常经验，自然天成。正如伊壁鸠鲁所说：“所有理性活动的本原和最大的善是慎思（phronēsis）。所以慎思比爱智（philosophia）价值更大，所有其他德性由之自然衍生（pephukasin）。”[①]也就是说，实践智慧高于思辨智慧，明智比爱智更重要，是派生其他德性的源泉，这点在希腊化哲学渐成强音。

继阿尔克西劳，卡尔内亚德提出了一种极富近代经验论色彩的行动准则，即“可信的表象”（ton pithanon）。[②]他按可信度把“可信的表象”分成三类，环环相扣，逐步排除不可信的和可信度较低的，选择可信度最高的。他认为，这种逐步提高可信度的检验方法，可以保证生活实践目的的实现。

第一类：仅仅是可信的（pithanē haplōs）。作为单一的表象，有的清晰生动，有的昏暗不明；有的真实呈现对象，有的并非如此。无论如何单一表象的可信度是比较低的。再者，既然我们无法知道这个表象是否如实反映对象，那就需要借助相关表象之间的稳定恒常的关联来推断其可信度。

第二类：不仅是可信的而且是不可动摇的（aperispastos）。也

① DL 10. 132.

② *M* 7. 166-189. *PH* 1. 227-231.

即把种种可信的表象汇集起来，并且在所汇聚的表象当中无一不相容，不会使表象的获得者摇摆不定（perispōsēs）。正如医生不会只通过一个症状，而是通过各种症状的汇集（ek sundromēs），如心动过速、体温极高、触觉酸痛、肤色潮红、口干舌燥等症状来综合诊断是否发烧，同样，学园派也是通过表象的汇集做出推断，如果所汇聚的表象无一悖谬或不融贯从而使他动摇，那么他说打动他的表象似乎显得为真。

第三类：可信的、不可动摇的和仔细验证的（diexōdeumenē）。也即针对可信的和不可动摇的表象汇集，围绕判断者、判断对象和判断由之发生的条件进一步查验甄别这些东西的每种特征，就像在公民大会上仔细检视那些想做执政官或法官的人，看看他是否具有胜任治国安邦之职的品质。卡尔内亚德举了一个形象的例子：当某人看到黑暗的屋子里有一团绳索，便立即跳过去，认为是一条蛇。之后当他回头仔细查验真相，发现它是不动的，心里便倾向于认为这不是一条蛇。但他仍然推测，冬天被冻僵的蛇有时也是不动的，于是他用木棍戳动这团东西，那么，在对所获得的表象进行如此仔细查验之后，他推断“显现给他的这个东西是一条蛇”为假。

我们发现，卡尔内亚德尽管对表象是否真实呈现外部实在保持存疑，但也指出人们在生活中可以借助不相违背而相互印证的种种表象进行联想和猜测，分类查验、逐步“试错”，形成日常生活信念，这已触及休谟所说的“习惯是生活的向导”这一思想。休谟所谓的“习惯”是“不借理解的任何推论或过程”，经由同样的日常活动的不断重复而形成的一种倾向。[①] 显然，古今怀疑论者的作为日常信念的“可信的表象”和作为生活指南的“习惯”完全不是独断论者对外部实在这种非显明之物的本性所做出的逻辑论证，而是对表象或印象之间的恒常联系所持有的一种自然认可和遵循——生活世界的信念就是习惯性联想和记忆。当然，怀疑论并非否弃理性判断力本身，而是不让这种能力起飞，跨越显明的经验之域，涉足外部实在。

总之，从皮浪怀疑论的“跟着现象走”的四条行动准则，到学园派怀疑论阿尔克西劳的“正当理由”和卡尔内亚德的“可信的表象”，都在试图回答怀疑论者的生活方式何以可能，否弃独断哲学、去逻各斯中心主义的行动何以达致幸福。他们的回答是值得我们进一步深思的。至少他们在思想史上首次告诉我们并以行动例示，理性知识与幸福没有必然联系，基于显明经验所形成的习惯足以让我们活着；没有为纷争不息的独断哲学所烦扰的心灵也足以让我们宁静而幸福地活着。然而历史上之所以会有休谟式的误解，认为皮浪怀疑论“怀疑一切”，属于“极端”怀疑论，丧失行动，摧毁生活，或许这本身属于人心缪用“怀疑”一词，意图假设极端、确立自我立场的典型案例。真正的怀疑论从不会怀疑“我现在是否有两只手”、“是否有一个活着的身体”之类的问题，这些是清楚明白的常识，正常情况下是不会加以怀疑东西，除非像维特根斯坦所说，疯子或试图改变整个“生活形式”的人才会提出这种问题。皮尔士直言：“我们可以随心所欲地用疑问语气表达任何问题，但

① 休谟：《人类理解研究》，关文运译，第 41—43 页。

我们不能随心所欲地唤起怀疑，就好像我们不能随心所欲地唤起饥饿的感觉一样。”[①]因此，他称笛卡尔的“怀疑方法”应作为一种哲学思维的错误方法予以抛弃，因为笛卡尔的普遍怀疑随心所欲地唤起饥饿感：“我们不能从完全的怀疑出发。我们只能从开始研究哲学时就实际上已经具有的成见出发。这些成见不能由一条原理来消除，因为它们是我们从未想到可以受到质疑的东西。因此那种一开始的怀疑主义纯粹是一种自我批判，而不是真正的怀疑主义。”[②]也就是说，真正的怀疑主义一定是基于常识，对超越常识世界的哲学解释进行质疑。这正是塞克斯都每每强调的怀疑论的“习惯”：“我们质疑的不是现象而是对现象做出的那些解释”。而怀疑论的“现象”所涉及的“四条准则”也正是类似于维特根斯坦谈到的“世界图式”，即相当于由概念、信念和实践构成的完整的系统或框架，也即相当于一种“生活形式”。它被描述为“思想的河床”、“继承下来的背景”、“完整的图画”、“脚手架”、“一条不用的支线”等等，它为其他命题或信念提供根据或基础，但本身没有基础，是无根基的。因为它自身不是一个逻辑演绎系统，其中没有推证关系。因此“有根基的信念的根基处是没有根基的信念”[③]。也即，“生活形式”是超越怀疑的。我们无论检验什么东西，都预先假定了某个不受检验的东西。维特根斯坦问：“检验难

① 转引自 M. K. 穆尼茨：《当代分析哲学》，吴牟人、张汝伦、黄勇译，第 37 页。

② 转引自 M. K. 穆尼茨：《当代分析哲学》，吴牟人、张汝伦、黄勇译，第 36 页。

③ 维特根斯坦：《最后的哲学笔记（1950—1951）》，刘畅编译，韩林合主编：《维特根斯坦文集》第 8 卷，商务印书馆 2020 年版，第 153 页。

道没有一个尽头吗？”[①] 所以，“怀疑出现在相信之后”[②]。

然而，生活世界是否可以完全规避批判、超越怀疑，成为一切自然主义、反本质主义、反智主义和虔信主义的“安全”栖息地？常识、习惯和传统难道天然就是合理的吗？再者，理性判断力之光试图跨越经验、烛照未知的外部实在是否也是人类的另一种“自然”或“习惯”？我们认为，怀疑与独断、启蒙与反智、自由与保守，凡此种种二元对立的“界”本身也需要不断地被跨越，就像怀疑论不断跨越柏拉图与黑格尔所确立的真理与幻象、实在与表象、理性与感性这样的“界”。德里达说，“越界”（transgressing the limit）表明“界”每每发生作用，因此越界不是一蹴而就的既成事实（fait accompli）。[③] 存疑在路上，存疑的存疑也永远在路上，或许这正是哲学和人类本身的宿命。

① 维特根斯坦：《最后的哲学笔记（1950—1951）》，刘畅编译，韩林合主编：《维特根斯坦文集》第 8 卷，第 138 页。

② 维特根斯坦：《最后的哲学笔记（1950—1951）》，刘畅编译，韩林合主编：《维特根斯坦文集》第 8 卷，第 137 页。

③ J. Derrida, *Positions*, Chicago: University of Chicago Press, 1981, p. 12.

翻译说明

1. 译文所依据和参考的主要文本

本书的翻译依据 H. Mutschmann and J. Mau, *Sexti Empirici Opera*, vol. 2: *Adversus Dogmaticos* (Teubner, Leipzig, 1914)，从希腊文译出；另参照 R. G. Bury, *Sextus Empiricus,* vol. 2: *Against The Logicians*, Loeb Classical Library (Harvard University Press/London, Heinemann, 1935) 希腊文本校阅。译注参考了几种英译本：R. Bett, *Sextus Empiricus: Against The Logicians* (Cambridge University Press, 2005); C. B. Inwood and L. Gerson, *Hellenistic Philosophy: Introductory Readings* (Hackett, 1997)；P. P. Hallie, ed., and S. G. Etheridge, tr., *Sextus Empiricus: Selections from the Major Writings on Scepticism, Man, and God* (Hackett, 1985）。

2. 译文使用的符号

〈　〉：希腊原文断章处，古典学者根据上下文做出的补缀。

［数字］：贝克尔（Bekker）标准段数，例如［66］，表示第 66 段。引述时按通行惯例一般表述为：文献缩写 + 卷数 + 段数。例如，*PH* 3. 66，即《皮浪学说概要》第 3 卷，第 66 段。

【　】：译者提示内容。

3. 文献缩写

为方便研究者查找原文出处，我们对注释中列出的外文文献不做翻译。注释中涉及翻译所使用的主要古代文献（荷马、悲剧诗人、柏拉图、亚里士多德等著作除外）、近现代学者辑录评注的文本以及工具书，全部使用业界通用缩写。

缩写说明如下：

M	Sextus Empiricus, *Adversus Mathematicos*（塞克斯都·恩披里柯：《反学问家》）
PH	Sextus Empiricus, *Pyrrhoniae Hypotyposes*（塞克斯都·恩披里柯：《皮浪学说概要》）
DL	Diogenes Laertius, *Vitae Philosophorum*（第欧根尼·拉尔修：《名哲言行录》）
PE	Eusebius, *Praeparatio Evangelica*（尤西比乌斯：《福音的准备》）
KD	Epicurus, *Kyriai doxai*（伊壁鸠鲁：《主要原理》）
Lucre	Lucretius, *De Rerum Natura*（卢克来修：《物性论》）
Acad	Cicero, *Academica*（西塞罗：《学园派》）
Tusc	Cicero, *Disputationes Tusculanae*（西塞罗：《图库兰辩》）
Fin	Cicero, *De finibus*（西塞罗：《论目的》）
Fat	Cicero, *De fato*（西塞罗：《论命运》）
Nat Deorum	Cicero, *De natura deorum*（西塞罗：《论神的本性》）

ad Att	Cicero, *Epistulae ad Atticum*（西塞罗：《致阿提卡人》）
SVF	*Stoicorum Veterum Fragmenta*, edited by H. von Arnim（冯·阿尼姆编：《早期斯多亚派残篇》）
DK	*Die Fragmente der Vorsokratiker*, herausgegeben von H. Diels und W. Kranz（H. 第尔士、W. 克兰兹编：《前苏格拉底残篇》）
LS	H. Liddle, R. Scott, *Greek-English Lexicon*（H. 里德勒、R. 司格特：《希英大辞典》）

另外，对注释中出现的翻译所依据和参考的希腊文版本，我们使用出版社或丛书名称指代，现代译本则使用译者名字指代：

Teubner	H. Mutschmann and J. Mau, *Sexti Empirici Opera*, vol. 2: *Adversus Dogmaticos* (Teubner, Leipzig, 1914).
Loeb	R. G. Bury, *Sextus Empiricus,* vol. 2: *Against The Logicians,* Loeb Classical Library (Harvard University Press, 1933).
Inwood	C. B. Inwood and L. P. Gerson, *Hellenistic Philosophy: Introductory Readings* (Hackett, 1988).
Bett	R. Bett, *Sextus Empiricus: Against The Logicians* (Cambridge University Press, 2005).

4. 人名注释说明

本书对出现的一般人物进行注释（但常见人物，如毕达戈拉、赫拉克利特、德谟克里特、巴门尼德、苏格拉底、柏拉图、亚里士多德等除外）。注释依据 S. Hornblower and A. Spawforth, eds., *The Oxford Classical Dictionary* (Oxford University Press, 1996); D. J. Zeyl, ed., *Encyclopedia of Classical Phlosophy* (Greenwood, 1997) 以及其他相关文献。涉及神话专名注释依据 M. H. 鲍特文尼克等：《神话词典》，商务印书馆 1985 年版。

5. 书名及章节说明

本书希腊文本原无名称和章节目录，此乃后世古典学者所加。《反逻辑学家》指塞克斯都《反学问家》的第 7、8 卷（*M* 7-8），这里我们沿用这个分法及书名。为方便阅读，我们参照古典学者所加章节目录，并根据实际内容进行调整，重新题写目录。

6. 附录说明

为准确和深入理解这部经典，我们在附录部分提供了学园派怀疑论这一皮浪主义的“近亲”的基本文献，从第欧根尼·拉尔修（以下简称第欧根尼）《名哲言行录》第 4 卷、西塞罗《论学园派》以及塞克斯都《皮浪学说概要》等有关章节进行辑录、翻译和注释。另在附录部分全文翻译了第欧根尼的《名哲言行录》第 7 卷，即斯多亚卷，涉及早期斯多亚派的芝诺、科莱安特、科律西波等人的主要思想，尤其对于逻辑学部分，读者可与《反逻辑学家》有关章节对比阅读，相互印证和补充许多关键概念和观点。

目　录

第 一 卷

第 二 卷

附　　录

第一卷

一、哲学的划分

[1] 关于怀疑论的能力或意义的（dunameōs）[①] 一般特征，已用恰当的讨论方式予以表明，一方面通过直接陈述，一方面通过区分与之相近的哲学做出概括（ektupōtheis）。[②] 依照顺序，剩下的任务是解释如何将之用于哲学的特殊部分，以免当我们自己探究事物或对独断论者进行反驳时陷入鲁莽。[2] 因为哲学是某种纷繁复杂的东西，为了有序而系统地研究每一种，我们必须对它的部分做出简要的划分。

直接说来，某些人似乎认为哲学只有一个部分，某些认为有两个，某些认为有三个。在主张哲学只有一个部分的人当中，某些主张是物理学，某些主张是伦理学，某些主张是逻辑学。[3] 同样，在那些把哲学分成两个部分的人当中，某些分成物理学和逻辑学，某些分成物理学和伦理学，某些分成逻辑学和伦理学。[4] 那些把哲学分成三个部分的人，他们一致同意分成物理学、逻辑学和伦理学。[③]

[5] 主张哲学只有物理学一个部分的是泰勒斯、阿那克西美

① dunamis（动词为 dunamai），一般指“能力”、“功能”、“力量”等，该词还引申为语词的“意义”或“含义”（meaning of a word）（参见 LS, 452）。据塞克斯都，怀疑论被理解为一种把现象和思想以各种方式对立起来，从而达致“存疑”（epochē）、获得宁静的“能力”（dunamis）（参见 *PH* 1. 8-10）。

② 指《皮浪学说概要》（*Pyrrhoniae Hypotyposes*）第 1 卷所做的工作。

③ 这种划分参见 *PH* 2. 12 及其以下。

尼、阿那克西曼德、恩培多克勒、巴门尼德和赫拉克利特，其中对泰勒斯、阿那克西美尼和阿那克西曼德，人人同意，没有分歧；但对恩培多克勒、巴门尼德和赫拉克利特，意见并非完全一致。[6] 因此亚里士多德说[①]，恩培多克勒把修辞术，这种辩证法与之“对应”（antistrophon）的东西，也即与之“相等”（isostrophon）的东西作为出发点，因为它关涉（strephesthai）同样的质料，正如诗人称奥德赛（Odysseus）“神一样的”（antitheon），即“等于神的”（isotheon）。[7] 巴门尼德似乎不是没有辩证法经验（apeirōs），既然亚里士多德一再把他的朋友芝诺视为辩证法的开创者。就赫拉克利特而言，他是否不仅是一位物理学家，而且还是一位伦理哲学家，这点也是有疑问的。[8] 但无论如何，这些人是物理学部分的前贤（prosantes）。但苏格拉底，至少按他的另外一些朋友的说法[②]，他只关心伦理学部分，因为色诺芬在《回忆录》[③] 中公开说，苏格拉底把物理学作为超越我们能力的东西完全否定（aparneisthai），只在伦理学上花费时间（scholazein），因为它关乎我们自身。提蒙[④] 也看到这点，在某处他说：

① 亚里士多德在《修辞术》开篇第一句（Aristotle, *Rhetorica*, 1354a1）称修辞术是辩证法的“对应部分”，但涉及恩培多克勒和芝诺的表述似乎出自他的遗失著作《智者篇》（*Sophist*）。参见 DL 8. 57。

② 除柏拉图以外的学生。

③ 参见 Xenophon, *Memorabilia*, 1. 1. 11 以下。

④ 提蒙（Timon，约公元前 320—前 230 年），皮浪（Pyrrho）的学生，早期皮浪派的主要代表。著有《讽刺诗》（*Silloi*），以讽刺诗体对独断论哲学的各种命题进行调侃。另著有对话体著作《彼提亚》（*Pytho*），设想他（或某个假想人物）与皮浪在去德尔菲神庙的路上进行对话，其作品均已遗失。

从这些东西转身离去，这位石匠，法律的鼓噪者。[①]

也即由自然之物转向伦理学的思辨（theōrian）。提蒙之所以给他冠以“法律的鼓噪者”（ennomoleschēs），是因为讨论法律属于伦理学的一部分。[9] 然而柏拉图却把哲学的所有部分归功于他。逻辑学，就他被作为定义、划分和词源学（属于逻辑学）的探究者引入而言；伦理学，则是因为他讨论德性、政制和法律；[10] 物理学，是因为他对宇宙、动物生成和灵魂做出某些哲学思考。因此，提蒙指责柏拉图以博学多识来如此美化（kallōpizein）苏格拉底：他说，因为“此人不愿意他一直是一个伦理说教者（hēthologon）”。

[11] 按某些人的说法，居勒尼派似乎只乐意接受伦理学部分，而把物理学和逻辑学作为一种对幸福生活无所贡献的东西弃之一侧。但有人认为这种说法可以被下述事实推翻：因为他们把伦理学分成有关选择与规避的论题，然后分成有关感受、活动、原因以及最后分成有关证据的论题。他们说，在这些东西中有关原因的论题来自物理学部分，有关证据的论题来自逻辑学部分。[12] 开俄斯的阿里斯图[②]，如某些人所说，不仅抛弃了物理学和逻辑学的思辨，因为它们毫无用处并有害于从事哲学的人，而且还

① 出自提蒙的《讽刺诗》〔*Silloi*（*Lampoons*）〕，为第欧根尼所引证（参见 DL 2. 19）。据说苏格拉底子承父业，早年曾做过石匠。提蒙这句诗使用双关手法：“石匠”暗指与物打交道，“法律的鼓噪者”象征与人打交道，以调侃口吻说苏格拉底背弃物理学，转向伦理学。

② 阿里斯图（Ariston，公元前 3 世纪中叶），开俄斯（Chios）人。斯多亚派芝诺的学生。他引入“无差别”（adiaphoria）概念，认为除了德性和邪恶，介于两者之间的“中间之物”本性上价值无别（*M* 11. 64-67）。

规定了伦理学的论题，比如劝勉的和训诫的论题。他认为这些事情属于乳母和儿童教导者，然而为了有福地活着，这个理据已经足够：使人亲近德性、疏离邪恶、放下多数人因受其鼓噪而过得不幸的那些“中间之物”。[13] 潘多伊德斯①、阿莱克西努斯②、欧布里德③、布鲁松④、第奥尼索多勒斯⑤和优提德谟斯则倾向于逻辑学部分。

[14] 在主张哲学有两个部分的人当中，科勒封（Colophon）的克塞诺芬尼，如某些人所说，探求物理学和逻辑学两者，雅典的阿尔凯劳斯⑥则探求物理学和伦理学。而某些人把伊壁鸠鲁和阿尔凯劳斯归在一起，因为他也抛弃了逻辑学的思辨。[15] 但还有另外一些人，他们说伊壁鸠鲁并没有在普遍意义上抛弃逻辑学，只是抛弃了斯多亚派的逻辑学，因此实际上他依然保留了哲学的三个部分。⑦还有一种观点，即声称哲学的部分有伦理学和逻辑学，

① 潘多伊德斯（Panthoides，约公元前 299—前 265 年），辩证法家。著有《论歧义》（*peri amphibolion*），斯多亚派的科律西波（Chrysippus）对之予以反驳。曾与狄奥多罗（Diodorus）围绕必然与可能进行论辩。

② 阿莱克西努斯（Alexinus，公元前 4 世纪晚期—前 3 世纪早期），辩证法家，欧布里德（Eubulides）的继承人。围绕修辞术、荷马诗篇，尤其是斯多亚派推理的各种论题进行反驳。

③ 欧布里德（Eubulides，公元前 4 世纪中叶），辩证法家，麦加拉派创始人，提出“说谎者辩”等悖论。

④ 布鲁松（Bryson，公元前 4 世纪早期），亚里士多德曾六次提到他，有两次称之为智者，三次说他试图把圆形换算成等面积的正方形，一次说他论证秽语之不可能性。

⑤ 第奥尼索多勒斯（Dionysodorus，公元前 5 世纪），智者。与其兄弟优提德谟斯（Euthydemus）建立诸多诡辩论证，两人均被柏拉图提及。

⑥ 阿尔凯劳斯（Archelaus，约公元前 5 世纪），雅典人，自然哲学家。似乎接受阿那克萨戈拉学说。

⑦ 这段文字涉及一个有争议的，也是理解伊壁鸠鲁哲学非常关键的问题：伊壁鸠鲁派究竟有没有自己的“逻辑学”（辩证法）？从塞克斯都、第欧根尼、西塞罗等几个有关文本来看，伊壁鸠鲁派对一切流行的逻辑学，尤其是斯多亚派逻辑学持批判态度，认为逻辑学的技艺是多

如苏提翁[①]所证实的，被某些人归于居勒尼派。

［16］然而，这些人似乎以一种有缺陷的方式（ellipōs）处理问题，与之相比，那些声称哲学一部分是物理学，一部分是伦理学，一部分是逻辑学的人，其处理方式则是比较完善的。他们当中，柏拉图实际上是创始人（archēgos），因为他讨论了大量的物理学问题、大量的伦理学问题以及为数不少的逻辑学问题。但最为公开坦诚地接受这种划分的是色诺克拉底[②]、漫步派和斯多亚派。［17］因此，他们貌似可信地（pithanōs）[③]把哲学与缀满各种果实的果园相比，以至于把物理学比作果树的高度，把伦理学比作果实的营养，把逻辑学比作围墙的坚硬。［18］另外一些人称哲学与鸡蛋相似。因为伦理学像蛋黄，有人说是雏鸡，物理学像蛋清，是蛋黄的营养，逻辑学像外部的蛋壳。［19］鉴于哲学的部分相互

（接上页）余而无用的，无助于把握真知识。为此他引入了自己的"准则学"（Canon），这种辨别真假的标准。其"准则学"的核心思想是坚持"一切感觉为真"，把知识的标准还原为感觉经验，即"常识"或"前见"（prolēpsis）。感觉永远不会出错，出错的是对感觉的理性判断（DL 10.31-33）。因此伊壁鸠鲁自己的"逻辑学"是基于自然本身的逻辑，这种自然逻辑也就是他的原子论物理学。他认为"辩证法无益于增进人们的生活和思想，但认为物理学是最为重要的。正是通过这种知识，语词的意义、表达的本质、同一（consequentium）与对立（repugnantiumve）的规律得以理解"（*Fin* 1. 63）。可见，伊壁鸠鲁试图以"自然辩证法"矫正"理性辩证法"。在这种意义上，伊壁鸠鲁有自己的"逻辑学"。

① 苏提翁（Sotion，约公元前200—前170年），亚历山大利亚人，漫步派学者。著有《哲学家师承录》（*diadochai*）和提蒙《讽刺诗》评注。他似乎是以师承关系书写哲学流派史的第一人，这无疑影响了第欧根尼，后者在其《名哲言行录》中引述他21次。他或许提出希腊哲学自泰勒斯开始，米利都派的创始人是泰勒斯的观点；又提出斯多亚派思想可经过犬儒派追溯到苏格拉底。

② 色诺克拉底（Xenocrates，公元前396—前314年），继斯彪西波（Speusippus）后学园派的第三任领袖。

③ 这里文本有分歧。Bekker校勘为pithanōs（似乎可信地），Mss校勘为apithanōs（不可信地）。

之间是不可分离的，而果树看上去与果实有别，围墙则与果树分离，因此波西多尼俄斯[①]宁愿坚持把哲学同动物相比，把物理学比作血和肉，逻辑学比作骨和腱，伦理学比作灵魂。[②]

［20］既然哲学有三个部分，那么一些人把物理学列为第一个部分，因为有关物理学的课业（pragmateia）[③]既在时间上（chronōi）在先（presbutatē），以至于直到今天那些最早从事哲学的人被称作物理学家，也在编排顺序上（taxei）在先，因为首先讨论普遍的东西，然后探究特殊的东西和人本身是恰当的。[④]［21］还有一些人从伦理学开始，因为这些是更为必需的并激励（epispōntōn）我们达致幸福的东西。正如苏格拉底宣称，不要研究其他任何东西，除了

家里曾发生过什么坏事和好事。[⑤]

［22］伊壁鸠鲁派由逻辑学出发，因为他们首先考察（epitheōrousin）“准则问题”（ta kanonika）[⑥]，检视显明的、非显明的和与之相关的

① 波西多尼俄斯（Poseidonius，约公元前 135—前 50 年），中期斯多亚派代表，帕那爱修斯（Panaetius）的学生。

② 有关哲学三个部分的划分及其比喻，第欧根尼与塞克斯都的记述基本相同，但略有出入（DL 7. 39-41）。

③ 该词原指处理事情的程序和模式，这里指课业或课程，也多次出现在第欧根尼的文本中（DL 10. 30, 35, 83）。

④ 这里我们看到晚期希腊哲学家已经提出哲学史叙述方法问题，触及了历史与逻辑的统一性原则。

⑤ 本句出自荷马（Homer, *Odyssey*, 4. 392）。在谈论苏格拉底伦理学的语境下，塞克斯都还在其他地方引过该句（*M* 11. 2），第欧根尼也引用过（DL 2. 21）。

⑥ 即关于正确推理的原则，伊壁鸠鲁在这个论题上的著作被称作《准则学》（*Kanōn*）。

东西。斯多亚派自己声称，逻辑学居于首位，伦理学次之，物理学最后。[23] 因为首先心灵必须筑牢（katēsphalisthai），以确保传授之物不会动摇，而辩证法的论题是能强化（ochurōtikon）思想的；其次，为了习性的改善（pros beltiōsin tōn hethōn），我们必须增加伦理学的思辨，因为在逻辑能力既已存在的基础上，心灵接受这种东西是不会有危险的；最后，我们必须引入物理学的思辨，因为这是一个更为神圣、需要更加深入关注的论题。

[24] 以上就是他们所谈论的东西，当下我们不去探究这些东西的细节。但这点我们要说，如果在哲学的所有部分当中真理是必须要去追问的东西，那就不得不首先具备可信的出发点（tas archas）和辨识这个真理的方式（tropous）；而逻辑学的论题关涉标准和证明的思辨；所以，这正是我们应当由此出发的地方。

[25] 既然清楚明白的东西被认为是通过某种标准被直接认识的，而非显明的东西则是通过记号和证明，根据来自清楚明白的东西的推演（metabasin）来追寻的，那么为有利于对独断论者的研究，让我们在顺序上首先探究是否存在着一种通过感觉或心灵直接作用于我们的那些东西的标准，然后探究是否存在着某种能表明（sēmeiōtikos）或证明非显明之物的方式。[26] 我认为，一旦这些东西被消除，有关存疑的必然性就不会有任何疑问。因为真理既不会在昭然若揭的东西中，也不会在昏暗不明的东西中发现。那就让我们从标准的论证开始，既然它被认为关涉所有理解的方式。

二、标准的意义

［27］关于标准的研究普遍存在着争议，这不仅因为人在本性上是热爱真理的动物，而且在于最高层次（genikōtatas）的哲学学派对最重要的东西做出判断。因为要么，如果事物真实性的准则（kanonos）是根本发现不了的，独断论者的那些宏大而庄重的自我吹嘘将必然被完全否弃；要么相反，如果某种能引导我们通向真理的理解的东西是显而易见的，怀疑论者将被指责为鲁莽行事（propeteis），粗暴攻击人们的共同信念（tēs koinēs pisteōs）。另外，如果我们竭力去研究外在的标准，比如尺、规、量、衡，而忽视了属于我们自己的，被认为能够验证这些外在之物的东西，那的确是匪夷所思的。［28］由于我们的研究涉及整个主题，我们将依次进行讨论。既然命题包括两个部分，即标准和真理，那就让我们对每一部分分别做出论述，有时以解释的方式（exēgētikōs）指出标准和真理有多少种用法，按独断论者它们的本性是什么，有时则以更加质疑的态度（aporētikōteron）[①]探究此类东西是否能真实存在。

① 该词是形容词 aporētikos 的比较级，指“怀疑的”或“犹疑的”。皮浪派也把自己称作 aporētikē，即“犹疑派”或“辩难派”（*PH* 1. 7）。动词形式为 aporeō，指“充满困惑”、“犹疑不决”、“诘难”、“辩难”。相关形容为 aporos，构词意义指“无路可走的”、“不可行的”、“行不通的”，引申为“疑惑不解的”、“困难的”。我们根据不同语境翻译这些词汇及其衍生词，并根据需要标示出原文。

［29］首先，标准（我们必须由之出发）一词是在两种意义上被称谓的。第一种是我们做这些而不做那些所诉诸的东西，第二种是我们说这些存在而那些不存在，这些为真而那些为假所诉诸的东西。有关前者我们在论怀疑派的方法一节中做过讨论。[①]［30］因为以怀疑方式做哲学的人（aoporētikōs philosophounta），如果不至于完全丧失活动能力（anenergēton）、在生活中无所作为（aprakton）的话，必然会具有选择和规避的标准，即现象或显现之物（phainomenon）[②]，正如提蒙所证实的，他说：

> 所到之处，现象无不强劲有力（pantēi sthenei）。[③]

［31］另外一种标准，我指的是有关真实存在的和当下我们所要研究的标准，似乎有三种用法：一般的、特殊的和最特殊的。一般意义上是指一切关乎理解的尺度，按照这种意义，甚至自然的标准，如视觉、听觉和味觉也被认为与这一名称相适。［32］特殊意义上是指一切关乎理解的技艺的尺度，据之人们把度、量、尺、规称为标准，仅就它们是技艺性的，而不是视觉、听觉以及一般意义上其他普通感官，这些自然构成的东西。［33］更为特殊意义上是指一切理解非显明之物的尺度，据之生活器物（ta biōtika）不

---

① 这里指 *PH* 1. 21-24 有关行动标准的讨论。

② 怀疑派强调“现象”是生活的向导：“通过诉诸现象，我们可以按照生活准则不持有任何信念地（adoxastōs）活着，因为我们不可能完全失去活动。”（*PH* 1. 23）。有关怀疑论者是否能够生活的论述，参见 *M* 11. 162-166. DL 9. 104-105 和 *PE* 14. 18. 25-26。

③ 第欧根尼也引过本句（参见 DL 9. 105），据称原文出自提蒙的 *Indalmoi*（*Images*）。

再被说成是标准，只有逻辑学的，也即独断论哲学家为发现真理所引入的那些东西被称作标准。

[34] 既然标准一词被在多种意义上称谓，那么我们当下的任务在于首先探究逻辑学的标准，这种为哲学家们所喋喋不休的东西，随后涉及每种生活上的标准。[35] 对逻辑学的标准进行再划分也是可能的，把一种形式的标准称作“被什么”（huph’hou），一种称作“由什么”（di’hou），一种称作“作用”（prosbolē）和“状况”（schesis）。“被什么”，也就是人；“由什么”，即感官；第三种形式，即表象的作用。[36] 正像在验证物体的轻重方面有三种形式的标准：称量者、称和称的设置；其中称量者是标准“被什么”，称是“由什么”，称的设置是“状况”。又如为了鉴别物体的曲直需要有工匠、尺以及尺的作用。同样，在哲学上为了辨识事物的真假，我们需要前面提到的三种标准。[37] 人，判断“被他”做出，类似于称量者或工匠。感觉和思想，判断“由之”发生，类似于称和尺。表象的作用，人们“据之”进行判断，类似于前面提到的工具的状况。那么就当下而言，对这种逻辑学的标准首先予以讨论是必需的。

三、“真”与真理的区别

[38] 有些人，尤其是斯多亚派，认为真理在三种方式上有别于“真”：本质上、构成上和潜能上。本质上，就真理是有形

的，“真”是无形的而言。[①] 他们称这点是有理据的（eikotōs）。因为后者是命题（axiōma）[②]，命题是意谓（lekton）[③]，意谓是无形的。相反，真理是有形的，仅当它被认为是那种能揭示一切真东西的知识，［39］而所有知识是灵魂中枢（hēgemonikon）[④] 的一种状态（pōs echon），就像拳头被想象成手的一种状态。按照他们的说法，灵魂中枢是有形的，因此真理在种类上（kata genos）也属于有形的东西。［40］构成上，就“真”被思想为一种本性上单一的和简单的东西而言，比如，当下“这是白天”，“我正在谈话”。而真理，既然由知识构成，则恰恰相反，被理解为复合性的和由多种要素组成的东西。［41］正像民众（dēmos）是一回事，公民（politēs）是另一回事，民众是来自许多公民的集合体，而公民是一个个体。同理，真理有别于“真”，真理类似于民众，“真”类似于公民，因为前者是复合的，后者是简单的。［42］在潜能上它们相互有别，因为“真”并非完全依赖于知识（实际上，愚人、未成年人和疯子有时也会说出某些真话，但他们没有真知识），而真理被认为是基于知识的。因此，凡具备这种东西的人就是智者（因为他拥有真东西的知识），他永远不会欺骗（pseudetai），尽管

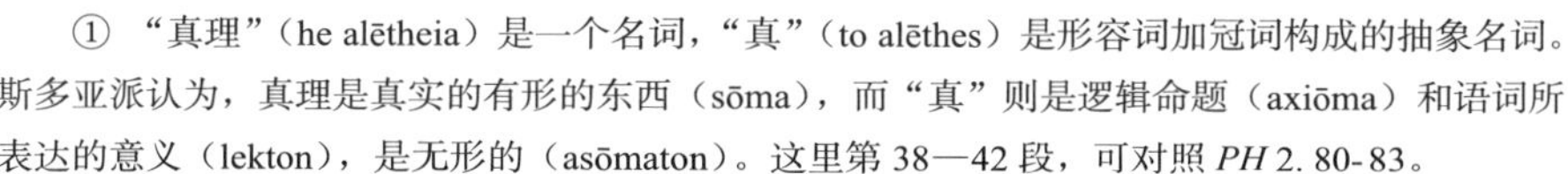

① “真理”（he alētheia）是一个名词，“真”（to alēthes）是形容词加冠词构成的抽象名词。斯多亚派认为，真理是真实的有形的东西（sōma），而“真”则是逻辑命题（axiōma）和语词所表达的意义（lekton），是无形的（asōmaton）。这里第 38—42 段，可对照 *PH* 2. 80-83。

② 斯多亚派逻辑术语，指“判断”、“命题”、“陈述”、“语句”。axiōma 有简单的和复杂的之分。

③ 斯多亚派逻辑术语，原指“所说的东西”，我们译作“意谓”。斯多亚派把词项分成三个部分：一是名称（nomos）；一是名称所指示的外部对象（ektos）；一是名称所表达的意义，即“意谓”（lekton）。

④ 原指“灵魂占主导地位的部分”，我们这里译作“中枢”。

有时会说某些假话（pseudos），因为他说这些假话并非出于恶的意念，而是出于良苦之用心（asteios）[①]。[43] 正如一位医生就病人的救治说了一些假话，答应给他什么但没有给他，他说了某些假话但并非欺骗，因为他采取这种“缓兵之计”[②] 正是为救治他所负责的病人。又如，一个最优秀的指挥官为鼓舞麾下的士气常常编造来自盟邦的信息，他说了一些假话但并无欺骗，因为他这样做并非出于恶意。[44] 再如，一位语法家在给出病句的例子时引用病句（soloikismon），但他并非犯有语病（soloikizei），因为这不是出于对正确词句的无知犯下的。因此智者，即具有真东西的知识的人，有时也会说假话但永远不会欺骗，因为他没有赞同假东西的意念。[45] 他们称，从以下所示事例可以明白，欺骗者必须由其意向（diatheseōs）而不是由其纯粹的言辞来判断。“掘墓人”（tumbōruchos）一词，既可以指为掠夺尸体而做此事的人，也可以指为尸体挖掘墓穴的人。但第一种人要受惩罚，因为他出于恶意而为之；第二种人则出于相反的原因，会得到服务的酬报。因此十分明显，说假话大大有别于欺骗，因为前者出于良苦之用心，欺骗则出于邪恶之念头。

四、关于标准问题的争论

[46] 首先就某些人所主张的真理观做出陈述之后，接下来

① 该词原指“谦和”、“雅致”、“机智”、“精心”等。

② 原文为 lambanei ten anaphoran。anaphora 一词指“缓解”、“延缓”等意。

让我们研究一下发生在独断哲学家当中有关标准的分歧。当我们研究标准的真实性时，必然会同时思考它究竟是什么。[47] 有关这一论题呈现出诸多不同的划分。但目前对我们来说，称一些人否弃标准，另一些人坚持标准已足够。在坚持者当中主要有三种观点：有些在理性中坚持它，有些在非理性的清楚经验中坚持，有些在两者中坚持。[48] 而科勒封的克塞诺芬尼、科林斯（Corinth）的克塞尼亚德[①]、西徐亚（Scythia）的阿那卡尔西斯[②]、普罗塔戈拉和第奥尼索多勒斯则否弃标准。此外莱昂提尼（Leontini）的高尔基亚、开俄斯的美特罗多鲁斯[③]、"幸福主义者"（ho eudaimonikos）阿那克萨尔科斯[④]和犬儒派的莫尼穆斯[⑤]也是如此。[49] 在这些人当中，按某些人的说法，克塞诺芬尼以其声称"一切是不可理解的"而占一席之地，他在这段文字中写道：

> 关于神和我所说的一切，
> 无人见过，也将不会有人知道清楚明白的事实。

---

① 克塞尼亚德（Xeniades），生平不详，据塞克斯都，德谟克里特曾提到他，说他主张万物为假，所有表象和意见都是骗人的。

② 阿那卡尔西斯（Anacharsis），生平不详，传说是西徐亚的王子，有不少假托他的名义的作品广为流传。

③ 美特罗多鲁斯（Metrodorus，公元前 4 世纪早期），开俄斯人。德谟克里特的学生。对知识持怀疑倾向。

④ 阿那克萨尔科斯（Anaxarchus，约公元前 380—前 320 年），阿布德拉（Abdera）人，皮浪的老师，与亚历山大大帝交往密切。可能与皮浪一起随亚历山大大帝的东征军队到过波斯和印度，与当地裸体智僧有所交往。

⑤ 莫尼穆斯（Monimus，公元前 4 世纪），叙拉古（Syracuse）人，师从犬儒派创始人辛诺普（Sinope）的第欧根尼和忒拜（Thebes）的克拉特（Crates）。曾是奴隶，为追随第欧根尼装疯，后被主人释放。

> 即使他的确碰巧说出绝对完善的东西（tetelesmenon），
> 无论如何他自己也不知道，因为意见造就（tetuktai）一切。[①]

这里“清楚明白的事实”（to saphes），他似乎指“真的东西”（ta’lēthes）和“熟悉之物”（to gnōrimon）。正如诗云：

> 简单（haplous）本性上是真理的言辞。[②]

［50］而“人”[③]似乎指“人类”，以特殊词项代替普遍词项，因为“人”是“人类”的特殊形式。语词的这种使用方式也常见于希波克拉底。当他说“女人不会生在右面”，也就是说“雌性不会在子宫的右边部分聚成”。[④]“关于神”，是以举例的方式指某种非显明之物，而“意见”（dokos）是指 dokēsis 和 doxa。[⑤]［51］因此，他的这句话展开来说（kata explōsin）是这样的：“至少在非显明的事物上，人类根本不知道真的和熟悉的东西。即使偶然碰到这种东西，无论如何他也不知道自己已碰到它，而是想象

① 这段文字还出现在本书的其他两处（*M* 7. 110, 8. 326）。另前两行也被第欧根尼和普鲁塔克引用过（DL 9. 72. Plut. *Aud. Poet*. 2. 17D）。对本段的理解可以参考 J. H. Lescher, *Xenophanes of Colophon*, University of Toronto, 1992, pp. 155-169; Daniel W. Graham, *The Texts of Early Greek Philosophy* (Part 1), Cambridge University Press, 2010, p. 127; Richard D. McKirahan, *Philosophy before Socrates*, Hackett, 2010, p. 67; Andre Laks and Glenn W. Most, *Early Greek Philosophy* (III, part 2), Harvard University Press, 2016, p. 54。

② Euripides, *Phoenician Women*, 469.

③ 原文“人”用的是阳性名词“男人”（ho anēr），所以是“人类”的一种特殊形式。

④ 这句话是指以特殊词项“女人”（gunē）替代了普遍词项“雌性”（thēleia）。

⑤ 这三个词都是“观念”或“意见”的意思。但 dokos 一词在塞克斯都文本中少见。

（oietai）和认为（dokei）这样。”［52］因为，正像如果我们假设某些人在一间装满财宝的黑暗的屋子里寻找金子，那么将发生的是，一旦他们当中每个人抓到放在这间屋子里的某件财宝，都会想象自己触到了金子，但他们当中将无人能确信自己已碰到金子，尽管十分幸运他确实碰到了金子。[①] 同样，一大群哲学家为探寻真理涌入这个宇宙，就像走进一个巨大的房屋，而那个已把握真理的人可能并不相信自己已命中目标（eustochēsen）。

因此，克塞诺芬尼说真理的标准不存在，因为在所研究的事物的本性上没有任何可理解性。［53］科林斯的克塞尼亚德，这个德谟克里特曾提到的人，声称万物为假，所有表象和意见都是骗人的，一切生成之物生于“无”（mē ontos），一切消亡之物亡于“无”[②]。因此实际上他与克塞诺芬尼持相同的立场。［54］因为如果没有任何为真之物与假的东西区分开来，而是万物为假并因此是不可理解的，那么就不会有任何能够辨别这些东西的标准。而万物为假并因此是不可理解的，这点由感觉所受到的指责可以表明。因为如果一切事物的最高标准为假，则万物必然为假；而感觉是一切事物的最高标准，它被表明为假；所以万物为假。

［55］正如他们所说，西徐亚的阿那卡尔西斯也否弃了那种能判断一切技艺的东西的可理解性，并强烈抨击希腊人对这种东西所赋予的特权（epitimai）。他说，谁是通过技艺判断某个事物的

① 这里把寻找非显明之物的真理比喻为“在黑屋子里摸金”，后面又比作“在黑暗中射箭”（参见 *M* 8. 325）。

② 多数希腊自然哲学家认为“无”不能生“有”，“有”不能变“无”，万物的元素或本原是永恒的，生成与毁灭是元素的聚合与解体。克塞尼亚德的观点属于极少数。

人？是门外汉（idiōtēs）还是有技艺者（technitēs）？[①]当然我们不能说是门外汉，因为他缺乏有关特殊技艺的知识。正像盲人无法获得视觉功能，聋子无法获得听觉功能，同样无技艺者也不会敏于（oxuōpei）理解那些通过技艺所完成的事情。如果我们确信他对任何有技艺的事情的判断，那么无技艺与有技艺将没有区别，这是荒谬的。因此，门外汉不是技艺专有特性的判断者。[56] 剩下要说的是，有技艺者是技艺的判断者，这也是不可信的。因为或同行（homozēlos）判断同行，或非同行（anomozēlos）判断非同行。但一个行当的人不可能判断另一个行当的人，因为他熟悉的是自己的技艺，[57] 对其他行当的技艺他处于门外汉的境况。同行也不能验证（dokimazein）同行。因为这正是我们所要研究的问题：谁是那些仅当从事相同技艺，拥有同一能力的人的判断者？此外，如果一个同行判断另一个同行，同一个东西将既是判断者（krinon）又是被判断者（krinomenon），既是可信的又是不可信的。[58] 因为，就他是被判断者的同行而言，他自己也将是被判断的和不可信的。就他做出判断而言，他将是可信的。但同一个东西既是判断者又是被判断者，既是可信的又是不可信的，则是不可能的。所以不存在任何一个通过技艺做出判断的人，由于这个原因也就不存在标准。[59] 因为标准中一些是技艺的，一些是非技艺的，由于前面提到的原因，非技艺的标准不能判断（就像门外汉不能判断），技艺的标准也不能判断（犹如有技艺者不能判断）。所以无物是标准。

① 参见 *PH* 3. 259。

［60］有些人还将阿布德拉的普罗塔戈拉列入否弃标准的哲学家阵营，既然他称一切表象和意见为真，而真理是某种相对之物，因为所有显现给某人或被某人所认为的东西相对于他直接是真实存在的。在《反驳篇》（*kataballontōn*）的开端[①]他说："人是万物的尺度，既是存在者之为存在的尺度，也是非存在者之为非存在的尺度。"[②]［61］而反对论证似乎也能证实它（marturein）。因为如果某人说人不是万物的尺度，他将确证人是万物的尺度。因为说话者本身是一个人，当他肯定相对他所显现的东西时，他承认他说的这句话本身也是一种相对他所显现的东西。因此，疯子是在疯狂状态下所显现的那些东西的可信的标准，睡着的人是在睡梦中，幼儿是在年幼时，老人是在年老时所打动他的那些东西（prospiptontōn）的可信的标准。［62］以一种不同的境况去排斥（athetein）另一种境况，也就是说，以心智健全状态下所发生的东西（hupopiptontōn）去排斥疯狂状态下所显现的东西，以清醒时所发生的东西去排斥睡梦中所显现的东西，以年老时所发生的东西去排斥年幼时所显现的东西，是不恰当的。因为正像打动后者的东西不会显现给前者，同样反过来，显现给前者的东西也不会打动后者。［63］如果疯子或睡着的人不是显现给他的那些东西的可靠的判断者，因为他被发现处于某种状态，那么心智健全的和醒着的人也处于某种状态，因此，对辨识那些发生在他们身上的东西而言，他们也将是不可信的。既然离开了某种境况没有任何东

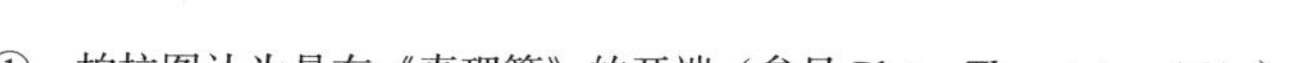

① 柏拉图认为是在《真理篇》的开端（参见 Plato, *Theaetetus*, 161c）。

② 另见 *PH* 1. 216-219。普罗塔戈拉的这段文字也为柏拉图所引用和解释，参见 Plato, *Theaetetus*, 152a-183c。

西是可理解的，那么每个人基于自己的境况所理解的东西一定是可信的。［64］有人认为普罗塔戈拉推翻了标准，因为标准意在验证“自身存在的东西”①，能够区分真和假，而前面提到的这个人既没有给自身为真的东西，也没有给自身为假的东西留有余地。据称优提德谟斯和第奥尼索多勒斯也是如此，因为他们把“存在者”（to on）和“真”（to alēthes）归为相对之物（tōn pros ti）。

［65］莱昂提尼的高尔基亚与否弃标准的人属于同一阵营，尽管他没有采取和普罗塔戈拉相同的进攻策略。在其著作《论“非存在者”或论自然》中，他建立了三个环环相扣的主要观点。第一，无物存在。第二，即使有物存在，也是不能被人理解的。第三，即使是可理解的，也是不可表达的（anexoiston）、无法向周边人言传的（anermēneuton）。［66］他以下述方式推证无物存在。如果有物存在，或“存在者”存在，或“非存在者”存在，或“存在者”和“非存在者”两者存在。但并非“存在者”存在，如他将建立的；也并非“非存在者”存在，如他将阐明的；也并非“存在者”和“非存在者”两者存在，如他将解释的。所以无物存在。［67］“非存在者”不存在。因为如果“非存在者”存在，它将同时既存在又不存在。因为就其被思想为（noeitai）非存在的（ouk on）而言，它不会存在；就“非存在者”（to mē on）存在来说，它又将存在。②

① 字面意思为“根据自身存在的东西”（tōn kath hauta hupokeimenōn），即独立或绝对存在的东西，与“相对之物”或“相对于某物的东西”（tōn pros ti）构成对立范畴。

② 这句话的意思是说，如果“非存在者”存在，那么就“非存在者”这个概念而言，它是指不存在的东西，因此是不存在的；但就“非存在者存在”这一前提假设来说，它又是存在的。这里后半句的短语“非存在者”（to mē on），近人校勘本均无定冠词 to，Bett 依据最早抄本加定冠词。这里译者从 Bett 意见。另外，如不加定冠词，意思也不通顺。

然而一种东西同时既存在又不存在是完全荒谬的。所以，“非存在者”不存在。再者，如果“非存在者”存在，那么“存在者”将不存在。因为它们是相互对立的（enantia），如果存在是“非存在者”的属性，那么不存在也将是“存在者”的属性；但并非“存在者”不存在；因此，也并非“非存在者”将存在。[①]

［68］再者，“存在者”也不存在。因为如果“存在者”存在，它或是永恒的（aidion），或是生成的（genēton），或既是永恒的又是生成的。但正如我们将要表明的那样，它既不是永恒的，也不是生成的，也不是两者。所以，“存在者”不存在。如果“存在者”是永恒的（必须由此出发），它就不会有任何开端。［69］因为所有生成之物具有某个开端，作为非生成的永恒之物则没有开端。因为没有开端，它就是无限的。如果是无限的，它就不在任何一个地方。因为如果它在某处，其所在之处就有别于它本身，因此“存在者”，由于被某种东西包围，将不再是无限的。因为包围者大于被包围者，而没有任何东西大于无限者，因此无限者不在任何一个地方。［70］再者，它也不会被自己包围。因为如果这样，“物之所在”（to in hōi）与“所在之物”（to in autōi）将会等同，“存在者”也将变成两个：场所和物体，因为“物之所在”即场所，“所在之物”即物体。但这是荒谬的。因此，“存在者”并非在自身中存在。那么，如果“存在者”是永恒的，它就是无限的。如果是无限的，它就不在任何一个地方。如果不在任何一个

① 这一论证把“并非存在者不存在”，即“不矛盾律”，设定为当然的前提。这大概也是高尔基亚为何把反驳“存在者存在”放在反驳“非存在者存在”之后的原因。

地方，它就不存在。因此如果“存在者”是无限的，它根本就不是一种存在（on）。

［71］再者“存在者”也不可能是生成的。因为如果是生成的，它或由“存在者”生成，或由“非存在者”生成。但它并非由“存在者”生成。因为如果它是一种存在，它就不是生成的而是已经存在的。[①]它也不会由“非存在者”生成。因为“非存在者”不能生成任何东西，由于能生成某物者必然应当分有实在性（huparxeōs）。所以“存在者”不是生成的。

［72］同样，“存在者”也不是两者——既是永恒的又是生成的。因为它们是相互排斥的。如果“存在者”是永恒的就不会是生成的，如果是生成的就不会是永恒的。因此，如果“存在者”既不是永恒的，也不是生成的，也不是两者，那么“存在者”将不存在。

［73］另外，如果“存在者”存在，则它或是“一”，或是“多”。但正如我们将表明的那样，它既不是“一”，也不是“多”。所以“存在者”不存在。如果“存在者”是“一”，则它或是某种量，或是某种绵延（suneches），或是某个大小，或是某个物体。但无论它是其中什么东西，都不是“一”。如果它是某种量，则是可划分的。如果它是某种绵延，则是可分割的。同样，如果它被思想成某个大小，也不会是不可划分的。如果它是某个物体，则是三维的，将有长、宽、高。但声称“存在者”不是其中任何东

① 按希腊哲学主流观点，“生成者”并非“存在者”，后者是永恒存在的本原、元素和原因，前者是由后者聚合而成的。

西则是荒谬的，所以“存在者”不是“一”。[74]“存在者”也不是“多”。因为如果“存在者”不是“一”，它也就不是“多”，因为“多”是多个“一”的相加。因此，一旦“一”被否定，则“多”也将被否定。

由以上所述十分清楚，既非“存在者”存在，也非“非存在者”存在。[75] 再者，并非“存在者”与“非存在者”两者存在，也是很容易推证的。因为如果“存在者”存在并且“非存在者”存在，那么仅就“存在”（epi tōi einai）而言，“非存在者”将与“存在者”等同，由于这个原因它们当中任何一个都不存在。因为“非存在者”不存在，这是人人同意的；而“存在者”又被证明等同于“非存在者”；所以，“存在者”将不存在。[76] 再者，如果“存在者”等同于“非存在者”，就不能“两者”都存在。因为如果“两者”都存在，就不是同一个东西。如果是同一个东西，就不会“两者”都存在。由此推出无物存在。如果既非“存在者”存在，也非“非存在者”存在，也非两者都存在，此外没有任何东西可以想象，那么无物存在。

[77] 接下来必须表明，即使有物存在，也是不能被人认识和思想的。因为高尔基亚说，如果可思之物（ta phronoumena）是不存在的，则“存在者”是不可思的（ou phroneitai）。这是合理的。因为正像如果“白的”是可思之物的属性，则“可思的”也会是白的东西的属性，因此如果“不存在的”是可思之物的属性，则“不可思的”将必然是“存在者”的属性。[78] 所以，“如果可思之物是不存在的，则‘存在者’是不可思的”，是一个有效（hugies）而可靠的（sōzon）推论。而可思之物（必须首先要可理

解的）是不存在的，正如我们将建立的；所以，“存在者”是不可思的。可思之物是不存在的，这点是显而易见的。[79] 因为，如果可思之物是存在的，则一切可思之物，无论人们如何想象，都是存在的，这是有悖常理的。因为，即使有人可以思想一个会飞的人或一辆疾驰在海上的马车，也不会立刻就有一个人在飞或有一辆马车在海上疾驰。因此，可思之物是不存在的。[80] 此外，如果可思之物是存在的，则“非存在者”将是不可思的。因为“对立是对立者的属性”（tois enantiois ta enantia sumbebēken），而“非存在者”是与“存在者”对立的；因此，如果“可思的”是“存在者”的属性，则“不可思的”当然是“非存在者”的属性。但这是荒谬的。因为斯库拉（Scylla）①和喀迈拉（Chimaera）②以及诸多不存在的东西是可思的。所以“存在者”是不可思的。[81] 再者，正像可见之物被称为“可见的”是因为它们被看见，可听之物被说成是“可听的”是因为它们被听到，我们不能因为可见之物是听不到的而排斥它，也不能因为可听之物是看不见的而摈弃它（因为每种对象应当被自己特有的感官而不是被其他感官判断），同样可思之物也是如此，尽管它们不为视觉所见，也不为听觉所闻，因为它们为适合于自己的（oikeiou）标准所把握。[82] 因此，如果有人思想一辆马车疾驰在海面上，即便他没有看到它，也应当相信有马车在海面上疾驰，但这是荒谬的；所以“存在者”是不可思的和不可理解的。

① 希腊神话中的一个怪物。据荷马，它长有六个脖子和六个头，每个嘴里有三排利牙，下身多只脚。

② 希腊神话中长有狮头、羊身、龙尾的怪异的精灵。

［83］即便它是可理解的，也是无法对他人表达的（anexoiston）。因为如果“存在者”是可视之物、可听之物以及外在的一般可感之物，而可视之物是由视觉把握的，可听之物是由听觉把握的，但不是交互把握的，那么这些东西如何能被传达（mēnuesthai）给别人？［84］因为，我们借以传达的东西是语词，而语词不是实体（hupokeimena）和存在（onta）。所以，我们向周边的人传达的不是“存在者”而是语词，这种有别于实体的东西。正像可视之物不会变成可听之物，反之亦然，因此“存在者”既然以外部方式存在，它就不会变成我们自己的语词。［85］既然不是语词，也就无法向他人表明。再者他说，语词是由打动我们的外部对象，即可感之物形成的。因为通过味道的接触形成了我们表达这种性质的（tēs poitētos）语词，由颜色的作用形成了表达颜色的语词。如果这样，则并非语词揭示（parastatikos）外部对象，而是外部对象解释（mēnutikon）语词。［86］再者也不可能说，语词同可视之物和可听之物一样，以相同的方式存在，以至于实体和“存在者”由实体和“存在者”自身来传达（mēnuesthai）。因为他说，即使语词是实在的（hupokeitai），也有别于其他实体，所看到的物体与语词大相径庭（pleistōi dienēnoche）。因为可视之物由一种器官把握，而语词由另一种器官把握。所以，语词无法揭示多数实体，正像实体无法表明它们相互间的本性。

［87］这就是由高尔基亚提出的诘难（ēporēmenōn），仅就这些东西而言，真理的标准荡然无存（oichetai）。因为不会有既不存在，也无法被认识，而且本性上也不能向别人表明的东西的标准。

有不少人，如前面提到的，声称美特罗多鲁斯、阿那克萨尔

科斯和莫尼穆斯否弃了标准。[88] 美特罗多鲁斯，是因为他说："我们一无所知，甚至对我们一无所知本身也一无所知。"而阿那克萨尔科斯和莫尼穆斯，则是因为他们把"存在者"与舞台布景（skēnographiai）相比，认为它们类似于在梦中或疯狂状态下所打动我们的表象。

[89] 以上就是这些人所持有的观点。而正是那些自泰勒斯以降的物理学家被认为最早引入了有关标准的研究。他们指责感觉在许多方面是不可信的，从而在存在物中（en tois ousin）把理性确立为真理的判断者，由之出发构建了本原（archōn）、元素（stoicheiōn）和其他原则，一种由理性能力所产生的理解。[90] 最主要的物理学家阿那克萨戈拉，在贬斥感觉之无能时说："因其虚弱无力我们无法判断什么是真的东西。"他把颜色的微量渐变作为感觉之不可信的可信性例证。因为如果我们拿两种颜色，黑的和白的，一滴一滴地将一种注入另外一种，视觉将无法辨别这些微量渐变，尽管本性上它们确实存在。[91] 人们发现，阿斯科勒庇阿德[①]实际上在其《论酒的配方》第一卷使用了相同的论证，他在那里探讨了白色和红色，他说："一旦它们混合，感觉则不能分辨基质（to hupokeimenon）[②]是不是一种单一的颜色。"

因此阿那克萨戈拉说，通常意义上理性是标准。[92] 但毕达戈拉学派说，它不是通常意义上的理性，而是由学习（apo

① 阿斯科勒庇阿德（Asclepiades，公元前 1 世纪），理性派医学家代表人物，坚持以记号推断病理。

② 该词字面意义指"在下面存在的东西"，可译为"基质"、"本体"、"实体"等。

tōn mathēmatōn）生成的理性。如菲洛劳斯[①]所说："它能思辨（theōrētikon）万物的本性，因而对之具有某种亲和力（suggeneian），因为本性上相似之物为相似之物所理解。"

> 我们以土看土，以水看水，
> 以气看神圣的气，以火看毁灭性的火，
> 以爱看爱，以悲怨的恨看恨。[②]

［93］如波西多尼俄斯在其柏拉图《提迈欧篇》注释中所说："正像光为具有光的形式的视觉所把握，声为具有气的形式的听觉所把握，因此万物的本性应为与之相亲和的（suggenous）理性所把握。"而万物构成的本原是数，因此作为万物判断者的理性也应被称为数，因为这种能力是不可或缺的。［94］在表达这点时，毕达戈拉学派的人有时习惯说"万物如数"，有时则习惯以下述方式发出最具物理学家特征的（phusikōtaton）誓言：

> 以那个把 Tetraktus——
> 蕴含永恒的自然之根的源泉，
> 传给我们的人的名义起誓。[③]

---

① 菲洛劳斯（Philolaus，约公元前 470—前 385 年），克罗顿（Croton）人，毕达戈拉传统的前苏格拉底哲人。主张无限者、有限者与和谐是宇宙的本原。

② 本段在这里被作为毕达戈拉学派的观点引用，但在本卷第 121 段同样的内容被归为恩培多克勒的观点。本段同样被亚里士多德引用，参见 Aristotle, *De Anima*, 404b 13-15 和 *Metaphisica*, 1000b 6a-8。

③ 本段同样被爱修斯引述，参见 Aetius 1. 3, 8ff. (DK 58B 15)。

“传给我们的那个人”，他们指的是毕达戈拉（因为他们将之奉若神明[①]）；Tetraktus[②]，则是指某种数，它由前四个数组成，因此造就最完美的数，也就是10。因为，1、2、3、4相加等于10。这个数是“第一”Tetraktus，［95］就整个宇宙受和谐性原则（kata harmonian）支配而言，按他们的说法，它被称作“永恒的自然之泉”。和谐是由三个音程（sumphōniōn）构成的系统，即四音程、五音程和全音程。[③]三个音程的比例关系（analogiai）可以在前面刚提到的四个数，即1、2、3、4中发现。［96］因为四音程的比例为4:3[④]，五音程为3:2[⑤]，全音程为2:1[⑥]。因此4这个数，作为$1+\frac{1}{3}$的三倍（因为4由3和3的$\frac{1}{3}$相加而成），组成四音程；［97］3这个数，作为$1+\frac{1}{2}$的两倍（因为3由2和2的一半相加而成），表现为五音程；作为2的两倍的4，以及作为1的两倍的2，能够组成全音程。［98］既然Tetraktus提供上述音程的比例关系，而音程造就完美的和谐，万物受完美的和谐支配，因此他们把它称为“蕴含永恒的自然之根的源泉”。

［99］此外，正是根据这四个数的比例，物体和非物体，万物所由之生成的东西才可以被思想。因为通过点的流动（hrueisēs）我们得到线的表象，这种“无宽之长”。通过线的流动我们创造了面，这种“无高之宽”。通过面的流动则生成了坚实的有形

① 原词etheopoioun，指“神化”或“造神”。

② 该词为毕达戈拉派所造。词根为“4”（tessara），但意思无法翻译，只能解释。

③ 参见*PH* 3. 155。

④ epitritos，即$1+\frac{1}{3}$或4:3。

⑤ hēmiolios，即$1+\frac{1}{2}$或3:2。

⑥ diplasiuos，即两倍或2:1。

体。[100] 与点相应的是 1，它和点一样是不可分的；与线相应的是 2 这个数，〈与面相应的是 3 这个数，〉[①] 因为线总是从某处而来，即由点到点，再由这个点到另一个点。与物体相应的是 4 这个数，因为如果我们在三个点之上悬置第四个点，就会生成椎体（puramis），实际上这是坚实的有形体的第一图式。因此，Tetraktus 乃整个自然的源泉是合理的。

[101] 再者，他们称一切被人理解的东西或是物体的或是非物体的。但无论是物体的还是非物体的，离开了数的概念则是不可理解的。物体，就它是三个向度的而言，指示 3 这个数。[102] 就物体来说，一些来自组合体（ek sunaptomenōn），如船只、锁链和橱柜。一些来自同一体（ex henōmenōn），由单一性状（hupo mias hexeōs）[②] 构成，如植物与动物。一些来自分离存在的个体（ek diestōtōn），如歌队、军队和兽群。无论它们是来自组合体，还是同一体，还是分离存在的个体，就它们由多个东西构成而言，它们都包含了数。[103] 此外，某些物体系于单一性质，某些则系于多种性质的聚合，如苹果。对于视觉它有某种颜色，对于味觉它有某种滋味，对于嗅觉它有某种气味，对于触觉它有某种光滑性。[104] 同样的论证也适用于非物体性的东西，因为作为非物体性的时间是通过数来理解的，这点从年、月、日、时来看是显而易见的。同样，点、线、面以及我们所刚刚讨论过的其他东

① Bekker 补。

② hexis，源于动词 echō（获得、得到、占有），指“处于某种状态”、“永久性状况”、“习性”。在斯多亚派哲学中用于解释事物同一性的某种东西。这里，根据语境提到的动植物的例子，我们译为“性状”。

西，其概念皆可归结为数。

［105］他们说生活事务也与上述原则契合，技艺活动同样如此。因为生活通过标准，即数量化的尺度去判断每个东西。如果我们否弃了数，那么由两个半尺，或六掌，或二十四指构成的尺（pēchus）[①]就会被否弃，升（medimnos）[②]、斤（talanton）[③]以及其他标准也会被否弃。因为所有这些东西都是由复合物构成的，它们直接是一种数的形式。［106］因此其他东西，借贷、证据、票决、契约、时间、时期，也诉之于数。一般说来，生活中不可能找到任何不分有（amoiroun）数的东西。的确，离开比例一切技艺无以建立，而比例依赖于数，所以一切技艺通过数来建立。［107］如他们所说，罗德斯岛人（Rhodians）询问建筑师卡勒斯[④]，建造阿波罗大雕像（Kolossos）需要花多少钱。当他确定了金额，他们又问，如果他们想按这个尺寸的两倍建造雕像需要花多少。他开出两倍的价钱，他们付给了他。但当他在工程的基础部分和设计上花完了支付给他的这笔资金时，便了结了自己的生命。［108］当他死后，工匠们认识到他不该要两倍的价钱而应是八倍。因为他不仅需要放大作品的长度，而且需要放大所有的向度。因此，在雕塑中同样也在绘画中存在着某个比例，由之确立不变的相似性。［109］一般说来，一切技艺都是由理解构成的体系（sustēma），而

① pēchus，希腊人的长度单位，相当于罗马人的“丘比特”（cubitus）。一个 pēchus 的长度约等于从肘关节到小拇指的距离，包含 24 指，约等于 18 英寸。

② medimnos，希腊人的谷物量度单位，相当于罗马人的 modii，约等于 12 加仑。

③ talanton，希腊人的重量单位，相当于 57 磅。也是货币单位，一个 talanton 等于 60 个 minae，一个 mina 等于 100 个 drachmae。

④ 卡勒斯（Chares），活动于约公元前 300 年，雕塑师。

体系就是数，所以这个说法是合理的："万物相似于数"，即相似于那种做出判断并与构成万物的数种类相同（homoiogenei）的理性。

［110］这就是毕达戈拉派谈论的东西。但克塞诺芬尼，以另外一种方式解释他的那些人的说法[①]，当他声称：

> 关于神和我所说的一切，
> 无人见过，也将不会有人知道清楚明白的事实。
> 即使他的确碰巧说出绝对完善的东西（tetelesmenon），
> 无论如何他自己也不知道，因为意见造就（tetuktai）一切。

似乎并未否弃所有理解，而是否弃了知识性的（epistemonikēn）和无错的（adiaptōton）理解，保留了意见性的（doxastēn）理解，因为"意见造就一切"表明这点。因此根据他的观点，标准成为"意见理性"（ton doxaston logon），也即诉诸或然性的（tou eikotos）而非确定性的（tou pagiou）东西。

［111］然而，他的朋友巴门尼德却贬低"意见理性"，我说的是具有虚弱的假设那种[②]，而把知识性的，也即无错的理性设定为标准，摈弃感觉的可信性。他在《论自然》的开篇这样写道：

> 载着我的骏马啊，当它们走来把我带上这条闻名遐迩的路，
> 一条承载着有知的凡人穿过千城万邦的神圣之路，

① 即不同于本卷第 49—52 段的那些人，他们把克塞诺芬尼解释为否定一切的不可知论。

② 原文为 tou astheneis echontos hupolēpseis。

送我一路向前，

就精神（thumos）所欲达致的遥远。

我被带上的正是这条路，多智的骏马拉着我奔跑在这条路上，

马车疾速奋进，仙女引路在前。

轮毂里的车轴，被两个滚圆的轮子于两侧驱赶，

奏出美妙的笛声，

火星飞溅。此时太阳神的女儿们，

离开夜神（Nux）的宫殿，急忙把我送入光明，

用纤手退去面纱，从她们的额前。

在昼与夜的路口高门耸立，

四周支撑着石头的过梁和门槛。

巍峨的大门直插云霄，

开启它们的相应的钥匙，由疾恶如仇的正义女神（Dikē）掌管。

仙女们轻言细语，

机智地说服她赶紧为她们从大门上撤去那

铆有铁钉的门栓。当大门徐徐开启

门口裂开巨大的沟壑，那密布着齿与钉的青铜门轴

在两边的门槽中交替旋转。

仙女们引导着马车与骏马径直越过鸿沟，沿大道勇往直前。

女神（thea）和蔼地接待我，将我的右手

放在她的手上，倾吐真言。她对我说：

年轻人啊，欢迎你！在永生的驭手的陪伴下，

通过载你的骏马到达我们的神殿。

不是厄运（moira kakē），而是公平女神（Themis）和正义女神

把你送上这条路，因为它是一条远离人类走过的路。

这就需要你对一切有所洞见：

令人信服的真理的不动摇的心（atremes ētor）

和凡人那没有丝毫真实可信性的意见。①

但你要让自己的思想远离后边这条研究之路，

不要让经验化的习惯（ethos polupeiron），驱迫你

沿着这条路

去指导盲目的眼睛、轰鸣的耳朵

和舌尖，而是要用理性去判断经验化的论辩，

这就是我所说的东西。只剩下

一条道路的精神（thumos hodoio）可言。

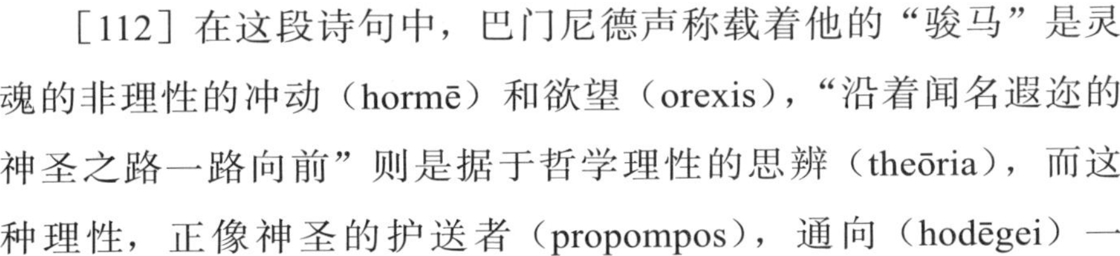

［112］在这段诗句中，巴门尼德声称载着他的“骏马”是灵魂的非理性的冲动（hormē）和欲望（orexis），“沿着闻名遐迩的神圣之路一路向前”则是据于哲学理性的思辨（theōria），而这种理性，正像神圣的护送者（propompos），通向（hodēgei）一

① 本句以上文本，塞克斯都几乎保留了巴门尼德《论自然》的序诗的全部。本句以下的文本，塞克斯都与辛普里丘（Simplicius）的记载有分歧，后者提供了另外两段，而前者提供的似乎是长诗后边的观点（即在分析完两条研究道路之后，提出否弃感觉经验之路，回到理性真理之路的结论），具有明显穿插痕迹。而“道路的精神”（thumos hodoio）一句，辛普里丘使用的是“道路的故事”（muthos hodoio）。参见 Bett 译本第 49 条注释。

切事物的认知。为他在前引路的仙女们则是指感觉。当说“被两个滚圆的车轮驱赶”一句时，他暗指听觉，即小耳部分，由之获得声音。[113] 他把视觉称为“离开夜神的宫殿”、“送入光明”的“太阳神的女儿们”，因为没有光明就无法使用视觉。诉诸“掌管相应钥匙”的“疾恶如仇的正义女神”，乃是诉诸心智，因为它把控事物理解的安全性。[114] 当女神接待他之后，答应教导他以下两件事：“令人信服的真理的不可动摇的心”，它是知识的不变的立足之处（bēma）；其次是“凡人那没有丝毫真实可信性的意见”，也即一切系于意见的东西，因为它们是不可靠的（abebaion）。最后他阐明不应诉诸感觉，而应诉诸理性。因为他说：“不要让经验化的习惯，驱迫你沿着这条路去指导盲目的眼睛、轰鸣的耳朵和舌尖，而是用理性去判断经验化的论辩，这就是我所说的东西。”

由上述内容，显然这个人自己宣称在存在物中（en toi ousin）[①]知识理性是真理的标准，远离（apeste）对感觉的关心。[115] 阿克拉加斯（Acragas）的恩培多克勒，按似乎对他做出比较简单的解释的那些人的观点[②]，给出六个真理的标准。因为他建立了宇宙的两个能动的本原（drastērious archas）——爱与恨，同时提到了四个作为质料的（hōs hulikōn）本原——土、水、气、火，他称所有这些东西都是标准。[116] 如我以前所讲，一个有关同类事物能认识同类事物的古老观念，远在自然哲学家那里就广为流传。

① 再次出现该短语，参见 *M* 7. 89。

② 指与 *M* 7.122 及其以下的解释相比而言。

对这种说教（paramuthias），德谟克里特似乎提供了论证，柏拉图在其《提迈欧篇》也似乎有所触及。［117］德谟克里特把这一论证建立在有生命的和无生命的东西之上。他说，动物同类相聚，如鸽子与鸽子、鹤与鹤，以及其他非理性的动物。无生命的东西同样如此，正像人们看到被筛出来的种子和海边上的鹅卵石。一方面通过簸箕的翻动，宾豆与宾豆、大麦与大麦、小麦与小麦被分离开来，［118］另一方面通过海浪的运动，长形与长形的、圆形与圆形的鹅卵石被冲刷到一起，好像事物中的相似性具有某种聚集（sunagogōn）它们的力量。[①]

德谟克里特如是说。［119］柏拉图在《提迈欧篇》[②]使用了同一种证明形式，以确立灵魂是非物体性的东西。他说，如果视觉因感知光而直接是光形式的，听觉因辨别被敲击的气，也就是声音，直接被视为声音形式的，嗅觉因认识气味而完全是气味形式的，味觉因认识滋味而完全是滋味形式的，那么灵魂必然是某种非物体性的东西，因为它把握非物体性的理念，如那些在数和物体的“限”（peiras）[③]方面上的东西。

［120］这就是来自早期人物的观点，恩培多克勒似乎也裹入其中。他说，既然构成万物的本原有六个，那么标准在数目上也与之相同，因此他写道，

［121］我们以土看土，以水看水，

① 参见 DK 68B 164。

② 参见 Plato, *Timaeus*, 45b-c。

③ 即由之确定物体的边界的“线”或“面”。参见 *PH* 3. 40 以下。

以气看神圣的气，以火看毁灭性的火，
以爱看爱，以悲怨的恨看恨。

这里表明，我们通过分有（metousiai）土理解土，通过分有水理解水，通过分有气理解气，对于火来说情况相同。[122] 还有另外一些人，他们声称，按恩培多克勒的说法，真理的标准不是感觉而是“正确的理性”（ton orthon logon），至于“正确的理性”，一种是神性的（theion），一种是人类的，其中神性的是不可言说的（anexoiston），人类的是可言说的（exoiston）。[123] 关于真理的判断并非在于感觉，他是这样说的：

散落于肢体中的技能是有限的，
消磨思想英气的突如其来的悲惨是不可胜数的。
人们看到的只是自己生活中一个小小的片段[①]，
命运苦短，飞逝如烟。
每个人只相信自己所碰巧遇到的东西，
莫衷一是[②]，但却吹嘘自己
已经发现宇宙大全（to holon）。
因此，这些东西既不会被人看见，也不会被人听到，
也不会为心灵（noōi）所洞见。

① 本句文本有分歧。Loeb 本为 zōēs abiou meros，意为“不值一过的生活片段”；Teubner 本为 zōēs idiou meros，意为“自己的生活片段”。这里我们从后者译出。

② 原文为 pantos’elaunomenoi，“四处漂泊”、“游弋不定”之意，比喻众说纷纭、无确定性。

［124］有关真理不是完全不可理解的，而是仅当人类的理性能够达致才是可理解的，他通过对前面的诗句补缀这样一段予以表明：

但你，既已在此退却，
你将知道，有死者的心智不会进而激扬风帆。[①]

在接下来一段，当他对那些自认为知道的更多的人进行驳斥之后，明确由每种感觉所获得的东西是可信的，仅当理性掌控（epistatountos）它们，尽管此前他还抨击来自这些东西的可信性。［125］因为他说：

然而，诸神使我的舌头避免了那些人的疯狂，
让清澈的泉水自圣洁的唇间流出。
你，白臂的，处女身的，拥有众多求爱者的缪斯，
我恳求你，把朝不虑夕的生灵[②]适合于听的东西，
从虔诚宫（par' Eusebiēs）驾着你那驯良的马车传达给我。[③]
你【指诗人 Pausanias】不要迫使自己从有死者那里
采撷绚烂的荣誉之花，以至胆大妄为地说

① 本句的意思不像塞克斯都所解释的，而是似乎表明既然感觉是失败的，心智也就无能为力。此处动词有分歧，Teubner 本用的是 orōren（鼓起、激起，召唤），Loeb 本则是 opōpen（看见、发现），我们根据前者意译。实际根据后者理解，意思也通："有死者的心智不会进而有所发现。"

② 原文 ephēmerios，指"一天的生命"或"短命的"。

③ 据评注家的观点，以上前五行似乎与下面段落的意思是分离的。前五行的"你"是指缪斯，而后边的"你"是说给一位叫 Pausanias 的诗人听的。或许这里塞克斯都合并了其他作品的诗句，或许文本丢失了几行。

更多即为神圣，然后匆忙爬上智慧之巅。

来吧，以所有显明的（tēi dēlon）手段观察每种东西，

不要认为任何视觉会比听觉更加可信，

也不要认为轰鸣的耳朵会超过味觉的清晰，

其他感官也是如此，无论它作为何种思想的通道，

保留（eruke）[①]你的信任，以显明的方式思想（noei）每种东西。

[126] 这些就是恩培多克勒的观点。[②]而赫拉克利特，既然也认为对于真理的认知人类具备两种官能（ōrganōsthai），即感觉和理性，因此他像前面谈到的物理学家一样，主张它们当中的感觉是不可信的，而把理性设定为标准。他用这种话语风格来贬斥感觉："对于人类来说坏的证据是那些具有蛮族灵魂的人的眼睛和耳朵"[③]，这就等于说，"相信非理性的感觉是蛮族灵魂"。[127] 他表明，理性是真理的判断者，但不是任何一种，而是共同的（koinon）和神圣的（theion）理性。这种东西究竟是什么，必须简明扼要地做出解释。"包围着我们的东西（to periechon）是理性的和为心灵所支配的（phrenēres）"，这点为物理学家所津津乐道

① 这里注意 erukō 一词与怀疑派使用的 epechō 意思非常接近，都有"遏制"、"控制"、"保留"等含义。

② 关于本卷第 123—125 段所引述的恩培多克勒的两段诗句的文本分析及其理解，可参见 Daniel W. Graham, *The Texts of Early Greek Philosophy*, part 1, Cambridge University Press, 2010, pp. 340-343; Andre Laks and Glenn W. Most, *Early Greek Philosophy*, V, part 2, Harvard University Press, 2016, pp. 386-389, 390-393。

③ 参见 Andre Laks and Glenn W. Most, *Early Greek Philosophy*, III, part 2, p. 155; Daniel W. Graham, *The Texts of Early Greek Philosophy*, part 1, p. 149。

（areskei）。［128］很久以前荷马就谈到这点，他说：

> 这就是大地上人类的心灵（noos），
> 就像众人和诸神之父给他们带来的时日。[①]

阿尔基劳科斯[②]也说，人类思考这些东西，

> 就像宙斯带来的时日。

欧里庇德斯也谈到了同样的东西：

> 宙斯，你究竟是什么，我难以猜测，
> 但不管你是自然的必然性，还是有死者的心灵，
> 我都向你祈祷。[③]

［129］按赫拉克利特的说法，我们通过呼吸摄入这种神圣的理性，成为有理智的，睡眠时处于遗忘状态，醒来后又重新恢复知觉。因睡眠时感官的通道是关闭的，我们内在的心灵与外部包围物的自然联结被分离开来，就像某种树根仅仅依靠呼吸维系关联，因被分离，它失去以前所具有的记忆能力。［130］清醒时它

① 参见 Homer, *Odyssey*, 18. 136-137。塞克斯都在《皮浪学说概要》中也引述了这段，参见 *PH* 3. 244。

② 阿尔基劳科斯（Archilochus），活动于公元前 7 世纪，抒情诗人。

③ 参见 Euripides, *Trojan Women*, 885-887。

通过感觉通道正像通过窗户再次展露出来（prokupsas），一旦与包围物相遇它便启动（enduetai）理性能力。就像煤炭靠近火时就会经过变化而燃烧，离开火时就会熄灭，同样客居（epixenōtheisa）在我们肉体之中，来自外部包围物的某一部分，在被分离的情况下几乎是非理性的，但基于通过多种通道的联结（sumphusin），使自己与整个宇宙（tōi holōi）处于同一种类。[131] 赫拉克利特说，正是这种共同的和神圣的理性，通过分有它我们成为有理性的，是真理的标准。因此，凡是向所有人共同显现的东西是可信的（因为它被共同的和神圣的理性所把握），而仅仅打动某个人的东西，由于相反的原因，是不可信的。[132] 上面提到的那个人，在其《论自然》的开篇，以某种方式指出了外在包围物，他说：

“对于这种〈永恒〉[①]存在的理性[②]，人们在听到它之前和初次听到它之后茫然无知（axunetoi）。因为尽管〈一切〉[③]事物根据理性发生，但当他们尝试（peirōmenoi）如我讲述的那种话语和行动，即根据自然本性划分每种东西，表明其究竟如何时，他们就像对此没有任何经验的那些人（apeiroi）一样。另外一些人意识不到他们清醒时做了什么，一如忘记他们睡梦中做了什么。”[133] 由这些话清楚地表明正是通过分有神圣的理性我们做出和思想一切事情，在前面短暂的讨论之后，他加上一句“因此必须遵从〈公

① 部分引文这里有副词 aei 或 aiei。参见 Aristotle, *Rhetorica*, 1407 b17 和 Hippolytus, *refutation* 9. 9. 3。

② 即所谓“逻各斯”（logos）。这里为保持上下文术语一致，译为“理性”。

③ 塞克斯都的引文没有“一切”（pantōn），这里根据 Hippolytus 所加。

共的东西，即〉[1] 共同的东西”，因为“公共的”（xunos）即“共同的”（koinos）。“尽管理性是公共的，但多数人活着好像具有个人的心智（phronesin）一样。”[2] 这无异于是对宇宙安排方式的一种解释。所以，仅当我们共同分享这种东西的记忆，我们说的就是真的（alētheuomen）；只要我们固守一己之见，我们说的就是假的（pseudometha）。［134］在这些话里，他非常清楚地表明共同理性是标准，声称那些普遍显现的东西是可信的，因为它为共同理性所判断，而对每个人以特殊方式显现的东西为假。

［135］这就是赫拉克利特的观点。而德谟克里特则有时否弃那些对感官显现的东西，声称它们并非真地（kat'alētheian）显现，而是仅仅以意见的方式（kata doxan）显现，存在物中[3] 为真的东西是原子与虚空。因为他说：“习惯上（nomōi）是甜的，习惯上是苦的，习惯上是热的，习惯上是冷的，习惯上是颜色，实际上（eteēi）是原子和虚空。”也即，可感之物被承认（nomizetai）和被认为（doxazetai）“是”，但它们并非真（kat'alētheian）“是”，而仅仅是原子和虚空。［136］在《确证性》*To kratunterios* 中，尽管他承诺赋予感觉以确凿的信服力，但无论如何人们发现他还是贬斥感觉。他说：“本质上（onti）我们无法感知（suniemen）[4] 任何

---

① 根据 Bekker 和 Diels 本补。

② 第 132—133 两段有关赫拉克利特的文本的校勘和翻译，可参阅 Andre Laks and Glenn W. Most, *Early Greek Philosophy*, III, part 2, pp. 136-139; Daniel W. Graham, *The Texts of Early Greek Philosophy*, part 1, pp. 142-143。

③ 短语 en tois ousin，参见 *M* 7. 89, 114。

④ 该词有“感知”、“知道”、“理解”之意。因本段语境是在讨论感觉问题，因此译为“感知”。

真实确切的东西（atrekes），而是那些根据物体以及进入者和拒斥者的状态所产生的变化（metapipton）。”他又说：“实际上我们无法感知（suniemen）每种东西的本性是什么或不是什么，这点以种种方式业已表明。”[137] 在《论理念》中他说，“由这一准则人们必须知道他已被逐出真实性（eteēs apēllaktai）”。又说：“这一论证还表明，实际上我们对任何事物一无所知，每个人的意见是反复无常的（epirusmiē）[①]。”他还说：“这点将显而易见，认识每个事物实际如何是无路可走的（en aporiō）[②]。”在这些段落中，他几乎推翻一切理解，尽管他只挑出感觉进行批判。

[138] 但在《准则》中他说有两种认识，一是通过感官获得的，一是通过心灵获得的。其中，他把通过心灵获得的叫作“合法的”或“真正的”（gnēsiē），证实了它对真理判断的可信性，而把通过感官获得的称为“私生的”或“假冒的”（skotiē），剥夺了它对为真之物辨识的无错性。[③] [139] 他以这种话语风格（kata lexin）声称：“有两种认知形式，‘合法的’与‘私生的’。所有这些东西是‘私生的’：视觉、听觉、嗅觉、味觉和触觉。另一种形式是‘合法的’，与它们有别。”在表明宁愿选择“合法的”而不是“私生的”之后，他继续说道：“一旦‘私生的’不再能够看到，或听到、嗅到、尝到和通过触觉感受到更小的东西时，人们

① 该词指“流动的”、“有节律运动的”等意。《希英大辞典》引德谟克里特这句话时把该词拼写为 epirrusmiē，即双写 r，解释为“偶然的”（adventitous），参见 LS, 655。

② 这里取 aporos 一词的构词意义。或译为“行不通的”或“不可行的”。

③ 这里德谟克里特借用了一对法律词汇。后者 skotiē 原意指“黑暗的”，借喻为“私生的”、“非法的”、“假冒的”，相当于英语 bastard。这里根据该词原意译出。

必须〈诉诸另外某种〉更为精细的〈认知形式〉[①]。”因此按照这个人的说法，理性是标准，他称之为“合法的知识”或“真知识”（gnēsiēn gnōmēn）。[140] 狄奥提摩斯[②]曾说，根据德谟克里特的观点，存在着三种标准：理解非显明之物的标准，即现象或显现之物（painomena），如阿那克萨戈拉所说，显现之物是非显明之物的视觉，德谟克里特赞扬了他的这个说法；研究上的标准，即概念（“无论如何，我的孩子，唯一的出发点在于知道研究是关于什么东西的”[③]）；选择和规避的标准，即感受之物（ta pathē），因为，凡对我们亲近适宜的东西（prosoikeioumetha）是值得选择的，凡与我们疏离相悖的东西（prosallotrioumetha）是必须规避的。

前人有关真理标准的解释就是这样，[141] 接下来让我们关注自然哲学家之后的学派。当柏拉图在《提迈欧篇》把事物划分成可思之物和可感之物，并称可思之物是为理性所把握的，可感之物是意见的对象（doxasta）之后，清楚地把理性界定为认识事物的标准，同时也把由感觉获得的清楚经验（enargeian）包含其中。[142] 他如是说：“什么东西永远‘是’（to on）而并非‘成为’（genesin），什么东西总是‘成为’但永远不‘是’？一种借助理性为思想所把握，一种借助感觉为意见所理解。”[④] [143] 柏拉图学派的人说兼具清楚经验和真理的理性被他称为“能普遍理解

① 此处文字明显缺失，根据 Loeb 本补。

② 狄奥提摩斯（Diotimus），生平不详，或许是德谟克里特派哲学家。

③ 本句大概出自柏拉图，参见 Plato, *Phaedrus*, 237 b7-c1。

④ 本句出自 Plato, *Timaeus*, 27d6-28a2。这里为了更清楚地理解文本，对于 to on 和 genesis 我们不翻译为存在和生成，而是直接取系动词原意“是”和“成为”。

的（perilēptikon）理性”。因为在判断真理的过程中理性必须从清楚经验出发，如果这样对为真之物的判断就会通过显而易见的东西产生。但清楚经验对为真之物的认识不是自足的（autarkēs）。因为即使有物清楚明白地（kata’enargeian）显现出来，它也并非真（kat’alētheian）“是”。一定有某种东西来判断什么是仅仅显现的东西和什么是不仅显现而且真实（kat’alētheian）存在的东西，这就是理性。[144] 因此在真理的判断上，作为理性的起点的清楚经验和对清楚经验校验的理性本身，两者必须走到一起。因为理性为了作用于清楚经验并判定其中的为真之物，又需要感觉的协助（sunergou）。因为正是通过感觉接受表象，为真的思想和知识得以创生。因此，理性是“能普遍理解”（perilēptikon）清楚经验和真理的，它等于“能理解的”或“有理解力的”（katalēptikon）[①]。

[145] 这就是柏拉图的观点。但斯彪西波[②]声称，既然某些东西是可感的，某些东西是可思的，那么可思之物的标准就是“能认知的理性”（ton epistēmonikon logon），而可感之物的标准是“能认知的感觉”。他把“能认知的感觉”理解为一种分有理性真理的东西。[146] 正像笛子和竖琴演奏者的手指具有技艺活动能力，但这种能力并非由手指本身事先完成的，而是通过与理性活动的共同实践造就的，这点又如音乐家的感官，具有把握音调和谐与否的功能，但这种功能不是自我生长的（autophuē）而是由理

① 关于 katalēpsis，塞克斯都在后面讨论斯多亚派以及学园派的阿尔克西劳和卡尔内亚德时，均作为一个关键词予以解释。需要注意的是塞克斯都认为柏拉图的 perilēptikon 和 katalēptikon 是同义词。似乎意味着斯多亚派与学园派争论的这一核心概念本身源于柏拉图。

② 斯彪西波（Speusippus，约公元前 410—前 339 年），柏拉图的外甥，在柏拉图死后执掌学园八年。

性习得的，因此“能认知的感觉”本性上从理性那里分享认知活动经验（tribēs），以便对存在物的辨识准确无误。

［147］而色诺克拉底说，有三种形式的存在（ousias）：可感的、可知的以及混合的（suntheton）和意见的。其中可感的位于天内，可知的是所有天外之物，意见的和混合的乃是天本身，因为借助感官它是可见的，而通过天象学它是可知的。［148］既然事物以这些形式存在，他宣称天外的和可思的存在的标准是知识，天内的和可感的存在的标准是感觉，混合形式的存在的标准是意见。因此一般说来，由“能认知的理性”提供的标准是确切的和真的，由感觉提供的标准也是真的，但不像由“能认知的理性”提供的标准那样真，而混合的东西同时既是真的又是假的，［149］因为意见中有些是真的有些是假的。因此，有三个命运女神流传下来（paradedosthai）：阿特洛波斯（Atropos），可知之物的命运女神，因为她是不可更变的；克罗托（Clotho），可感之物的命运女神；拉刻西斯（Lachesis），意见之物的命运女神。

［150］阿尔克西劳[①]派的人并未率先界定任何标准，那些被认为做出界定者是基于对斯多亚派的反击给出的。[②]［151］因为斯多亚派称[③]，有三种环环相扣的东西（ta suzugounta）：知识、意见和

① 阿尔克西劳（Arcesilaus，公元前316—前241年），皮坦（Pitane）人，于公元前268年接任学园主持。他延续了苏格拉底传统，提出了存疑的方法，揭露对手的信念的不确定性，主张知识是不可把握的，使学园派的哲学彻底转向怀疑论。

② 这里塞克斯都对阿尔克西劳的评论与《皮浪学说概要》相关内容有较大区别，参见*PH* 1.232-234。

③ 第151—152段介绍的斯多亚派有关知识、意见和理解的观点，西塞罗在《学园派》第一卷中也有类似的描述（*Acad* 1.40-42）。

介于两者之间的东西，即理解。其中知识是可靠的、确切的和不为论证所动摇的理解，意见是弱的和假的赞同，理解则介于两者之间，是对“可理解的表象”的赞同（sugkatathesis）。[152] 按他们的说法，“可理解的表象”（katalēptikē phantasia）是真的表象，它如此这般以至于不可能为假。他们说，其中知识只存在于智者中，意见只存在于愚人中，而理解则同属于两者，是真理的标准。[153] 这些就是斯多亚派所说的东西，阿尔克西劳则通过表明理解不是介于知识和意见之间的标准对之做出反驳。因为他们所说的“理解”和“对可理解的表象的赞同”，或在智者中发生，或在愚人中发生。如果它在智者中发生就是知识，如果在愚人中发生就是意见，此外不是任何其他东西，除非只是一个名称（onoma）。[154] 如果理解是对“可理解的表象”的赞同，它就不是真实存在的。首先因为赞同不是对表象而是对理性而言的，因为赞同属于“命题”（axiōmatōn）；其次因为没有任何一种真的表象被发现如此这般以至不可能为假，就像多种多样的事例所表明的那样。[155] 然而，如果“可理解的表象”不存在，理解也就不会发生，因为它是对“可理解的表象”的赞同。如果理解不存在，一切将是不可理解的。如果一切是不可理解的，那么即便按斯多亚派的观点，也会推出智者保持存疑（epechein）这一结论。[156] 让我们这样来思考这一论证。既然由于斯多亚派的标准的非真实性一切是不可理解的，那么如果智者赞同，智者就会持有意见（doxasei），因为既然没有任何东西是可理解的，如果他赞同任何东西，就将赞同不可理解的东西，而对不可理解的东西的赞同即为意见。[157] 因此如果智者是赞同者，智者将是意见持有者，但智者不是意见持有者（因为按他们，意见即无知，是谬误的原因），所以智者不是赞同者。如果这样，他将不得不拒绝赞同所有东西。而拒绝赞同（to asugkatathetein）无异于保持存疑（to epechein）。因此智者将对一切保持存疑。［158］那么，既然在这之后必须研究生活方式（peri tēs tou biou diexagōgēs），离开标准它在本性上是无法解释的，而幸福，即生活之目的，则依赖于这种标准的可信性。因此阿尔克西劳说，对一切保持存疑的人将通过“正当理由”（tōi eulogōi）[1]绳墨或规矩（kanoniei）选择、规避及一般活动。据之前往，他身正行端（katorthōsei）[2]。因为幸福由慎思（dia tēs phronēseōs）而生，慎思则系于端正的行为。端正的行为在于一旦践行就获得正当理由的辩护。因此，凡诉诸“正当理由”者将身正行端、过得幸福。

［159］这就是阿尔克西劳的观点。卡尔内亚德[3]在标准问题上不仅反对斯多亚派，而且还反对所有前人。实际上他的第一个论证是共同针对所有东西的，据之建立不存在任何纯粹的真理的标准，理性不是，感觉、表象和其他任何存在物也不是，因为所有

① eulogos 一词由 eu（好的）+logos（理由）构成，指“合理的”或“公平的”。短语 to eulogon 可理解为“正当合理的理由”。阿尔克西劳把 to eulogon 作为日常行动的准则，表明行动的合理性源于“慎思”或“明辨”（phronēsis），不在于逻辑论证，它一旦完成就获得自身的正当合理性，对“理解”和“可理解的表象”的存疑并不影响正确行动和幸福生活。

② 动词 katorthoō 原指“直立”，这里译为“身正行端”，其衍生词 to katorthōma 相应译为“端正的行为”。

③ 卡尔内亚德（Carneades，公元前 214—前 129 年），居勒尼人，第三代学园派领袖。复兴学园派领袖阿尔克西劳的怀疑论，主张“可信性”学说。公元前 155 年代表雅典出使罗马，展示赞同自然正义和反驳自然正义的正反论证。他追随阿尔克西劳和苏格拉底之风，没有留下任何著述。参见 *PH* 1. 220, 230。

这些东西统统欺骗我们。[160] 第二个论证，据之表明即使有这样的标准，离开来自清楚经验的感受也是无法真实存在的。既然动物通过感觉能力与非生命物区别开来，它无疑将会通过这种能力把握自己和外部对象。当感觉是不动的（akinētos）、无感受的（apathēs）和麻木不仁的（atreptos），它就不是感觉，也不能把握任何东西。[161] 当它基于清楚明白之物的作用而有所触动，获得某种程度的感受时，就会指示出对象。所以，标准要在由清楚经验形成的灵魂的感受中寻找。这种感受应当能指示出自己和产生它的显明之物，这种感受无异于表象。[162] 因此我们不得不说，表象是一种动物中既能呈现自己又能呈现他物的感受。例如，安提奥科斯[①] 声称，当我们观察某物，我们的视觉器官处于一种状态，但这种状态并非等于观看之前我们所具有的那种状态。因此根据这种变化，我们把握两种东西：一是变化本身，即表象；二是引起变化的东西，即观察对象。对于其他感官同样如此。[163] 正像光既展示自己又展示光中万物，因此表象作为动物认知的出发点，也应当像光那样，既能显示（emphanizein）自己，也能指示产生它的清楚明白的对象。但既然表象并非总是指示真理，而是经常欺骗我们，就像一个糟糕的信使误报派遣他的差事，这就必然推出，我们不能承认所有表象都是真理的标准，如果有，也只是为真的表象。[164] 再者，既然没有这样一种为真的表象

① 安提奥科斯（Antiochus，约公元前 130—前 68 年），离开徘徊于怀疑论时期的学园派，建立以回到“老学园”而自居的独立学校，标榜自己代表真正的柏拉图遗产。这里塞克斯都引述安提奥科斯的观点佐证卡尔内亚德的第二个论证。有关安提奥科斯的观点似乎出自其《论准则》（*Kanonika*）一书，参见 *M* 7. 201-202。

以至于它不可能为假，而是对于所有似乎为真的表象都能找到某个与之无法分辨的（aparallaktos）假的表象，那么标准将由同为真假的表象构成。但同为真假的表象是不可理解的，既然是不可理解的，它就不是标准。[165] 既然没有任何一种能做判断的（kritikēs）表象，理性也就不是标准，因为它源于表象。这是合理的。因为被判断者（krinomenon）必须首先向理性显现，而离开非理性的感觉无物能够显现。所以非理性的感觉和理性两者都不是标准。

[166] 这些就是卡尔内亚德针对其他哲学家所提出的详细论证，意在表明标准的非真实性。[①] 但当他本人为了生活的指引和幸福的获得而需要某种标准时，实际上又被迫在这个话题上为自己编织了一套说法，引入“可信的”（pithanēn）表象以及同时是“可信的”、“不可动摇的”（aperispaston）和“仔细验证的”（diexōdeumenēn）表象。[②] [167] 应简要地指出这些东西的区别是什么。表象是某种东西的表象，比如，它所由之生成的东西和它所从中发生的东西。“它所由之生成的东西”，例如，作为外部实在的感觉对象；“它所从中发生的东西”，比如人。[168] 既然如此，那就有两种状况：一关乎表象对象，二关乎表象的获得者。就关乎表象对象的状况而言，表象或真或假。当它与表象对象一致时为真，不一致时为假。[169] 就关乎表象获得者的状况来说，一种表象显得为真，一种则并非显得为真。其中显得为

① 以上第 159—165 段卡尔内亚德反驳标准的论证，西塞罗在《学园派》第二卷中有极为细致生动的相关描述（*Acad* 2. 40-42, 83, 85, 95-105）。

② 这里第 166—189 段参见 *PH* 1. 226-231。

真的，被卡尔内亚德派称为一种“映象”（emphasis）、“可信性”（pithanotēs）和“可信的表象”（pithanē phantasia）。而并非显得为真的，被叫作一种“非映象”（apemphasis）[①]、“不可信性”和“不可信的表象”。因为既非那些直接显得为假的表象，也非那些尽管本身为真但没有这样显现给我们的表象，本性上能让我们信服。[170] 那些明显为假，或并非显得为真的表象，是要被排除的，它们不是标准，不管[②]它们是来自非真实存在的对象，还是尽管来自真实存在的对象但和这个对象不一致、不符合对象本身，这点正如那个来自俄瑞斯忒斯（Orestes）的打动厄勒克特拉（Electra）的表象，当他认为她是其中一个复仇女神时喊道：

> 走开！你是我的一个复仇女神。[③]

[171] 在显得为真的表象中，一种是昏暗不明的（amudra），正像在那些或因观察对象较小，或因距离过远，或因视力偏弱从而含混不清地感知某物的人身上所发生的那样。而另一种表象，不仅显得为真，而且显得为真的程度极高（sphodron）。[172] 其

① emphasis 和 apemphasis 很难找到恰当的词汇对译。Bett 译为 reflection/non-reflection（第 36 页），Inwood 和 Gerson 则译为 image/non-image（第 167 页）。emphasis 一方面源自动词 emphainomai，有“呈现”、“反映”、“印象”、“映象”等意，另外还源自动词 emphaimō，指“表明”、“叙述”、“意义”等。本文这里显然是指主体所获得的表象似乎反映对象，与对象一致，显得为真。apemphasis 则相反，指似乎与对象不一致、相矛盾、未反映对象，显得为假。我们结合语境，译为“映象”和“非映象”。

② 有学者认为自此往下至欧里庇德斯的引文，同本卷第 249 段高度相似，明显属于斯多亚派的观点，因此予以删除（见 Bett 译本第 36 页，注释 74）。

③ Euripides, *Orestes*, 264，又见 *M* 7. 249。

中那些昏暗不明和散乱乏力的（eklutos）表象将不是标准，因为它既不能清晰地指示自己，也不能清晰地指示产生它的东西，它不具有让我们信服或迫使我们给予赞同的本性。[173] 而那种显得为真，并使自己充分得以显现的（hikanōs emphainomenē）表象，按卡尔内亚德派的说法，是真理的标准。作为标准它有足够宽泛的程度，当程度增加一种表象将比另一种更为可信和生动。[174] 就当下而言，“可信的”（to pithanon）一词有三种意思。第一，既是真的又显得为真；第二，实际是假的但显得为真；第三，〈显得〉[①] 为真，但实际两者都有。因此，标准将是显得为真的表象，它被卡尔内亚德派称为“可信的”。[175] 但有时碰巧会发生它是假的这种情况，因此有时我们不得不使用真假都有的表象。但由于这种情况少有发生，我说的是“模仿”（mimoumenēs）为真之物这种情况[②]，因此人们不应不相信多数情况下为真的表象，因为人们的判断和行动往往是由多数情况下所发生的东西来校准的。

那么，这就是按卡尔内亚德所说的，第一位的和一般意义上的标准。[176] 既然没有任何一种表象是单一形式的（monoeidēs），而是像锁链一样环环相扣，那就需要加上第二个标准：“既是可信的又是不可动摇的表象”。例如，获得某人之表象者，必然会得到这个人本身以及外部环境的表象。[177] 至于这个人本身的表象，如肤色、身高、体型、运动、言谈、衣着和脚上所穿之物；至于外部环境的表象，如空气、阳光、日子、天空、大

① 根据 Bett 译本补（第 36 页）。另见 Inwood 和 Gerson 的译文补释（第 168 页）。

② 即“显得为真，但实际为假”。

地、朋友以及所有其他东西。当这些表象没有一种由于显得为假而使我们摇摆不定（perielkēi），而是所有表象一致显得为真，我们则愈加相信（mallon pisteuomen）。[178] 因为由所有属于他的惯常特征（ta eiōthota）来看，如肤色、身高、体型、言谈、衣着以及他所在的那个无人堪比的场所，我们相信此人正是苏格拉底。[179] 就像某些医生不只是通过一个症状，如心动过速或体温极高，而是通过各种症状的汇集（ek sundromēs），如心动过速，同时体温极高、触觉酸痛、肤色潮红、口干舌燥以及其他类似的症状来诊断真的发烧，同样学园派也是通过表象的汇集做出真的判断，如果所汇聚的表象无一为假而使他动摇分心（perispōsēs），那么他说打动他的表象为真。[180]“不可动摇性”（aperispastos）在于能产生可信性的表象的汇集，这点由墨涅拉俄斯（Menelaus）的事例来看是显而易见的。当他把海伦的幻影留在船上（这个幻影被他当作海伦从特洛伊带走），踏上法洛斯岛（Pharos）之后，他看见真海伦，尽管他得到真海伦的表象，但他并不相信这个表象，因为他被另一个表象动摇分心（perispasthai），根据这个表象他知道他已把海伦留在船上。[181] 这就是“不可动摇的表象”。它似乎也有宽泛的程度，因为可以发现一种比另一种更具不可动摇性。

比“不可动摇的表象”更加可信的和最为完善的是那种形成判断的表象。它除了是“不可动摇的”还是“仔细验证的”（diexōdeumenē）。[182] 这种表象的特征是什么，接下来必须做出解释。就“不可动摇的表象”而言，所寻求的仅仅是在所汇集的表象当中没有任何一个为假而让我们分心动摇（perispan），而是所有表象显得为真、不是不可信的。就那种基于“仔细验证的”

表象的汇集，我们则小心谨慎地检验汇集其中的每个表象，就像在公民大会上所发生的那样，人们仔细检视那些想做执政官或法官的人，看看他对治国或断案是否值得信任。[183] 比如，就判断而言，存在着判断者、被判断者和判断由之发生的东西，如距离、间隔、场所、时间、样式、状态、活动，因此我们要仔细甄别这些东西的每种特征。对于判断者，视觉是否并非迟钝无力（因为如果这样对判断是无用的）；对于被判断者，是否并非太小；对于判断由之发生的东西，空气是否并非昏暗不明；对于距离，是否并非太长；对于间隔，是否并非杂乱无章；对于场所，是否不宽；对于时间，是否不快；对于状态，是否没有发现失常；对于活动，是否并非无法接受。

[184] 所有这些东西构成一个系列的标准，即可信的表象，同时是可信的和不可动摇的表象，此外，同时是可信的、不可动摇的和仔细验证的表象。因此，正像在生活中，当研究小事，我们考察单一证据；当研究大事，我们考察多个证据；当研究更重要的事，我们对每个证据，根据它与其他证据的相互契合性（anthomologēseōs）进行仔细检视。因此卡尔内亚德派声称，在那些偶然发生的小事上，我们仅仅使用“可信的表象”这个标准；在那些较重要的事情上，我们使用“不可动摇的表象”；在那些有助于幸福的事情上，则使用“仔细验证的表象”。[185] 此外他们说，正像在不同的事情上他们采用不同的表象，同样在不同环境下他们并非跟从（katakolouthein）同一种表象。他们说，对那些环境没有给我们提供足够时间来确切思考的事情，他们仅仅诉诸“可信的表象”。[186] 比如，某人被敌兵追赶，当他来到一条

壕沟前得到一种表象，敌人正在那里严阵以待。受这种作为可信的表象的驱使，他躲避开了壕沟，因为在他确切地知道那里究竟有没有敌人埋伏之前，他跟随（hepomenos）表象的可信性。[187] 而在那些时间允许对所遇到的东西做出细致而周全的判断方面，他们跟随（hepontai）"可信的"和"仔细验证的"表象。比如，当某人看到黑暗的屋子里有一团绳索，便立即跳过去，认为是一条蛇，之后当他回头仔细查验真相，发现它是不动的，心里便倾向于认为这不是一条蛇。[188] 但他仍然推测，冬天被冻僵的蛇有时也是不动的，于是他用木棍戳动这团东西，那么，在对所获得的表象进行如此仔细的验证之后，他认同（sugkatatithetai）"显现给他的这个东西是一条蛇"为假。再者，如前所述，我们一旦清楚地看到某物就会赞同这个东西为真，仅当之前已仔细查验，我们具备完善的感官，我们是在清醒而非睡眠状态下观察的，同时空气是透明的，距离是适中的，作用于我们的对象是不动的，[189] 因此鉴于这些条件这个表象是可信的，既然我们拥有充足的时间来仔细检验那些位于其所在之处的观察对象。同样的解释也适用于"不可动摇的表象"，因为我们接受它仅当没有任何东西能够动摇它（antiperielkein），正如前面谈到的有关墨涅拉俄斯的事例。

[190] 自柏拉图以降，学园派的智识历程（historias）业已给出，那么我们进而讨论居勒尼派或许并非不当。因为这些人的观点似乎发轫于（aneschēkenai）苏格拉底学说，而柏拉图一脉（diadokē）[①] 也由之兴起。[191] 居勒尼派的人说，感受（ta pathē）

① diadochē，相当于英文的 a succession，或可译为"学统"。

是标准，并且只有感受是可理解的和没有错误的，而产生感受的东西无疑是可理解的和没有错误的。他们声称，我们能够无错地、确切地和不可辩驳地说我们感到白（leukainometha）和感到甜（glukathometha），但不能表明产生感受的东西“是”（estin）白的或“是”甜的。[192] 一个人甚至可能把某种不是白的东西感受成白的，把不是甜的东西感受成甜的。正像头疼病或黄疸病患者把所有东西感受成黄的[①]，眼炎患者则感受成红的，用力挤压眼睛的人好像受两个影像作用，疯子看见两个忒拜城，产生两个太阳的幻象[②]，[193] 在所有这些事例中，他们所获得的某种感受是真的，如感到黄，或感到红，或感到两个，而作用于他们的东西“是”黄的，或红的，或两个，则被认为是假的，同样我们有充分理由认为，除了自己的亲身感受（oikeiōn pathōn）我们不可能理解任何东西。因此要么把感受，要么把产生感受的东西设定为显明的。[194] 如果我们说感受是显明的，则必须说所有显明之物是真的和可理解的。如果我们把产生感受的东西称作显明的，则所有显明之物是假的和不可理解的。因为发生在我们身上的感受，除了它自己并不向我们显示任何东西。因此如果我们必须讲真话，则只有感受对我们是显明的，而产生感受的外部对象或许是存在的（taksa istin on），但对我们不是显明的。[195] 这样一来，凡涉及自己的亲身（oikeia）感受我们绝不会犯错，而涉及外部实在（to ektos hupokeimennon）我们则必定误入歧途。[③] 前者是可理解

① 此类事例似乎在希腊世界广为流传。参见 *PH* 1. 101, 126。

② 指欧里庇德斯戏剧《酒神伴侣》中的彭透斯（Pentheus），参见 Euripides, *Bacchae*, 918-919。

③ 本句使用了动词 planaō，指“导致错误”、“犯错”、“陷入迷惑”。

的，后者是不可理解的，由于位置、间距、运动、变化及其他诸多因素，灵魂对它的辨识是全然无力的。因此他们说没有人类所共有的标准，共同的名称（onomata koina）是被赋予对象的（tois chrēmasin）。[196] 所有人共同把某物称为“白的”或“甜的”，但他们并不拥有任何共同的“白的东西”或“甜的东西”。因为每个人把握自己的特殊感受，至于这种感受在他自己和周边人那里是不是由白的东西产生，他自己无法说，因为他没有获得周边人的感受；周边人也不可能说，因为周边人也没有获得他的感受。[197] 既然在我们身上不会产生任何共同的感受，那么声称对我这样显现的东西对周边人也这样显现乃是鲁莽的。因为或许我是如此构成的，以至于由作用于我的外部对象获得“白的”感受，而他人的感官是那样构造的，以至于获得另外的感受。因此对我们显现的东西一定不是共同的。[198] 由于感官构造的差异，我们不会以同样的方式获得感受，实际上在黄疸病人、眼炎病人和处于自然状态的人身上这点是显而易见的。正像同一个东西一些人以黄的方式感受，一些人以红的方式感受，一些人以白的方式感受，因此处于自然状态的人，由于感官构造的差异，也不可能由同一个东西获得同样的感受，而是灰眼睛的是一种，蓝眼睛的是一种，黑眼睛的是一种。因此，我们把共同的名称赋予事物，而获得的感受是个人自己的。

[199] 这些人有关目的的说法与标准的说法似乎是相似的。因为感受贯穿[①]目的。感受当中一些是快乐的，一些是痛苦

① 该词原文是 diēkō，指“延展”、“伸展”、“充斥”、“贯穿”等。这里的意思是说，伦理的目的（善和恶）系于感受，感受贯穿其中。

的，一些是两者之间的。他们称痛苦的感受是恶的，其目的是痛苦；快乐的感受是善的，其目的（无错的）是快乐；而两者之间的感受既不是善的也不是恶的，其目的非善非恶，因为它是一种介于快乐与痛苦之间的感受。［200］因此感受是所有存在物的标准与目的，他们说我们通过跟随这些东西，通过诉诸清楚经验（energeiai）和满意感（eudokēsei）而生活——就其他感受而言，诉诸清楚经验；就快乐而言，则诉诸满意感。

这些就是居勒尼派的观点，同柏拉图派相比，他们把标准的范围限定得更窄（sustellontes），因为前者使之成为一种由清楚经验和理性相结合的东西，而后者仅仅将之界定为清楚经验和感受。

［201］与该派观点相去不远的，似乎是那些宣称真理的标准是感觉的人。学园派的安提奥科斯清楚表明，有些人坚持这一观点，在《论准则》第二卷他坦诚地这样写道："另外一些人，医学领域中的那些一流人物（oudenos deuteros）和致力于哲学的人，他们相信感觉是一种本质上的（ontōs）和真正意义上（alēthōs）的理解，通过理性我们根本无法把握任何东西。"［202］在这段话中，安提奥科斯似乎肯定所提及的观点，他暗指（ainittesthai）医生阿斯科勒庇阿德，一位否定灵魂"中枢"（to hēgemonikon）[①]，和他生活在同一年代的人。有关这个人的生平业绩，我们在《医学笔记》（*iatrikos hupomnēma*）[②] 中做了详实而特别的描述，因此这里无需赘述。

① 即灵魂的主导部分。斯多亚派术语。参见 *M* 7. 39, 232 以下。

② 塞克斯都的这部著作没有流传下来。关于怀疑派与医学的关系参见 *PH* 1. 236-241。

［203］伊壁鸠鲁说存在着两种互为关联的东西：表象和意见。至于表象，他也称之为清楚经验（enargeia），这种东西无论如何总是真的。正像“第一感受”（ta prōta pathē），即快乐与痛苦，来自能产生它们的东西，并与能产生它们的东西本身一致，比如，快乐来自快乐的东西，痛苦来自痛苦的东西，能产生快乐的东西永远不可能是不快乐的，能引起痛苦的东西也永远不可能是不痛苦的，而是快乐的东西本性上必然是快乐的，痛苦的东西本性上必然是痛苦的。因此，就表象，即发生在我们身上的感受而言，凡能产生所有这些东西者是能完全绝对呈现自己的（phantaston），既能呈现，如果它实际不是像它所显现（phainetai）的那样，则产生表象是不可能的。①

［204］对于各类特殊感觉必须以相似的方法推证。因为视觉对象不仅“显得是”（phainetai）可视的，而且本身就“是”（esti）像它显现的那样。听觉对象不仅“显得是”可听的，而且真的就“是”这样。其他感觉对象同样如此。因此所有表象为真。这是合理的。［205］因为伊壁鸠鲁说，如果表象被说成是真的，仅当它来自真实之物，并与这个真实之物一致，而所有表象都来自真实的表象对象并与这个表象对象一致，因此所有表象必然为真。［206］而有些人被那些似乎由同一感觉对象（比如视觉对象）所形成的表象之间的差异欺骗了，按这种差异，存在物或显得颜色不同，或形状有别，或以其他什么方式变化。因为他们认

① 此处原文似有缺失。参见 Bett 译本第 43 页（脚注 88）。又见 Inwood 和 Gerson 译文第 53 页。本句话的意思是说，产生表象的东西，即表象的对象（ton phantaston）总能真实地（kat'alētheian）呈现自身，表象总是与表象的对象相一致，表象永远为真。

为，在有如此差异和冲突的表象当中，必定一种为真，而那种与之对立的为假。但这是愚蠢的，是对存在物的本性毫无理解之辈的想法。[207] 因为，假如让我们把论证建立在视觉对象上，所看到的则不是整个坚实物（steremnion），而是坚实物的颜色。至于颜色，一部分附着在坚实物上，正像在那些就近或从合适的距离所看到的情况，一部分则游离于坚实物之外，存在于附近的场域，如从远距离所观察到的那样。由于这种东西在中间场所发生变化，并获得自己的特殊形状，因此引起一种与其自身一样真实存在的表象。[208] 正像人们听到的不是在铜器中被敲击的声音，也不是人们嘴里喊出的声音，而是打动我们感官的声音，也正像没人会说那个从远处听到微弱声音的人“听错了”，因为当走近时感到声音很大，因此同样我也不会因为视觉自远处看塔是小的和圆的，从近距离看是大的和方的，就说视觉是骗人的，而宁肯说它报告的是真相（alētheuein）。[209] 因为当感觉对象对视觉“显得是”小的和这个形状时，实际上（ontōs）它就“是”小的和这个形状，因为影像的边界（peratōn）在穿过空气的运动中被剥蚀掉了（apothrauomenōn）；反过来当感觉对象“显得是”大的和另一形状时，它相应就“是”大的和另一形状，因为两者已不再是同一个对象。这就留给失真的意见（tēs diastrophou doxēs）去想象：自近处看到的表象对象和从远处看到的是同一个东西。① [210] 感觉的特性在于仅仅把握当下存在的和对它发生作用的东西，比

① 按伊壁鸠鲁的观点，感觉永远不会有错，出错的是意见或观念，后者把远处看到的塔和近处看到的塔判断为同一个表象对象，是对感觉的歪曲。

如颜色，并非在于判断存在物在这里是一回事，在那里是另一回事。因此出于这个原因，所有表象为真但并非所有意见为真，而是有一定的差别。因为它们有些为真有些为假，既然它们是我们对表象的一种判断，我们有时判断正确有时判断错误，这或是由于给表象增添和附加某种东西，或是由于从中减掉某种东西，一般说来是对非理性的感觉的一种误判。[211] 意见当中，按伊壁鸠鲁的观点，一些为真一些为假。为真的是那些被清楚经验所确证的和并非否证的，为假的则是那些被清楚经验所否证的和并非确证的。[212]“确证”（epimarturēsis）是一种理解：通过清楚的经验，被认为的东西（to doxazomenon）[①] 正像它曾经被认为（pote edoxazeto）的那样。比如，当柏拉图自远处走来，由于距离的原因我猜想和认为他是柏拉图，当他走近时进一步证实他就是柏拉图，因为距离的缩短，由清楚的经验本身可以证实这点。[213]“并非否证”（ouk antimarturēsis）是所假设的和所认为的非显明之物与现象之间的融贯性或一致性（akolouthia）。比如，当伊壁鸠鲁说虚空这种非显明的东西存在时，这点是通过清楚明白的东西，即运动来确证的。如果虚空不存在，运动就不会存在，因为一切都是充实而紧密的，运动的物体没有从中穿行的场所。[214] 因此，既然运动存在，现象则并非否证（mē antimarturein）所认为的非显明之物。“否证”是一种与“并非否证”相对立的东西，因为它是对现象连同所假设的非显明之物的共同否弃（sunanaskeuē）。例如，斯多亚派说虚空不存在，宣称这是一种非显明的东西，那

① 或译为“意见（观念）的对象”。

么现象，我指的是运动，一定会连同所假设的东西一起被否弃。因为，正像我们前面所表明的那样，如果虚空不存在，运动也必然不存在。[215] 同样，“并非确证”是与“确证”是相对立的，它是一种由清楚经验形成的印象，即被认为的东西不是像它被认为的那样。例如，当某人从远处走来，由于距离的原因我们猜测他是柏拉图。当距离缩短，通过清楚的经验我们认出他不是柏拉图。这就是“并非确证”，因为所认为的东西不被现象确证。[216] 因此“确证”和“并非否证”是某物为真的标准，而“并非确证”和“否证”是某物为假的标准。万物的根本（krēpis）和基础（themelios）乃是清楚的经验。

这就是伊壁鸠鲁所讨论的标准。[①] [217] 而亚里士多德、第奥弗拉斯特[②] 和一般来说的漫步派也承认有两类标准（既然事物的本性在最高层次上有两类，如我前面所说，一类是可感的，一类是可思的）：对于可感之物的感觉和可思之物的心智，[218] 以及如第奥弗拉斯特所说，对于同属两者的清楚的经验。在顺序上（taxei）处于第一位的是非理性的和不可证明的标准，即感觉；但在潜能上（dunamei）处于首位的是心灵（nous），尽管在

① 第欧根尼也记述了伊壁鸠鲁有关感觉、感受和“前见”（prolēpsis）是真理标准的思想（参见 DL 10. 31-34）。另外，伊壁鸠鲁在《致希罗多德的信》中（参见 DL 10. 46-52）以原子论为基础分析了感觉何以永远为真。他认为感觉是一种存在物发出的高速运动的原子流，“以同比例关系”作用于感官所形成的精细的“印迹”（topoi）或影像（eidōla），这种“印迹”保持了感觉源头即存在物的形状、颜色、大小等物质讯息，与存在物之间存在着某种“共同感应”（sumpatheia）关系，因此能真实反映存在物。“假”与“错误”永远在于我们对感觉印象所附加的意见或观念。

② 第奥弗拉斯特（Theophrastus，公元前 372/371—前 288/287 年），漫步派代表人物，亚里士多德的同伴和其学派的继承者。

顺序上与感觉相比它似乎是第二位的。[219] 一方面感官被可感之物作用，另一方面由基于清楚经验的感官运动，在那些卓越的、优良的和能自我运动的动物身上引起某种灵魂中的运动。这被他们称为记忆和表象：有关感官之感受的记忆，在感官中产生感受的可感之物的表象。[220] 因此，他们说这种运动可与“印迹”（ichnos）[①] 相类比。正像这种东西（我是说“印迹”）既“被”某物又“自”某物生成——“被”某物，如脚的压力；“自”某物，如狄翁——同样上述的灵魂运动既“被”某物生成，如感官的感受；又“自”某物生成，如可感之物，灵魂运动同它保持了某种相似性。[221] 再者，这种被称作记忆和表象的运动，自身拥有另外第三种后发性的（epiginomenon）运动，即理性的表象运动，它根据我们最后的判断和选择而发生。这种运动被称为思想（dianonia）和心灵（nous）。比如，一旦狄翁清楚明白地打动某人，这个人在感官上就会受到某种影响、发生某种变更，由这种感官上的感受在他的灵魂中生成某种表象，即前面我们说的记忆和类似于“印迹”的东西。[222] 通过这种表象，一种影像（phantasma），如一般意义上的人，便自觉不自觉地为之勾画和形塑出来。对于这种灵魂运动，漫步派哲学家根据其不同的作用将之命名为思想和心灵。基于潜能，称之为思想；基于现实，称之为心灵。[223] 因为，当灵魂能够做出这种形塑（anaplasmon），也即仅当它本性上具有这样做的能力，则被称为思想；而当它实

① 指“足迹”、“踪迹”、“印迹”、“标记”等。与下面第 228 段谈到的斯多亚派的“印迹”或“印象”（tupōsis）基本相同。

际已经这样做了，则被称为心灵。通过心灵和思想，形成概念（ennoia）、知识（epistēmē）和技艺（technē）。思想有时涉及特殊，有时既涉及特殊又涉及一般。[224] 心灵中的这些影像的汇集（athroismos）和由特殊到一般的概括（sugkephalaiōsis）被称作概念。在这种汇集和概括过程中最终形成知识和技艺。知识具有准确无误性，技艺则并非完全如此。[225] 正像知识和技艺的本性是后发的（husterogenēs），所谓“意见”同样如此。因为一旦灵魂服从于由感官所生成的表象，倾向于并赞同显现之物，就被称作“意见”（doxa）。[226] 通过以上所述表明，认识事物的第一标准是感觉和心灵。前者类似工具，后者好比工匠。因为，正像离开天平我们无法称量轻重，没有尺子我们无法辨别曲直，因此如无感觉心灵本性上无法验证事物。

概括说来这就是漫步派的标准。[227] 剩下的还有斯多亚派，接下来让我们谈谈他们的观点。这些人声称真理的标准是“可理解的表象”[①]。如果我们首先知道什么是他们所说的表象，其具体差异何在，我们将认识这种东西。[228] 按其说法，表象是一种灵魂上的“印迹”或“印象”（tupōsis）。但有关这点，他们之间存在着分歧。科莱安特[②] 基于“凹”与“凸”来理解印迹，就像由指

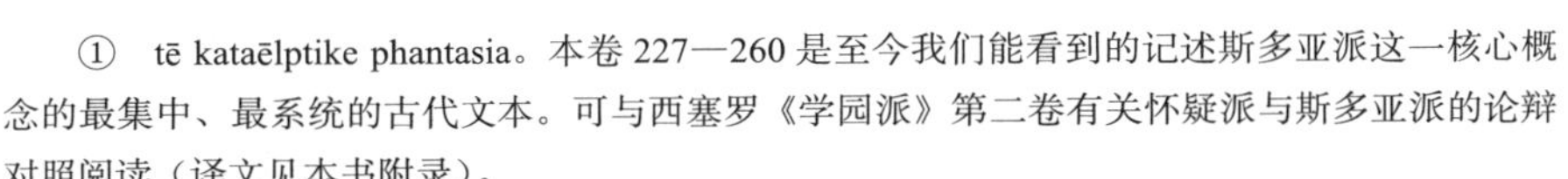

① tē kataēlptike phantasia。本卷 227—260 是至今我们能看到的记述斯多亚派这一核心概念的最集中、最系统的古代文本。可与西塞罗《学园派》第二卷有关怀疑派与斯多亚派的论辩对照阅读（译文见本书附录）。

② 科莱安特（Cleanthes，约公元前 331—前 230 年），阿索斯（Assos）人，喀提亚的芝诺的学生，于公元前 262 年左右成为斯多亚派第二代领袖。他写了大约 50 部著作，其思想被他的学生科律西波系统化。他的著名作品《宙斯颂》（*Hymn to Zeus*）完整保存至今。

环在蜡上所形成的印记，［229］而科律西波[①]认为这是荒唐的。因为首先他说，当我们的思想在某一时刻获得某种三角形和四边形的表象时，同一物体[②]自身将不得不在同一时间拥有不同的形状，同时成为三角形的和四边形的，或圆形的，这是荒谬的。再者，既然许多表象同时寓于我们之中，灵魂也将具有多种形状，这种说法比前者还要糟糕。［230］因此，他本人猜想芝诺是在“变化”意义上使用“印迹”一词的，定义应是这样的：“表象是一种灵魂的变化（eteroiōsis）。”因为当多种表象共存于我们之中，同一物体就会在同一时间接受多种变化，这就不再是荒谬的了。［231］正像当许多人同时说话空气就会在同一瞬间接受无数次不同的击打，即刻发生诸多变化，因此当灵魂中枢（to hēgemonikon）获得多种表象，也会经受某种类似的变化。

［232］但有些人说，甚至那个根据其修改意见提出的定义也是不正确的。因为如果某种表象存在，它是灵魂的印迹和变化；但如果灵魂的某种印迹存在，它未必完全是表象。实际上，当敲击手指或抓挠手掌时也会形成灵魂的印迹和变化，但不会形成表象，因为后者并非在灵魂的任意部分发生，只能在思想，也即灵魂的中枢部分发生。［233］针对这一反驳，斯多亚派的人说“灵魂的印迹”一语同时暗含“就其在灵魂中”之意，因此完整的表述是这样的：“表象就其在灵魂中而言是一种灵魂的印迹。”正像

① 科律西波（Chrysippus，约公元前281—前208年），第三代斯多亚派领袖。写过700多卷著作，最主要贡献是斯多亚派的命题逻辑和决定论，其影响远胜过芝诺、科莱安特等其他斯多亚派代表。

② 指灵魂的中枢部分或主导部分（to hēgemonikon）。按斯多亚派，灵魂是物体（soma）。

"太阳眼"（ephēlotēs）[①] 被说成是"眼白"，这里同时意味着"就其在眼睛中"，也即"在眼睛的某个部分中"存在着白色，以免我们所有人都患有"太阳眼"，因为本性上所有人都有"眼白"，因此当我们把表象称作灵魂的印迹时，同时暗指这种印迹发生于灵魂的某一部分，即中枢部分，因此展开来说定义成为这样的："表象是一种灵魂中枢上的变化。"［234］另一些人从同一思路出发，做出更为精细的辩解。他们说灵魂一词是在两种意义上使用的：一是指维系整个机体（sugkrisis）的东西，一是指特殊意义上的中枢部分。当我们说人是由灵魂和肉体构成的，或死亡是灵魂离开肉体的时候，我们特指灵魂的中枢部分。［235］同样，当我们对好东西进行划分，称有些好东西是关乎灵魂的，有些是有关肉体的，有些是涉及外物（to ektos）的时候，我们并非指整个灵魂，而是指它的中枢部分，因为正是系于这一部分我们的感受和善得以形成。［236］所以当芝诺说"表象是灵魂上的一种印迹"时，"灵魂"一词一定不能被理解成整体，而是它的一部分，因此这句话的意思是说："表象是一种关乎灵魂中枢部分的变化。"［237］即便如此，还是有人声称这个定义并未切中目标。因为冲动、赞同和理解都是灵魂中枢部分的变化，但却有别于表象，因为后者是我们的某种感受（peisis）和状态（diathesis），前者更大程度上是我们的活动（energeiai）。[②] 所以这个定义是糟糕的，因为它适合于多个不同对象。［238］正像那个对"人"进行定义并声称"人是

① 眼睛的一种疾病，被认为来自太阳（helios）光线的辐射。

② 这句使用了一对反义词，即"感受"与"活动"。前者指灵魂的"被动"状态，后者则是"主动"状态。

理性的动物”者，并未有效刻画出“人”的概念，因为神也是理性的动物，同样那个表明“表象是灵魂中枢的变化”的人也是错误的，因为这与其是对表象的解释，不如说是对所罗列的每种运动的解释。[239] 既然存在这种反对意见，斯多亚派再次诉诸他们的“暗指”（sunemphasis）说法，声称我们必须要在表象的定义中同时领会[①]（sunakouein）“以感受的方式”（kata peisin）这重意思。正如一个人说“爱欲是一种交友（philopoiias）的企图”，他同时暗指“与花季少年”，尽管他没有公开说出这点（因为没有任何一个垂垂老者和韶华已逝者会被人爱上）。因此他们说当我们把表象称作灵魂中枢的变化时，同时暗含这种变化是“以感受的方式”而不是“以活动的方式”（kata energeian）发生的。[240] 但并非如此他们似乎就能逃脱指责。因为当灵魂的中枢部分，靠神的保佑，得以滋养和增长时，它以感受的方式发生变化。但它的这种变化尽管是以感受方式发生的，或是一种状态，但并不是一种表象，除非他们再次声称表象是一种不同于这种状态的特殊感受，[241] 或者会说这点：既然表象或是外部之物的感受，或是我们内在的感受（这种东西被他们更为准确地称作“空洞的幻象”[②]），那么在表象的定义中一定会同时暗含这种感受，或基于外物作用生成，或基于我们内在体验生成。但在因生长或营养而产生的变化上，同时领会（sunexakouein）这种暗含的意思已不再

① 这里 sunakouein 一词和下面第 241 段的 sunexakouein，都是复合词，其主干动词是 akouein，原指“听”，引申为“明白”、“理解”、“领会”、“悟出”等意。那么这两个复合词是指从某个句子中“同时领会”或“同时明白”所暗含的意思。

② 原文 diakenos helkusmos。

可能。

因此，按斯多亚派所说的那种表象是难以做出解释的。表象中还有许多其他差异，下面将提到的这些已经足够。[242] 表象中一些是可信的，一些是不可信的，一些同时既是可信的又是不可信的，一些既不是可信的又不是不可信的。可信的（pithanai），是那些在灵魂中产生光滑运动（leion kinēma）的表象，比如当下，"这是白天"，"我正在谈话"，以及一切具有同等显明性的东西。不可信的，则不是这样的，而是使我们避免给予赞同的表象，[243] 比如，"如果这是白天，则太阳不在大地之上"，"如果这是黑夜，则这是白天"。既是可信的又是不可信的，是那些基于同某物处于相对状态从而有时这样有时那样的表象，例如那些涉及辩难论证的表象[1]。既非可信又非不可信的，是类似"星星的数目为偶"、"星星的数目为奇"这样的表象。[2] 可信的表象中一些是真的，[244] 一些是假的，一些既是真的又是假的，一些既不是真的也不是假的。真的，是那些可能对之做出真的陈述（katēgorian）的表象，比如当下，"这是白天"或"这是亮的"。假的，是那些可能对之做出假的陈述的表象，例如浆在水下是弯曲的，或柱廊是逐渐变窄的。既是真的又是假的，是那种类似打动处于错乱状态下的俄瑞斯忒斯的，来自厄勒克特拉的表象。[245] 因为就来自某种真实之物的表象打动他而言它是真的，因为厄勒克特拉的确存在；就来自复仇女神的表象打动他而言它是假的，因为不

① ai tōn aporōn logōn，比如"塔从远处看是圆的，自近处看是方的"这类辩难性论题。

② 同样的例子出现在 *PH* 1. 97; 2. 90。

存在复仇女神。再者，假如有人在狄翁活着的时候，梦中生出假的和空洞的幻象，梦见狄翁就站在跟前。[246] 既不是真的也不是假的，是作为“属”（genikai）的表象。因为“种”（eidē）或是这个或是那个，但它们的“属”却既不是这个也不是那个。比如，有些人是希腊人，有些是蛮族人，但作为“属”的人既不是希腊人（如果那样则所有作为“种”的人都会是希腊人），也不是蛮族人（出于同样的原因）。[247] 真的表象当中，一些是可理解的，一些是不可理解的。不可理解的，是打动某些处于病痛状态的人（kata pathos）的表象。因为无数精神失常者和忧郁症患者，尽管他们得到真的表象，但却是无法理解的，这些表象以外在的（exōthen）和偶然的（ek tuchēs）方式发生，因此他们通常对它们并不确信，不会赞同它们。[248] 可理解的表象是一种来自真实之物并根据这个真实之物留下印迹、获得印象的表象，这样一种表象以至于不可能来自非真实之物。他们相信这种表象能够极高程度地（akrōs）把握实在，精妙地（technikōs）再现它们的一切特征，他们称它具有它们的每种属性。[249] 其中，首先是来自真实之物。因为许多表象由非真实的东西发生，正像在疯子那里，这些东西是不会被理解的。其次是来自真实之物并与这个真实之物一致。因为，有些表象尽管来自真实之物，但它们似乎不像（idallontai）这个真实之物，正如我们刚才就疯狂状态下的俄瑞斯忒斯所表明的那样。尽管他由真实的厄勒克特拉得到一个表象，但与这个真实的对象不一致，因为他认为她是复仇女神之一，因此当她走来热切抚慰他时，他将之推开，说道：

走开！你是我的一个复仇女神。[①]

赫拉克勒斯（Heracles）也由真实的忒拜城获得表象[②]，但与这个真实的对象并非一致。因为可理解的表象必须符合真实的东西本身。［250］不仅如此而且还要留下印迹、获得印象，以便表象对象（phantastōn）的所有特征可以被精妙地（technikōs）再现出来。［251］正像雕刻匠致力于他所完成的作品的每个细节，又如戒指上的印章总是能将所有图案清晰地印在蜡上，因此那些把握实在的人也应当关注其所有特征。［252］他们补充了一句："这样一种表象以至于不可能来自非真实之物"，因为学园派，并不像斯多亚派那样，不认为找到一个在各方面与可理解的表象完全无法分辨的（aparallakton）表象是不可能的。斯多亚派说，获得可理解的表象的人可以精妙地（technikōs）呈现存在于对象中的差异，因为这种表象相比于其他表象具有自身的特殊性，就像有角的蛇与其他的蛇相比。相反，来自学园派的人则声称找到一个与可理解的表象几乎无法分辨的（aparallakton）假的表象是可能的。[③]

［253］老一辈斯多亚派的人声称这种可理解的表象是真理的

① Euripides, *Orestes*, 264. 参见 *M* 7. 170, 245。

② 似乎指疯了的赫拉克勒斯看见两个忒拜城，参见 *M* 7. 192。

③ 本段介绍了斯多亚派和学园派就"可理解的表象"问题的争论。学园派认为斯多亚派提出的"可理解的表象"没有绝对的真理性和唯一性，不存在"这样一种表象以至于不可能来自非真实之物"。因为有可能找到与所谓的"可理解的表象"几乎无法分辨的表象，如"双胞胎"、"鸡蛋"、"沙粒"等事例。斯多亚派的回应在于强调"可理解的表象"的自明性和唯一性，认为它本身具有使自己与他物区分开来的特殊标志，它既是自身的标准也是其他表象的标准。正像有角的蛇既是自己的标准也是其他蛇的标准。两个学派有关"可理解的表象"的论辩，西塞罗有详尽而精彩的刻画（*Acad* 2. 85）。

标准，新近一代则加上一个条件："仅当没有障碍。"[254]因为有时当可理解的表象发生时，由于外部环境的原因而不被相信。比如，当赫拉克勒斯把阿尔克斯提斯（Alcestis）从地府中带回，站在阿德墨托斯（Admetus）面前时，阿德墨托斯的确得到了来自阿尔克斯提斯的可理解的表象，但他并不相信。[255]当墨涅拉俄斯从特洛伊返回，在普洛透斯（Proteus）的宫中看到了真海伦，而此时他已把那个为之持续十年战争的海伦的幻影留在了船上，因此尽管他得到了一种来自真实之物，并根据那个真实之物留下印迹、获得印象的表象，但他并不〈相信〉它[①]。[256]因此，可理解的表象是标准仅当没有障碍，而这些表象尽管是可理解的，但存在着障碍。因为阿德墨托斯推测，阿尔克斯提斯已死，而死者不会复生，但某些幽灵却时常会出没（epiphoitai）。墨涅拉俄斯也会审慎思考，他已离开船上的那个被保护起来的海伦，而在法洛斯岛上发现的并非是海伦，而是一个幻影和幽灵，这不是不可信的。[257]因此，可理解的表象不是纯粹无条件的真理的标准，而是仅当没有障碍。他们称，这种表象清楚而生动，几近于抓住头发拖着我们给予赞同，不需要任何其他东西帮助形成这样的表象，或表明与他者的区别。[258]因此所有人，当渴望清晰把握某物时，似乎都自动追逐这种表象，比如就视觉对象而言，一旦他得到的存在物的表象暗弱不明。因为他会强化自己的视觉，走近所看之物，以便最终不会出错。他会擦亮眼睛，竭尽一切手段直至抓住判断对象的清晰生动的表象，好像认识到理解的可信性

① 此处文本有分歧，这里根据 Bekker 校勘译注。

系于此。[259] 此外，声称相反的观点是不可能的。凡拒绝宣称表象是标准的人，由于他是基于其他表象的存在获得这个感受的，这就必然确证了（bebaioun）表象是标准，因为自然赋予我们感觉能力和由之生成的表象，正像赋予我们一种真理认识之光。[260] 那么，弃绝如此重要的能力，剥夺如同自己光明一般的东西是荒谬的。就像一个承认颜色及其中的差异，却把视觉作为非真实的或不可信的东西予以否弃的人，又如一个说声音是存在的，但宣称听觉是不真实的人是十足荒谬的（因为如果我们由之感知颜色和声音的那个东西是缺场的，我们就不可能运用颜色和声音），因此凡承认对象，但又指责他由之把握对象的感觉表象的人完全是白痴，他把自己等同于无灵魂之物。

[261] 这就是斯多亚派的原理。既然当下几乎所有关于标准的纷争摆在我们眼前，那么这将是集中提出“反证”（tēs antirrēseos），向标准进击（epanagein）的恰当时机。如我前面所讲[①]，一些人承认标准在于理性，一些人承认在于非理性的感觉，一些人承认在于两者。一些人把人作为标准“被什么”，一些人把感觉和思想作为标准“由什么”，一些人把表象作为标准“用什么”。[262] 我们将尽可能让我们的辩难（tas aporias）同上述几类观点相适合，以免因逐一抨击所罗列的所有哲学家而被迫自我重复。

① 参见 *M* 7. 47 以下。

五、人是标准吗？

［263］按顺序，首先让我们考察标准“被什么”（to huph’hou），也就是人。我认为一旦这个标准首先被质疑（proaporēthentos），有关其他标准也就不需要更为详尽地讨论了，因为它们或是人的部分，或是人的活动，或是人的感受。如果这个标准是可理解的，那么仅就概念（epinoia）先于一切理解而言，这个标准在被理解之前就应当是可思的（epinoeisthai）。但直到目前为止，结果表明人是不可思的，正如我们将要论证的那样，［264］所以人完全是不可理解的，由之得出结论：有关真理的认识是发现不了的，因为它的认识者是不可理解的（akatalēptou）。因此在这一概念的研究者当中，苏格拉底是犹疑不决的（ēporēse），始终处于怀疑状态（en tēi skepsei）[①]，声称他不知道自己是什么，与整个宇宙（to sumpan）处于何种关系。他说：“我不知道我是人，还是其他某种比堤丰（Typhon）更复杂的动物。”[②]［265］而把自己比作“宙斯之声”，谈论宇宙万物的德谟克里特，试图澄清这一概念，但他竭力给出的不过是一句大白话，声称“人是所有人都知道的东西”。［266］首先，我们所有人都知道狗，但狗不是人。我们所有人都知道马和植物，但这些东西也不是人；再者，他把有待研究的问

① 塞克斯都这里用了两个涉及怀疑派的词汇描述苏格拉底。动词 aporeō（犹疑不决）和名词 skepsis（探究、怀疑）。怀疑派的思想来源与苏格拉底的关系参见 Paul A. Vander Waerdt, ed., *The Socratic Movement*, Cornell University Press, 1994, pp. 309-366。

② 参见 Plato, *Phaedrus*, 230a。这里并非原文引用。

题设定为前提。[①] 因为没人会轻易地（ek procheirou）承认人为何物是可知的，如果彼提亚神谕（Puthios）[②] 的确把“认识你自己”作为最大问题的话；即使承认人为何物是可知的，也不会相信每个人都能领悟这点，只会相信最精专的哲学家能够做到。[267] 伊壁鸠鲁派认为，人的概念能够以“指示”的方式（deiktikōs）呈现出来，声称“人是伴有灵魂的（met'empsuchias）这样一种形状”。但他们没有认识到，如果被指示的东西（to deiknumenon）是人，那么未被指示的东西就不是人。再者，这种指示所涉及的或是男人或是女人，或是老者或是少者，或是塌鼻子的或是钩鼻子的，或是直发的或是曲发的，以及种种其他差别。[268] 如果涉及的是男人，女人将不是人；如果涉及的是女人，男人将被消除；如果涉及的是年轻人，其他年龄的人将被逐出人类。

[269] 还有一些哲学家通过定义（dia logou）解释普遍意义的人，他们想象由此具体的人的概念就会呈现出来（anakupsin）。其中某些哲学家给出这样的定义：“人是理性的有死的动物，能接受思想和知识。”但他们提供给我们的不是“人”而是人的“属性”。[270] 但某物的属性有别于它所归属的那个东西，如果没有区别，它就不是属性而是事物本身了。当然，属性中有些与它们所归属的东西是不可分离的，比如物体的长、宽、高。因为如果离开了这些属性，物体是不可想象的。[271] 另一方面有些属性与它们所归属的东西是可分离的，当它们被剥离时事物依然存在，比

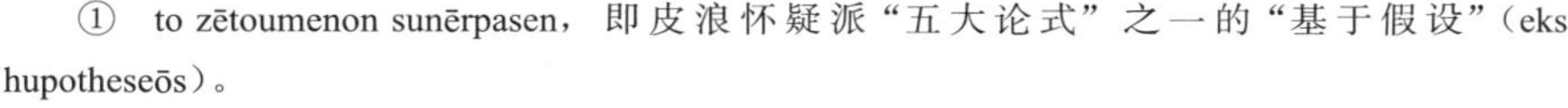

① to zētoumenon sunērpasen，即皮浪怀疑派“五大论式”之一的“基于假设”（eks hupotheseōs）。

② 即德尔菲的阿波罗神谕。

如，跑、说、睡、醒之于人。因为所有这些属性都属于我们，但并非每每属于我们。因为当不跑和沉默时我们依然是自己，其他属性同样如此。因此，尽管有两种不同的属性，我们也不会发现它们任何一种与存在物本身相同，而是永远与之有别。[272]因此，那些声称人是理性的有死的动物以及其他什么动物的人是愚蠢的，因为他们并未给出人的定义，而是罗列出人的属性。其中"动物"是永远属于人的属性，因为如果不是动物就不可能是人。"有死的"甚至不是属性，而是人的身后之事，因为当我们是人的时候，我们活着，并未死亡。[273]"能推断的（logizesthai）和有知识的"也是属性，但并非每每总是属性。因为甚至某些不能推断的人也是人，如沉醉于甜蜜梦乡[①]的人，而那些不具有知识的人也并未丧失人的资格，如疯子。因此，当我们追问一种东西时，他们却提供另一种东西。[274]再者，"动物"不是"人"，否则所有动物将都是人。如果"理性的"（to logikon）被代之以"能推断的"（tou logizesthai），那么诸神当他们推断时也将变成人，或许某些其他动物也会如此。另一方面，如果"理性的"被代之以"能发出有意义的声音的"，那么我们会说乌鸦和鹦鹉等等也是人，但这是荒唐的。[275]再者，如果有人说"有死的"是人，则可以推出非理性的动物因为是有死的所以也是人。对于"能接受思想和知识的"需要做同样的思考。首先，因为这些属性也会发生在神身上；其次，如果人能接受这些东西，人就不是这些东西，而是能接受这些东西者，对其本性他们并未解释。

① "甜蜜梦乡"（hedumos hupnos）似乎是荷马的常用语。

［276］独断派中的某些聪明人针对这个问题做了回应，声称每种列举出来的东西不是人，但所有这些东西结合起来成为人，就像我们在部分与整体中所看到的。［277］就像手本身不是人，头、脚以及任何其他这样的部分都不是，但它们的结合被思想为一个整体，因此人既不纯粹是“动物”，也不单单是“理性的”，也不仅仅是“有死的”，而是来自所有这些东西的结合，也即，同时既是“动物”，又是“有死的”和“理性的”。［278］对这个问题的回答也易如反掌。因为首先，如果当这些东西每种单独存在时不是“人”，它们何以能在结合之后成为“人”，乃至既不多于其所“是”（esti），也不少于其所“有”（hupokeitai）①，也不会以其他方式发生偏差？此外，所有这些东西根本不可能放在一起（sundramein）②，以至于由它们的总和生成“人”。［279］无论如何，“有死的”在我们还是人的时候不是我们的属性，而是通过共同记忆来理解的。当看到狄翁、泰翁、苏格拉底以及一般说来与我们相似的个人已经死去，我们便推想我们也是有死的，尽管死亡尚未降临我们头上，因为我们毕竟还活着。［280］“能推断的”（to logizesthai）在我们身上有时存在有时不存在。再者“有知识的”，正如我们前面所说，不是一种每每属于人的属性。因此必须说，即便是所有这些东西的共同组合也不是“人”。

［281］柏拉图有关人的界定比其他人更糟，他声称：“人是能

① 这里使用了两个系动词 esti 和 hupokeitai。除了后者在构词意义上有“在下边存在”的意思，两者基本是同义词，都指“存在”、“是”、“有”。这里我们在修辞意义上对译为“是”和“有”。

② 该词的原意指“碰到一起”，引申为“同时发生”或“一致性”等。

接受政治学知识的，无羽翼的、两足的和宽指甲的动物。”[1]因此对他所应当采取的反驳也是显而易见的。因为他依然没有解释人，而是罗列了人的属性和属性的缺失（aposumbebēkota）。[282]“无羽翼的”是人的属性的缺失，而“动物”、“两足的”和“宽指甲的”则是属性。“能接受政治学知识的”有时是属性，有时是属性的缺失。因此，当我们想知道一种东西时，他却提供了另一种东西。

那么这样我们证明了，轻而易举地构想“人”的概念是不可能的。[283]接下来我们必须说，有关“人”的理解也是行不通的（aporōn），尤其这点已部分得以确证（sumbebibastai），因为不可思的东西本性上是不可理解的；而业已表明，仅就独断论者的概念而言，“人”是不可思的，所以也是不可理解的。[284]同样，我们以另外的方式建立这个结论也是可能的。如果“人”是可理解的，或整个人（holos）全部（di holou）研究和理解自己，或整个人是被研究者，属于理解的对象范畴；〈或他一部分研究和理解自己，一部分是被研究者，属于理解的对象范畴。〉[2]正像有人假设视觉“看”自己那样，它或将全部在“看”或“被看”，或将一部分在“看自己”一部分在“被自己看”。[285]如果整个人可以全部研究自己并随之而思想，也即随整个人全部思想自己，则任何被理解的东西将不会存在，这是荒谬的；如果整个人是被研究者并随之被全部思想，也即随他被研究，则任何研究者和将做出理解的主体就不会保留下来。[286]再者，也不可能采取轮流

① 该定义见于伪柏拉图《定义篇》(415a)，似乎出自学园派继承人之手。

② 此处文本有缺失。这里根据 Kochalsky 补缀（参见 Teubner 本第 66 页，脚注 9）译出。

方式（para meros），以至于有时整个人是研究者，有时整个人是被研究者。因为当整个人是研究者并随之而全部思想，也即随整个人在研究，所研究的东西就不会保留下来；相反，当整个人全部是被研究者，研究者也将不存在。

［287］那么剩下的还有，人并非整个作用于自己，而是通过自己的某个部分对自己做出理解，但这也是行不通的（aporōn）。因为人不外是肉体（ton ogkon）[①]、感觉和心智。［288］如果想通过某个部分理解自己，那他或通过肉体认识感觉和心智，或相反，通过感觉和心智理解肉体。但通过肉体认识感觉和心智是不可能的，因为这种形式的研究是非理性的、愚蠢的和有悖自然的（aphues）。［289］此外如果肉体能把握感觉和心智，那么作为这些东西的理解者，它就应当与这些东西相似，即处于相似状态，成为感觉和心智。因为当它把握视觉时，就它“看”而言它将是视觉；当它理解味觉时，在它“尝”的活动中它将成为味觉。对于其他感觉同样如此。［290］正像感知热之为热的东西，是通过“受热”（thermainomenon）来感知的，“受热”直接是“热”；又如形成冷之为冷的认识的东西，“受冷”直接是“冷”；同样，如果肉体把感觉作为感觉来把握，它将会有感觉（aisthanetai），既然“有感觉”（aisthanomenos），所以它一定将成为感觉，［291］那样研究者将不复存在，而成为被研究者。[②] 此外肉体同感觉和心

① ogkos 原指“物块”，这里与 soma 是同义词，而且在以下文本中交替使用，通指“肉体”或“物体”。

② 这里的意思是说，在第一个假设中，肉体被设定为“研究者”，感觉和心智则是“被研究者”或被理解的对象。如果肉体把感觉理解为感觉，它也就成了感觉，也即变成“被研究者”。所以肉体是不可能理解感觉或心智的。

智没有区别是极其荒谬的，因为几乎所有独断哲学家都介绍它们之间的区别。［292］对于心智则适应同样的论证。因为如果肉体把心智作为心智来把握，即作为一种“思”（noousēs），则肉体将是心智，既为心智，它就不会是研究者而是被研究者。因此肉体不可能理解“人”。

［293］感觉也不可能。因为它们只是被动的感受，就像蜡那样获得印记（kērou tropon tupountai），此外一无所知。因为如果我们把研究某种东西的任务指派给它们，它们将不再是非理性的而是理性的了，将获得心智的本性。但实际并非如此。因为如果感到白、感到黑、感到甜、感到苦、感到香以及一般意义的被动的感受是感觉的特性，那么主动（energētikōs）研究将不是它们的特性。［294］再者，当感觉不具备有形物（sōmatikēn）的本性时，由之理解肉体如何可能？比如，视觉能够把握形状、大小和颜色，但肉体既不是形状，也不是大小，也不是颜色，如果是什么，也是它们所归属的东西。由于这个原因，视觉不能把握肉体，只能看到属于肉体的那些属性，比如形状、大小和颜色。［295］“是啊，”有人会说，“但来自这些东西的结合就是肉体。”这是无稽之谈。因为首先我们业已表明，一种东西的属性的共同组合并非是它们所归属的那个东西。[①]［296］再者，即便如此，肉体被视觉把握也是不可能的。因为如果肉体既不是纯粹的长度，也不是单独的形状，也不是孤立的颜色，而是来自这些东西的结合，这就必然需要视觉在把握肉体的过程中自己把这些东西逐一结合起

① 指本卷第 278 段。

来，由此把所有这些东西的共同汇集称为肉体。[297] 然而把一种属性与另一种属性结合起来，把某种长度连同某种形状一起把握是理性能力，而感觉是非理性的，所以把握肉体不是感觉的功能。[298] 再者对感觉来说，不仅把属性的共同聚合想象成肉体是有悖本性的（aphuēs），而且对每种归属肉体的属性的理解也是无能为力的。比如直接说长度，它本性上是根据“部分的跨越”（huperthesin merōn）来理解的，我们始于某一部分，经过某一部分，止于某一部分，而非理性的本性是不能理解这点的。[299] 另外还有深度。因为视觉只能游于表面，无法进入深处。无论如何，它也看不出外表镀金的铜币。在否弃居勒尼派的观点时我们说过[①]，视觉甚至也不适宜于颜色的认知。[300] 因此，如果视觉连肉体的属性都不能把握，就更谈不上辨识肉体本身了。这也不是听觉以及嗅觉、味觉、触觉的功能，因为每种感觉只认识自己的对象，而不是肉体本身。听觉只能把握声音，而声音不是肉体。嗅觉也只是香与臭的判别者。但没人如此荒唐，会把我们肉体的实在性归于香臭之列。无需赘述，对其他感觉说法是一样的。因此感觉不能理解肉体。

[301] 感觉也不能理解自己。因为谁由视觉看见过视觉？谁由听觉听到过听觉？谁曾由味觉尝到过味觉，或由嗅觉闻到过嗅觉，或由触觉触摸过触觉？这些都是思想的对象。因此我们必须说，感觉不能把握自己，同样也不能相互把握。因为视觉不能看见正在听的听觉，反过来听觉本性上也听不到正在看的视觉。对

① 参见 *M* 7. 190 以下。

其他感觉可采用同样的驳斥方法。当然，如果我们说听觉之为听觉，即作为一种听觉活动，能被视觉把握，我们将承认视觉与听觉感受相同（to homoiopathein），因此它也就不再是视觉而是听觉。［302］因为如果视觉自身没有听觉的本性，它如何能判断正在听的听觉？反之，听觉为了把握正在看的视觉，它自身必须在这之前已成为视觉。然而，这种结果的荒谬性似乎登峰造极。所以必须说，感觉既不能把握肉体，也不能把握自己，也不能相互把握。

［303］独断论者会说："是啊，但心智可以认识肉体、感觉和它自己。"但这也是行不通的。当他们宣称心智能够认识整个肉体及其内在之物时，我们要问：心智究竟是通过一次性作用于整个肉体做出理解的，还是通过作用于肉体的部分，并基于这些部分的结合来理解整体的。［304］通过作用于整个肉体的方式，他们是不会同意的，由下面的论述将是显而易见的；如果他们声称心智把部分结合起来并由此认识整个肉体，他们将被迫陷入更大的困境（aporiai）。因为整个肉体的某些部分是非理性的，而非理性的东西以非理性的方式作用于我们。那么心智，因被这些东西以非理性的方式作用，将成为非理性的。既然是非理性的，它就不会是心智。因此心智将无法理解肉体。［305］同样，心智也不能辨识感觉。正像心智不能理解肉体，由于它自身具有理性能力而肉体是非理性的，因此它也不能理解感觉，既然感觉是非理性的，因而会以非理性的方式作用于理解它们的东西。再者，当把握感觉时它一定会是感觉。为了把感觉理解为感觉，也即作为一种感觉活动，它会在形式上与感觉相似（homoioeidēs）。因为既然它理解正在"看"的视觉，它远在此前就会成为视觉；既然它判断正

在“听”的听觉，它将与听觉无异。对于嗅觉、味觉和触觉则道理相同。[306] 但如果认识感觉的心智被发现其内在的本性已发生变化，将不会存在任何研究感觉的主体（hupokeimenon），因为我们设定的这个研究者已与被研究者变得相同，因此也需要某种理解它的东西。

[307] 他们说：“是啊，但同一个东西可以既是心智又是感觉，并非同一方面，而是一方面是心智另一方面是感觉，就像同一个酒杯被说成既是凹的又是凸的，不是同一面，而是一面为凹，如里面部分，另一面为凸，如外面部分；又如同一条路被理解为既是上升的又是下降的，相对上行者为升，相对下行者为降。因此，同一种能力一方面是心智另一方面是感觉，既然是同一种东西就无碍于对上述那些感觉的理解。”[308] 然而他们极其冥顽不化，对上述疑难（aporias）只是空洞地做出回应。因为我们说，即便承认这些不同的能力的确存在于同一实体（ousian），刚才我们所提到的疑难依然存在。[309] 试问，那个所谓一方面是心灵一方面是感觉的东西，如何能由其作为心灵的一面把握其作为感觉的一面？因为如果它是理性的，并对非理性的东西做出理解，那么它将以非理性的方式受到作用；既然被以非理性的方式作用，它就是非理性的；如果这样，它将不是理解者而是被理解者。这还是荒谬的。

[310] 通过这些论证，让我们确立：人不能由肉体把握感觉，反过来也不能由感觉把握肉体，〈……〉[1] 因为这些东西既不能把握

① 此处文本意思不完整，似乎有缺失。

自己，也不能相互把握。接下来必须表明，心智并不像独断哲学家所宣称的那样是可以认识自己的。因为如果心灵理解自己，它或作为一个整体理解自己，或并非作为一个整体，而是为此使用自身的某一部分理解自己。[311] 但它不能作为一个整体理解自己。因为如果作为一个整体理解自己，它整个就会是理解和理解者，如果它整个是理解者，则被理解的东西将不复存在。然而理解者存在，其所理解的对象不存在，这是最无道理的事情。[312] 心灵也不能为此而使用自己的某一部分。因为这个部分本身如何理解自己？如果通过整个部分，被研究的东西将不存在；如果通过某一部分，这个部分又将如何认识自己？于是陷入无穷（eis apeiron）。因此理解没有起点（anarchon），因为要么找不到任何首先做理解的主体，要么没有任何被理解的对象。

[313] 再者，如果心灵可以理解自己，它将同时理解其所在的场所（en hōi esti）。因为所有被理解的东西都是与某个场所一起被理解的。如果心灵可以把其所在的那个场所连同自身一起理解，在哲学家当中这个场所就不应该是一个有争议的问题，一些人说它是头，一些人说是胸，尤其一些人说是脑而另一些人说是膜，一些人说是心，还有人说是肝的门户或肉体的其他某个类似的部分。有关这点独断哲学家的确意见不一，所以心灵无法理解自己。

[314] [①] 那么，就普遍适应于所有人而言，我们对标准的研究提出这样一些诘难（diēporēsthō）。但既然独断论者自视甚高地拒绝承认他人对真理的判断，声称只有他们自己发现了真理，那

① 这里第 314—316 段对照 *PH* 2. 34-36。

就让我们以之为基础建立我们的论证，指出即便如此，发现任何真理的标准也是不可能的。[315] 那么，每个宣称已发现真理的人，或仅仅通过说辞表明这点，或使用证明。但他不会以说辞表明，因为某个处于对立阵营的人也会提供一套宣称相反观点的说辞。因此前者将不比后者更加可信。纯粹的说辞等于（ison）纯粹的说辞。[316] 如果他以证明表明自己为标准，那么这个证明一定是有效的（hugious）。但为了知道他用来表明自己为标准的那个证明是有效的，我们就应当有一个标准，一个之前已被一致同意的标准。但我们没有一个共同一致的标准，这是有待研究的问题。所以找到标准是不可能的。[317] 再者那些声称他们自己为真理标准的人来自不同学派，因而他们相互分歧，我们不得不具有一个用来判断这种分歧的标准，以便我们赞同哪一方，不赞同哪一方。[318] 那么这个标准，或与所有分歧方不一致，或只与一方一致。但如果与所有分歧方不一致，它将成为分歧的一方，既为分歧的一方它就不是标准，而像整个分歧方一样，本身需要判断。因为同一个东西既验证（dokimazein）又被验证（dokimazesthai）是不可能的。[319] 如果它并非与所有方不一致，而与一方一致，那么〈它所同意的那一方〉[1] 既然处于分歧中，则需要一个验证者。因此与那一方相一致的标准，由于与之无别，将需要判断。既然需要判断，它将不会是标准。

[320] 但一切最为重要的在于，如果我们说某个独断论者是真理的判断者，而且这种能力绝无仅有，那么我们声称这点，或

① 此处文本疑似有缺失，这里根据 Bekker 所补“ho heis houtos hōi sumphōnei”译出。

因关注他的年龄，或不是年龄而是他的努力，或不是这点而是他的悟性和心智，或不是他的悟性而是多数人的指证。然而正如我们将表明的那样，在真理的探究中诉诸年龄、勤奋或上述其他任何因素是不恰当的。所以某个哲学家不应当被说成是真理的标准。［321］不能诉诸年龄，是因为多数独断论者当他们宣称自己是真理的标准时年龄几乎相仿。所有这些人，像柏拉图，还有德谟克里特、伊壁鸠鲁和芝诺，当他们确证自己发现了真理，已是垂垂老者。［322］再者，正像在日常生活和共同交往中我们看到年轻人常常比老年人聪明，同样在哲学上年轻人也比老年人更加敏于接受事物（euepēbolōterous），这种情况也不是不可能的。［323］某些人，其中包括医生阿斯科勒庇阿德，坦诚地表明老年人远不及年轻人聪明和机智，但出于多数平庸之辈的谬见事情被认为相反。由于老年人经验丰富，年轻人被相信在聪明程度上不及老年人，尽管事实恰好相反。如我所说，老年人即便经验丰富，但并不比年轻人聪明。所以一定不能说某个独断论者因年龄而是真理的标准。［324］也不能说基于勤奋，因为所有人都同样勤奋，没有任何一个致力于真理的角逐（agōna）并宣称发现真理的人可以轻松置身其中。如果所有人被证实在这个方面是程度相等的（isostēta），只倾向于一个人则是不公平的。［325］同样，任何人不能根据聪明程度去选择一个而不是另一个。首先因为他们都是聪明人，不会有的愚钝有的不愚钝。再者，那些被认为是聪明的人，通常不是真理而是谎言的代言人（sunēgoroi）。演说家中那些堂而皇之地（gennaiōs）助推虚假之物，并将之提高到与真理同等可信的人，我们说他是有能力的和聪明的，而不具备这种能力者，相反我们说他是迟钝的和不聪明的。[326] 或许，在哲学上那些最富才华的真理探究者，以其自然禀赋而被认为是可信的，尽管他为虚假之物代言。而那些缺乏自然禀赋的人被认为是不可信的，尽管他们与真理为伍（summachōsin）。因此或基于年纪，或基于刻苦，或基于聪明程度选择一个人而不是另一个人，并声称这个人发现了真理而另一个人没有发现是不恰当的。[327] 那么剩下的是诉诸多数意见一致者。或许有人会说，那个多数人所一致指证的人是真理的最佳判断者。然而这纯属无稽之谈，比我们前面驳斥的那些标准更加糟糕。因为，其他暂且不论，那些不同意某个观点的人与那些同意同一个观点的人是等值的（isoi）。比如，伊壁鸠鲁派的人之于亚里士多德派的人，斯多亚派的人之于伊壁鸠鲁派的人，其他学派同样如此。[328] 如果那个已见到真理的人，就所有追随他的人都宣扬同一种观点而言是最好的，那么我们为什么要说这个人而不说那个人是最好的和真理的标准？比如，如果我们说伊壁鸠鲁是最好的，因为一致同意他发现真理的人数众多，那何以是伊壁鸠鲁而不是亚里士多德？因为与后者为伍的同仁（sunaszontai）也不在少数。[329] 但无论如何，正像在生活事务中一个聪明人优于众多不聪明的人不是不可能的，因此在哲学上一人明辨（phronimon）并因此是可信的，众人皆如“呆鹅”（chēnōdeis）并因此是不可信的，尽管他们共同一致地指证某人，这也不是不可能的。因为聪明者寡，平庸者众。[330] 此外，即便我们诉诸共同一致性和多数人的指证，我们还是被带回相反的结论。因为对某事不同意的人必然多于同意的人。如果我们举一个贴切的例子，我说的意思将更加清楚。[331] 出于论证的原因，

让我们假设，按斯多亚派从事哲学的人多于按每个其他学派从事哲学的人，并假设他们异口同声地说只有芝诺发现了真理，其他人都没有。那么这种情况下，伊壁鸠鲁派的人将反唇相讥，漫步派的人将指责他们骗人，学园派以及一般说来所有其他学派的人都会驳斥他们。[332] 结果将再次发现，那些一致选择芝诺的人，当与那些一致声称芝诺不是标准的人相比，数量上要少得多。正是出于这个原因，如果我们应当另眼看待（gnōmateuein）[①] 那些异口同声地宣扬某些东西的人，仅当由于他们人数居多，那么必须要说没有人已发现真理。因为对于每个为某些人所称赞的人，都有众多来自其他学派的抨击者。[333] 还有一个最根本的问题在于，一致同意某人为真理的发现者的那些人，就他们意见一致而言，他们或处于差异状态，或没有任何差异而是处于同一种状态。他们不会处于差异状态，因为那样他们必将莫衷一是。如果处于"一种"状态，那么他们与那个表明相反观点的人将是对等的（isotēta）。因为正像后者，就反对他们而言，处于"一种"状态，[334] 同样他们也处于"一种"与他对等的状态，其剩余的人数对于可信性是多余的。因为，如果按照假设，他们当中有一人声称这个观点，他就会等于他们所有人。

[335] 如果那个在哲学上已发现真理的人，或因年纪，或因勤奋，或因聪明，或因具有众多的见证者被说成达致目标（eustochēkenai），而我们业已确立基于上述任何一种原因他都不应当被称作真理的标准，那么显然哲学上的标准是发现不了的。

① 该词原意指"分辨"、"区分"、"辨识"。引申为"区别对待"、"另眼看待"。

［336］再者，那个声称自己是真理标准的人谈论的不过是显现给他自己的东西。既然每个其他哲学家所谈论的也是显现给他自己的并与前者所确立的相反的东西，那么显然，由于这个人与所有人是对等的，我们将不能确定地说他们任何一个是真理的标准。如果第一个人是可信的，因为对他似乎显得自己是标准，那么第二个也是可信的，因为对他也似乎显得自己是标准，因此第三个以及其他人同样如此。由之推得，没有一个在确定意义上是真理的标准。［337］此外，一个人声称自己是标准，或通过说辞或使用标准。但如果仅仅通过说辞，就将止于（epischēthestai）说辞；如果使用标准，就会被推翻。因为这个标准或和他不一致，或和他一致。如果不一致，则这个标准是不可信的，因为它和认为自己是标准的那个人有别；［338］如果一致，这个标准将需要一个判断者。正像宣称自己为标准的那个人是不可信的，和他一致的这个标准也是如此，因为在某种意义上这个标准和他是一回事，也将需要另外某个标准。如果这样，我们一定不能说每个哲学家是标准。因为所有需要判断的东西本身都是不可信的。［339］再者，称自己为标准的那个人或通过说辞宣称这点，或通过证明。基于前面谈到的原因，他不可能通过说辞。如果通过证明，它当然是有效的。但声称这样一个证明是有效的，或通过说辞，或通过证明，如此以至无穷。那么出于这个原因，必须说真理的标准是不可发现的。

［340］还可以按这种方式提出问题：凡宣称判断真理的人不得不拥有真理的标准。那么，这个标准或未被判断（aepikriton）或已被判断（epikekritai）。如果未被判断，其可信性来自何处？

因为离开判断，任何有争议的东西无一可信。如果已被判断，那么判断它的东西又会或未被判断或已被判断。如果未被判断，则是不可信的。如果已被判断，则判断它的东西又将或已被判断或未被判断，如此以至无穷。[341] 再者，作为有争议的东西需要某种证明。但既然一些证明为真一些为假，那么用于标准之可信性的证明必须通过某种标准来确证，因此陷入循环论式，一方面标准有待于通过证明所得到的可信性，另一方面证明有待于由标准所提供的确凿性，[342] 它们一方不能由另一方确信。此外，同一个东西将既是可信的又是不可信的。标准是可信的因为它判断证明，证明是可信的因为它证明标准；标准是不可信的因为它由证明来证明，证明是不可信的因为它由标准来判断。

[343] 就第一个标准即“被什么”的晦涩不明性（agnōsia），怀疑派正是通过上述这些论证进行诘难的（aporeitai）。有关第二个标准的辩难，我指的是“由什么”，也是很容易建立的。[①] 因为如果“人”发现真理，那么他或仅仅使用感觉发现这种东西，或使用心智，或使用感觉和心智两者。但正如我们将要确立的，他不能仅仅使用感觉发现真理，也不能根据心智自身，也不能共同使用感觉和心智。所以人本性上是不能发现真理的。[344] 他不能仅凭感觉把握真理，正如前面我们所表明的，现在我们做一下简短的重述。感觉本性上是非理性的，除了接受表象对象的印迹（tou tupousthai）之外一无所能，对发现真理完全无用。因为在存在物中把握真理者不仅必须感到“白”或“甜”，而且必须被引到

① 本卷 343—346 对照 *PH* 2. 48-50。

有关这样一种东西的表象上：“这是（esti）白的”和“这是（esti）甜的”。其他感觉也是如此。［345］然而，专注于（epiballein）“这样一种东西”不是感觉的功能，感觉本性上仅仅把握颜色、滋味和声音，而“这是白的”或“这是甜的”既不是颜色也不是滋味，因此是不可能发生在感觉范围内的。多数情况下感觉是骗人的（pseudontai）和相互分歧的，正如我们在考察埃奈西德穆[①]的十个论式时所指出的那样。[②]［346］而分歧和对峙的东西不是标准，它本身需要一个判断者。因此，感觉是不能根据自身判断真理的。为了把握存在物，如人、植物及类似的东西，还需要一种结合与记忆。因为人是颜色同大小、形状以及其他某些特性的结合，［347］而感觉无法以记忆的方式把任何东西结合起来，因为结合既不是颜色，也不是滋味和声音这些仅凭感觉所能把握的东西。

［348］心智也不能。因为如果心智能认识真理，此前它就应当认识自己。正像一个建筑师，不关注标准的构成，如尺与规，他就无法判断直和曲。心智也是这样，如果它能判断真与假，远在这之前它就应当熟知自己的本性，如它所由之构成的实体（ousiai），它所从中存在的场所以及所有其他东西。［349］但心智完全不能洞悉（sunoran）这些东西，因为有些人，如狄凯阿

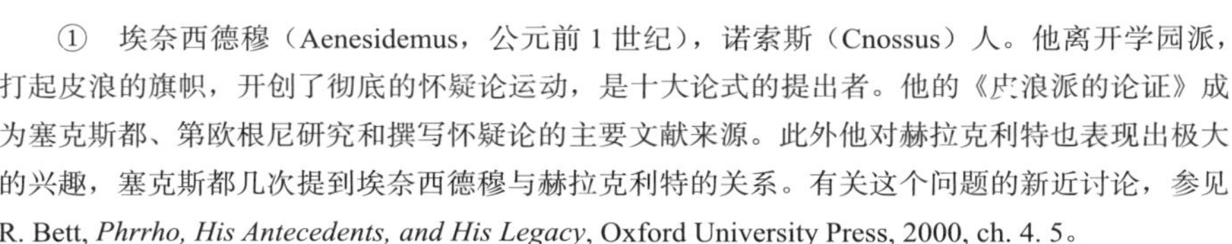

① 埃奈西德穆（Aenesidemus，公元前 1 世纪），诺索斯（Cnossus）人。他离开学园派，打起皮浪的旗帜，开创了彻底的怀疑论运动，是十大论式的提出者。他的《皮浪派的论证》成为塞克斯都、第欧根尼研究和撰写怀疑论的主要文献来源。此外他对赫拉克利特也表现出极大的兴趣，塞克斯都几次提到埃奈西德穆与赫拉克利特的关系。有关这个问题的新近讨论，参见 R. Bett, *Phrrho, His Antecedents, and His Legacy*, Oxford University Press, 2000, ch. 4. 5。

② “十大论式”在 *PH* 1. 35-163 中做了系统总结，塞克斯都在那里将“十大论式”归于“老一辈怀疑论者”。

科斯[①]，声称心智不过是肉体的某种状态（to pōs echon sōma）；有些人说心智是存在的，但并非寓于同一场所。一些人认为它在肉体之外，如据于赫拉克利特观点的埃奈西德穆，一些人认为它在整个肉体里面，如那些追随德谟克里特的人，还有一些人认为它位于肉体的某个部分，后者的观点则又是五花八门。[350] 再者，一些人像多数人那样说它有别于感觉，一些人说它本身就是感觉，就像自某种孔道那样自感官探出（prokuptousan），这一观点发轫于物理学家斯特拉图[②]和埃奈西德穆。所以心智不是标准。[351] 再者，心智是为数众多的，既然为数众多则它们是有分歧的，既然有分歧就需要一个判断它们的东西。那么，这个东西或者还是心智，或者是某种与之有别的东西。但它不会是心智，因为它作为分歧的一方将需要判断，将不再是标准；如果它有别于心智，则表明心智不是标准。[352] 再者，当下直接利用那些人所提出的结论（作为心智不是标准的证据）也将是可能的，因为我们没必要重复这些东西。[③] 此外按多数哲学家的看法，在我们身上不仅有心智，同时还有感觉，它位于心智之前。这种前置之物必然不会让心智把握外部对象。[353] 因为正像介于视觉与视觉对象之间的物体阻碍视觉把握视觉对象，同样如果作为非理性的视觉位于心智与外部视觉对象之间，视觉将不会让心智把握外部视觉

① 狄凯阿科斯（Dicaearchus，公元前 4 世纪晚期），漫步派哲学家，亚里士多德的学生。

② 斯特拉图（Strato），死于约公元前 268 年，继第奥弗拉斯特之后漫步派的第三任领袖。据西塞罗，斯特拉图“否弃了哲学最本质的部分，也即涉及德性和伦理命题的部分，全心致力于自然研究，即使在这个方面也与同门大相径庭”（*Acad* 1. 34）。

③ 此处文本似有缺失，译者根据上下文补充。本句的意思大致是说，独断论者互为分歧的观点本身就能证明心智不是标准，我们无需重复它们。

对象，如果听觉处于心智与外部听觉对象之间，它也不会允许心智形成听觉对象的认识，至于其他感觉也是如此。心智深锁于内（endon apokekleismēne），为感觉所遮蔽（episkotoumenē），将无法把握任何外部对象。所以我们不能说这种东西自身是标准。

［354］剩下要说的是两者，即心智以感觉为助手（hupourgōi）把握外部对象，但这也是不可能的。因为感觉并不向心智提供外部对象，而是报告（aggellei）它自己的特殊感受（pathos）。例如触觉，当由火感到热时，它并非把外部的燃烧的火，而是把来自其中的热，也即自己的特殊感受传递给心智。［355］甚至这点也不可能，因为如果心智要把握感觉之感受，它将成为感觉。因为能接受视觉的感受的东西以视觉方式（oratikōs）运动，而以视觉方式运动的东西就是视觉；能接受听觉的感受的东西以听觉方式运动，而以听觉方式运动的东西就是听觉。至于其他感觉同样如此。［356］因此心智也是这样，如果它接受每种感觉之感受，则以感觉方式（aisthētikōs）运动，以感觉方式运动就是感觉，作为感觉则是非理性的，成为非理性的将超出心智的范畴，如果不是心智它就不会作为心智（hōs noēsis）把握感觉之感受。［357］即便心智可以获得感觉之感受，它也不会认识外部对象。因为外部对象只是与我们的感受相似，而表象（pantasia）远不同于它所表现的对象（tou phantastou），就像火的表象有别于火本身，因为后者燃烧，前者不能燃烧。此外，即便我们承认外部对象与我们的感受相似，心智也一定不会通过理解我们的感受来理解外部对象。因为与某物相似的东西有别于它所相似的东西。［358］因此如果心智认识那些与外部对象相似的东西，它也不认识外部对象，而

是认识相似于它们的东西。正像不认识苏格拉底但见过苏格拉底画像的人，并不知道苏格拉底是否与所呈现的画像相似，因此在心智作用于感受但并未见过外部对象的情况下，它将不知道这些对象究竟是什么，也不会知道它们是否与感受相似。如果它无法辨识显现之物（phainomena），它也不会理解那些被宣称基于来自它们的推论（matabasin）而被认识的非显明之物，因此它不是真理的标准。[①]

［359］然而，当下某些独断论者却喋喋不休于对上述这些问题的回应，声称灵魂的不同部分，即理性的和非理性的部分是不可分离的，正像蜂蜜整体上既是液态的又是甜的，同样灵魂整体上也具有两种相互并存的功能（antiparēkousas allēlais dunameis），其中一种是理性的，一种是非理性的。［360］理性的在于为思想对象所作用，非理性的则能把握感觉对象。因此，声称心智或一般意义上的灵魂不能把握两类不同的对象是徒劳的，因为其结构是双重的，将能直接把握两者。［361］但他们是完全愚蠢的。因为尽管这些能力似乎极有可能聚合于同一实体，相互并存、充斥整个灵魂，但无论如何它们在种类上相互有别，前者是一回事，后者是另一回事。我们通过似乎比较清楚的事例来认识这点是可

① 这里第354—358段集中表达了怀疑论者有关感觉和心智都无法认识外在的表象对象的论证形式。即感觉获得的是表象，而表象尽管同表象对象，即外部物体之间具有某种“相似关系”，但它并不等于表象对象本身，正像“热”不等于“火”一样。而心智把握的是表象，但对于表象与表象对象之间是否具有“相似关系”，具有怎样的“相似关系”是无法认识的，也即对于表象对象究竟是什么始终保持沉默。对这种基于“相似关系”的独断推证的批判，自希腊化以降不绝如缕，成为历代怀疑论哲学的思想武器，如巴克莱、休谟正是采用这种方法对洛克等人的物质主义进行批判的（参见巴克莱：《人类知识原理》，关文运译，商务印书馆1950年版，第27—28页。休谟：《人类理解研究》，关文运译，第127页）。

能的。[362] 人们发现，有大量的东西系于同一质料，但它们不具有同一本性。重量和颜色两者系于同一物体，但相互有别；再者，形状和大小是同一实体的属性，但其本性是分离的。大小被认为是一回事，形状则是另一回事。同样，尽管理性能力与非理性能力交织在一起，但它还是与之有别。[363] 由此进一步得出结论：出于前面提到的原因，一种能力像另外一种那样受到作用、获得相似的感受是不可能的，否则两种能力必然成为一种——理性的成为非理性的，如果它以非理性的方式获得感受；非理性的成为理性的，如果它以理性的方式受到作用。[364] 即使我们假设心智可以通过感官通道探出，就像通过某种孔道那样，并独立于它前面的感觉而直接作用于外部对象，也会发现这种假设是行不通的（aporos）。因为以这种方式理解存在物的心智必须把存在物理解为清楚明白的东西；但正如我们将论证的那样，没有东西是清楚明白的；所以，要把握存在物中真的东西是不可能的。清楚明白之物被我们的对手宣称为："通过自身被理解的并且不需要任何他者来建立的东西。"[365] 但无物本性上是通过自身被理解的，所有事物乃是通过感受被理解的，这种东西有别于产生它的表象对象。当接触蜂蜜感到甜时，我猜测（stochazomai）外部存在的蜂蜜"是"（esti）甜的；当靠近火感到热时，来自有关我的状态表示（sēmeioumai）外部存在的火"是"热的。对于其他感觉对象则论证相同。[366] 既然所有人一致认为，通过他者被理解的东西是非显明的，而所有事物都是通过有别于它们的我们自己的感受来被理解的，那么所有外部对象都是非显明的，因此对我们也是不可认识的。因为，为了认识非显明之物必须存在某种显而易见的

东西，如果后者不存在，对前者的理解也就不复存在。[367] 但我们也不可能说，尽管这些东西就其被自身而言是非显明的，但由于来自感受的“记号”（sēmeiōsin）[①] 是确切的（bebaion）因而是可以被我们理解的。因为尽管当味觉器官接触蜂蜜时我会感到甜，但蜂蜜未必就是甜的，尽管当接触苦艾时我会感到苦，但苦艾不一定就是苦的，好像属于我们的感受（pathōn）必然应当属于产生这些感受的原因（aitiois）。[368] 正如落在皮肉上的鞭子使皮肉痛苦，但它不是痛苦的。又如食物或饮料让食者或饮者快乐，但它不是快乐的。同样火能产生热，但它并非必然是热的。蜂蜜能使人感到甜，但它不是甜的。对于其他感觉对象也适应同样论证。那么，如果为了认识真理，就不得不存在某种清楚明白的东西，而业已表明所有事物都是非显明的，因此必须承认真理是不可知的。

[369] 哲学家当中关于最高事物（tōn anōtatō pragmatōn）的纷争怎么会不否弃真理的认识呢？因为如果有的物理学家否弃所有显现之物，如德谟克里特派，有的肯定所有显现之物，如伊壁鸠鲁派和普罗塔戈拉派，有的则否弃一些而肯定另一些，如斯多亚派和漫步派，那么不管有人把心智，还是感觉，抑或两者设定为标准，无论如何都必须首先把某种显现的东西，或某种非显明的东西拿来用于对这些分歧的判断。然而用显现的东西判断是不可能的，由于它从有争议的事物（hulēs）而来将成为有争议的，

① 这里和上面第 365 段出现了名词“记号”（sēmeion）和相关动词“表示”（sēmeioō）。独断论哲学尤其是斯多亚派认为感觉或感受是某种“记号”（sēmeion），它可以“表示”或“指示”外部对象。

因此也就不是标准；如果用非显明的东西判断，事情则完全颠倒，因为如果“似乎可知的东西”由“不可知的东西”来确证，这是荒谬的。[①]

［370］再者让我们退一步，承认“人”、感觉与心智的实在性，以便让独断论者所宣称的命题继续讨论下去。但为了通过这些东西认识事物，我们必须同意第三种标准，即表象。因为离开表象的变化，感官和心灵不可能观照（epiballein）[②]任何东西。［371］但这个标准也是充满许多疑惑的（aporias），正像我们自一开始按序进行论述时所看到的那样。因为那些以表象为准则判断事物的人，有的诉诸“可理解的”（tēi katalēptikēi）表象，有的诉诸“可信的”（tēi pithanēi）表象，而我们选择两者的共同形式（genos）即表象本身加以否弃。［372］因为一旦它被否弃，不同种类的特殊表象也被否弃。就像如果动物不存在，人就不存在，因此如果表象不存在，任何“可理解的”或“可信的”表象也就不存在。如果表象是灵魂中的印迹（tupōsis），那么它或是一种以凹凸方式发生的印迹，如科莱安特所想象的，或是一种以纯粹变化的方式发生的印迹，如科律西波所认为的。［373］如果表象以凹凸方式发生，则科律西波谈到的那种荒谬将紧跟而来。[③]因为如果灵魂在受到表象作用时像蜡块那样接受印迹（tupoutai），

① 这里，“似乎可知的东西”（to dokoun gignōskesthai）指有待证明的显现之物或现象。“不可知的东西”（ton mē gignōskomenon）指假设作为标准的非显明之物。以非显明之物判断显现之物，这是颠倒事实的荒谬假设。

② epiballein 一词是一个意义非常广泛的动词，大致有“使用”、“运用”、“作用”、“投掷”、“打击”、“触及”、“集中关注”等意，无固定译法，根据语境酌情译出。

③ 参见 *M* 7. 229-230。

最后的运动将永远遮蔽前面的表象，就像第二个封蜡的印迹会抹掉第一个。如果那样，作为“表象的宝库”的记忆会被否弃，所有技艺也会被否弃，因为技艺是理解的体系（sustēma）与汇集（athroisma）。[①]但大量不同的表象存在于灵魂中枢部分（to hēgemonkon）是不可能的，既然里面的印迹被想象成因时而异的。因此，严格意义上表象不是印迹。[374]另外，如果“显现之物是非显明之物的视觉（opsis）”[②]，而我们看到那些比气息（to pneuma）[③]厚得多的显现之物都根本无法保持自己身上的任何印迹，那么我们有充分理由推断，气息也不会维系任何一种来自表象的印迹。再者，水比气息厚，但当手指对它施加压力时，丝毫没有显示出可以保存由压力所产生的印迹。[375]为何谈论水呢？甚至最柔软的通过挤压可变硬的蜡也无法保存印迹，尽管因为柔和会被某些东西瞬间打上印迹。如果此类与水相比处于坚硬状态的物体都根本不能保存自身的印迹，那么显然气息也不具备适合这种条件的本性，因为与这样的物体相比，它更为稀薄和易动。

[376]“是的，严格意义上表象不是一种印迹，而是心智的一种纯粹的变化（heteroiōsis）。”但这个说法比前面的那个更糟。因为就变化而言，一种是基于影响的变化（kata phathos），一种是作为实体的变化（hōs allagē tou hupokeimenou）。基于影响的变化，例如，如果一座在实体上和形状上保持同一性的雕像，时而因阳

① 参见 *PH* 3. 241。

② 参见 *M* 7. 140。

③ 指斯多亚派把灵魂的中枢部分（to hēgemonikon）理解为一种具有气与火性质的气息（to pneuma）。

光照射变热，时而因夜露降落变冷；作为实体的变化，比方说，如果这座雕像经融化而变成铜球。[377] 因此，如果表象是灵魂的变化，则这种变化或仅仅是基于影响的，或是基于实体的。如果是基于影响的变化，那么既然不同的表象其影响是不同的，新的影响改变旧的，因此任何东西将不会在心智中持存，但这是荒谬的；如果是作为实体的变化，那么当灵魂获得某种表象的同时，由于发生变化将不成其为灵魂，就会毁灭，正像融化为铜球的雕像此时不再是雕像。所以表象不是一种灵魂的变化。[378] 此外，他们还会受挫于有关“改变”的辩难。因为，如果有物改变和变化，那么或剩余之物（to menon）或非剩余之物（to mē menon）改变和变化。但剩余之物没有发生变化和改变，因为它依然处于“如其所是”的状态（menei en tōi einai hoion ēn）；非剩余之物也不会发生变化和改变，因为它既已毁灭、业已改变，因而无从改变。例如，如果“白”改变，它或在仍然为“白”的时候改变，或在不再为“白”的时候改变。[379] 但在它仍然为“白”的时候并未改变，因为它仍然是白的，仅就它是白的，它没有改变；在它不再为“白”的时候也没有改变，因为它既已毁灭、业已改变，因而无从改变。所以“白”不会改变。因此，表象如果是灵魂的某种改变和变化，则它是非实在的（anupostatos）。

[380] 即使变化可以接受，表象的实在性（hupostasis）也不会被直接承认。因为它被说成是一种灵魂中枢（to hēgemonikon）的印迹，而这个灵魂中枢究竟是否存在，在什么场所存在，意见并不一致。有的声称灵魂中枢完全不存在，如阿斯科勒庇阿德。有的认为存在这种东西，但对包含它的场所莫衷一是。因此

就这种分歧是不可判定的而言，我们不得不保持存疑（menein en epochēi），因为表象作为灵魂中枢的印迹是得不到承认的。

［381］那就让我们承认表象是一种灵魂中枢的印迹。但既然这种印迹如不通过感觉，如视觉、听觉或其他某种能力是传达不到灵魂中枢的，那么试问：有关灵魂中枢所发生的这种变化与感觉的变化是相同的还是有区别的。如果是相同的，而所有感觉是非理性的，那么灵魂中枢因发生这种变化也将是非理性的，与感觉并无二致；［382］如果这种变化是有区别的，那么灵魂中枢将无法把握如其真实存在那样的（hopoion hupokeitai）表象对象，而是真实存在者（hupokeimenon）是一回事，围绕灵魂中枢形成的表象是截然不同的另一回事，这还是荒谬的。因此，我们也不能以这种方式说表象是一种灵魂中枢的印迹和变化。

［383］此外，表象是表象对象的结果，表象对象则是表象和能使感官功能获得印迹（tupōtikon）的原因，结果不同于产生它的原因。因此，既然心灵观照（epiballei）表象，那么它将把握的是表象对象的结果，而不是外部的表象对象。［384］如果有人说，心灵可以通过发生在自己身上的影响和感受来观照外部对象，我们将援用上面提到的辩难（aporias）。因为外部对象或与我们的表象相同，或并非相同而是相似。〈它们当然不会相同。〉[①] 因为原因和它的结果怎么能被想象为同一种东西？［385］如果它们是相似的，而既然与某物相似的东西有别于它所相似的东西，那么心智将认识与表象对象相似的东西，而不是表象对象本身。此外，这

① 根据 Bekker 本补缀。

也是充满疑惑的（aporon）。因为心智如何知道表象对象与表象相似？它或不通过任何表象，或借助某种表象认识这点。不通过任何表象是不可能的，因为如果不观照表象，心智在本性上就不会把握任何东西。[386] 如果借助表象，而表象为了知道自己是否与产生它的表象对象相似，则完全应当把握自己和真实存在的表象对象。或许表象会把握真实存在的表象对象，因为它是这种东西的表象，但它如何能把握自己？为了实现这点，同一种东西将不得不成为表象和表象对象。[387] 而既然表象对象是一回事（因为它是原因），表象是另一回事（因为它是结果），那么同一种东西将与自己相异，同时既是原因也是结果；但两种结论都是有悖理性的。

[388] 提出上述这些疑惑之后，让我们进而以另外的方式进行诘难（aporōmen），即使我们承认表象确如独断论者所欲求的。因为如果表象被作为标准接受，那么必须说：或所有表象为真，如普罗塔戈拉所言；或所有为假，如科林斯的克塞尼亚德所称；或一些为真一些为假，如斯多亚派和学园派，以及漫步派所说。[389] 但正如我们将表明的那样，不能说所有表象为真，或所有为假，或某些为真某些为假；所以我们不能说表象是标准。因自我指涉（dia ten peritropen）[①]，人们不能说所有表象为真，正如德谟克里特和柏拉图在反驳普罗塔戈拉时所指出的那样。[②] [390] 如果所有表象为真，则“并非所有表象为真”因属于表象范畴也将

① 即语义的“自我反驳”，参见 *PH* 1. 139, 200; 2. 64, 76, 88, 91, 128, 133, 179, 185, 188; 3. 19, 28。

② 参见 Plato, *Theaetetus* 171a 和 *Euthydemus* 286b, c。

为真，因此所有表象为真将是假的。即使可以避免自我指涉，但声称所有表象为真也与显现之物和清楚明白的东西相悖，因为许多表象为假。[391] 当下，对于“这是白天”和“这是黑夜”以及对于“苏格拉底活着”和“苏格拉底死了”，我们不会以相同的方式获得感受，这些东西也不会达致同等的清楚性，而是“现在是白天”和“苏格拉底死了”似乎是可信的，“这是黑夜”和“苏格拉底活着”则并非同样可信，似乎不是真实的东西。[392] 同样的论证也适应于某些命题的融贯性（akolouthias）[①] 和矛盾性（machēs）。“这是亮的”同“这是白天”，“你运动”同“你散步”明显是相融贯的（akolouthei）；而“这是黑的”与“这是白天”，“你不运动”与“你散步”显然是相矛盾的，肯定一个也即否定另一个。〈如果一物与一物相融贯，则当然一物与另一物相矛盾。〉[②] 如果一物与一物是相矛盾的，则并非所有表象为真。因为与一物相矛盾者，或是作为真与假相矛盾，或是作为假与真相矛盾。[393] 如果所有表象被归结为真，则没有任何东西对我们是非显明的。因仅当有物为真，有物为假，而我们并不知道何者为真何者为假，才会形成对我们而言的非显明之物。声称“星星的数目为偶或为奇对我是非显明的”那个人，实际是说，他不知道星星的数目为偶或为奇究竟是真的还是假的。因此，如果万物为真、

① akoloutheia 一词或译为“可推性”或“一致性”。另有几个相关动词 katakolouthein、parakolouthein、hepesthai 等，指结论可由前提推出，与之保持融贯一致性。我们根据语境一般译为“融贯”、“一致”、“符合”、“遵循”、“按照”等。涉及逻辑论证时，常译为“推出”、“得出”等。参见 *PH* 1. 16; 2. 145, 152。

② 本句存在争议，意思模糊，按 Heintz 的校勘意见应删除。

所有表象为真，则无物对我们是非显明的。如果无物对我们是非显明的，则一切将是自明的。如果一切是自明的，将不会存在对任何东西的探究（to zētein）和质疑（to aporein），因为一个人探究和质疑的是对他并非显现的东西，而不是昭然若揭的东西。然而否弃探究和质疑是荒谬的。所以并非所有表象为真，也并非万物皆真。

［394］如果所有表象为真、万物皆真，就没有真话，没有错误，没有教化，没有技艺，没有证明，没有德性以及其他类似的东西。让我们思考一下所说的意思。如果所有表象为真，则无物为假。如果无物为假，将不存在说谎，不存在犯错，不存在一无所长（to atechnon），不存在愚昧不化（to phaulon）。因为每种东西都涉及"假"并从中获得其真实性（hupostasin）。[①]［395］如果无人说谎，也就无人说真话。如果没人犯错，也就没人无错。同样，如果没有无技艺者，有技艺者也会被否弃。如果没有愚者，也就没有智者。因为这些东西是基于比较（kata sumblēsin）而被思考的，正像没有右就没有左，没有上就没有下，因此如果没有对立的一方也就没有另外一方。证明和记号也将化为乌有。［396］因为，证明是有物为真而并非为假的证明。如果无物为假，也就不需要任何东西告诉我们这不是假的。记号和证据被宣称是能揭示非显明之物的，但如果万物为真、本身自明，我们则不需要任何东西来揭示未知之物是真的还是假的。

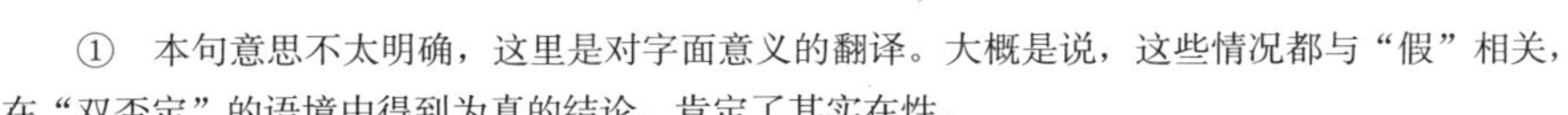

① 本句意思不太明确，这里是对字面意义的翻译。大概是说，这些情况都与"假"相关，在"双否定"的语境中得到为真的结论，肯定了其实在性。

[397] 既然一旦承认所有表象为真，动物和普遍意义上的宇宙将不会存在，我们为何还要考察这些东西？因为如果一切皆真，则一切对我们将成为自明的。如果这样，则“一切对我们是非显明的”也将是有效的和真的，因为这句话本身也是“一切”中的一个。如果“一切是非显明的”为真，我们将拒绝承认动物、植物、宇宙会向我们显现，但这是荒谬的。[398] 出于所有这些原因，所以必须说，并非所有表象是真的和可信的，由于相似的原因，也并非所有表象是假的。因为“一切为假”意思等于（isodunamei）“一切为真”。因此，把上述几乎所有论证归于这种情况也将是可能的。[399] 因为如果所有表象为假、无物为真，则“无物为真”本身为真。所以如果无物为真，则有物为真。同样，当克塞尼亚德派声称所有表象为假、“真”本质上（en tois ousin）完全不存在时，他们被置于其命题的对立面。因为在普遍意义上，声称某个特殊事物为假而不确定任何东西为真是不可能的。例如，当我们说 A 是假的，一方面我们陈述（katēgoroumen）A 本身是假的，另一方面我们肯定（tithemen）“A 是假的”这一命题，因此这句话的意思实际表明：“A 是假的”为真。当我们说某物为假的同时必然确定有物为真。[400] 同样，这里可以表明表象中的差异几乎是显而易见的。根据这些差异，一些表象吸引（epispōntai）我们给予赞同，一些则拒斥（apokrountai）我们给予赞同，所有表象既不会共同吸引，也不会一起拒斥，因为如果它们没有差异，而是所有都一样可信或不可信，就不会有技艺和无技艺，也不会有赞美、指责和欺骗。因为技艺、赞美和无欺是基于真的表象来想象的，而欺骗和指责是基于假的表象来想象的。

因此不应当说，所有表象是真的和可信的，或所有表象是假的和不可信的。

［401］那么接下来要说，有些表象是可信的，有些是不可信的，正如斯多亚派和学园派所声称的那样。斯多亚派承认“可理解的表象”，学园派接受“似乎是可信的表象”。[①] 但当我们仔细考察之后，这些东西对我们来说似乎更像是祈愿（euchēi）而不是真理。［402］“可理解的表象”（从这种东西开始讨论）是来自真实之物并根据真实之物留下印迹、获得印象，它是这样一种表象以至于不能来自非真实之物。卡尔内亚德说，尽管他会同意斯多亚派这个定义的某些说法，但对“它是这样一种表象以至于不能来自非真实之物”他是无法接受的。因为表象来自非真实之物确如来自真实之物。［403］两者无法分辨的证据（tekmērion）在于我们可以发现它们具有同等程度的清楚性和生动性，而具有同等程度的生动性和清楚性的证据在于一系列相融贯的行动（to tas akolouthous praxeis）与之环环相扣。正像在清醒状态下口渴的人当畅饮时会感到快乐，躲避野兽或其他恐怖之物的人会发出呼喊和吼叫，因此在睡梦中口渴者幻想自己掬泉而饮，也会感到畅快淋漓，［404］受惊吓者同样也会感到恐惧：

阿基里斯（Achilles）惊恐地跳起来，
拍打着自己的双手，吐出悲伤的言词。[②]

① 分别参见 *M* 7. 227 以下和 *M* 7. 174 以下。

② 指阿基里斯梦见帕特洛克勒斯（Patroclus）之后，参见 Homer, *Iliad*, 23. 101-102。

正像在健康状态下我们相信和赞同那些非常清楚的现象，例如，把狄翁视为狄翁，把提翁视为提翁，同样在疯狂状态下有些人会获得相似的感受。[405]赫拉克勒斯，当他疯了的时候，把来自自己的孩子的表象当成来自欧律斯透斯（Eurystheus）之子的表象接受，然后付诸（sunēpsen）与这个表象相融贯的（akolouthon）行动，而相融贯的行动，他所做的，就是杀死仇人之子。如果某些表象是可理解的，仅当它们引导我们给予赞同并付诸与之相融贯的行动，而假的表象显然也属于这种，则必须说，不可理解的表象与可理解的表象是无法分辨的（aparallaktous）。[406]再者，正像这位英雄得到了弓箭的表象，同样他也得到了被当成“是”欧律斯透斯之子的自己的孩子的表象。对处于同一状态的人来说，完全一样的表象摆在眼前。[①]但来自弓箭的表象为真，来自孩子的为假。[407]因此，既然两者同等程度地（ep' isēs）作用于他，我们则不得不承认一种与另一种是无法分辨的。如果来自弓箭的表象被说成是“可理解的”，是因为当他把弓箭作为弓箭使用时继随着与之相融贯的活动，那么我们也可以说来自孩子的表象，就继随着与之相融贯的行动，即必须杀死仇敌之子而言，同前者是没有区别的。

[408]那么，我们业已表明，可理解的表象与不可理解的表象之间这种在清楚生动的特征方面的无法分辨性。同样，学园派也指出两者在性状（charaktēra）和表征（tupon）上的无法分辨性。他们呼唤斯多亚派面对显明事实。[409]因为对那些形状上

① 本句原文似有缺失或错谬。这里根据字面意思和上下文译出。

相似而实体上有别的东西，要把可理解的表象同假的和不可理解的区分开来是不可能的。例如，如果有两个相互之间极为相似的鸡蛋，我轮换展示给斯多亚派的人来辨认，即使是智者，当聚神观察之后，也不能准确无误地说展示给他的究竟是一个鸡蛋，还是一会儿一个。[410] 对于“孪生者辩”，道理是相同的。因为，即便贤者（ho spoudaios）[①] 可以得到那种“来自真实之物并根据真实之物留下印迹、获得印象”的表象，但只要他把来自卡斯托耳（Kastor）的表象当成来自波吕丢克斯（Polydeuces）的[②]，也会获得假的表象。同样，这也构成“面纱者辩”[③]：当有蛇伸出头来，如果我们想知道真实对象，我们将陷入极大的迷惑，不能说它与之前伸出头来的究竟是同一条还是另外一条，因为经常有许多蛇卷缩在同一个窝里。[411] 因此，可理解的表象不具备任何独特性，通过这种东西它有别于假的和不可理解的表象。

此外，如果还有什么东西能理解什么东西，则视觉如此。然而正像我们将论证的那样，视觉不能理解任何东西。所以没有任何东西能理解任何东西。[412] 视觉被认为可以把握颜色、大小、形状和运动，但它无法把握这些东西，当我们由颜色开始考察，这点对我们将直接是显而易见的。如果视觉可以理解任何

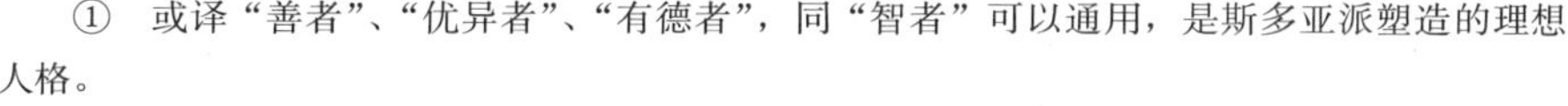

① 或译“善者”、“优异者”、“有德者”，同“智者”可以通用，是斯多亚派塑造的理想人格。

② 希腊神话中的孪生兄弟，又合称狄俄斯库里兄弟（Dioscuri）。

③ “面纱者辩”（ho egkekalummenos logos），是希腊化时代流行的逻辑论辩之一。据第欧根尼记载，斯多亚派的科律西波曾专门写过这一论辩的著作（DL 7.198）。第欧根尼还提供了包括“面纱者辩”在内的逻辑论辩“菜单”，并简单列举了有关范例（DL 7.82）。但因文本有缺失，精确意思已无从掌握。该论辩似乎关注的是在信息不完整条件下的对象认同问题。比如以这种方式提问：“如果你看见一个戴面纱的人，你认不认识这个人？”

颜色，学园派说，那它就会理解人的颜色；但它无法理解这种东西；所以它也无法理解任何其他颜色。[413] 视觉无法理解这种颜色是显而易见的。因为它根据季节、活动、本性、年龄、环境、疾病、健康、睡着、醒着而变化，因此我们知道它这样变化（poikillesthai），但却不知道它真正（kat' alētheian）是什么。那么，如果这种颜色是不可理解的，则任何其他颜色也将是无法认识的。[414] 再者，就形状而言，我们也会发现同样的疑惑。因为同一事物可以形成既是光滑的又是粗糙的表象，如对于同一幅画；既是圆的又是方的，如对于同一座塔；既是直的又是曲的，如对于水上的和水下的桨；就运动而言，既是动的又是静的，如对于坐在船上的人和站在岸边的人。[1]

[415] 另外，如果不可理解的表象与可理解的相契合，可理解的表象将不是真理的标准。正像与"曲"相契合者（to prosarmottomenon）不会是"直"的标准，同样可理解的表象如果同假的和不可理解的表象相契合，它就不是标准。正如我们将建立的那样，可理解的表象的确同不可理解的和假的东西相契合，因此可理解的表象不是真和假的标准。[416] 因为就"连锁推理"（sōritēs）[2] 而言，当最后一个可理解的表象与第一个不可理解的表象十分接近（parakeimenēs）、几乎难以分辨时，科律西波声称，对差别如此之小的表象，即使是智者也会停止下来，保持沉默；而对差异显得较大的表象，他会赞同其中一个为真。[417] 因此，如果我们确定有许多假的和不可理解的表象与可理解的表象十分

① 这些事例参见 *PH* 1. 92, 102, 118, 119。

② 这种推理的典型形式是"谷堆辩"："多少谷粒形成谷堆？"

接近，那么显然我们将提供不应赞同可理解的表象的证明，以免由于这种近似性（dia tēn geitniasin），通过认可它而被迫陷入对不可理解的和假的表象的赞同，不管表象之间的差异似乎显得多大。[418] 以事例说明，这段话的意思将十分清楚。让我们把“五十为少”设定为可理解的表象，它似乎远离另外一个表象“一万为少”。既然不可理解的表象“一万为少”与可理解的表象“五十为少”相去甚远，那么贤者（ho spoudaios），当他感到这个巨大差异时，将不会保持存疑（ephexei），而会赞同可理解的表象“五十为少”，不赞同不可理解的表象“一万为少”。[419] 但如果智者不赞同“一万为少”，仅当它远离“五十为少”，那么显然他会赞同“五十一为少”，因为没有任何东西介于它和“五十为少”之间。但既然“五十为少”是最后一个可理解的表象，而“五十一为少”则是第一个不可理解的表象，所以贤者将会赞同不可理解的表象“五十一为少”。如果他因为这个表象与“五十为少”没有区别而赞同它，那么他也会赞同不可理解的表象“一万为少”。[420] 因为所有不可理解的表象都是相等的（estin isē）。那么，既然不可理解的“一万为少”等于“五十一为少”，而后者与可理解的“五十为少”既无区别又相去不远，因此可理解的“五十为少”将等于不可理解的“一万为少”。[421] 因此，可理解的表象与假的和不可理解的表象由于无法分辨而被一起否弃。

再者，也不可能说并非所有不可理解的表象都是相等的，而是这个不可理解性较大，那个不可理解性较小。[422] 因为首先斯多亚派会与自己的观点和事物的本性相冲突。正像人，仅就他是人，不会有别于人，石头也不会有别于石头，同样，不可理解的表象，就它是不可理解的，不会有别于不可理解的表象；假的，仅就它是假的，不会有别于假的。正是由此出发，芝诺派教导我们“错误是相等的”[①]。[423] 再者，即使承认这个不可理解性较大，那个不可理解性较小，对他们会有什么帮助？因为这将推出智者不会赞同不可理解性较大的，而会赞同不可理解性较小的。但这是荒谬的。因为智者，按他们的说法，拥有不可动摇的标准，在所有方面被奉若神明（etheopoieito），他不为意见所惑（to mē doxazein），也即不赞同虚假，这种极端的不幸和愚蠢的罪过之所系。

[424] 根据他们的观点，为了感觉的表象得以生成，比如视觉的，必须同时具备五种东西：感官、对象、场所、方式（to pōs）和心智，因为哪怕只有一种缺失，例如心智失常，尽管其他各种皆备，他们说，感知也不会幸存。因此某些人称，可理解的表象不是一种普遍意义上的标准，而是仅当没有这种障碍（kata ton tropon enstēma）前提下的标准。[425] 但这是不可能的。由于感觉通道、外部环境以及其他诸多条件的差异，事物不会对我们显得相同，也不会以同样的方式显现，正如上面我们所论证的那样。因此，我们能够说事物对这种感官，在这种环境下显现，但它是否真是像它显现的那样，或是否“是”（istin）是一回事，“显得是”（phainetai）是另一回事，我们不具备判断能力

① isa esti ta hamartēmata。这是斯多亚派的一个非常重要的命题。据第欧根尼记载，斯多亚派的芝诺和科律西波都认为所有过错都是相等的（isa），“因为如果一个真理不比另一个真理更是真理，则一个谬误也不比另一个谬误更是谬误；同样，一个欺骗不比另一个欺骗更是欺骗，一个罪过不比另一个罪过更是罪过。因为正像一个距离卡诺普斯（Canopus）100 斯泰底（stadion）的人和一个距离 1 斯泰底的人同样都是不在卡诺普斯，因此一个罪过大点的人和小点的人同样都是不在正确的出发点上”（参见 DL 7. 120）。

（diauthentein）。因此，不存在任何一种无障碍的表象。

［426］他们怎么会不陷入循环论式？因为当我们研究什么是可理解的表象时，他们将之定义为“一种来自真实之物并根据真实之物本身留下印迹、获得印象的表象，它如此这样以至于不能来自非真实之物”。再者，既然所有以定义来解释的对象是由已知的东西来解释的，那么当我们进一步质问什么是“真实之物”时，他们反过来说“真实之物是那种能产生可理解的表象的东西”。因此为了认识可理解的表象，我们必须首先把握真实之物，而为了做到这点，就必须回到可理解的表象。因此它们无一是显明的，因为一方有待于（perimenon）另一方的可信性。［427］正如有些表象对象既“显得是”（phainetai）又“实际是”（huparchei），有些“显得是”但并非“实际是”，我们需要某个标准来确立究竟哪种既“显得是”又“实际是”，哪种“显得是”但并非“实际是”，同样一些表象是可理解的，一些是不可理解的，我们将需要一个标准来判定哪些是前面这种，哪些是不可理解的和假的。［428］那么这个标准，或是可理解的表象或是不可理解的表象。如果是不可理解的，就会推出不可理解的表象是一切事物的普遍标准，其功能甚至包括检验（exetazein）可理解的表象，但这个结果非其所愿；如果是可理解的，首先这是愚蠢的（因为我们正试图判断这种表象本身何时是可理解的），［429］其次，如果为了辨识可理解的和不可理解的表象，我们把可理解的表象拿来作为标准，那么这个判断它们的确（tōi onti）是可理解的表象本身也需要由一个可理解的表象来验证，而后者又需要另一个来验证，如此以至无穷。

［430］或许有人会说，可理解的表象既是表象对象之为真实

存在的标准，也是它自己之为可理解的标准。但这无异于反过来说，表象对象既是自己的证据（dokimion），也是表象的证据。因为正像当显现之物存在差异，我们将寻找某种东西，由之判断何者是真实的，何者是不真实的，因此当表象不一致，我们也会探求某种东西，由之判断何者是可理解的，何者是不可理解的。［431］因此，鉴于事情是相似的，如果表象能够是自身的标准，尽管并非一致，那么表象对象自身也将是可信的，不管差异有多大。但这是荒谬的。［432］或者，如果表象对象，就存在差异而言，需要某种判断它的东西，那么表象也将需要某种验证它的东西，确定它是否真的是可理解的。

再者，如果按他们的说法，所有愚人之见都是无知，只有智者才会说出真理（alētheuei），拥有确凿的真知识，则推得：既然迄今为止智者是找不到的，真理必然是发现不了的，因此一切都是不可理解的，因为我们是愚人，不具备有关存在物的确切的理解。［433］既然这样，怀疑派就可以针对斯多亚派，以其人之道还治其人之身。因为按他们的说法，芝诺、科莱安特、科律西波以及其他该学派的人均在愚人之列，而所有愚人都为无知所支配（krateitai），因此芝诺一定不知道自己被宇宙包含还是包含宇宙，是男人还是女人，科莱安特也不会知道自己是人还是某种比堤丰更复杂的动物。[①]［434］再者，科律西波或知道斯多亚派的这条原理（dogma），我指“愚人一无所知”，或根本不知道。如果他知道，则“愚人一无所知”为假，因为科律西波既然是愚人，却知

① 参见本卷第 264 段论苏格拉底。

道“愚人一无所知”；如果他不知道他一无所知这件事本身，那他何以对许多事情持有观念（dogmatizei），肯定有一个宇宙，这个宇宙被神意（pronoiai）支配，其实体完全是可变的（treptēn），以及其他许多事情？［435］当然作为对手，只要我们愿意，对他们提出其他一些辩难（tas aporias），正像他们通常对怀疑派所提出的，也是可能的。而就反驳的一般特征业已阐明，这里不必详述。

针对那些接受“可信的表象”的人[①]，论证是简明扼要的。因为就他们所设定的这些标准，两种情况或具其一：或对生活的指导有用，或对发现存在物（en tois ousin）的真理有用。［436］如果声称第一种情况，则是荒谬的。因为没有任何一种表象能自己满足生活的指导，而是每种都需要观察（tēs tērēseōs），根据这种观察这个表象由于这个原因是可信的，那个表象出于那个理由是“仔细验证的”和“不可动摇的”。[②]［437］如果为了真理的发现，那他们就错了。因为仅仅可信的表象不是真理的标准，为发现真理，远在这之前它就应当被仔细检验（periōdeumenēn）。在对每个与之相近的观察对象进行检验时我们必定会陷入疑虑，或许疏漏了某个应被检验的相近的东西，因为如果心智上发生动摇（perispasmou），真理的认识就被否弃。［438］总体看来，他们似乎被自己的反驳挫败。因为正像在驳斥可理解的表象时他们声称这不是真理的标准，因为其他无法分辨的假的表象与之共存（parakeisthai），同样当我们考察可信的表象时，其他某个假的表象与被验证的对象共存，也不是不可能的。因此，比方说，我们

① 指中期学园派的卡尔内亚德等，参见 *M* 7. 174, 371, 401。

② 有关中期学园派的这些术语及其区别，参见 *M* 7. 184 和 *PH* 1. 227。

似乎具有健康的灵魂和肉体，但实际并非如此。或者说，表象对象由合适的距离似乎可以被看到，但实际情况相反。[439] 那么综上所述，如果并非所有表象都是可信的，也并非所有都是不可信的，并非某些是可信的，某些是不可信的，则表象不是真理的标准。因此，由之推得标准是不存在的，因为“被什么”、“由什么”和“根据什么”都无法获得确切可靠的认识。

[440] 但独断论者习惯于反问：怀疑论者究竟如何表达标准是不存在的？因为他或未经判断，或以某种标准说出这点。如果未经判断，他将是不可信的；如果以某种标准，他将自我反驳（peritrapēsetai）。因为当他说标准不存在时，为了确立这一命题他将承认使用标准。[441] 反过来，当我们提出“如果标准存在，它或被判断或未被判断”，并推出两个或具其一的结果：或陷入无穷回退，或荒谬地声称某物是自己的标准，对此他们反驳说，承认某物是自己的标准并非荒谬，[442] 因为直的东西既能验证自己也能验证他物，天平既能称量他物也能称量自己相等，光明似乎不仅能显示他物也能显示自己。因此，标准既可以是他物的标准也可以是自己的标准。

[443] 针对第一点必须说，怀疑论者的习惯是不为任何被相信的东西辩护，在这些事情上以满足一般常识（tēi koinēi prolēpsei）作为自足的条件（hōs autarkei kataskeuēi）[①]，但为那些似乎不可信的

① 这句话突出表明怀疑派的立场，即不为可信之物辩护，而是诉诸共同“常识”（prolēpsis），守护生活经验，此谓“自足”。这里，怀疑派显然已走出柏拉图、亚里士多德以理性知识为目的的“自足”。关于“常识”或“前见”一词，另见 *M* 8. 157, 321, 337, 331a-333a 和 *PH* 1. 211; 2. 246。

东西辩护（sunagoreuein），把它们每个带入一种与那些被认为值得接受的东西同等可信的状态。因此，当下我们使用反驳标准的论证不是为了否弃标准，而是意在指出“标准存在”并非完全可信，因为对立的论证被赋予相等的逻辑起点（tōn isōn aphormōn）。[444]再者，即使我们似乎真的否弃标准，为此我们也能使用手边现成的表象，但并非作为标准来用。当我们据之提出我们所形成的有关“标准不存在”的可信性论证时，我们确实提出这种论证，但并非以赞同的态度为之，因为对立的论证同样也是可信的。[①][445]他们说：“以神的名义，某物也可以是自己的标准，正像就尺子和天平所发生的那样。”但这是幼稚的。因为在所有这些东西之上还有某种更高一级的标准，诸如感官和心灵，这正是我们探讨其构成状况的原因。但他们不想有任何一种超出他们当下所研究的标准。因此，当它做出有关自己的某种陈述而没有东西证实其真理性时，则是不可信的。

[446]有关标准的讨论已经足够。由于本卷篇幅过长，我们将另辟一卷，就“真”本身单独提出诘难（diaporein）。

① 第443—444两段塞克斯都重申怀疑派的本质并非在于“赞同”正反两个命题，而是通过论证使之达致“等效”状态（isostheneia），即对立双方处于同一逻辑起点，具有同等的可信性，从而对之保持“存疑”（epochē）。参见 *PH* 2. 79。

第二卷

［1］就怀疑派为否弃真理的标准，通常以诘难的方式（aporētikōs）所谈论的那些东西，我们通过已完成的章节进行了考察。在对上迄早期物理学家下至新近人物的思想历程做出追述（historian）之后，我们承诺，除了所有这些东西还要单独讨论“真”本身。那么，现在为兑现这个承诺，让我们首先探究是否有物为真。

一、是否有物为真？

［2］如果没有清楚明白的标准，“真”必然同时沦为非显明的，这点对所有人直接是显而易见的。说句额外的，指出下述事实也将是可能的：即使我们针对标准不置一词，有关“真”本身的分歧也足以把我们带入存疑状态（eis epochēn）。［3］正像如果事物本性中没有直和曲，也就没有任何能够验证它们的准则；如果没有物体的重与轻，天平的设置就会被一同否弃。因此，如果没有任何真的东西，真理的标准也将化为乌有。就独断论者的论述而言，一旦把他们之间围绕这个问题所产生的分歧摆出来，我们就会知道不存在任何真与假。［4］在探究“真”的人当中，有些声称“真”不存在，有些声称“真”存在；在声称“真”存在的人当中，有些说只有可思之物（ta noēta）为真，有些说只有可感之物（ta aisthēta）为真，还有一些说可感之物和可思之物

共同为真。[5] 科林斯人克塞尼亚德，如前所述，声称无物为真[①]；或许还有犬儒派的莫尼穆斯，因为他说“万物如烟”，即一种以“非”为“是”的幻想[②]。[6] 柏拉图和德谟克里特认为只有可思之物为真。德谟克里特，是因为没有任何可感之物本性上是真实的，构成万物的原子具有一种被剥夺所有感觉特征的本性，[7] 柏拉图，则是因为可感之物总是“成为”（gignesthai），但永远不“是”（einai），存在像河一样流变，因此即使在两个最短的瞬间也无法保持同一，如阿斯科勒庇阿德所说，由于流动迅疾甚至不允许被两次指示。[8]〈基于赫拉克利特的〉[③] 埃奈西德穆和伊壁鸠鲁则诉诸可感之物，但在具体细节上他们有所区别。因为埃奈西德穆说显现之物存在差异，声称它们有些对所有人共同显现，有些只对某人单独显现，其中对所有人共同显现的东西为真，并非如此的为假。因此，“真”（alēthes）一词由“未逃离共同认知”[④] 而得名。[9] 伊壁鸠鲁则把一切可感之物称为“真”和“存在者”（onta）。[⑤] 说某物是“真的”（alēthes）和“实在的”（huparchon）并无二致。因此当描述真和假时，他说：“像被说成

---

① 克塞尼亚德（Xeniades），参见 *M* 7. 53, 338。

② 原文：oiēsis esti tōn ouk ontōn hos ontōn。

③ R. Bett 认为这个修饰词 kat’Hrakleiton 明显错位，予以删除（参见 Bett 译本第 91 页，脚注 2）。

④ 原文：to mē lēthon thēn koinēn gnomēn。从构词讲，alēthes（真）是由否定冠词 a+lēthē 构成。主干名词 lēthē 源于动词 lanthanein，指“逃离注意”、“不被知晓”、“未被发觉”、“被隐藏”、“未被看到”、“未被注意到”、“被忽视”、“被忘记”等。因此，alēthes 或 alētheia 其构词意义是指上述这些意思的反义词，远比“真”、“真理”、“真东西”含义更为广泛。

⑤ 参见 *M* 7. 203 以下以及 *M* 7. 368。

‘是’（echein）那样‘是’（echon）即为真。”[①] 又说：“并非像被说成‘是’那样‘是’即为假。”他还说，感觉能把握作用于它的对象，作为非理性之物它不会使任何东西减少、增加和改变，因此它总是报告真相（alētheuein），如其本性所“是”的那样[②] 把握存在。尽管一切可感之物为真，但意见的对象（ta doxasta）有别，如前所述[③]，其中一些为真，一些为假。[10] 斯多亚派称某些可感之物和某些可思之物为真，但可感之物并非直接为真，而是通过诉诸与之对应的（parakeimana）可思之物。因为按其说法，“真”是真实的并且是与某物相矛盾的东西（antikeimenon tini），“假”是非真实的并且是与某物相矛盾的东西。[④] 这是一种无形的命题（asōmaton axiōma），因此是可思的。

[11] 这些就是有关“真”的第一种分歧，他们之间还存在其他分歧。这里，一些人把真和假归结为被表示者，一些人归结为语词，一些人归结为心智的运动。斯多亚派代表第一种观点，他们声称有三种东西相互关联：被表示者（sēmainomenon）、表示者（sēmainon）和对象（to tugchanon）[⑤]。[12] 其中表示者是语

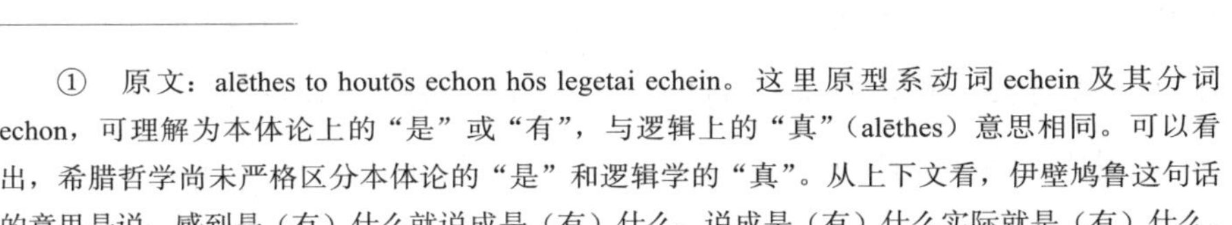

① 原文：alēthes to houtōs echon hōs legetai echein。这里原型系动词 echein 及其分词 echon，可理解为本体论上的“是”或“有”，与逻辑上的“真”（alēthes）意思相同。可以看出，希腊哲学尚未严格区分本体论的“是”和逻辑学的“真”。从上下文看，伊壁鸠鲁这句话的意思是说，感到是（有）什么就说成是（有）什么，说成是（有）什么实际就是（有）什么。“是”、“有”、“真”是感觉的产物，一切感觉为真。

② 原文：hōs eiche phuseōs auto ekeino，即感觉能如其本来面目地把握可感之物，永远真实报道事物本身。

③ 参见 *M* 7. 210。

④ 该定义的讨论见 *M* 8. 85, 88 以下。

⑤ tugchanon 来自动词 tugchanō，指“恰好是”、“碰巧遇到”、“击中”、“获得”、“达致”等。to tugchanon 这里指“恰好为语词所指示的那个东西”，即“对象”。

词，如“狄翁”；被表示者是为语词所揭示的（dēloumenon）事实本身，我们之所以理解是因为它紧密依存于（paruphistamenou）我们的心智，蛮族人尽管听到语词但却无法理解；对象是外部存在物，例如狄翁本人。它们当中两种是有形的，即语词和对象；一种是无形的，即所表示的事实和“意谓”（lekton）[①]，是或真或假的。但并非所有这些东西都是一样的，而是有些是有缺失的（ellipes），有些是完善的（autoteles）。所谓命题（axiōma）是一种完善的“意谓”，他们描述道：“命题是那种或真或假的东西。”［13］伊壁鸠鲁和物理学家斯特拉图只承认两种东西，即表示者和对象，他们似乎持第二种观点，把真和假归于语词或声音。最后一种意见（我指的是把“真”置于心智的运动）似乎只是学究式的（scholikōs）臆造。[②]

［14］对这一论题简要做出叙述（historias）之后，让我们进而着手特殊意义上的辩难（aporias），其中有些辩难普遍针对所有被提出的观点，有些则分别针对每个观点。［15］让我们首先讨论普遍性的辩难。凡声称有物为真者，或仅仅表明有物为真，或加以证明。如果只是纯粹表明，他将听到与之截然相反的说法，也即无物为真。如果他证明有物为真，他或用为真的或用并非为真的证明来证明。但他不会说用并非为真的证明，因为这样的证明是不可信的。如果用为真的证明，那么证明有物为真的这个证明本身何以为真？如果它自身为真，那么说它自身并非为真也是可

① 参见 *M* 8. 69, 75, 79 和 *PH* 2. 81, 104。

② 是否有人持这种观点似乎不太清楚，参见 *M* 8. 137 以下。

能的；［16］如果它来自证明，那它还会被追问这个证明何以为真，以至无穷（eis apeiron）。那么，为了知道有物为真就必须首先把握无限（apeira），但把握无限是不可能的，因此确切地（bebaiōs）认识有物为真是不可能的。

［17］再者，如果有物为真，则它或是显明的，或是非显明的，或部分是显明的部分是非显明的。[①] 但它不是显明的，如我们将要确立的那样；它也不是非显明的，如我们将要指出的那样；它也并非部分是显明的部分是非显明的，如我们将要解释的那样。所以，并非有物为真。［18］因为如果它是显明的，那么或所有显明之物为真，或某个显明之物为真。但并非所有显明之物为真，因为在梦中或在疯狂状态下那些打动我们的表象并非为真。否则，由于显明之物通常多数是相冲突的，我们将不得不承认相冲突的东西可以共存（sunuparchein）、同真（ep'isēs alēthē kathestanai），但这是荒谬的。因此，并非所有显明之物为真。［19］如果某个显明之物为真而某个为假，我们就应当具有一个用来辨识哪个显明之物为真，哪个为假的标准。那么这个标准或对所有人是显明的，或是非显明的。如果它是显明的，而既然并非所有显明之物为真，那么它作为显明之物，将需要由另外一个显明之物验证，而那个显明之物又需要由不同的显明之物验证，因此陷入无穷。［20］如果它是非显明的，则不仅显明之物将会为真，而且非显明之物也将会为真。因为如果我们拿非显明之物来确信显明之物，则某个非显明之物就应当为真，因为假的东西不会被用来判断真的东西。

① 这里第 17—31 段可对照 *PH* 2. 88-93。

[21] 但如果某个非显明之物为真，则并非只有显明之物为真，如我们开始所假设的那样。再者，何以这种非显明之物为真？如果它自身为真，则所有非显明之物也将自身为真。如果基于证明，那它一定或由非显明之物，或由显明之物证明为真。如果由非显明之物证明，那个非显明之物又会需要由另一个非显明之物判断，第三个由第四个，如此以至无穷。[22] 如果由显明之物证明，我们将陷入循环论式，显明之物通过非显明之物得以确信，反过来非显明之物又通过显明之物加以确证。[23] 然而，如果既非所有显明之物为真，也非某个显明之物为真，则没有任何显明之物为真。

〈再者，如果有物为真〉① 它也不是非显明的。[24] 因为如果"真"是非显明的，则或者所有非显明之物为真，或者并非所有非显明之物为真；但既非所有非显明之物为真，也非某个非显明之物为真，如我们将要建立的；所以"真"不是非显明的。因为，如果所有非显明之物为真，那么首先独断论者就不会发生争执（stasiazein），比如，有的说存在一种元素，有的说存在两种，有的说存在多种，有的说存在无数种，也不会声称他人的观点为假（pseudopoiein）。[25] 如果所有非显明之物为真，则相冲突的东西也将为真，如星星的数目为偶和为奇，因为它们两者同样是非显明的，而所有非显明的东西为真；但相互冲突的东西不可能为真；所以不是所有非显明之物为真。[26] 也不是某些非显明之物为真。因为凡称这个非显明之物为真而那个为假者，或仅由自己而无标准，或以某种标准。如果只是随口说出，那么对表明相

① 为考虑上下文语义的清晰，括号内系译者补缀。

反观点为真者我们将哑口无言。[27] 如果以标准，那么这个标准当然或是显明的或是非显明的。如果它是显明的，则开始的那个假设，即“只有非显明之物为真”将会为假。[28] 再者，我们由之判断显明之物的标准何以为真？如果由自己，那么由自己做出它并非为真的陈述也将是可信的；如果由显明之物，则那个显明之物又将通过另一个显明之物来把握，以至无穷；[29] 如果由非显明之物，则将导致循环论式，离开非显明之物我们将无法获得显明之物的可信性，没有显明之物我们也不能得到非显明之物的确凿性。因此，非显明之物也不能为真。

[30] 剩下要说的是，部分显明之物和部分非显明之物为真〈，但这是愚蠢的〉[①]。因为如果我们假设这个显明之物为真仅就它是显明的，那么我们假设它为真，或仅就所有显明之物为真，或仅就并非所有显明之物为真；如果非显明之物被假设为真仅就它是非显明的，那么它被假设为真，或仅就所有非显明之物为真，或仅就并非所有非显明之物为真。其余的，我们将继续提出相同的辩难。[31] 因此，既不是显明之物为真，也不是非显明之物为真，也不是部分显明之物和部分非显明之物为真，此外没有其他可能，因此必然无物为真。

[32] 有人还从最高的“属”（to genikōtaton），即“存在”[②]引入辩难。这是一个高于所有东西，但自己不属于任何其他东西

① 本句原文似有缺失，根据 Kochalsky 的补缀译出。

② 文本存在异议，这里采用 Teubner 校勘本意见。本段似乎指斯多亚派的观点。据第欧根尼，斯多亚派把“存在”（to on）视为最高的“属”（DL 7. 61）。但塞克斯都在《皮浪学说概要》中称，斯多亚派把“事物”或“东西”（to ti）作为最高的“属”（*PH* 2. 86-87）。

的“属”。这种东西或者为真或者为假，或者既为真也为假，或者既非为真也非为假。[33] 如果它是真的，则所有东西，就作为它的“种”而言，也将是真的。正像如果各种人的“属”是人，则“种”是各种人；如果它是理性的，则所有特殊的人也是理性的；如果它是有死的，同样他们也是有死的。因此，如果所有存在物的“属”为真，则必然所有存在物为真。[34] 如果一切为真，则无物为假。如果没有假的东西，也就不会有任何真的东西，正如我们前面所提到的那样，我们指出每种这样的东西是基于同他者相比较（pros thateron sumblēsin）而被思考的。[①] 此外，如果一切为真，我们就会肯定相冲突的东西为真，这是荒谬的。因此最高的“属”并非为真。[35] 出于类似的疑难，它也不是假的。如果它是假的，则一切分有（metechonta）它的东西将是假的。而一切有形的和无形的东西都分有它；所以一切将是假的。相似的疑难会由“一切都是假的”推出（akolouthēsousin）。[36] 剩下要说的是它既为真也为假，或既非为真也非为假。这点比前面提到的两种情况更糟，因为由之将推得（akolouthein）所有特殊东西既为真也为假，或既非为真也非为假，这是荒谬的。因此不存在任何真的东西。

[37] 再者，“真”或是基于差异和本性而存在的东西[②]，或是与某物相对的东西（tōn pros ti）；但它两者都不是，正如我们将要确立的；所以“真”不存在。“真”不是基于差异和本性而存在

① 即相对存在的东西，参见 *M* 7. 394-400。

② tōn kata diaphoran kai phusei 指“独立存在的东西”或“绝对存在的东西”。参见 *PH* 1. 37 和 *M* 8. 161 以下。

的，仅当因为这种东西对处于同一状态下的事物以相同的方式发生作用。比如火，不会对一些人是热的，对一些人是冷的，而是对所有处于同一状态下的人都是热的。[38] 但“真”并非同样作用于所有东西，而是同一事物相对于这个人显得为真，相对于那个人显得为假。所以，“真”不是基于差异和本性而存在的东西。但如果“真”是与某物相对的东西，而相对之物只是被思想的（noeitai），并不是真实的，那么当然“真”也仅仅是可思的而不是真实的。[39] 此外，如果“真”是相对之物，那么同一东西将同时既是真的又是假的。因为正像同一东西既是“右”又是“左”，相对于这个为“右”，相对于那个为“左”；也正像同一东西被说成既是“上”也是“下”，相对于下面的东西为“上”，相对于上面的东西为“下”，因此我们会说同一东西同时既是真的又是假的。如果这样，那么它与其说是真的不如说是假的，当然也就不是真的。

[40] 有关这一论题，实际上埃奈西德穆提出了相似形式的辩难。如果有物为真，则它或是可感的（aisthēton）或是可思的（noeton），或既是可思的又是可感的。但它既不是可感的，也不是可思的，也不是同为两者，如我们将要确立的；因此没有任何真的东西。[41] 它不是可感的，我们将以这种方式推证：在可感之物中有些是“属”，有些是“种”。“属”是充斥于具体事物中的共性（koinotētes），正像“人”贯穿个别的人，“马”贯穿个别的马；而“种”是基于每种东西的个性（idotētes），如狄翁、忒翁以及其他人的个性。[42] 如果“真”是可感的，那它无疑或是许多事物的共性，或将系于一种个性。但它既不是一种共性，也并

非系于一种个性；所以“真”不是可感的。[43]再者，正像可视之物为视觉所把握，可听之物和可嗅之物分别为听觉和嗅觉所辨识，因此可感之物普遍为感觉所认识。但“真”不能普遍为感觉所认识，因为感觉是非理性的（alogos），“真”无法以非理性的方式（alogōs）来认识。所以“真”不是可感的。[44]它也不是可思的，因为如果这样，将没有任何可感之物为真，这又是荒谬的。因为这种情况下，“真”或将被所有人共同（koinōs）思想，或将被某些人单独（idiōs）思想。但“真”既不会被所有人共同思想，也不会被某些人单独思想；[45]因为它被所有人共同思想是不可能的，被某个人或某些人单独思想是不可信的和有争议的。所以“真”不是可思的。它也并非既是可感的又是可思的。因为如果这样，或所有可感之物和所有可思之物为真，或某个可感之物和某个可思之物为真。[46]但声称所有可感之物和所有可思之物为真是不可行的。因为可感之物与可感之物，可思之物与可思之物，以及可感之物与可思之物交互间都存在矛盾。如果一切为真，同一事物将不得不既“是”（einai）又“不是”（mē einai），既是真的又是假的。而主张某些可感之物为真和某些可思之物为真也是行不通的（tōn aporōn），因为这是有待研究的问题。[47]此外，声称所有可感之物为真，或所有可感之物为假，逻辑上是融贯的（akolouthon）；因为可感之物是同等（ep'isēs）可感的，并非一个更为可感，一个不太可感。再者，可思之物也是同等可思的，不是一个更为可思，一个不太可思。但实际并非所有可感之物都被说成是真的，也并非所有可感之物都被说成是假的；所以不存在任何真的东西。[①]

［48］“然而，真理不是根据它所显现的那样（katho phainetai）来把握的，而是根据其他原因。”那么，这种原因究竟是什么？让独断论者公开提出，以便引导我们给予赞同，或驱使我们予以规避。［49］再者，他们如何把握这个原因本身？是由于它向他们显现，还是不向我们显现？如果由于显现，那么当他们声称真理并非按其显现的那样存在就是说谎；如果并非由于显现，那他们如何把握不向他们显现的东西？是通过自身还是其他东西？［50］通过自身是不可能的，因为没有任何非显现的东西能通过自身被把握；如果通过其他东西，则反过来这个东西究竟是显现的还是非显现的？如此追问直至无穷，因此“真”是不可发现的。

［51］那究竟是什么？是那种能使我们相信的东西，也即被称作真的“可信性”（to pithanon）——无论它具有何种本质（ousian），不管是可感的、可思的，还是可感的和可思的两者的结合？[②]［52］但这还是行不通的（aporōn）。因为如果“可信性”为真，既然同一个东西不会让所有人相信，也不会每每让同一个人相信，那么我们会承认同一个东西既存在又不存在，同一事物既是真的又是假的；就其使某个人相信而言，它将是真的和存在的；就其并非让其他人相信来说，它将是假的和不存在的。但同一个东西既存在又不存在，既为真又为假是不可能的；［53］所以“可信性”并非为真。除非那种让多数人相信的东西，我们称之为

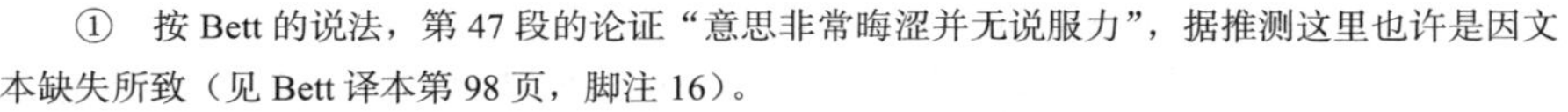

① 按 Bett 的说法，第 47 段的论证“意思非常晦涩并无说服力”，据推测这里也许是因文本缺失所致（见 Bett 译本第 98 页，脚注 16）。

② 这里显然指新学园派卡尔内亚德的观点。参见 *M* 7. 174 和 *PH* 1. 101。

“真”。蜂蜜，让多数健康者相信是甜的，而并非让一个黄疸病人相信这点，因此我们说它的确是甜的。但这是无稽之谈。因为当研究真理时，我们不应关注意见一致者的数量，而应关注他们所处的状态（eis tas diatheseis）。病人处于“一种”状态，而所有身体健康者也处于“一种”状态。① [54] 这种状态不比那种更加可信。因为如果反过来，我们假设多数人把蜂蜜感觉成苦的，如发烧者，一个健康者感觉成甜的，则一定会得出我们称蜂蜜是苦的这一结论。但这是荒谬的。因此，正像这里我们把数量上的证据抛到一边，尽管如此还是把蜂蜜称作甜的，同样当多数人感到甜一个人感到苦，也让我们放下因这种感受者的数量而称蜂蜜是甜的，以其他方式考察其真相。

[55] 这些是有关“真”的一般辩难（katholou aporiai），接下来让我们进而讨论特殊辩难。前面我们业已表明，凡声称一切为假者将自我反驳（peritrepomenous）②。因为如果一切为假，则“一切为假”这一陈述也将为假，既然它属于“一切”。如果“一切为假”这一陈述为假，则它的矛盾式（antikeimenon）“并非一切为假”将会为真。所以，如果一切为假，则并非一切为假。

[56] 德谟克里特和柏拉图无视感觉，否弃可感之物，只遵从可思的东西，因而使事物陷入混乱，不仅动摇了（saleuousin）存在物的真实性，而且动摇了它们的概念（epinoia）。因为所

① 这一论证形式又见 *M* 7. 333 和 *PH* 2. 44。

② “自我反驳”（peritrepē）这一辩难形式，或译为“自我指涉”或“自我推翻”，是塞克斯都使用频率很高的术语，见 *PH* 1. 122, 139, 200; 2. 64, 76, 88, 91, 128, 133, 179, 185, 188; 3. 19, 28。另见 *M* 7. 390, 398。

有思想（noēsis）或由感觉生成或不能离开感觉，或由经验生成或不能没有经验。[57] 因此我们将发现，甚至所谓的“假象”（pseudeis phantasias），如梦中和疯狂状态下的表象，也无法脱离（apērtēmenas）那些我们通过感觉、基于经验所认识的东西。实际，那个疯了的英雄，虚构了他的复仇女神（Erinuas），

血淋淋的、龙身的姑娘[①]，

想象出一个由那些向他显现的东西所组成的形状。同样，有人在梦中梦见长翅膀的人，如果他没有见过“长翅膀的东西”和“人”，是不会做这种梦的。[58] 一般说来，在概念中不可能发现某人在经验中所不认识的东西。因为这种概念，或基于同经验中所呈现出来的东西之间的相似性获得，或基于放大、缩小和组合方式获得。[②] [59] 那么，基于相似性（kath homoiotēta），比如当我们由所看到的苏格拉底画像去想象未曾见过的苏格拉底；基于放大（kata parauxēsin），当我们由常人的概念出发去想象这样一种东西：他不像是一个

吃五谷杂粮的人，倒像是树木茂密的山巅

① Eripides, *Orestes*, 256.

② 塞克斯都引述的“相似性”、“放大”、“缩小”、“组合”等有关概念的形成方式，在早期斯多亚派那里做了更为细致的分类和解释（参见 DL 7. 52-53）。这些方式也为近代经验论反驳天赋观念所广泛使用。

耸立于群山之间。[①]

[60] 基于缩小（kata meiōsin），当我们反过来，通过缩短常人的尺寸而得到侏儒的概念；基于组合（kata episunthesin），当我们由人和马去想象我们从未遇到的“马人”（Hippokentauron）。所有概念必须以来自感觉的经验为先导（proēgeisthai），因此如果否弃可感之物，则必然否弃所有概念。[61] 再者，凡声称一切显现之物为假，只有可思之物实际（eteēi）[②] 为真，也即真实（kat’alētheian）存在的人，他或仅以说辞声称这点，或通过证明。但如果以说辞声称这点，他将止于说辞；如果试图使用证明，他将自我反驳（peritrapēsetai）。[62] 因为，他或将通过某种显现之物表明只有可思之物是实际（eteēi）存在的，或将通过某种非显明之物表明。但他不会通过显现之物表明这点，因为它不是真实的[③]；他也不会通过非显明之物，因为非显明之物必须事先由显现之物来确信（propepistōsthai）。因此，德谟克里特和柏拉图的结论是无效的。

[63] 伊壁鸠鲁说，一切可感之物为真，所有表象来自真实存在的东西并和引起感觉的东西一样。而那些声称一些表象为真一些为假的人，由于未能将意见（doxa）和清楚经验（enargeia）分辨开来从而发生误判（planasthai）。因此，就俄瑞斯忒斯的事例来说，当他认为自己看见复仇女神时，由幻象（ta eidōla）所引起的感觉是真的（因为幻象的确存在），但心灵一想到复仇女神是坚实

① Homer, *Odyssey*, 9. 191-192.

② 这里 eteēi（实际）一词，显然引自德谟克里特的表述，参见 *M* 7. 135-137。

③ 因为根据前提假设，一切可感之物为假，只有可思之物为真。

可触的东西，便形成假的意见（epseudodoxei）。[1]［64］此外他说，前面提到的那些引入表象之差异的人，他们无法确信哪些为真，哪些为假。他们既不能通过显现之物确证这点，因为显现之物是被研究的东西，也不能通过非显明之物，因为非显明之物必须由显现之物来证明。［65］但伊壁鸠鲁在谈论这个问题时不自觉地（akōn）陷入同样的困境。如果他同意一些表象来自坚实可触的物体而另一些来自幻象，承认清楚经验是一回事而意见是另一回事，那么试问，他如何分辨由坚实物所发生的表象和由幻象所生成的表象？他既不能通过清楚经验，因为这正是要研究的问题，也不能通过意见，因为意见必须由清楚经验来确信。［66］此外，试图用问题较多的东西来证明问题较少的东西是荒谬的。因为当我们正在探究显现之物的可信性时，他却引入有关幻象这种奇迹般的[2]和神话观念。

［67］斯多亚派的论证也不会如履平川（euodei）。因为他们希望在可感之物和可思之物当中都存在差别，其中一些为真一些为假，但他们是不可能得到这种结果的。因为他们承认，有些表

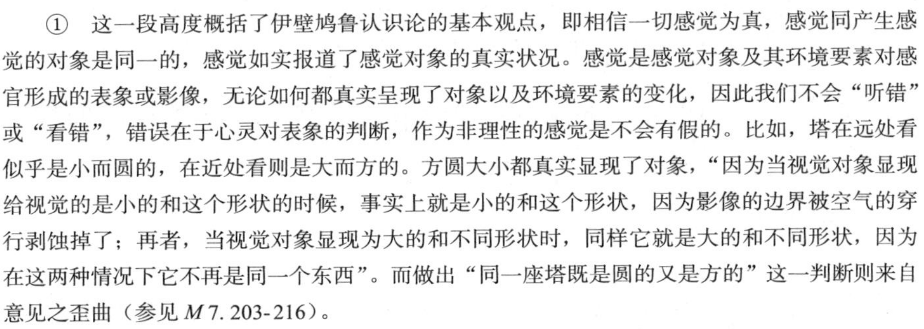

① 这一段高度概括了伊壁鸠鲁认识论的基本观点，即相信一切感觉为真，感觉同产生感觉的对象是同一的，感觉如实报道了感觉对象的真实状况。感觉是感觉对象及其环境要素对感官形成的表象或影像，无论如何都真实呈现了对象以及环境要素的变化，因此我们不会“听错”或“看错”，错误在于心灵对表象的判断，作为非理性的感觉是不会有假的。比如，塔在远处看似乎是小而圆的，在近处看则是大而方的。方圆大小都真实显现了对象，“因为当视觉对象显现给视觉的是小的和这个形状的时候，事实上就是小的和这个形状，因为影像的边界被空气的穿行剥蚀掉了；再者，当视觉对象显现为大的和不同形状时，同样它就是大的和不同形状，因为在这两种情况下它不再是同一个东西”。而做出“同一座塔既是圆的又是方的”这一判断则来自意见之歪曲（参见 *M* 7. 203-216）。

② “奇迹般的”一词原文是 teratologoumenēn，指“谈论奇迹的”、“说传奇故事的”。

象纯属子虚乌有（diakenous），如那些打动俄瑞斯忒斯的来自复仇女神的表象[①]，有些则是不相符的或具有欺骗性的（paratupōtikas），它们来自真实存在物，但并非符合“这些”真实存在物本身，正如发生在疯狂状态下赫拉克勒斯身上的那种表象，尽管它们来自他自己的孩子，但好像来自欧律斯透斯之子。它的确由真实存在的孩子生成，但并非合乎“这些”真实存在的对象本身，因为他并没有把孩子视为自己的，而是声称：

> 这里，欧律斯透斯的一个小崽儿死了，
> 他就倒在我的面前，以偿还其父的仇人。[②]

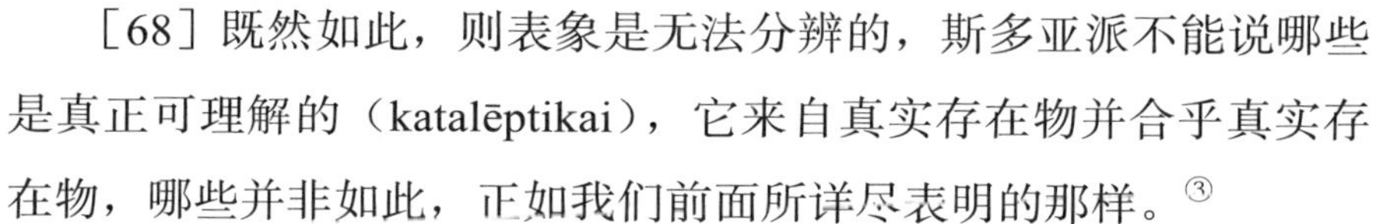

［68］既然如此，则表象是无法分辨的，斯多亚派不能说哪些是真正可理解的（katalēptikai），它来自真实存在物并合乎真实存在物，哪些并非如此，正如我们前面所详尽表明的那样。[③]

［69］有关这一话题的论证，同我们就其余话题所谈论的论证相似。据此，一些人认为真和假系于被表示者（sēmainomenon），也即无形的“意谓”（lekton），一些认为系于语词，一些认为系于心智的运动。［70］比如，由第一种观点说起，斯多亚派坚持真和假普遍系于“意谓”。他们声称，“意谓”是根据“理性的表象”而存在的东西[④]，而“理性的表象”是表象对象能由之向理性

① 参见 *M* 7. 241。

② Euripides, *Hercules*, 982-983.

③ 参见 *M* 7. 402 以下。

④ kata logikēn phantasian huphistamenon，同样的表述也出现在第欧根尼的文本中（参见 DL 7. 63）。

呈现的表象[①]。他们称某些“意谓”是“有缺失的”（ellipē），某些是“完善的”（autotelē）。“有缺失的”，我们当下略而不谈，至于“完善的”，他们说存在着种种差别。［71］其中他们称某些为“祈使句”（prostatika），就像我们下命令时所说，比如，

来吧，亲爱的姑娘；[②]

某些为“直陈句”（apophantika），如我们陈述时说“狄翁走路”；某些为“疑问句”（pusmata），如我们提问时说“狄翁住在哪里？”［72］某些被他们命名为“诅咒句”（aratika），如当我们诅咒时说

愿他们的脑浆满地流淌，就像这葡萄酒；[③]

某些则被命名为“祈愿句”（euktika），正像我们祈祷时说

宙斯，我的父，伊德山（Ida）至高无上的统治者，
让埃阿斯（Ajax）赢得他所祈祷的胜利和荣光。[④]

---

① 即能为理性所理解的表象。按斯多亚派的说法，表象中一些是理性的（logikai），一些是非理性的。理性的是理性动物获得的表象，非理性的则是非理性动物获得的表象。理性的表象是思想（noēseis），而非理性的表象尚无名称（参见 DL 7. 51）。

② Homer, *Iliad*, 3. 130.

③ Homer, *Iliad*, 3. 300.

④ Homer, *Iliad*, 7. 202-203.

［73］他们把某些完善的“意谓”归为命题（axiōmata），因为当述说时我们的话或真或假。而某些“意谓”则超乎命题。[①] 比如下面这句，

这个牧羊人像普里阿摩斯（Priamus）之子

就是命题，因为在述说时我们的话或真或假。但像这个句子，

好像普里阿摩斯之子啊，这个牧羊人

则是某种超乎命题、非命题的东西。［74］然而，既然“意谓”中存在着诸多差别，他们说，倘若某种东西为真或为假，那它必须首先是一种“意谓”，然后是一种完善的“意谓”，但不是一般意义上任何一种完善的“意谓”，而是一种命题。因为，如前所说，仅当我们述说这种命题时我们的话或者为真或者为假。［75］但怀疑派说，他们如何能确定某种无形的“意谓”存在，既区别于能表示的（sēmainousēs）语词，如“狄翁”这个名称，又区别于对象（tou tugchanontos），如狄翁本人？因为斯多亚派或将直接宣称这种东西是真实的，或将通过证明来确信它的实在性。［76］如果他们直接宣称这种无形的“意谓”是真实的，我们也将直接宣称这样的东西是不存在的。因为如果没有证明他们就是可信的，同

① 这里希腊文是比较副词短语 pleiona ē，相当于英文 more than。

样，当辩难派（aporētikoi）[1]单凭说辞提出相反的观点时也将是可信的；或者，如果辩难派是不可信的，斯多亚派同样也是不可信的。[77] 如果他们通过证明确信这种东西，更棘手的困难将随之而来（apakolouthēsei）。因为证明是一种语句（logos），而语句是由“意谓”构成的。这样斯多亚派将用“意谓”来建立某种“意谓”存在，这是荒谬的，因为一个尚未承认任何“意谓”存在的人，将不会承认多个“意谓”存在。[2] [78] 再者，既然证明中的“意谓”是否存在属于被研究的对象（zētoumenōn），如果他们直接设定这些东西是存在的，则辩难派也会直接设定它们是不存在的，就双方而言，是同样可信的或不可信的；如果通过证明，他们将陷入无限后退（eis apeiron），因为他们会被追问包含在第二个证明中的“意谓”的证明，当提供第三个证明时会被追问第三个证明中的“意谓”的证明，当提供第四个证明时会被追问第四个证明中的“意谓”的证明，因此其有关“意谓”存在的证明是不可能有起点的（anarchon）。

[79] 就这个话题我们还可以谈论许多其他东西，但在有关证明那一章去考察它们会更加合适。[3] 当下必须要说的是，他们希望“完善的”命题是组合的，比如“（这）是白天”由“天”和“（这）是”构成。[4] 但无形的东西（asōmaton）既不能组

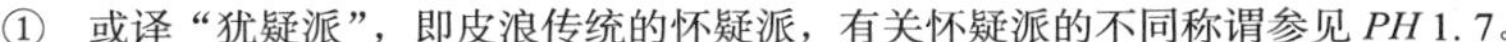

① 或译“犹疑派”，即皮浪传统的怀疑派，有关怀疑派的不同称谓参见 *PH* 1. 7。

② 这句话是说，我们正在证明是否有某种“意谓”存在，而证明本身是由多个“意谓”组成的。我们尚未承认“意谓”是否存在，如何会承认多个“意谓”存在？因此，使用由“意谓”构成的证明来证明“意谓”是不合逻辑的。

③ 参见下面 *M* 8. 299-481。

④ 希腊语“（这）是白天”由两个单词构成 hēmera esti，没有相当于英语的指示代词 it 和汉语的“这”。

合也不能分割，因为这些是物体的特性。所以“完善的”命题并不存在。[80] 再者，所有“意谓”（lekton）必须“被述说”（legesthai），它正是由此而得名；但没有任何“意谓”是“可述说的”（legetai），如辩难派所建立的那样；所以“意谓”不存在。由之推出（hepetai）命题也不存在，无论真的还是假的。因为，根据斯多亚派自己的说法，“述说”是发出一种能表示所思之物（tou nooumenou pragmatos）的语句，例如下面这句话：

> 歌唱吧，女神，
> 请歌唱珀琉斯（Peleus）之子阿基里斯的愤怒。[①]

[81] 但发出一种能表示这个东西的语句是不可能的，因为凡是其部分无法共存（mē sunuparchei）的东西本身不是真实存在的，而这个东西的部分无法共存，因此它不是真实存在的。[②] 其部分无法共存，这点可以直接表明。因为当发出前半句时，后半句尚不存在；当发出后半句时，前半句已不复存在。因此，我们发不出整个句子。[82] 甚至连半句也发不出。因为当我们说前半句的第一部分时，我们尚未发出前半句的第二部分；当我们发出前半句的第二部分时，我们已不再说前半句的第一部分。因此半句也并非真实存在。如果我们仔细观察，甚至一个词也发不出，比如 mēnin（“愤怒”）。因为当我们说 mē 这一音节时，nin 还没有发

---

① 荷马 *Iliad* 开端第一行。

② 这是各派哲学所普遍接受的一种观点，即真实存在之物的条件在于其构成部分能够“共存”或同时存在。

出；当我们发出 nin 时，我们已不再说 mē。[83] 如果任何其部分无法共存的东西是不可能真实存在的，而业已表明甚至连一个词的部分都无法共存，那么我们不得不说，没有任何一个词是真实存在的。因此，他们称之为组合性的命题，如“苏格拉底是”，也并非真实存在。因为当说“苏格拉底”的时候尚不存在“是”，当说“是”的时候已不再说“苏格拉底”。所以，述说的永远不是整个命题，而只是整个命题的一部分；但它的部分不是命题，所以没有任何命题存在。[84] 的确，甚至当主格形式的“苏格拉底”一词[①]由于同一原因（我是说因为其构成部分不可共存）自身都无法被想象为真实存在的东西，为什么我们还要讨论整个命题“苏格拉底是”呢？[85] 然而，即便承认命题存在，怀疑派也不会承认有某种为真或为假的〈命题存在〉[②]，因为对其所论证的东西给出解释并非易事。他们称，真命题是真实的并且是与某物相矛盾的东西，假命题是非真实的并且是与某物相矛盾的东西。当被问道“什么是真实的东西？”他们回答：“是那种能引起可理解的表象的东西”；[86] 然后，当被追问可理解的表象时，他们反过来又诉诸那种等于一无所知的真实的东西，声称“可理解的表象是那种来自真实的东西并与这个真实的东西本身相一致的表象”，这就等于以未知之物（tōi di’agnooumenou）解释未知之物（to agnooumenon），并陷入循环推理论式。因为，为了我们知道真实的东西，他们送给我们可理解的表象，声称真实的东西是能引发

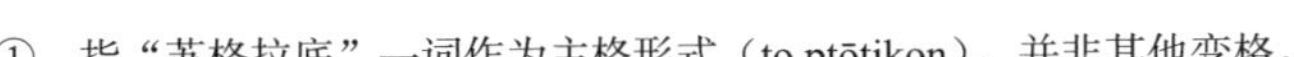

① 指“苏格拉底”一词作为主格形式（to ptōtikon），并非其他变格。

② 本段文本似有缺失，这里根据 Kochalsky 所补 to axioma einai ti 译出（参见 Teubner 本第 121 页脚注）。

可理解的表象的东西；为了我们认识可理解的表象，他们又把真实的东西还给我们。既然我们既不知道后者，也不知道前者，我们也就不会理解由它们所解释的为真或为假的命题。

［87］对于那些接受斯多亚派逻辑技艺（technologia）的人来说，即使有人把这些疑难弃之一侧，比这个更大的其他疑难也会冒出。正像如果我们想要知道什么是人，就应当首先认识什么是“动物”、什么是“理性的”、什么是“有死的”（因为人的概念是由这些东西构成的），同样如果我们试图认识什么是狗，就必须事先理解“动物”、“能吠的”（因为狗由之得以想象）。［88］因此，如果按斯多亚派的说法，“真”是真实的并且是与某物相矛盾的东西，“假”是非真实的并且是与某物相矛盾的东西，那么为了思考这些东西，我们必然应当认识什么是“矛盾”（to antikeimenon）。但斯多亚派完全不能为我们构建“矛盾”这一概念，因此“真”或“假”是不可知的。［89］因为他们称“矛盾是通过否定词（apophasei）使一个命题超过（pleonazei）另一个命题”[①]，比如“这是白天”/“这不是白天”。因为命题“这不是白天”通过否定

① 塞克斯都引述的斯多亚派有关矛盾命题的定义似乎有些费解。这里的关键词是动词 pleonazō，原指“足够多”、“远远超过”、“越过”、“大于”、“言过其实”、“假设”等。一个命题“超过”或“大于”另一命题的意思究竟是什么？这里，矛盾命题似乎是指一个命题通过否定词的附加，在命题所指涉的领域上“超过”或“大于”未加否定词的原命题。否定词所引导的命题究竟是“超过”或“大于”原命题，还是限制、缩小了原命题，似乎是怀疑派与斯多亚派分歧的焦点。下面第 91—92 段塞克斯都引述了另一些人试图借用柏拉图“分有说”反驳斯多亚派的矛盾命题，似乎明确了一点，即“一个命题通过分有否定词超过或大于（pleonazein）那种不具有否定词的命题是不可能的”。有学者认为斯多亚派关于矛盾命题的定义提供了富有价值的逻辑学思想，尤其是他们提出的“关于冠词是支配整个命题或命题一部分的观点”，“这里我们看到第一次出现了算子辖域的概念”（参见威廉·涅尔、玛莎·涅尔：《逻辑学的发展》，张家龙、洪汉鼎译，商务印书馆 1985 年版，第 191 页）。

词“不”超过命题“这是白天”，由于这个原因前者与后者是矛盾的。但如果就这是矛盾，则下面的命题也将是矛盾的：“这是白天和这是亮的”与“这是白天和这不是亮的”。因为“这是白天和这不是亮的”通过否定词超过“这是白天和这是亮的”。但实际上按他们的说法，两者是不矛盾的；所以，“矛盾”并非通过否定词使一个命题超过另一个命题。［90］他们说，那好，如果附加这个条件，即否定词被置于一个命题之前（protetachthai），它们就是矛盾的。因为那样否定词就可以支配或辖制（kurieuei）整个命题，而对于“这是白天和这不是亮的”这一事例，否定词作为整个命题的一部分，并未起到支配作用以致于对整个命题做出否定。那么，我们将回应，对于矛盾这个概念应当附加这个条件：它们是矛盾的，不是简单地当一个命题通过否定词超过另一个命题，而是当否定词被置于整个命题之前。

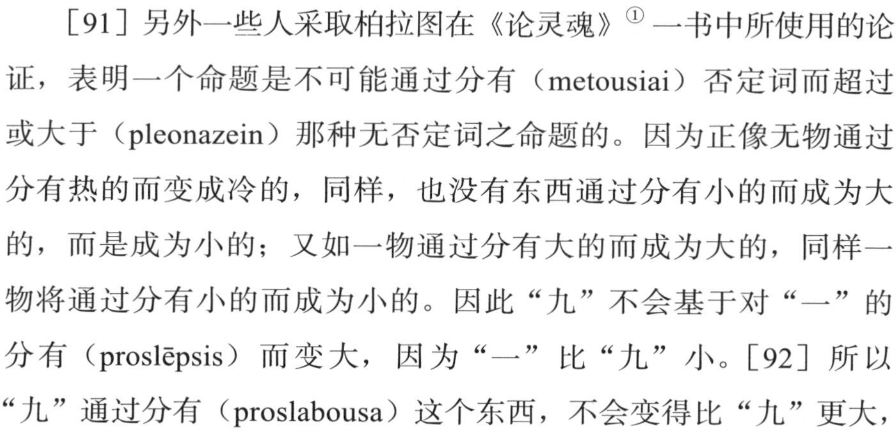

［91］另外一些人采取柏拉图在《论灵魂》[①]一书中所使用的论证，表明一个命题是不可能通过分有（metousiai）否定词而超过或大于（pleonazein）那种无否定词之命题的。因为正像无物通过分有热的而变成冷的，同样，也没有东西通过分有小的而成为大的，而是成为小的；又如一物通过分有大的而成为大的，同样一物将通过分有小的而成为小的。因此“九”不会基于对“一”的分有（proslēpsis）而变大，因为“一”比“九”小。［92］所以“九”通过分有（proslabousa）这个东西，不会变得比“九”更大，

① 即《斐多篇》，参见 Plato, *Phaedo*, 100c-103d。

而是更小。[①] 那么，既然否定词“不”是比命题小的东西，它就不会使命题更大，因为正像一物通过分有较大的东西变得较大，同样通过分有较小的东西成为较小的。

因此，柏拉图的论证就这样被一些人搬到了这个论题上。[93] 那么就我们而言，谈谈以下论证作为补充上述论证的补充：如果“真”是一种命题，它一定或是简单的，或是非简单的，或既是简单的又是非简单的。因为辩证法家[②] 表明，命题当中几乎第一位的和最重要的区分在于有些是简单的，有些是非简单的。简单的，则是那些既不是通过一个命题使用两次（ex henos axiōmatos dis lambanomenou）所构成的命题[③]，也不是由不同命题借助某个或某些联结项（sundesmōn）所构成的命题。例如，“这是白天”、“这是晚上”、“苏格拉底在谈话”以及所有类似形式的命题。[94] 因为正像“经纱”（ton stēmona），尽管它是由线头组成的，我们还是称之为“简单的”，因为它不是由那些与自身性质相同的“经纱”织成的。同样，命题之所以被称为“简单的”，在于它不是由命题而是由其他某种要素构成。例如，“这是白天”是简单的，仅当它既不是由使用两次的同一个命题构成，也不是由不同的命题构成，而是由其他某些要素组成，比如“白天”和“这是”。再者，命题中不存在联结项（sundesmos）。[95] 非简单命题，比如

① 这里的关键词 proslēpsis，源于动词 proslambanō，指“附加”、“额外接受”、“参与”、“辅助”、“帮助”、“假设”等意。在逻辑学上，该词还有“小前提”（minor premise）或“辅助假设”（further assumption）之意。本句中 proslēpsis 与 metousia 实际是作为同义词使用的，都指“分有”或“参与”。

② 这里主要指菲洛（Philo）和狄奥多罗（Diodorus），参见 *M* 8. 112-118。

③ 即“重复命题”，参见 *PH* 2. 112。

说，是重复性的（dipla），由使用两次的命题构成，或由不同命题借助某个或某些联结项构成，例如“如果这是白天，那么这是白天”；“如果这是晚上，那么这是暗的”；“这是白天和这是亮的”；“或者这是白天或者这是晚上”。

［96］简单命题中一些是“确定的”（hōrismena），一些是“不确定的”（aorista），一些则是“中间的”（mesa）。“确定的”是基于指示词（kata deixin）所表达的命题，如“这个人（houtos）走路”，“这个人坐着”，因为我指示出一个具体的人。［97］“不确定的”，按他们的说法，是其中某个不确定的（aoriston）部分起支配作用的命题，如“有人（tis）坐着”。“中间的”则是这样的：“某个人坐着”或“苏格拉底走路”。“有人走路”是不确定的，在于它没有限定任何一个走路的具体的人，因为它能够泛指其中每个人。但“这个人坐着”是确定的，因为它限定了被指示的人。而“苏格拉底坐着”是中间的，在于它既不是不确定的（因为它限定了具体的对象），也不是确定的（因为它没有用指示词表达），而是似乎介于不确定的和确定的两者之间。［98］他们称，不确定的命题“有人走路”或“有人坐着”为真，仅当发现确定的命题“这个人走路”或“这个人坐着”为真。因为如果没有一个具体的人坐着，则不确定的命题“有人坐着”是不可能为真的。

［99］概括说来，这些就是辩证法家关于简单命题所谈论的内容。而辩难派首先探究其中“确定的”是否能够为真。因为如果这个能被否弃，则“不确定的”不可能为真。如果“不确定的”也被否弃，则“中间的”将不会存在。这些东西像是简单命题的元素（stoicheia），因此一旦它们被排除，简单命题将荡然无存，

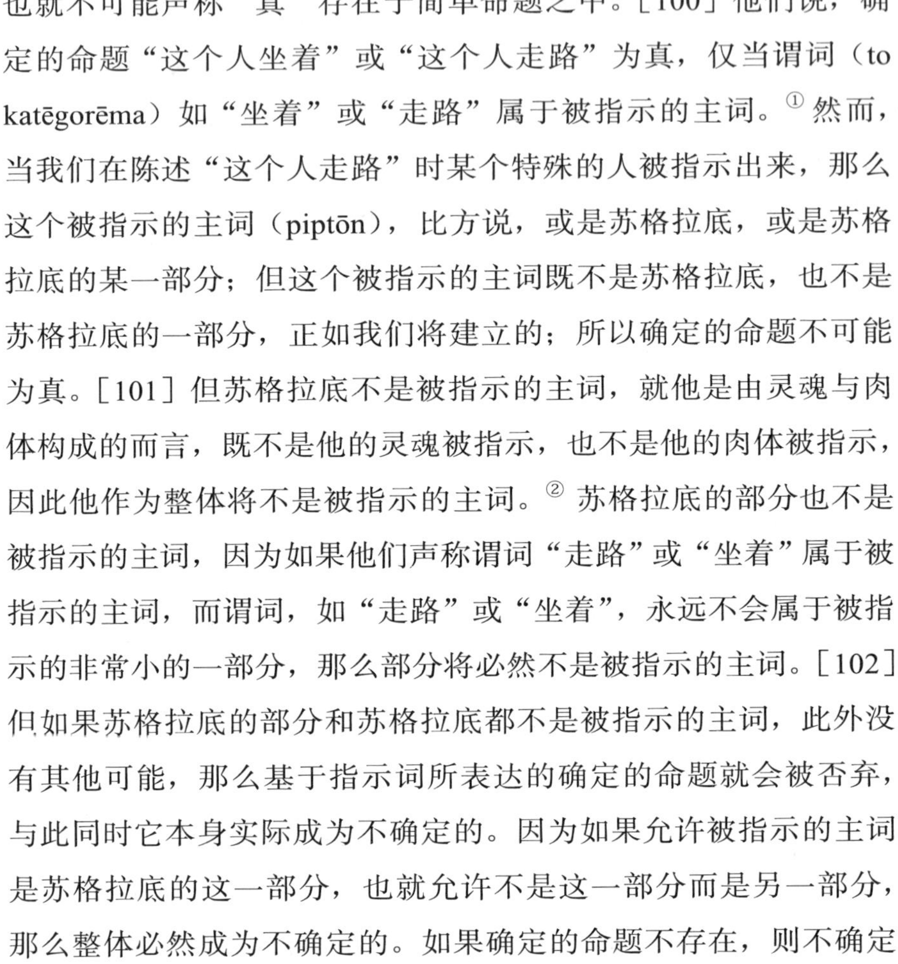

也就不可能声称“真”存在于简单命题之中。[100] 他们说，确定的命题“这个人坐着”或“这个人走路”为真，仅当谓词（to katēgorēma）如“坐着”或“走路”属于被指示的主词。[①] 然而，当我们在陈述“这个人走路”时某个特殊的人被指示出来，那么这个被指示的主词（piptōn），比方说，或是苏格拉底，或是苏格拉底的某一部分；但这个被指示的主词既不是苏格拉底，也不是苏格拉底的一部分，正如我们将建立的；所以确定的命题不可能为真。[101] 但苏格拉底不是被指示的主词，就他是由灵魂与肉体构成的而言，既不是他的灵魂被指示，也不是他的肉体被指示，因此他作为整体将不是被指示的主词。[②] 苏格拉底的部分也不是被指示的主词，因为如果他们声称谓词“走路”或“坐着”属于被指示的主词，而谓词，如“走路”或“坐着”，永远不会属于被指示的非常小的一部分，那么部分将必然不是被指示的主词。[102] 但如果苏格拉底的部分和苏格拉底都不是被指示的主词，此外没有其他可能，那么基于指示词所表达的确定的命题就会被否弃，与此同时它本身实际成为不确定的。因为如果允许被指示的主词是苏格拉底的这一部分，也就允许不是这一部分而是另一部分，那么整体必然成为不确定的。如果确定的命题不存在，则不确定

① “仅当谓词属于被指示的主词”原文是 hotan tōi hupo tēn deixin piptonti sumbebēkēi to katēgorēma，意思是说简单命题为真，仅当谓词陈述的属于被陈述的主词所发生的东西。这里“主词”或“主语”使用的是分词短语 ton pipton，原指“发生之物”或“发生者”，来自动词 piptō（发生），其名词形式为 ptōsis。按斯多亚派逻辑，作为主格形式的“主词”（ptōsis）与一种非完善的“意谓”（lekton），也即“谓词”（katēgorēma），两者共同构成一个命题。参见 DL 7.64。

② 本段原文似有缺失，根据 Teubner 本和 Loeb 本所推断的译出。

的命题也将不存在。由于这个原因，中间的命题也就不是实在的（hupostēsetai）。

［103］此外，当他们说当下命题“这是白天”为真而“这是夜晚”为假，“这不是白天”为假而“这不是夜晚”为真，人们会好奇何以同一个否定词加到一个为真的东西上使之为假，加到一个为假的东西上使之为真。因为这点正像伊索（Aesop）寓言里的西勒努斯（Silenus），当他看到同一个人在冬天用嘴哈气，既怕手被冻着又怕被热着，便声称自己不堪忍受与这样一种野兽生活在一起，身上竟然有极端相悖的习性（ta enantiōtata）。［104］同样，这种使真实的东西成为不真实的，使不真实的东西成为真实的[①]否定词本身也分享了神奇的本性。因为他们希望这种东西或是真实的，或是非真实的，或既不是真实的也不是非真实的，或同时既是真实的又是非真实的。那么，如果它是真实的，为何一触及（proselthousa）真实的东西便使整个命题成为非真实的而不是真实的？因为一个真实的东西与一个真实的东西相加会愈加增强其真实性。［105］如果它是非真实的，那么当它触及一个非真实的东西时，出于什么理由使之成为真实的而不是非真实的？因为一个非真实的东西被加到一个非真实的东西上，不会产生真实性而是非真实性。或者，既然是非真实的，它何以会把真实的变为非真实的，而不是使之一方面是真实的，一方面是非真实的？就像白

① 这里及其以下使用的“真实的”（huparchon）和“不真实的”（anuparkton），均源于原型动词 huparchein，该词与 einai（是或存在）几乎是同义词，但有“在下面的”、“基本的”、“基础的”等意，英译一般为 to be real 或 exist。实际斯多亚派在同等意义上使用“真实的”（huparchon）、“存在的”（ontos）和“真的”（alēthes），并未严格区分逻辑的“真”或“有效”与认识论的“真理”。

的和黑的，当混合在一起时，不会造成黑的或白的，而是一方面是白的一方面是黑的。同样，真实的与非真实的一旦结合，将会使整个命题一方面是真实的一方面是非真实的。[106] 此外，凡使某物成为非真实之物者“作用于某物”（poiei ti），而“作用者”（to poioun）是存在的（esti）和真实的（huparchei）；所以，否定词如果不是真实的就不会使任何东西成为非真实的。那么剩下要说，它既不是真实的也不是非真实的。如果这样，那它如何在既不是真实的也不是非真实的情况下，一触及真实的东西就造成非真实的，一触及非真实的东西就造成真实的？[107] 因为正像既非热又非冷的东西，当触及热的东西并不能使之成为冷的，当触及冷的东西也不能使之成为热的，同样既不是真实的也不是非真实的东西，当触及真实的东西造成非真实的，当触及非真实的东西造成真实的是有悖理性的（alogon）。因此，即使他们声称否定词一方面是真实的一方面是非真实的，引起同样的疑难（aporein）也将是可能的。

[108] 当前我们在一定程度上探寻了辩证法家就简单命题所确立的法则（nomothesias）。让我们转到非简单命题上来。非简单命题是我们前面提到的，由重复的（diaphoroumenou）或不同的（diapherontōn）命题所构成的并受某个或某些联结项支配的（epikratousin）命题。[109] 现在，让我们从中挑出所谓条件句或假言命题（sunēmmenon）。这种东西是由重复的或不同的命题借助联结项“如果”（ei）或“如果的确”（eiper）① 所构成的。比

① 两个副词 ei 和 eiper 是同义词，后者强调假设的真实性，相当于英文 if indeed 和 if at all events，可译成“如果的确”、“果真”、“如果真的”等。

如，由重复的命题和联结项“如果”构成这样一个条件句：“如果这是白天，那么这是白天”；[110] 由不同的命题和联结项“如果的确”构成的条件句如下：“如果的确这是白天，那么这是亮的。”在条件句中位于联结项“如果”或“如果的确”之后的那个命题被称为前提（hēgomenon）和“第一”，其余命题被称为结论（lēgon）或“第二”，即使整个条件句以倒装的方式（anastrophōs）表达，像这个命题：“这是亮的，如果的确这是白天。”其中“这是亮的”被称作结论，尽管它首先被表达。“这是白天”被称作前提，尽管它其次被说出，因为它位于联结项“如果的确”之后。[111] 简要说来这就是条件句的构成，这种命题似乎承诺其中“第二”由“第一”推出（akolouthein），如果前提“是”（ontos），那么结论“将是”（esesthai）。因此如果这个承诺得以保证，结论从前提推出，则条件句将是真的；如果不能保证，则条件句将是假的。[112] 那么，就让我们直接从这点出发，看看是否能够找到某种为真并保证上述承诺的条件句。

所有辩证法家共同一致地说，条件句是有效的（hugies）仅当其结论由其前提推出。但至于何时推出、如何推出他们却莫衷一是，提出相互冲突的“可推性”标准（tēs akolouthias kritēria）。[①] [113] 例如，菲洛[②] 说条件句为真仅当它并非始于真而终于假，因此按他的说法，条件句在三种形式上为真，一种形式上为假。当它始于真而终于真，则它为真，比如“如果这是白天，那么这是

① 这里“可推性”（akolouthia）一词根据语境也可译为“融贯性”、“统一性”、“一致性”、“继随性”等，来自动词“推出”或“得出”（aklouthein），原指“跟着”、“继随”之意。

② 菲洛（Philo，约公元前 4 世纪早期—前 3 世纪），辩证法家，狄奥多罗的学生。

亮的”。当它始于假而终于假，它还为真，正像“如果地球飞，那么地球有翅膀”。[114] 同样，始于假而终于真的条件句也是真的，正如“如果地球飞，那么地球存在”。仅当始于真而终于假这一种形式为假，像这个条件句：“如果这是白天，那么这是晚上。”因为当这是白天时，前提“这是白天”为真，而结论“这是晚上”为假。[115] 但狄奥多罗[①] 声称那种既非过去可能，也非现在可能始于真而终于假的条件句为真，这点与菲洛相矛盾。因为按菲洛的说法，像这样一个条件句：“如果这是白天，那么我在谈话”，当现在是白天并且我在谈话时为真，因为它始于真的前件“这是白天”而终于真的后件“我在谈话”。但根据狄奥多罗，这个条件句为假，因为当我已经沉默时，它现在有可能（endechetai）始于真的前件“这是白天”而终于假的后件“我在谈话”；它过去也曾有可能（enedecheto）始于真的前件而终于假的后件“我在谈话”，[116] 因为在我开始谈话之前，它曾始于真的前件“这是白天”但终于假的后件“我在谈话”。再者，像这个条件句：“如果这是晚上，那么我在谈话”，当这是白天并且我保持沉默时，按菲洛的解释，它同样为真，因为它始于假而终于假。但根据狄奥多罗，它是假的，因为现在它有可能（endechetai）始于真而终于假，当夜幕降临，我仍然没有谈话而是保持沉默。[117] 另外，条件句“如果这是晚上，那么这是白天”，当这是白天，按菲洛的解释，它是真的，因为它始于假的前件“这是晚上”而终于真的后

① 有关狄奥多罗与菲洛在条件句上的分歧，另见 *PH* 2. 110。狄奥多罗（Diodorus，约公元前 350—前 283 年），辩证法家（麦加拉派的一个分支），其辩证法受到芝诺和阿尔克西劳的关注。发展了诸如“连锁推理”（sorites）、“反运动”等逻辑悖论。

件“这是白天”；但根据狄奥多罗，它是假的，因为当夜晚到来，它有可能（endechetai）始于真的前件“这是晚上”而终于假的后件“这是白天”。

［118］既然在条件句的标准上，以这些例子来说，存在着诸如此类的矛盾，那么对有效条件句的辨识将永远是困难的。因为我们为了认识有效条件句，就必须事先判定辩证法家关于其有效性的纷争，只要这点是不可判定的，有效条件句本身就必然处于存疑状态。［119］这是合理的。因为我们或将诉诸辩证法家们的所有标准，或将诉诸当中的某个标准。但诉诸所有标准是不可能的，因为它们是相冲突的，正如我在前面提到的两个事例中所指出的那样，相冲突的东西不可能是同等可信的。如果诉诸当中某个标准，我们或未经判断地直接诉诸它，或以推理表明这个标准是有效的。［120］如果我们未经判断直接赞同某个标准，那我们为何赞同这个而不是那个？这就等于不赞同任何一个，因为它们是相冲突的。如果用推理表明我们所选取的条件句的标准是有效的（hugies），则这个推理或是不确凿的和无结论的，或是确凿的（sunaktikos）和有结论的（perainōn）。[①]［121］但如果这个推理是不确凿的和无结论的，那么对倾向于选择某种条件句的标准来说，则是不可信的和糟糕的。如果是确凿的，那它一定是因结论由前提推出（akolouthei）而是确凿的，因此它本身是通过某种“可推性”

① 本句中 sunaktikos、perainōn、hugies 三者是同义词，都指“有效的”、“确凿的”、“有结论的”、“能推出结果的”。这里当三者并用时，我们做出相对区分，分别译成“确凿的”、“有结论的”、“有效的”。perainōn 与 aperantos 这对搭配还有一次出现在本卷第 428 段以下，但在《皮浪学说概要》中与之相对应的段落使用的是 sunaktikos 与 asunaktos（参见 *PH* 2. 146 以下）。

（akolouthia）被证实的。[122] 但一开始在条件句中所寻求的“可推性”应当通过推理（logōi）来证实。因此这就等于陷入循环论式。因为，我们为了认识那种应当由“可推性”来证实的条件句，我们不得不转而诉诸某种推理；而为了这个推理是有效的，那种由之判断其有效性的“可推性”又必须首先得以确信。[123] 如果就这种疑难而言我们不具备有效条件句，那么我们将不具备确凿的推理；如果没有这个东西，我们也就不会有证明，因为证明是一种确凿的推理。如果证明缺失，独断论的幻想[①]也将化为乌有。

[124] 由上述这些东西我们转到合取句（sumpeplegmenon）[②]和析取句（diezeugmenon）[③]以及通常其他形式的非简单命题上来。因为合取句应由简单的，或非简单的，或混合的命题形式组成，一旦简单的首先受到质疑（proēporēmenōn）则所有形式将受到质疑。[125] 的确，当他们声称包含所有真命题的合取句是有效的，如“这是白天并且这是亮的”，具有一个假命题的合取句是无效的时候，他们又在自立规则（nomothetousin）。因为如果由所有真命题构成的合取句为真，那么由所有假命题构成的合取句直接为假，由真命题和假命题共同组成的合取句既非为真也非为假，这是可推出的（akolouthon）。[126] 如果对他们来说，设立自己想要的规则，为自己所选取的东西做出安排是可能的，那就得允许他们把有一个假命题的合取句说成是假的，但对其他人来

① 该词有分歧。Teubner 本训为 philosophia（哲学），Loeb 本则训为 phantasia。这里采用后者。

② 或译“连言命题”。

③ 或译“选言命题”。

说，做出相反的安排，声称由多个真命题和一个假命题构成的合取句为真也将是可能的。[127] 如果人们对事物的本性予以关注的话，那么声称有一部分真命题和一部分假命题的合取句既非为真也非为假无疑是相容的（akolouthon）。正像由白和黑构成的混合物既不是白的也不是黑的（因为白者为白，黑者为黑），同样仅仅真者为真，也仅仅假者为假，而来自两者的结合一定被说成既非为真也非为假。[128] 但他们说，就像在生活中一件绝大部分是好的、一小部分是破的外衣，我们并非出于大部分是好的说它是好的，而是出于一小块破的部分称之为破的，同样对于合取句，如果只有一个命题为假而多数命题为真，则整个句子将根据那一个假的命题被说成是假的。但这是荒谬的。[129] 因为在生活中我们不得不允许人们在宽泛意义上使用词项，因为他们毕竟不是探究本性（pros tēn phusin）之真，而是意见（pros tēn doxan）之真。因此，我们并非在严格意义上说“挖井”、“织衣”、“造房”。因为如果有井，则不是“挖”而是“已挖”；如果有衣服，就不是“织”而是“已织”。因此在日常生活和惯常用法中宽泛性（katachrēsis）适得其所，而当我们探究关乎本性的东西时，则必须诉诸精准性。[①]

[130] 由以上所述充分表明，对于那些把真和假置于某种无

① 本段是怀疑派针对辩证法家以“外衣”为例提出的“只要有一个命题为假，整个合取句为假”做出的回应，认为不能把词项的日常用法拿来研究命题的真假，这种关乎事物“本性”的问题。日常语言是在“宽泛意义上”或“非准确意义上”（katachrēstikois）使用的，不具有精确性（akribeias）。并举了“挖井”、“织衣”、“造房”三个短语。这里怀疑派的反驳似乎带有诡辩性，缺乏说服力。

形的“意谓”（lekton）的人来说，其论证是行不通的（aporos），引起诸多麻烦。再者也不难发现，对于那些把真和假置于语词（phōnē）的人，其论证也不是畅通无阻的（euporos）。[131] 因为每个语词，如果存在，则它或是在生成中（ginomenē）或是在静默中（siōpōmenē）。但生成中的东西并不存在，因为它不具有实在性（huphestanai）；静默中的东西也不存在，因为它尚未生成。所以语词不存在。生成中的东西是不存在的，这点可由下述相似的事例表明。因为生成中的房屋不是房屋，船只及其他类似之物也是如此。因此，生成中的语词不是语词。而静默中的东西并非真实存在，这是人们所一致同意的。如果语词或是在生成中或是在静默中，但在这些时间内它都不存在，那么语词就不会存在。

[132] 再者，如果“真”系于语词，则它或系于最短的语词或系于长的语词。但它并非系于最短的，因为最短的东西是无部分的，而“真”并非没有部分；它也并非系于长的语词，因为这是不真实的，由于当它的第一部分被发出时第二部分尚未存在，当第二部分被发出时第一部分已不复存在。因此“真”并非系于语词。[133] 此外，如果系于语词，则它或系于表意的（en sēmainousēi）语词或系于不表意的语词。但它不会系于某种不表意的东西，例如blituri 和skindapsos[①]。因为怎么可能把一个不表意的东西理解为真的？ [134] 那么，剩下的是它系于表意的语词。但这也是不可能的。因为没有任何语词，作为语词，是能表意的，否则所有希腊人和蛮族人一听到语词就应当理解它所表达的意思。

① 两个随意编造的无意义词汇。

因此根据这点，“真”一定不会系于语词。［135］再者，语词中一些是简单的，一些是组合的。简单的，如“狄翁”；组合的，如“狄翁走路”。如果“真”系于语词，则它或系于简单的或系于组合的。但它不是系于简单的和非组合的。因为“真”一定是命题，而命题无一不是组合的。［136］但“真”也不会系于组合的，因为没有任何一个组合的语句（lexin）是真实存在的，例如“狄翁是”。因为当我们说“狄翁”时，还没有说“是”，当我们说出后者时，已不再说前者。因此“真”并非系于语词。

［137］它也并非系于心智运动，如某些人所设想的那样。如果“真”系于心智运动，则没有任何外部事物（tōn ektos）将会为真。因为心智运动内在于我们，不是外在的。但声称没有任何外部事物为真是荒谬的。所以，把“真”置于心智运动也是荒谬的。

［138］既然心智运动对每个人都是特殊的（idiōn），那就不会有任何共同为真的东西。如果没有共同为真的东西，则一切将是模糊不清、莫衷一是的。因为这个人持以为真的东西（也就是他的心灵运动），另一个人并不具有；相反，那个人持以为真的东西，这个人并不理解。但声称没有任何东西被一致同意为真是荒谬的。［139］因此，宣称“真”寓于心智运动是荒谬的和无根据的。还可以推出，那些把“真”置于心智运动的人一定会同意所有这样的运动为真，比如伊壁鸠鲁、芝诺、德谟克里特以及其他人的心灵运动，因为心灵运动同样属于所有这些人。然而它们所有为真，一如它们所有为假，都是不可能的。因此，心智运动并非为真。

［140］我们对标准和“真”已提出诸多辩难（aporēsantes），

接下来让我们研究一下那些由标准所构建的方法，也即记号和证明，以便理解那些并非由自身直接向我们呈现的“真”。按照顺序，让我们首先谈谈记号，因为正是通过分有这种东西证明才能揭示结论。

二、事物与记号的划分

［141］既然事物在最高层次上有两种区分，据此一些是显明的，一些是非显明的，显明的是那些由自身直接呈现给感官和心智的东西，非显明的则是那些并非由自身能被理解的东西，那么为了针对显明之物进行诘难，我们比较系统地（methodikōteron）给出了有关标准的讨论。［142］因为一旦标准被证明是不可靠的，则确切地断定显明之物本性上正像它们所显现得那样是不可能的。目前还剩下有关非显明之物的区分，而为了否定这种东西，我们认为最好使用一种简明扼要的方法来消除记号和证明，当这些东西被消除，由之所获得的有关“真”的理解也就成为不可靠的了。或许在讨论这些特殊东西之前，简短考察一下有关记号的本性是恰当的。

［143］“记号”（to sēmeion）是在两种意义上被称谓的，一般的和特殊的。一般的是那种似乎能呈现（dēloun）某物的东西，根据这种意义，我们习惯上把用来唤起（ananeōsin）和它一起被观察到的那个对象的东西称为记号。特殊的是那种能指示（endeiktikon）非显明之物的东西，关于这种记号正是我们当下所

要研究的。[144] 但如果有人想要清楚地理解它的本性，正如前面我们所说，就必须反过来首先明白显明之物是那些能通过自身被我们认识的东西，比如当下“这是白天”、“我正在会话”，而非显明之物是那些并非具有这种特征的东西。

[145] 非显明的东西当中，有些是绝对或完全（kathapax）非显明的，有些是本性上（phusei）非显明的，有些是暂时（pros kairon）非显明的。其中，那些尽管本性上是显明的，但出于某种外部环境的原因有时对我们是非显明的东西被称为“暂时”非显明的，比如当下雅典城之于我们。① 因为它本性上是清楚而自明的，但由于中间的距离对我们是非显明的。[146]“本性上”非显明的，是那些总是被遮蔽起来的（apokekrummena），无法落入我们的清楚经验范围内的东西，诸如“能被思想的毛孔”（oi noētoi poroi）② 以及某些物理学家所宣称的宇宙之外的“无限的虚空”。[147] 那些本性上永远不会被人类理解的东西被说成是“绝对”非显明的，比如星星的数目为偶或为奇，在利比亚沙子的数量有多少。[148] 既然有四种不同的事物，一是清楚明白的，二是绝对非显明的，三是本性上非显明的，四是暂时非显明的，那么我们说，并非所有这些东西都需要记号，只是某些需要。[149] 显然，绝对非显明的和清楚明白的东西无需记号。因为清楚明白的东西由自身作用于感官，不需要其他东西来显示（pros mēnusin），而绝对非显明的东西普遍超出一切理解，因此无法通过记号来把

① 这一事例又见 *PH* 2. 98。由此推测塞克斯都在写作本书时并不在雅典。

② 即只能由心智推证而不能被直接感知的毛孔。例如，通过汗液渗出，可推知毛孔存在（参见 *PH* 2. 98, 140）。

握。[150] 但本性上非显明的和暂时非显明的东西需要通过某种记号来观察：暂时非显明的东西，是因为它们在某种环境下会离开我们的清楚经验之域；本性上非显明的东西，则是由于它们永远是非显明的。[151] 既然有两种需要记号的不同事物，则记号也表现为两种。一种是"记忆性的"（hupomnēstikon），似乎主要用于暂时非显明的东西；一种是"指示性的"（endeiktikon），被宣称适应于本性上非显明的东西。[152] 因此记忆性记号，如果它曾与所表示的对象（tōi sēmeiōtōi）一起通过清楚的经验被观察到，那么一旦作用于我们，而此时所表示的对象是非显明的，就会引导我们回忆起那个曾与之一起被观察到的，但当下并未清楚地作用于我们的对象，就像在烟与火那里所看到的那样。因为我们经常观察到它们互为关联，一看到其中的一个，也即烟，就会唤醒另外一个，也即没有看到的火。[153] 就创伤发生之后的疤痕和死亡来临之前的心脏的刺伤，则适应同样的解释。因为当我们看到疤痕就会唤起曾经发生的创伤，当目睹心脏的刺伤就会预知死亡将至。这就是记忆性记号所具有的特性，[154] 而指示性记号与之有别。因为它不可能与所表示的对象一起被观察到（因为本性上非显明的东西始终是不可感知的，因此也就无法与任何显明之物一起被观察到），而是被说成完全由自身的本性和结构表示（sēmainein）它所指示的对象，几近于发出声音。[①] [155] 例如，灵魂本性上是非显明的东西，因为它本性上永远不会落入我们的

① 本句比喻"指示性记号"自身具有某种揭示对象的内在力量，几近于发音或说话。某种意义上，指示性记号是一种揭示非显明之物的"语言"。

清楚经验之域。作为这样一种东西，它通过肉体的运动，以指示的方式（endeiktikōs）得以显示。因为我们推知，正是裹在肉体中的（endedukuia tōi sōmati）某种力量赋予它这种运动。

［156］既然存在着两种记号，“记忆性的”（被认为主要用于暂时非显明的东西）和“指示性的”（用于本性上非显明的东西），那么有关记忆性记号我们并不打算统统进行追问和诘难，因为这种东西在生活中被所有人普遍相信是有用的，而是针对指示性记号，因为它是由独断哲学家和理性派医生[①]所杜撰出来的，能给他们提供最为必需的帮助。［157］因此，我们并不像某些人所污蔑我们的那样，声称记号不存在，从而抗拒人类的一般常识（prolēpsis）[②]，把生活搅乱。因为如果我们否弃一切记号，或许会与生活和所有人为敌。实际我们自己是这样来认知的：由烟推知火，由伤疤推知曾经发生的创痛，由心脏的刺伤推知死亡，由以前的头带推知油膏[③]。［158］那么，既然我们肯定生活所使用的记忆性记号，否弃独断论者所虚构的记号，因此我们不仅不与生活为敌，而且还为之代言（sunagoreuomen）[④]，因为我们驳斥的是那些抗拒一般常识，声称可以通过自然研究，以记号的方式认识本性上非显明之物的独断论者。

① 理性派或逻辑派是希腊化时代三大医学流派之一。其他两个流派是方法派和经验派。参见 *PH* 1. 236。

② prolēpsis 一词，指未经理性审视批判的日常观念，相当于英文的 preconception。根据语境可译为“常识”、“前理解”、“前概念”、“前见”、“预想”等。

③ 头带和油膏指运动员的装饰，作为获胜的象征。

④ 这里使用 sunagoreuomen 一词，指“为某人说话”、“代言”、“支持”、“声援”。在《皮浪学说概要》中，则使用 sunagōnizometha，指“与某人共同战斗”或“与之为伍”，意思相近。参见 *PH* 1. 23；2. 102。

［159］就发生在研究领域中的记号，我们提纲挈领地做出这些解释。目前我们需要牢记的是怀疑派的习惯做法（ethos）。[①]也即，我们并非以相信和赞同的态度提出反驳记号存在的论证（因为这样做就等于像独断论者那样宣称记号是存在的），而是把研究带入“等效状态”（isoistheneia）[②]，指出记号不存在与记号存在是同样可信的，或反过来说，记号存在与记号不存在也是同样不可信的。因为这样就会在心智中生成“无倾向性”（arrepsia）和“存疑”（epochē）。[③]［160］那么由于这个原因，当我们说指示性记号不存在时，那个似乎反对我们的人也会助我们一臂之力，他自己先于我们（prolabōn）建立了应当由怀疑派所建立的那部分论证。[④]因为如果由辩难派（aporētikoi）[⑤]所提供的反对记号的论证是强有力的，几乎是无法反驳的，而由独断论者所建立的记号存在的论证也并不弱于这些论证，那么我们必须立刻对其存在保持存疑，不可有失公允地（adikōs）诉诸任何一方。

三、记号是否存在？

［161］怀疑派的习惯做法既已表明，接下来让我们讨论眼

① 参见 *PH* 2. 29, 103。

② 参见 *PH* 2. 130。

③ 类似的表述参见 *PH* 1. 190。

④ 即独断论替怀疑论建立反题，表明怀疑论的目的不是为了确立自己的观点，而是为了建立反对命题，以达致正反命题之间的“等效性”。

⑤ 即怀疑派（skeptikoi）。在本卷中塞克斯都多次以该名称称谓自己的学派，参见 *M* 8. 76, 78, 86, 99, 278。

下的话题。怀疑派说，存在物当中一些是基于差异的东西（kata diaphoran），一些是相对于某物的东西（pros ti pōs）。基于差异的，是那些根据自己的实在性（kat' idian hupostasin），在绝对意义上被思想的东西[①]，例如“白”、“黑”、“甜”、“苦”以及所有类似之物。因为我们纯粹而独立地理解这些东西，没有同时思考他物。[162] 相对的，则是那些根据与他者相对的某种状态而被思想的，并非在绝对意义上，也即不是基于自身被理解的东西，例如“较白”、“较黑”、“较甜”、“较苦”以及所有相同形式的东西。因为“较白”和“较黑”不像“白”和“黑”那样是基于自身被独立思想的，而是我们为了思想这种东西，必须与之同时关注那个比它更白的或更黑的东西。对于“较甜”和“较苦”适用于同样的解释。[163] 既然有两种不同的事物，一是基于差异的，二是相对于某物的，因此指示性记号必然或是基于差异的东西，或是相对的东西，因为两者之间不存在第三种东西。但它不是基于差异的东西，这点甚至也被那些持不同观点的人所直接承认，因此它将是相对的东西。[164] 正像被表示者（to sēmeiēton），由于它是根据某种与记号相对（pros to sēmeion）的状态而被思想的，因此是相对的东西，〈记号同样也是相对的东西，〉[②] 因为它是某物的记号，即被表示者的记号。无论如何，如果我们假设其中的一个被消除，剩下的另一个将同时被消除，类似的情况也明显发生在“右”和“左”的事例中。没有“右”就不会有“左”，因

① 参见 *PH* 1. 135, 137。

② 原文似乎缺失，根据 Loeb 本所补。

为它们每一个都是相对的，没有“左”则“右”的概念也将被一起消除。[165] 再者，相对的东西是相互一起被认识的。因为如我所说，要认识某种“较白”的东西，如果没有一种比它更白的东西和它一起作用于我们则是不可能的；对于“较黑”的东西的认识，〈如果没有一种比它更黑的东西和它一起被思想〉[①] 也是不可能的。因此，如前所述，既然记号是相对之物，那么以之为记号的东西将会与记号一起被理解。但与某物一起被理解的东西就不会是它的记号。因为设想与某物一起被理解的东西能成为那个事物的记号是完全靠不住的（aperrōgos）。因为如果两者在同一时刻被理解，则这个不能揭示那个，那个也不能展示这个，它们每个缺乏这样一种能力，既然它们是由自身作用于我们的。[166] 再者，人们还可以建立这种论证：如果记号是可理解的，则它或在被表示者之前被理解，或与之一起被理解，或在其之后被理解；但正如我们将建立的那样，它既非在其之前，也非与之一起，也非在其之后被理解；所以记号是不可理解的。[167] 声称记号在被表示者之后被理解显然直接是荒谬的，因为当记号所揭示的对象，即被表示者先于记号被理解，那记号如何还能揭示？此外，如果独断论者声称这点，他们将接受某种与其通常所持有的原理（dogmatizomenōi）相冲突的东西。因为他们声称被表示者是非显明的，不是由自身能被理解的，但如果记号在这个东西的理解之后得以理解，那么这个在其揭示者出现之前既已显示的东西将不会是非显明的。所以记号并非在被表示者之后被理解。[168] 出

① 原文似乎缺失，根据 Loeb 本所补。

于上面刚刚提到的原因，它也并非与之一起被理解，因为一起被理解的东西不需要相互显示，而是由它们自身同时作用于我们，因此记号将不会被说成是记号，被表示者也不会被说成是被表示者。[169] 那么剩下的是记号先于被表示者得以理解，但这会再次遭到同样的反驳。因为独断论者应当首先表明记号不是相对之物，或表明相对之物不是共同一起被理解的，然后使我们接受记号能够在被表示者之前得以理解。[170] 但既然问题的出发点没有改变，要确证记号理解的在先性（prokatalēpsia）则是不可能的，因为记号属于某种相对之物，必须同以之为记号的东西一起被理解。那么，如果为了记号被理解，它必须或先于被表示物，或与之一起，或在其之后被理解，而既已表明这些情况无一可能，因此不得不说记号是不可理解的。

[171] 有些人还通过另外一种具有同等效力的论证形式对独断论者进行诘难（sunerōtōsi），它是这样的：如果存在某种指示性记号，它或是显明者的显明的记号，或是非显明者的非显明的记号，或是非显明者的显明的记号，或是显明者的非显明的记号；但它既不是显明者的显明的记号，也不是非显明者的非显明的记号，也不是非显明者的显明的记号，或者相反；所以记号这种东西不存在。[172] 以上就是这一论证，其构成情况（kataskeuē）是显而易见的。当我们给出独断论者就这一论证所提出的反对意见，这点会更加明显。因为他们声称只承认两种组合方式，至于其他两种则不同意我们的观点。[173] 他们说，显明者是显明者的记号和显明者是非显明者的记号两者为真，非显明者能显示显明者或非显明者能显示非显明者则为假。例如，显明者是显

明者的记号，正像影子是肉体的记号，因为它本身作为记号是显明的，而肉体作为被表示者也是清楚可见的。显明者能显示非显明者，正如脸红能显示羞耻，因为前者是清楚可见的和能自我发觉的（autophōraton），而羞耻则是看不到的。[174] 然而说这些话的人是愚蠢之极的。因为如果人们同意记号是相对之物，而相对之物必然是一起被理解的，那么对于同样一起作用于我们的东西，不可能一个是记号，一个是被表示者，而是无论如何，由于两者清楚明白的共同作用，其中任何一个不会或是记号或是被表示者，因为一个没有要揭示的东西，另一个也不需要任何东西来揭示。[175] 就剩下的那种他们据之宣称显明者是非显明者的记号的组合形式，我们的说法与上述相同。因为如果这样，记号就应当先于被表示者得以理解，被表示者则应当在记号之后得以理解。但这是不可能的，因为它们属于某种相对之物，应当一起被理解。

[176] 在人们所理解的事物当中，一些似乎是由感觉理解的，一些似乎是由心智理解的。由感觉理解的，如白、黑、甜、苦；由心智理解的，如美好、耻辱、合法、非法、虔敬、不敬。记号也是如此，如果是可理解的，则它或是可感之物或是可思之物，如果不属于其中任何一种，则它根本不是真实存在的。[177] 当然，这里有直接证据表明记号是不可理解的，我的意思是说，直到目前为止其本性被一分为二,一些人设定它是可感的，一些人认为它是可思的。伊壁鸠鲁及其学派的领袖们声称记号是可感的，斯多亚派则声称它是可思的。这种纷争几乎是永远无法判定的，既然一直是无法判定的，那么对记号保持存疑（en epochēi）则是

完全必需的，因为它一定或是可感的或是可思的。[178] 最奇怪的是它的承诺（huposchesis）没有兑现，因为它承诺能够揭示其他某个东西，但情况相反，目前发现它本身需要其他东西来揭示。因为如果一切有分歧的东西是非显明的，而非显明的东西是通过记号来把握的，那么毫无疑问，记号作为有分歧的东西也需要某种记号来呈现，既然它是非显明的。[179] 但他们不能说通过证明确立有分歧的东西本身，并使之获得可信性是可能的。因为，首先当证明它时，那就让他们将之作为可信的接受好了，但只要对他们来说这只是纯粹的承诺而不是证明，存疑这一结论就会建立。[180] 再者，证明是有争议的东西，既然存在着分歧，它本身需要某种东西确立其可信性。但试图通过“有待研究的东西”（to zētoumenon）表明“有待研究的东西”是极其荒谬的。此外，一般说来证明是一种记号，因为它能揭示结论。[181] 那么为了记号得以确证，证明必须是可信的；而为了证明成为可信的，记号必须首先被确证。既然它们每个有待于另一个的可信性，因此同另一个一样是不可信的。[182] 此外，那些被用来建立记号的确凿性的证明，或是可感的或是可思的。如果是可感的，就会再次回到开始的问题，因为可感之物普遍存在着分歧；如果是可思的，那它同样是不可信的，因为离开可感之物它是不可能被理解的。

[183] 出于论证的补充，让我们一致承认记号或是可感的或是可思的，但即便如此，其实在性（hupostasis）也是不可信的。我们必须依次讨论每种情况，先就它是可感的直接说起。而为了接受这点，所有物理学家就必须首先同意和接受可感之物的真实性，以便有关记号的研究可由这个所接受的观点出发。[184] 但

对于这点人们的意见并非一致，即便关于

河水长流、万木长荣[①]

这句话，物理学家们也永远不会停止相互争论。因为德谟克里特说，没有任何可感之物是真实存在的，我们对它们的理解是感官的某种虚幻感受（kenopatheias），外部事物中不存在任何甜的或苦的、热的或冷的、白的或黑的，或其他那些向所有人显现的东西，因为这些不过是对我们自己的感受的称呼。[185] 但伊壁鸠鲁说，所有这些可感之物就像它们所显现的那样和在感觉中所打动我们的那样真实存在，因为感觉永远不会说谎，尽管我们认为（dokountōn）它会说谎。斯多亚派和漫步派则采取中间路线，他们说有些可感之物作为真的东西存在，有些则并非真实存在，因为在这些东西上感觉说了谎话。[186] 那么，主要观点总结如下：如果我们想要记号是可感的，则必须首先同意和牢固建立可感之物的实在性，以便承认记号是能被确切理解的。否则，如果结果显示这是一件每每有争议的事，我们将不得不承认记号也存在同样的分歧。[187] 正像如果可感之物的实在性无法得到一致同意，则“白色”是不能被确切理解的，因为它本身是一种可感之物，因此记号，如果属于可感之物，它就不能被说成是可靠的，只要有关可感之物的纷争依然存在。那就让我们假设可感之物是

① 该句出自论弥达斯（Midas）的无名格言。弥达斯是希腊神话传说中佛律癸亚人（Phrygians）的国王。柏拉图曾援引该句（参见 Plato, *Phaedrus*, 264 c-d），此句还出现在 *M* 1. 28 以及 *PH* 2. 37。

人们所一致同意的，有关它们完全不存在分歧。但我要问，持相反观点者如何能向我们表明记号本质上（tōi onti）是可感的？因为所有可感之物本性上对所有处于同一状态的人发生作用，被一样地理解。比如“白色”，并非希腊人这样理解，蛮族人那样理解，或有技艺者和平常人以不同方式理解，而是所有无感官缺陷（aparapodistous）的人以同一种方式理解。［188］再如“苦”或“甜”，不会这个人尝起来这样，那个人尝起来那样，而是每个处于同样状态的人尝起来一样。但记号之为记号，本性上似乎并非以同样方式作用于所有处于同样状态的人，而是对某些人完全不是记号，尽管它清楚地打动他们；对某些人则是记号，但不是同一对象的记号，而是不同对象的。如在医学上，同一现象对这个人，如厄拉希斯特拉忒斯是一种病情的记号，对那个人，如希罗费洛是另一种病情的记号，对第三个人，如阿斯科勒庇阿德斯则又是一种病情的记号。[1] 因此不应当说记号是可感的。因为如果可感之物以同样方式作用于所有人，而记号并非以同样方式作用于所有人，那么记号将不是可感的。［189］再者，如果记号是可感的，它会像可感的火那样使所有能燃烧的东西燃烧，会像可感的雪那样使所有能变冷的东西变冷，因此如果记号属于可感的东西，它就应当把所有人引向同一个被表示者，但它并非引向同一个被表示者，所以它不是可感的。［190］此外，如果记号是可感的，则非显明之物或能被我们理解，或不能被我们理解。如果不能被

① 这三位是独断派或理性派医学的代表。厄拉希斯特拉忒斯（Erasistratus，约公元前315—前240年），建立普遍的生理学解释范式，著有《论呼吸》（*pneuma*）。希罗费洛（Herophilus，约公元前330—前260年），以诸多解剖发现闻名。

我们理解，则记号就会消亡。既然有两类事物，一是清楚明白的，一是非显明的，因此如果清楚明白之物因为是自明的而没有记号，非显明之物因为是不可理解的也没有记号，则记号是不存在的。[191] 但如果非显明之物是可理解的，则又会出现：既然记号是可感的，而可感之物同样作用于所有人，因此非显明之物应当为所有人理解。但某些人，如经验派医生（apo tēs empeirias iatroi）[①]和怀疑派哲学家说非显明之物是不可理解的，某些人说它是可理解的，但并非以相同的方式。所以记号不是可感的。

[192]"是啊，"他们会说，"但正像火，作为可感之物，能基于潜在的质料的差异展现不同的能力，遇蜡则化之，遇土则焙之，遇木则燃之；同样，作为可感的记号，能基于理解者的差异显示不同的对象，这也是有可能的。[193] 这点并不奇怪，我们在记忆性记号那里可以看到此类情况的发生。高举火把对某些人表示敌人的逼近，对某些人则表明朋友的到来。铃声对某些人是卖熟肉的记号，对某些人是需要给马路洒水的记号。所以，指示性记号因具有可感的本性也将能显示这种或那种不同事物。"[194] 但这里，人们会要求那些由火来推论的人表明，发生在火那里的事情也发生在记号那里。因为火具有上面提到的那些能力，这是人们所一致同意的，没任何人会对蜡被融化、土被烘焙、木被燃烧存在异议。[195] 但如果我们同意类似的情况也可以在指示性记号那里发生，就会把自己置于极其悖谬的境地，声称所有被它指

① 这里注意，塞克斯都把怀疑派和经验派医生归为同一阵营，认为都是反独断哲学的，与 *PH* 1.236-241 中提到怀疑派与方法派（methodos）"更接近"这个说法不一致。

示的对象都是真实存在的，以至比如说，过量的和刺激性的液汁以及肉体的构成都是致病的原因，[196] 但这是荒谬的，因为如此冲突和彼此瓦解的原因是不可能共存的（sunuparchein）。那就让独断派哲学家们或同意这点，尽管是不可能的，或同意作为可感的记号就其自身而言是不能指示任何对象的，[197] 而处于不同状态下的我们也不会以同样方式受其作用。但他们是不会容忍同意这点的，此外，有关火的这些能力也不是毫无异议的，而是受质疑的东西。[198] 因为如果火具有这种燃烧的本性，它就应当燃烧一切，并非燃烧某些东西而不燃烧某些东西。如果火具有融化能力，它就应当化解一切，并非化解某些东西而不化解某些东西。[199] 实际上，火似乎并非基于自己的本性而是基于靠近它的存在物的质料发生这些活动的。比如，火燃烧木料，不是因为它本身是能燃烧的，而是因为木料在得到其助力（sunergou）时处于一种适合燃烧的状态；火融化蜡，不是因为它具有融化的能力，而是因为蜡在得到其助力时具有一种被融化的适宜性（epitēdeiotēta）。关于这些东西我们在研究其实在性时将更加清楚地予以解释。[1] [200] 当下为了针对那些由记忆性记号进行推论，拿火炬和铃声说事的人，我们要说，如果这种记号能表明多个对象是不足为奇的。因为如其所言，它们是由立法者确立的，在于我们自己，无论我们想让它们传达一件事，还是希望它们表明多件事。[201] 但指示性记号被认为在本性上是能指定（hupagoreutikon）[2] 被表示者的，因此它必然能指示（endeiktikon）

① 参见 *M* 9. 237 以下。

② 该词同下面“能指示的”（endeiktikon）基本属于同义词。

一个对象，完全是单一的东西。因为如果它同属多个对象，就不是记号。因为一个东西，当存在多个为其所显示的对象时，它就不可能通过任何一个被确切地理解。例如由富变穷是挥霍无度、遭遇海难和捐赠朋友的共同表征，它属于多个对象，因此不再能专门揭示其中任何一个。因为如果是这个，则何以是这个而不是那个？如果是那个，则何以是那个而不是这个？［202］它也不能揭示所有对象，因为它们是不可共存的。因此指示性记号有别于记忆性记号，我们不能由后者推证前者，仅当前者只能揭示一个对象，后者则能表明多个对象并能按我们的指令进行表示。

［203］一切可感之物，作为可感的，是不可传授的。因为一个人不是被教会看见白色的，也不是学会尝到甜、感到热或其他类似的东西的，有关所有这些东西的认识乃是出于本性，并非经过传授呈现给我们的。但记号，作为记号，是可传授的，正如他们所说，要付出诸多艰苦努力，如航海中那种表明风雨晴晦的征兆。［204］同样，致力于天体研究的人所使用的记号也是如此，如阿拉图斯[①]和爱托利亚人亚历山大[②]。与之相似，经验派的医生所使用的那些记号，如面色潮红、血管膨胀和口干舌燥以及其他症候，未受教育者是不会将之理解为记号的。［205］所以，记号不是可感的。因为如果可感之物是不可传授的，而记号作为记号是

① 阿拉图斯（Aratus，约公元前315—前240年），喀提亚（Citium）的芝诺的学生，有斯多亚派背景的诗人，著有关于天象学和天文学的诗《论现象》（*Phainomena*），该诗由西塞罗翻译成拉丁文（参见 *Acad* 2. 66）。

② 爱托利亚人亚历山大（Aetolian Alexander，约公元前315—？），诗人。著有《论现象》，以悲剧作品闻名。

可传授的，那么记号将不是可感的。

［206］可感之物，作为可感的，是基于差异（kata diaphoran）被思想的[①]，比如白、黑、甜、苦以及所有类似的东西。而记号，作为记号，是相对的东西，因为它被视为一种相对于被表示者的状态。[②] 所以记号不属于可感之物。

［207］再者，所有可感之物，正像其名称（klēsis）所表明的那样，是由感官来把握的。但记号作为记号不是由感官而是由心智来理解的。因此我们说记号为真或为假，而真和假不是可感的。因为它们每个都是命题，命题不属于可感之物而属于可思之物。所以，我们不得不说记号不属于可感之物。

［208］我们还可以使用这样的论证。如果指示性记号是可感的，则可感之物，作为在先的条件，就应当能指示某种东西，但情况并非如此。因为如果可感之物指示某种东西，则或者同种的（to homogenes）将指示同种的，或者异类的（to anomogenes）将指示异类的；但同种的不指示同种的，异类的也不指示异类的；所以，可感之物不指示任何东西。［209］比如，让我们假设从来没有碰见过白色，也没有碰见过黑色，并第一次看到白色，那么通过对白色的理解我们是不可能理解黑色的。［210］尽管获得“黑是另外一种颜色”，“与白色是不一样的”这种概念或许是可能的，但通过白色的呈现形成对黑色的理解是不可能的。同样的道理也适用于声音以及通常其他可感之物。因此，同种的可感之物

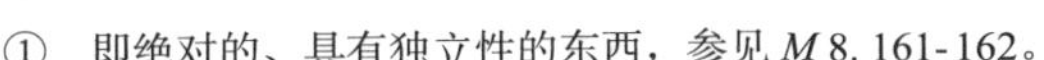

① 即绝对的、具有独立性的东西，参见 *M* 8. 161-162。

② 原文为 kata tēn hōs pros to sēmeiōton schesin。

不能指示同种的可感之物，即可视的不能指示可视的，可听的不能指示可听的，可尝的不能指示可尝的。[211] 异类的可感之物也不能指示异类的可感之物，比如，可视的不能指示可听的，可听的不能指示可尝的或可嗅的。即使有人嗅到香味也不会达致对白色的理解，也不会通过声音的感知尝到甜味。

[212] 然而，一旦任何有心灵的人对近在眼前的东西感到失望，我是说，可感之物甚至不能指示自身，那么研究是否同种的是同种的记号、异类的是异类的记号即为多余。[213] 因为正像我们常常表明的那样，在研究可感之物的人当中，有的声称它并非如其本性所“是”的那样被感官把握，因为它既不是白的和黑的、热的和冷的、甜的和苦的，也不具有其他类似的性质，而是“似乎”如此，因为我们的感官获得空洞的感受（kenopathousēs）、做出虚假的报道（pseudomenēs）。但有的认为某些可感之物是真实存在的，某些则根本不是。另一些人则证实所有可感之物具有同等的真实性。[1] [214] 既然有关可感之物的实在性存在这么多无法决断的分歧，在尚不知道这些如此分歧的观点哪个为真的情况下，怎么可能声称可感之物是能自我呈现的？无论如何，至少这个论证应当是强有力的（kratein）：如果同种的可感之物不能指示同种的可感之物，异类的也不能揭示异类的，并且可感之物自身也不能揭示自身，所以声称记号是可感的是不可能的。

[215] 埃奈西德穆在其《皮浪派的论证》第四卷提出这样一

① 以上三种观点依次指德谟克里特、亚里士多德与斯多亚派、伊壁鸠鲁。有关记述参见 *M* 8. 9-10, 184-185。

个针对同一主题（hupothesin）、效力（dunameōs）几乎相同的论证：如果显现之物对所有处于同样状态的人显得一样并且记号是显现之物，则记号对所有处于同样状态的人显得一样；但记号并非对所有处于同样状态的人显得一样。而显现之物对所有处于同样状态的人的确显得一样；所以，记号不是显现之物。［216］这里，埃奈西德穆似乎把可感之物称作“显现之物”（phainomena），提出了一个论证，据之第二不证自明式与第三不证自明式叠加，其图式（to schēma）如下：“如果第一和第二，那么第三；并非第三，但第一；所以并非第二。”[①]［217］稍后我们将指出该证明图式的确如此。[②] 当下我们将较为简单地证明，其前提是有效的并且结论可由之推出。那么，首先条件句为真，因为其后件（to legon）可由前件的联结（sumplegmenōi）推出，即由“显现之物对所有处于同样状态的人显得一样并且记号是显现之物”可推出“记号对所有处于同样状态的人显得一样”。［218］因为，如果所有无视觉缺陷的人以相同的方式理解白色，无任何差异，如果所有本性上具有味觉的人把甜的东西理解为甜的，那么所有处于相同状态的人也必然应当以相同方式理解记号，只要它属于像白的或黑的这样的可感之物。［219］因此条件句是有效的。第二个前提，即“记号并非对所有处于同样状态的人显得一样”也是真的。无论如何，就发烧者而言，脸色发红、血管凸显、皮肤潮湿、体温升高、心动过速以及所有其他体征，并非作为同一事件的记号打动那些在感官及其他构成

① 有关证明形式的分类，参见 *M* 8. 223-227。

② 参见 *M* 8. 234 及其以下。

上处于相同状态的人，不会对所有人显得一样，[220] 而是，比方说，对希罗费洛似乎直接是好的血液的记号，对厄拉希斯特拉忒斯似乎是血液从静脉向动脉流动的记号，对阿斯科勒庇阿德斯似乎是不可见的（noētōn）[①] 微粒在不可见的孔道中发生阻塞的记号。因此第二个前提是有效的。[221] 而第三个前提，即“显现之物对所有处于同样状态的人显得一样”也是有效的。白色，比如说，并非以相同的方式打动那些黄疸病人、眼睛充血病人[②] 和处于自然状态下的人（他们所处的状态有别，由于这个原因它对一些人显现为黄的，对一些人显现为红的，对一些人显现为白的），但对处于同一状态的人，即健康者却仅仅显现为白的。[222] 因此由这些为真的前提，将推出结论“记号不是可感之物”。

通过我们考察，这个论证被直接表明为真；[223] 它是不证自明的（anapodeiktos）和可推理的（sullogistikos），一旦我们对它做出分析，这点将是显而易见的。那么，让我们稍作回顾，anapodeiktoi 一词是在两种意义上被称谓的，它既指不可证明的证明，也指不需要证明的证明，因为就其自身而言，推出结论（sunagousin）是直接清楚明白的。我们多次指出[③]，科律西波在《推理引论》第一卷开端所列证明正是在第二种意义上被命名的。[224] 既然同意这点，那么人们必须认识到，第一不证自明式是由条件句及其前件构成的，并以这个条件句的后件为结论。[④] 也即，

① 原意是“可思的”，参见 *PH* 3. 32。

② 同一事例参见 *PH* 1.44

③ 参见 *PH* 2. 156。

④ 本卷第 224—226 段有关第一、第二、第三不证自明式的分析，可对照 *PH* 2. 157-158。

当一个论证具有两个前提，其中一个是条件句，另一个是这个条件句的前件，并以同一条件句的后件为结论，那么这样一个论证被称为第一不证自明式。例如这种形式："如果这是白天，那么这是亮的；这是白天；所以这是亮的。"因为，这个论证以条件句"如果这是白天，那么这是亮的"作为一个前提；以条件句的前件"这是白天"作为另一个前提；第三，以条件句的后件"所以这是亮的"作为结论。

［225］第二不证自明式是由条件句和这个条件句的后件的矛盾式构成的，并以前件的矛盾式（to antikeimenon）为结论。也即，当一个论证再次由两个前提组成，其中一个是条件句，另一个是条件句的后件的矛盾式，并以前件的矛盾式为结论，那么这种论证即为第二不证自明式，例如："如果这是白天，那么这是亮的；这不是亮的；所以这不是白天。"因为，"如果这是白天，那么这是亮的"（即论证的一个前提）是条件句，"这不是亮的"（即论证的另一个前提）是条件句中后件的矛盾式，结论"所以这不是白天"则是前件的矛盾式。

［226］第三不证自明式是由合取句的否定式和这个合取句的一个肢命题构成的，并以这个合取句的另一个肢命题的否定式为结论，例如："并非这既是白天又是夜晚；这是白天；所以这不是夜晚。"因为"并非这既是白天又是夜晚"是合取句"这既是白天又是夜晚"的否定式，"这是白天"是合取句的一个肢命题，"所以这不是夜晚"则是这个合取句的另一个肢命题的否定式。

［227］那么论证就是这些。而其中它们得以表达的形式（troipoi），也可以说图式（schēmata）是这样的，第一不证自明

式："如果第一，那么第二；第一；所以第二。"第二不证自明式："如果第一，那么第二；并非第二；所以并非第一。"第三不证自明式："并非第一和第二；第一；所以并非第二。"

［228］再者，人们必须认识到不证自明式当中一些是简单的，一些是非简单的。简单的是那些其结论的推出（sunagousin）直接是清楚明白的，也即结论由其前提有效推出（suneisagetai）。[①]前面提出的就是这种情况，因为就第一不证自明式而言，如果我们承认"如果这是白天，则这是亮的"为真，我是说，"这是亮的"由"这是白天"推出，而同时我们假设第一个句子"这是白天"也即作为条件句的前件为真，那么将必然推出"这是亮的"这一论证的结论。［229］非简单的则由简单的不证自明式构成，并需要被分解成简单的，以便我们认识到它们也可推出结论（sunagousin）。非简单的当中，一些由同类的部分构成，一些由非同类的部分构成。由同类的部分构成的，如由两个第一不证自明式或由两个第二不证自明式构成的论证，［230］由非同类的部分构成的，如由第一〈和第三〉[②]不证自明式，或由第二和第三不证自明式构成的论证，以及通常与之相似的论证。如下论证是由同类不证自明式构成的："〈如果这是白天，那么〉如果这是白天，这是亮的；这是白天；所以这是亮的。"因为这是由两个第一不证自明式构成的，当我们分析之后将会明白这点。［231］我们知道，对于推理分析，有这样一个传承下来的辩证法原理（theōrēma

① 这里两个动词 sunagousin 和 suneisagetai 几乎是同义词，都是有效推出结论的意思。

② 此处原文疑似缺失，根据 Kochalsky 补。

dialektikon）：“一旦我们拥有一个能有效推出（sunaktika）某个结论的前提，实际上（dunamei）我们就拥有这个蕴含其中的结论，尽管它没有被明白地说出。”［232］既然如此，我们就有两个前提：一是条件句“〈如果这是白天，那么〉如果这是白天，这是亮的”。它始于简单命题“这是白天”，终于非简单条件句“如果这是白天，这是亮的”。二是这个条件句的前件“这是白天”，由之我们将通过第一不证自明式推出这个条件句的后件“所以如果这是白天，这是亮的”。［233］因此在这个论证中实际上我们拥有推理的有效性（sunagomenon），尽管省略了清晰的表述。但当我们把它与所给出的论证的小前提“这是白天”一起并列时，我们将得到由第一不证自明式推出的“这是亮的”，即所给出的论证的结论。因此，第一不证自明式有两种构成形式。一种是这样的：“〈如果这是白天，那么〉如果这是白天，这是亮的〈；这是白天；所以如果这是白天，这是亮的〉。”另一种则是：“如果这是白天，那么这是亮的；这是白天；所以这是亮的。”[1]

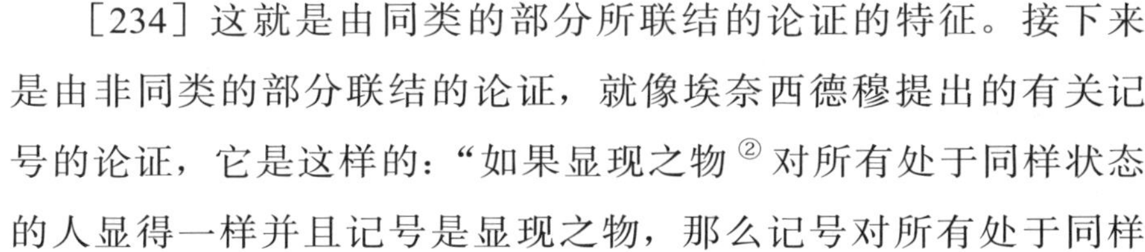

［234］这就是由同类的部分所联结的论证的特征。接下来是由非同类的部分联结的论证，就像埃奈西德穆提出的有关记号的论证，它是这样的：“如果显现之物[2]对所有处于同样状态的人显得一样并且记号是显现之物，那么记号对所有处于同样

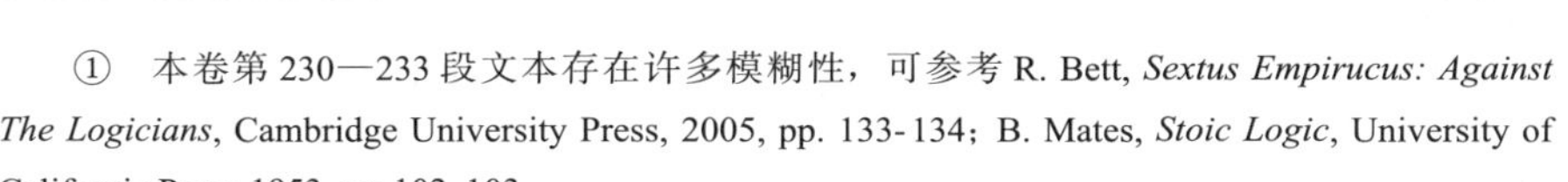

① 本卷第230—233段文本存在许多模糊性，可参考 R. Bett, *Sextus Empirucus: Against The Logicians*, Cambridge University Press, 2005, pp. 133-134；B. Mates, *Stoic Logic*, University of California Press, 1953, pp. 102-103。

② 这里以及以下几段，塞克斯都使用的是 ta phainomana 一词，与 ta dēla 基本是同义词，均可译为“显明之物”、“显现之物”，前者根据语境有时译为“现象”。

状态的人显得一样；但记号并非对所有处于同样状态的人显得一样；而显现之物的确对所有处于同样状态的人显得一样；所以记号不是显现之物。”[235] 通过分析我们可以知道，这样一个论证是由第二和第三不证自明式构成的，当我们给出它的形式（tropos）之后，这点将更加清楚。它是这样的：“如果第一和第二，那么第三；并非第三，但第一；所以并非第二。”[236] 因为，既然我们拥有一个条件句，其中以“第一和第二”构成的联结句（sumpeplegmenon）为前件（hēgeitai），以“第三”为后件（lēgei），同时我们还拥有一个后件的矛盾式：“并非第三”，那么我们将通过第二不证自明式推出前件的矛盾式，即“并非第一和第二”。但这个结论本身实际上（kata tēn dunamin）蕴含于论证之中，因为我们有一个能有效推出（sunektika）它的前提，尽管省去了明晰的表述。但当我们把它同余下的前提“第一”并列起来，我们将通过第三不证自明式推出结论“所以并非第二”。因此有两种不证自明式。一种是这样的：“如果第一和第二，那么第三；但并非第三；所以并非第一和第二。”这是第二不证自明式。另外一种，也即第三不证自明式是这样的：“并非第一和第二；但第一；所以并非第二。”

[237] 这是有关“形式”（tou tropou）方面的分析，对论证本身的分析同理。因为第三个前提，也即“并非显现之物对所有处于同样状态的人显得一样并且记号是显现之物”[①] 被省略掉了，它

① 本句及其以下相同语句是合取句的否定式，以“并非”否定整个语句，即否定“并且”前后两个句子。

与“显现之物的确对所有处于同样状态的人显得一样”这个前提一起，通过第三不证自明式推出所给出的〈论证的结论〉[①]。因此，我们有了这样一种第二不证自明式：“如果显现之物对所有处于同样状态的人显得一样并且记号是显现之物，那么记号对所有处于同样状态的人显得一样；但记号并非对所有处于同样状态的人显得一样；所以并非〈显现之物对所有处于同样状态的人显得一样并且〉[②]记号是显现之物。”［238］也就有了这种第三不证自明式：“并非显现之物对所有处于同样状态的人显得一样并且记号是显现之物；但显现之物的确对所有处于同样状态的人显得一样；所以记号不是显现之物。”

［239］下面这种论证能以同等的推理效力建立：“如果显现之物对所有人显得一样并且显现之物是非显明之物（tōn adelōn）的记号，那么非显明之物对所有人显得一样；但非显明之物并非对所有人显得一样，而显现之物对所有人显得一样；所以显现之物不是非显明之物的记号。”［240］有关这个论证的分析是类似的，其中第二不证自明式叠加于第三不证自明之上，其前提的说服力（paramuthia）是显而易见的。因为显然，显现之物对所有无感官缺陷者显得一样。“白”不会对不同的人显得不同，“黑”也不会对不同的人显得不同，“甜”也不会显得因人而异，它们以同样的方式作用于所有人。［241］因此，如果这些东西对所有人显得一样，且具有指示非显明之物的能力，那么非显明之物必然以同样

① 根据 Kochalsky 本补缀。

② 根据 Kochalsky 本补缀。

的方式打动所有人，因为原因是相同的，潜存的（hupokeimenēs）质料是一样的。但这点并非如此。因为所有人不会以同样的方式认识非显明之物，尽管他们会遇到同样的可感之物；有些人甚至无法获得它们的概念，有些人即使获得，也会陷入种种纷繁复杂、相互冲突的说法。因此得出结论：为了避免导致这种荒谬结果，我们应当说记号不是可感的。

［242］通过简要概括上述内容，提出下面这种证明形式也是可能的："如果显现之物对所有人显现，而记号并非对所有人显现，那么记号不是显现之物；第一；所以第二。"［243］再者，"如果显现之物，就它们是显现的而言，不需要传授，而记号，就它们是记号而言，需要传授，那么记号不是显现之物；第一；所以第二。"

对那些主张记号是可感的人，我们就提出这些诘难（hēporēsthō）。［244］接下来让我们考察一下与之相反的观点，我指的是那些把记号设定为可思的人的观点。或许我们首先需要简短地探讨一下他们所为之踌躇满志的东西[①]，据之他们把记号视为一种命题（axiōma），因此也就是可思的。［245］他们在描述它时说："记号是一种在有效条件句中作为真前件（kathēgoumenon）[②]的命题，它能揭示后件。"[③]他们称，存在着多种判断有效条件句的

① peri tou areskontos autois，本意即"对之满意的东西"。

② "真前件"，即前件为真是记号的一个必要条件。这里"真前件"塞克斯都用的是kathēgoumenon，以别于一般意义的前件 hēgoumenon。有关记号的必要条件的分析，参见威廉·涅尔、玛莎·涅尔：《逻辑学的发展》，张家龙、洪汉鼎译，第 182—183 页。

③ 本卷第 245—253 段的主要内容可与 *PH* 2. 104-106 对照。

标准（kriseis），其中一种超过所有其他标准，尽管对之意见不一，这种就是下面将要描述的。所有条件句或始于真而终于真，或始于假而终于假，或始于真而终于假，或始于假而终于真。[246]“如果神存在，那么宇宙为神的预见[①]所支配”始于真而终于真；“如果地球飞，那么地球有翅膀”始于假而终于假；“如果地球飞，那么地球存在”始于假而终于真；“如果此人运动，那么此人走路”，仅当他没有走路但在运动的时候始于真而终于假。[247] 既然存在着四种条件句的组合形式——或始于真而终于真，或始于假而终于假，或始于假而终于真，或相反始于真而终于假——那么他们称，在前三种形式下条件句为真（因为如果始于真而终于真，则它为真；如果始于假而终于假，它也为真；如果始于假而终于真，则它同样为真），只有在一种形式下条件句为假，即仅当它始于真而终于假。[248] 既然如此，他们说，人们就不应当在无效条件句中寻找记号，而应当在有效条件句中寻找，因为它被称为一种在有效条件句中作为真前件（kathēgoumenon）的命题。但既然并非存在一个有效条件句，而是三个，即始于真而终于真、始于假而终于假、始于假而终于真，那么人们就不得不问，记号应当在一切有效条件句中寻找，还是应当在一些或一个有效条件件句中寻找。[249] 那么，如果记号必须为真并能表明为真之物，它就不会存在于始于假而终于假的有效条件句，也不会存在于始于假而终于真的有效条件句。对记号来说只能存在于始于真而终于真的有效条件句，因为它本身是真实的，被它表示的东西也应当

① pronoia，英译 providence，指“预见”、“神意”、“天意”等意。

是与之共存的（sunhuparchein）。［250］因此当记号被说成是一种在有效条件句中作为真前件的命题时，我们需要明白，它仅仅是在始于真而终于真的条件句中作为真前件。然而，并非任何一个在始于真而终于真的有效条件句中作为前件的命题都是记号。［251］比如，这样一个条件句："如果这是白天，那么这是亮的"，它始于真命题"这是白天"而终于真命题"这是亮的"，但它自身中没有某个构成后件的记号的前件性命题。因为"这是白天"不能揭示"这是亮的"，而是正像前者是由自身打动我们的，因此"这是亮的"也是由自己的显明特征为我们所把握的。［252］所以，记号一定不仅仅是有效条件句的前件，也即始于真而终于真的条件句的前件，它还有一种能揭示后件的本性，正如这些条件句中的前件，"如果这个女人乳房里有奶，那么她已怀孕"和"如果此人气管有炎症，那么他肺部有伤"。［253］因为这是一个有效条件句，始于真命题"此人气管有炎症"而终于真命题"他肺部有伤"，且第一能够揭示第二，因为通过关注前者我们就能理解后者。

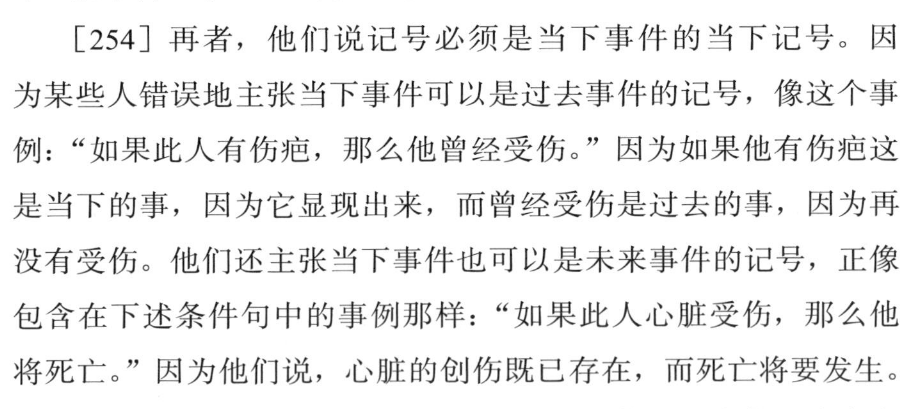

［254］再者，他们说记号必须是当下事件的当下记号。因为某些人错误地主张当下事件可以是过去事件的记号，像这个事例："如果此人有伤疤，那么他曾经受伤。"因为如果他有伤疤这是当下的事，因为它显现出来，而曾经受伤是过去的事，因为再没有受伤。他们还主张当下事件也可以是未来事件的记号，正像包含在下述条件句中的事例那样："如果此人心脏受伤，那么他将死亡。"因为他们说，心脏的创伤既已存在，而死亡将要发生。［255］然而，说这些话的人没有认识到，尽管过去事件和未来事件有别，但记号与所表示的对象是相对于当下事件的当下事件。

在第一个事例中，“如果此人有伤疤，那么他曾经受伤”，创伤既已存在，是过去的事情，但“他曾经受伤”作为一个命题本身是当下的，尽管它述说已发生的事情。在“如果此人心脏受伤，那么他将死亡”这个事例中，死亡是未来发生的，而“他将死亡”这个命题是当下的，即便它述说未来发生的事情，但就当下而言它是真的。[256] 因此，记号是一个命题，在一个始于真而终于真的有效条件句中充当真前件（kathēgeitai），且能揭示后件，永远是当下事件的当下记号。

[257] 以上所述是根据他们自己的逻辑技艺给出的，那么首先针对这些东西予以回应是恰当的。如果按某些人的说法记号是可感的，按另一些人记号是可思的，而有关这种东西的分歧直到目前是无法决断的，那么我们必须说，此时记号仍然是非显明的。既然是非显明的，它就需要某种东西来揭示，而它本身必定不能揭示其他东西。[258] 再者如果按他们的说法记号属于“意谓”（ta lekta），具有实在性，而“意谓”究竟是否存在是有待于研究的问题，那么在“属”或普遍性（to genos）达成一致意见之前就把“种”或特殊性（to eidos）当成确切可靠的东西则是荒谬的。我们看到，某些人否弃了“意谓”的真实性，不仅其他学派的人，如伊壁鸠鲁，而且斯多亚派的人，像巴西雷德斯（Basileides）[①]，他们也认为没有无形的东西。因此，对于记号我们必须保持存疑（en epochēi）。[259] 然而他们称，当我们首先证明“意谓”的真实性时，我们也将获得记号本性的可靠性。但有人会回敬：当你

① 这里或许指罗马皇帝马可·奥勒留（Marcus Aurelius）的老师。

们证明“意谓”时，也就设定[①]记号的真实性是可信的；只要你们依然停留在纯粹的承诺上，我们保持存疑也是必然的。[260] 再者，证明“意谓”的真实性如何可能？因为人们将不得不或通过记号或通过证明为之。但通过记号或证明为之是不可能的。因为它们本身就是“意谓”，同其他“意谓”一样是有待研究的问题，[261] 它们远不能确切地建立任何东西，相反它们自己需要某种东西来建立。斯多亚派他们自己一不留意（lelēthasi）陷入循环论式。为了使“意谓”达成一致意见，证明和记号必须存在；为了证明和记号首先存在，“意谓”的本性就必然之前得以确信（propepistōsthai）。既然它们相互依赖（sunneuonta），一方有待于另一方的可信性，因此它们是同样不可信的。

[262] 但为了推进我们的研究，出于论证的补充，让我们假设并承认“意谓”具有真实性，尽管有关它们的纷争没有终结。如果它们存在，他们会说它们或是有形的或是无形的。但他们不会说它们是有形的。如果它们是无形的，那么按其说法，它们或作用于什么或什么也不作用。但他们不会宣称它们作用于什么；[263] 因为按其说法，无形的东西本性上既不作用于什么，也不受什么作用。既然它们不作用于任何东西，它们将不会指示（endeixetai）和表明（dēlōsei）那些以之为记号的东西，因为指示和表明什么就是作用于什么。[264] 但记号既不指示什么，也不表明什么是荒谬的。所以记号不是可思的，也不是一种命

① 这里使用的 lambanō 一词，相当于英文的 assume、suppose 等意，指把有待研究的问题设定或假设为当然的前提，因此是不可信的。这也是怀疑派对独断论诘难的五大论式之一，即“假设”论式。参见 *M* 8. 364 及其注释。

题。此外，就像我们在许多地方经常指出的那样[1]，有些东西表示（sēmainei），有些东西被表示（sēmainetai）。语词表示，而“意谓”，其中包含命题，则被表示。如果所有命题被表示而不表示，则记号将不是一种命题。[265] 再者，那就让我们承认“意谓”具有无形的本性。但既然他们声称记号在有效条件句中充当真前件，那么有效条件句就需要首先得以判定和验证，看看其有效性究竟是根据菲洛的标准还是根据狄奥多罗的标准[2]，是通过联结项[3]还是通过其他什么方式来判断的。既然有关这点存在着许多纷争，因此确切地把握记号是不可能的，只要分歧仍未决断。

[266] 除以上所述，即使我们承认有效的标准是人人同意的，正是那种他们想要的，没有任何争议，但无论如何他们必然会承认，凡包含记号的东西（to periektikon tou sēmeiou）是不可判定的。因为他们宣称，为记号所表示的东西（to sēmeiōton）或是显明的或是非显明的。[267] 如果是显明的，它就不是被表示的东西，将不会为任何东西所表示，而是通过自己作用于我们；如果是非显明的，那它究竟为真还是为假则一定是不可认识的，因为一旦知道它是当中的哪种，它就成为显明的了。[268] 凡包含记号和为记号所表示的东西的条件句，既然终于非显明之物，则必然是不可判定的。因为它始于真是可知的，但却终于某种不可知的东西。然而为了对它进行判断，我们必须首先知道它终于什么，

① 参见 *M* 8. 12。

② 两者关于有效条件句的分歧，参见 *M* 8. 113-117 和 *PH* 2. 110。

③ “联结项”（sunartēsia）或许是斯多亚派的科律西波引进的，参见 *PH* 2. 111. DL 7. 73. *Fat* 6. 12。

以便如果它终于真，我们则视之为真，因为它始于真而终于真；如果它终于假，则相反，我们将称之为假，因为它始于真而终于假。因此记号不应被说成是一种命题，或是一种有效条件句中的真前件。

［269］对此还应当加上，凡拥护这种观点的人与显明事实相悖。因为如果记号是一种命题，并在有效条件句中充当真前件，则那些根本没有任何命题的概念，未曾涉足辩证法技艺的人就应当完全不能理解记号。［270］但事实并非如此。因为通常那些目不识丁的水手和对辩证法的原理毫无经验的农夫也会娴熟地使用记号，前者在海上可以预见惊涛巨澜和风平浪静、暴风骤雨和风和日丽，后者在耕作中可以预见丰收与歉收、干旱与洪涝。实际，当他们中的某些人[①]甚至把记号的概念赋予非理性的动物时，我们为何还要谈论人？［271］因为当一条狗循着野兽的足迹对之进行追踪时，它的确在使用记号，但它并非因此而抽象出一个命题的表象："如果这是足迹，则野兽就在这里。"一匹马，在马刺的刺激下和皮鞭的抽打下跃然上路，但它并非对这样一种条件句做出辩证法意义上的判断："如果皮鞭抽打，那么我必须奔跑。"因此，记号不是一种在有效条件句中作为真前件的命题。

［272］对宣称记号是可思的那些人做出的特殊反驳就说这么多。而对之做出一般反驳也将是可能的，这些反驳是我们对声称记号是可感的那些人做出的。[②]因为，如果记号是一种在有效

① 指斯多亚派，尤其指科律西波。参见 *PH* 1. 69-71。

② 参见 *M* 8. 174。

条件句中作为真前件的命题，并且在所有条件句中后件由前件推出（akolouthei），而“推理”（akolouthiai）是一种当下事件，那么记号和被表示者将必然会因同时存在而相互共存（sunuparxei allēlois），两者任何一个不会展现（mēnutikon）另外一个，而是通过自身被认识的。

［273］另外，记号能揭示被表示者，被表示者则为记号所揭示。这些不是绝对的而是相对的东西。因为被揭示者是相对揭示者来思想的，而揭示者是相对被揭示者来思想的。但如果两者作为相对之物同时存在，则两者是互为共存的。如果它们是共存的，则它们每个是通过自身被理解的，而不是通过另一个被理解的。[①]［274］下面这个论证也应当说一下，即无论记号是怎样的，或者它自身具有某种本性，以致能指示和展现非显明之物，或者我们能够记住那些通常与之一起展露的东西[②]。但它并不具备一种能指示非显明之物的本性，因为如果那样，它就应当对所有人以同样方式（ep' isēs）指示非显明之物。所以我们具有怎样的记忆方式，对事物的实在性就持有怎样的态度。

［275］如果记号既不是可感的，如我们所表明的，也不是可思的，如我们所确立的，此外无第三种可能，那么我们不得不说没有记号这种东西。面对上述所有驳斥，独断论者是无言以对的（pephimōntai）。但为了建立反对观点，他们声称人与非理性

① 本段提出“相对之物”的论述，可比较 *PH* 2. 120, 125, 169, 179; 3. 7 以及 *M* 8. 165, 174-175。

② 原文 tōn sunanagumnōthentōn autōi，主干动词 gumnazō，原指运动员“赤身裸体地锻炼”、“训练”，引申为“袒露”、“展露”、“显露”等意。

动物并非在“表达理性”上（tōi prophorikōi logōi）有别（因为乌鸦、鹦鹉和松鸦也会发出音节），而是在“内在理性”上（tōi endiathetoi logōi）有别[①]；［276］不仅仅是在简单表象上（因为这些动物也能获得表象）不同，而是在表象的转换（metabatikēi）和组合（sunthetikēi）上不同。因此，既然人有推理的概念，他就会通过这种推理关系（dia tēn akolouthian）直接把握记号的观念。因为记号本身是这样的：“如果这个，那么这个。”所以，由人的本性和构造可推出记号是真实的。［277］再者，人们普遍同意证明属于一种记号。因为它能呈现结论，并且其前提的结合将是结论之所以“是”（tou huparchein）其结论的记号。比如这个证明：“如果运动存在，那么虚空存在；运动存在；所以虚空存在。”[②]这里前提的结合——“运动存在，并且如果运动存在，那么虚空存在”直接就是结论“虚空存在”的记号。［278］他们说，由辩难派提供的那些反驳记号的证明或是可证的或是不可证的。如果是不可证的，则是不可信的，即使碰巧是可证的，也几乎难以置信；如果是可证的，则显然记号存在，因为证明普遍说来是一种记号。［279］再者，如果没有任何东西是任何东西的记号，则用来反驳记号的那些语句（phonai）或表示什么或什么也不表示。如果不表示任何东西，它们将无法否弃记号的真实性。因为不表示任何东西的语句在有关“记号不存在”论证上何以是可信的？如果表示什么，怀疑论者就是白痴，因为他们在言辞上（logōi）抛弃记号，

① 按斯多亚派和辩证法家，理性或语言（logos）有两种，一是表达的（prophorikos），一是内在的（endiathetos）。前者是语言表达能力，后者即逻辑推理能力。参见 *PH* 1.65 及其以下。

② 参见 *PH* 1.213。

但实际上（ergōi）却接受记号。［280］再者，如果不存在技艺的特殊原理，技艺将无异于无技艺。如果存在技艺的特殊原理，则它或是显明的或是非显明的。但它不会是显明的，因为显明之物对所有人同样显现，无需传授（adidaktōs）。如果它是非显明的，它将通过记号来辨识。但如果有某种通过记号来辨识的东西，就会有某种记号存在。

［281］有些人还提出这样的论证①：“如果记号存在，那么记号存在；如果记号不存在，那么记号存在。记号或不存在或存在；所以它存在。”这就是论证形式，他们称第一个前提是有效的，因为它是重复性命题（diaphoroumenon）②，“记号存在”由“记号存在”推出，仅当如果第一“是”，则第二“将是”，第二与第一没有区别。而另一个前提“如果记号不存在，那么记号存在”本身也是有效的。因为当有人说记号不存在时，可以推出他说记号存在。因为如果记号不存在，就会有一个“记号不存在”本身的记号。这是合乎理据的。因为某个说记号不存在的人，或仅仅通过说辞宣称这点，或通过证明。如果通过说辞宣称，他就会得到相反的说辞；［282］如果他试图证明自己所说的东西为真，那么他将通过揭示“记号不存在”这一论证本身表明（sēmeiōsetai）记号是不存在的，当他这样做时就会承认记号存在。因此，他们称前两个前提为真。第三个前提也为真，因为它是由矛盾式“记号存在”和“记号不存在”构成的析取句（diezeugmenon）。既然如

① 这里 *M* 8. 281-284 可对照 *M* 8. 466-469 和 *PH* 2. 131, 188。

② 参见 *M* 8. 108-109。

果当一个肢命题为真则整个析取句为真，并且发现矛盾命式的一个命题为真，那么不得不说，这样构成的析取句直接为真。因此，基于一致同意的前提，将推出“所以记号存在”这一结论。

［283］他们说，这样来考察上述论证也是可能的：在证明中有两个条件句和一个析取句。其中条件句承诺（hupischneitai）它的后件由它的前件推出，而析取句有一个为真的肢命题，因为如果两个肢命题都为真或都为假，则整个析取句将为假。［284］既然这是系于前提的力量（dunameōs），那就让我们假设析取句中的一个肢命题为真，看看结论是如何推出的。首先假设“记号存在”为真。既然这是第一个条件句的前件，那么在这个条件句中将得到由之推出的后件。而后件终于（elēge）“记号存在”，与结论（tēi epiphorai）相同。所以，如果析取句中一个肢命题“记号存在”被假设为真，则结论将会推出。再者反过来，让我们假设另一个肢命题“记号不存在”为真。既然这是第二个条件句中的前件，那么在第二个条件句中将得到由之推出的后件。而由之推出的是“记号存在”，也就是结论。所以，基于这种方式结论也可推出。

［285］这就是独断论者所谈论的东西。依照顺序，针对第一种，即他们由人的构造推出记号存在的那种观点，我们必须直截了当地说，他们是想用问题较多的东西解释问题较少的。因为记号存在，即使有人反对，如怀疑论者，但至少是为所有独断论者所一致同意的。［286］然而，人生来是能预知的（pronoētikōs kateskeuasthai），在他们不少人当中却是有分歧的，他们不遗余力地想用分歧更大的东西解释分歧并非如此之大的东西。赫拉克

利特就坦言："人不是理性的，只有包围我们的东西才是心灵之主（phrenēres）。"[①] 恩培多克勒则更加有悖常理，宣称万物都是理性的，不仅动物是，植物也是。他公开写道：

你知道，万物皆有智慧（phronesin）和那份心思。

[287] 此外，对于非理性动物并不缺少智慧（aphrona）这点，还有一种貌似可信的论证。因为如果动物具有"表达的理性"，那么它们必然也具有"内在的理性"，因为离开后者"表达的理性"是不存在的。[288] 但即使我们承认在论证、表象转换和概念推理方面人与其他动物有别，我们也不会同意他在涉及非显明之物和无法决断的不一致的事情上也能如此[②]，而是对于显明的东西，他有一种基于观察的推理意识（tērētikēn tina echein akolouthian），据此记得什么东西被看到与什么东西在一起，什么东西在什么东西之前，什么东西在什么东西之后，由以前所发生的经验唤起（ananeoutai）[③] 其他东西。[289] 他们还说，既然人们同意普遍说来证明是一种记号，而如果所提供的那些反驳记号的论证不是证明，则它们是不可信的；如果是证明，则记号存在。但我们前面说过，我们反对的不是记忆性记号而是指示性记号，因此我们承认那些用来反驳记号的论证能够表示某种东西，但不是以指示的

① 这里"包围我们的东西"（to periechon）指充斥万物的"逻各斯"（logos）。赫拉克利特类似的表述，参见 *M* 7. 127, 349。

② 即人的本性和构造本身就能获得"记号"的概念，推出非显明的结论。参见 *M* 8. 276。

③ 关于记忆性记号的"唤起"或"唤醒"功能，参见 *M* 8. 143, 152-153。

方式（endeiktikōs）而是以记忆的方式（hupomnēstikōs）。因为我们为其所作用，在记忆中可以唤起那些能用来反驳指示性记号的东西。[290] 可以说，以下假设路数相同。据此他们追问，我们所说的那些反驳记号的语词（phonai）究竟表示什么（sēmainousi ti）还是什么也不表示。因为如果我们否弃所有记号，其结果必然是：或者我们所说的那些反对记号的语词什么也不表示，或者如果它们表示什么，就得承认某种记号存在。但实际上，既然我们已做出划分，否弃一种记号而肯定另外一种，那么即便所说的那些反驳指示性记号的语词能够表示什么，也并非意味着承认某种指示性记号存在。[291] 再者他们还说，如果存在着一种专属某种技艺的原理，它一定不是自明的，而是非显明的，并且要由一种记号来理解。但他们没有认识到，不存在沉思非显明之物[①]的技艺的原理，正像我们后面所解释的那样，而存在某种涉及显明之物的特殊技艺的原理，因为正是通过被经常观察和检验的东西形成原理（sustaseis）。而被经常观察和检验的东西专门属于观察最频繁的人，并非共同属于所有人。

[292] 至于最后他们以下述形式提出的论证——“如果第一，那么第一；如果并非第一，那么第一；或者第一或者并非第一；所以第一”——或许因前提中的“多余”而是无效的[②]，毋庸置疑，这点似乎也让他们感到棘手（thlibein）。[293] 依照顺序，我们应当谈谈第一个问题，也即“多余”。如果在一个论证中析取句

① 原文有异议，这里采用 Kayser 观点，读作 adēlōn，而非 allōn（其他东西）。

② 参见 *PH* 2. 147。

为真，它就应当有一个为真的肢命题，就像他们以前所说的那样。但如果有一个肢命题为真，就可以判定有一个条件句是多余的。[294] 因为如果其中一个肢命题“记号存在”被假设为真，那么为了达致这个论证的有效结论，重复性的条件句“如果记号存在，那么记号存在”就是必然的，而另一个条件句“如果记号不存在，那么记号存在”则是多余的；如果其中一个肢命题“记号不存在”被假设为真，那么对于这个论证的建立来说，重复性的条件句即为多余，而条件句“如果记号不存在，那么记号存在”就成为必然的。所以，论证因为“多余”而是无效的。

[295] 为避免跟随对手陷入细枝末节，还可以提出另外这样一种论证形式：如果那个说记号不存在的人自我反驳（peritrepetai）[1] 以至于说记号存在，则那个说记号存在的人也自我反驳以至于说记号不存在；而按他们的说法，那个以怀疑的方式（skeptikōs）说记号不存在的人自我反驳以至于说记号存在；所以正如我们将建立的，那个以独断的方式（dogmatikōs）说记号存在的人也将自我反驳以至于说记号不存在。[296] 因为直接说来，那个声称记号存在的人必须通过记号使其陈述得以信服，而既然有关记号存在意见并非一致，那他如何能用记号来确信记号存在？如果不能通过记号证明记号存在，他将自我反驳以至于承认记号不存在。出于论证需要，让我们同意只有这种记号，即能显示（mēnutikon）记号存在的记号存在。但如果他们连自己的特

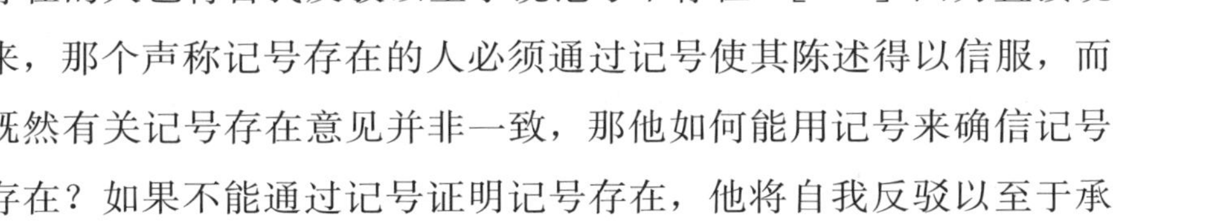

① 该词原指“翻转”、“反过来”、“推翻”等，这里指语义的“自我反驳”、“自我指涉”、“自我推翻”，怀疑派经常借助语义悖论反驳对手。

殊原理的记号都无法谈论，这于他们又有何益？［297］因此对他们来说这是无用的，我指的是，普遍同意记号存在。那么，把确定的陈述（horismenōs ekpheromenon）“这个记号存在”加给不确定的陈述“记号存在”或许是必然的，但他们这样做是不可能的。因为所有记号，同所有被表示者一样，都是意见性的和不可判定的分歧之物。因此，正像“有人驶过礁石”为假，因为我们把确定的和为真的陈述“这个人驶过礁石”加给它是不可能的，同样我们也不可能把确定的和为真的表述“这个记号存在”加给不确定的表述“记号存在”，所以“记号存在”为假，其矛盾命题“记号不存在”为真。①

［298］那么，让我们假设他们所提供的论证是有力的，怀疑派的论证也是不可反驳的。由于它们双方形成的等效性（isostheneias），我们除了对所研究的对象保持存疑（epechein）和不做确断（aoristein），既不说记号存在也不说它不存在，而是谨慎小心地表达其存在并不比不存在更加如何（ou mallon）之外，还剩下什么？②

［299］既然一般说来证明似乎是一种记号，能通过一致同意的前提揭示非显明的结论，那么把对证明的探究和对记号的考问放在一起绝非不当。

① 本段塞克斯都利用斯多亚派有关“确定的”和“不确定的”命题的划分对记号存在进行反驳。斯多亚派认为，“不确定的”命题为真仅当“确定的”命题为真（参见 *M* 8. 96-98）。但这里怀疑派反驳说，既然记号属于有争议的东西，即便确定的命题“这个记号存在”为真，它也不可能被“加给”不确定的命题“记号存在”，以确保后者必然为真。所以，能揭示记号存在的特有的记号是不存在的。

② 本段鲜明地表达了怀疑论的立场，即通过建立对立命题之间的等效性，最终达致存疑、不做确断的目的。以其习惯用语来说，就是“这个不比那个更”（ou mallon），参见 *PH* 1. 188-191。

四、证明的概念

[300] 当下我们之所以要探究证明，此前在研究标准和记号时业已表明。[①] 为了使我们的考察有条不紊，为了使存疑和对独断论者的反驳更加稳健地往前迈进，我们必须弄清证明的概念。[301] 普遍说来证明（apodeixis）是一种论证或语句（logos）。因为它当然不是可感之物，而是心智的某种运动（kinēsis）和赞同（sugkatathesis），这些东西是理性的。简单说来，论证是由前提和结论构成的。[302] 我们称之为“前提”（lēmmata）的东西，并不是某种我们所确切把握的论题（themata），而是因其显明性而为对话者（prosdialegomenos）所同意和承认的论题。结论（epiphora）则是由前提建立的东西。例如，这个完整的命题系统（sustēma）就是一个论证：“如果这是白天，那么这是亮的；这是白天；所以这是亮的。”其前提是“如果这是白天，那么这是亮的”和“这是白天”，结论是“所以这是亮的”。[303] 论证当中有些是有效的（sunaktikoi），有些则不是有效的。有效的是那些其中一旦前提被承认为真，结论则似乎因这种承认而随之推出（akolouthein）的论证，正像前面刚刚提到的例子。既然前提是由条件句“如果这是白天，那么这是亮的”（它承诺如果第一个句子为真，则第二个句子也将为真）[304] 和“这是白天”，即条件句的前件（hēgoumenon）构成的，那么我说，如果条件句被承认为真，因而其后件（lēgon）由前件推出，并且如果第一个句子“这

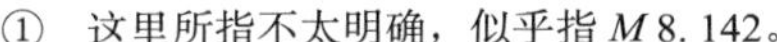

① 这里所指不太明确，似乎指 *M* 8. 142。

是白天”也被承认为真，那么第二个句子即“这是亮的”必然也会因为这种真实性而被推出，这就是结论。[305] 凡具有这样一些特征的就是有效论证，并非如此的则是无效论证。有效论证中有些可达致某种显明的结论，有些则达致非显明的结论。达致显明的结论的，比如以这种形式提出的论证：“如果这是白天，那么这是亮的；这是白天；所以这是亮的。”因为“这是亮的”和“这是白天”是同样显明的。再者，像这个例子：“如果狄翁走路，那么狄翁运动；狄翁走路；所以狄翁运动。”因为“狄翁运动”，作为结论，是自明的东西（tōn autophōratōn）。[306] 比如，这样一个论证可达致非显明的结论：“如果汗自表皮流出，那么肉体中存在着能被思想的毛孔[①]；然而第一；所以第二。”因为肉体中存在着能被思想的毛孔是非显明的东西。再如：“那种一旦与肉体分离人将死亡的东西是灵魂；而血液一旦与肉体分离人将死亡；所以灵魂是血液。”因为灵魂的实在性系于血液并非是清楚可见的。[307] 在那些可达致非显明结论的论证中，有些仅仅循着论证过程（ephodeutikōs monon）[②]，有些则既循着论证过程，又以揭示的方式（ekkaluptikōs）引导我们自前提达致结论。[308] 仅仅循着论证过程达致结论的，似乎是那些依赖信念和记忆的论证。如这个论证：“如果某个神对你说此人将富有，那么此人将富有；而这

① 即肉体中不可见的孔道。参见 *PH* 2. 90。

② ephodeutikōs 一词的动词为 ephodeuō，指“浏览”、“巡视”、“观察”等意。《希英大辞典》对 ephodeutikōs 解释为 by tracing an argument, advancing to a conclusion（参见 LS, p. 745）。因此根据上下文，ephodeutikōs 似乎指并非出于前提本身的逻辑揭示力量，而是仅仅跟随某种基于经验、记忆和信念的惯性思维过程，由前提达致结论的论证形式，类似前面提到的“记忆性记号”（参见 *M* 8. 151-155）。可对照 *PH* 2. 140-142。

个神（假设我指宙斯）对你说此人将富有；所以此人将富有。”因为这里我们接受“此人将富有”这个结论，不是由所提出的论证的力量（dunameōs）建立的，而是出于对神的话的相信。[309] 然而，如前面提到的“能被思想的毛孔”这样的论证，它既能循着论证过程，又能以揭示的方式引导我们由前提达致结论。因为前提“如果汗自表皮流出，那么肉体中存在着能被思想的毛孔”并且“汗自表皮流出”告诉我们，由其自身的本性（ek tēs autōn phuseōs）可以建立“肉体中存在着能被思想的毛孔”，因为它基于这样一种推理路径（ephodon）：“对于液体来说是不可能通过紧密而没有孔道的物体流出的；但汗液自肉体流出；所以肉体不会是紧密的，而是有孔道的。”

[310] 既然如此，证明必须首先是一种论证，其次是有效的，第三是真的，第四是有非显明结论的，第五这个结论是通过前提的力量揭示出来的。[311] 那么，当这是白天，像这样一个论证“如果这是夜晚，那么这是黑的；但这是夜晚；所以这是黑的”是有效的，因为假如其前提得以承认就会推出结论是存在的，但它不是真的，因为在其自身中包含了一个假的前提：“这是夜晚”。由于这个原因它也就不是可证的（oude apodeiktikos）。[312] 但像这样一个论证：“如果这是白天，那么这是亮的；然而这是白天；所以这是亮的”，它除了是有效的而且还是真的，因为如果其前提得到承认结论也会得到承认，通过真的前提指示出（deiknusin）某种真的东西。但尽管如此，它仍然不是证明，因为它具有“这是亮的”这样一个显明的而不是非显明的结论。[313] 同样，像这样一个论证“如果某个神对你说此人将富有，那么此人

将富有；而这个神对你说此人将富有；所以此人将富有”具有一个非显明的结论——“此人将富有”，但它依然不是可证的（ouketi d’apodeiktikon）[①]，因为它不是由前提的力量揭示出来的，而是碰巧接受（paradochēs tugchanein）了有关神的信念。[314] 仅当所有这些条件凑齐（sundramontōn）——论证既是有效的又是真的且能呈现非显明之物——证明真实存在。因此他们这样来描述它：“证明是一种由一致同意的前提，根据推理（kata sunagōgēn）揭示非显明之结论的论证。”如这个论证：“如果运动存在，那么虚空存在；而运动存在；所以虚空存在”，因为虚空之为存在是非显明的，似乎可以根据推理，由真的前提“如果运动存在，那么虚空存在”和“运动存在”来揭示。

[315] 这些就是有关研究对象的概念首先应当掌握的东西。接下来，我们必须指出它是由什么东西构成的。

五、证明的构成

[316] 正如我们前面多次讲到的[②]，某些事物被相信是清楚

① 这里采用 Bekker 校注译出。注意第 311—313 段例示了斯多亚派逻辑有关“不可证的”或不是证明的三种形式。第一种尽管推理形式是有效的，但其前提“这是黑天”与“当这是白天时”这一事实相悖，因而是不可证的。第二种尽管推理形式是有效的，并且前提与事实一致，即是真的，但却是不需证明的或不证自明的，因为“这是亮的”这一结论蕴含在前提“这是白天”之中，两者都是自明的，无需揭示，因此不是证明。第三种是其结论并非通过前提的力量揭示出来的，而是基于某种信念接受的，因此也不是证明。（参见 *M* 8. 223-224）

② 指 *M* 8. 141。下面第 316—320 段，参照 *M* 8. 145-160 以及 *PH* 2. 97-103。

明白的，某些则是非显明的。清楚明白的是那些通过表象（ek phantasian）和感受（ek pathous），自觉不自觉地（aboulētōs）为人们所把握的东西，比如，当下“这是白天”、“这是一个人”以及所有此类东西。非显明的则是那些并非如此的东西。[317] 在非显明的东西当中，如某些划分者所说，有的是本性上（pusei）非显明的，有的是在“与属同名”意义上被称作非显明的。① 本性上非显明的是那些既非过去已被理解，也非现在正被理解，也非以后将被理解，而是永远不可知的东西，比如星星是偶数或奇数。[318] 因此，它们被说成是本性上非显明的，并非因为它们就其自身而言（hōs pros heauta）具有某种非显明的本性，如果这样我们将谈论某种矛盾的东西（也就是说，我们既声称它们不可知，同时又承认它们具有某种本性），而是因为它们相对于我们的本性而言是非显明的。② [319] 在“与属同名”意义上被称为非显明的，则是那些在自己的本性上隐蔽晦涩（apokekruptai），但被宣称可以通过记号或证明来认识的东西。例如，存在着某些在无限虚空中运行的不可分割的元素。[320] 然而，如果事物中存在着这样的差异，那么我们说证明既不是自明的（因为它不是通过自身和必然感受被认识的），也不是本性上非显明的（因为对它的

① 原文 ta homōnumōs legomena tōi gemei adēla，指多个对象在外延上归于同一个“属”，都被称作“非显明的”，即在普遍意义上或本质上，它们都可归于非显明之物。值得注意，这里（*M* 8. 317-320）对非显明之物的划分与前面的划分不同（参见 *M* 8. 145-150）。此处“本性上非显明的”在前面对应的是“绝对或完全非显明的”；这里“与属同名意义上非显明的”则对应于前面的“本性上非显明的”。

② 注意这里对本性上非显明之物的解释，与本卷前面的解释不同，即并非事物本身具有非显明的本性，而是**“相对我们的本性”**而言事物是非显明的，以避免“怀疑论如何知道事物本身是非显明的”这种悖论。

理解并非没有希望），而是属于其他种类的非显明之物，具有对我们深藏不露（dedukuian）和晦涩不明（suneskiasmenēn）的本性，但似乎可以通过哲学的论证来理解。[321] 但我们并非确凿无疑地（ou bebaiōs）述说这种东西，因为如果我们承认它的实在性，还要对它进行质疑（epizētein）则是可笑的，而是说，按照一般概念（kat'epinoian）它正是如此。因此，通过这样的概念和“前见”（prolēpsis），有关它的实在性的论证得以呈现出来（anakupsei）。① [322] 那么根据一般概念，证明是一种非显明之物，不能通过自身被认识，这点将以下述方式论述。

自明的和清楚的东西无论如何都是自明的和清楚的，是为所有人一致同意的，不容许有任何分歧；非显明之物则并非人人同意，本性上使人陷入分歧。[323] 这是有理据的。因为所有论证是根据与所提供的对象之间的参照关系（anaphora）被判断为真的或假的。如果发现它与所提供的对象一致则被认为是真的，如果不一致则被认为是假的。例如，有人说“这是白天”，那么通过把所说的东西诉诸对象，并认识到对象的真实性能够使陈述得以证实，则我们称所说的东西为真。[324] 因此，一旦有关论证所提供的对象是清楚的和自明的，那么当我们把所说的东西诉诸这

① 本段刻画了怀疑派的述说方式。凡涉及非显明之物，怀疑派并非确凿无疑地述说，而是就既有的思想观念中所呈现的东西进行描述，对其真实性并未做出判断（参见 DL 9. 102-106）。prolēpsis 一词，我们前面译成“常识”（参见 *M* 8. 157-158, 443），这里基于语境译为“前见”，同“概念”（epinoia）基本是同义词，指事先形成的、未经理性判断的一般观念。也即，通过前期既有的概念或观念，我们知道独断论者有关证明谈论什么，并可以述说他们的观点，但怀疑论每每强调自己的述说是“非独断”意义上的，即并非给予肯定或否定，其目的在于避免陷入“怀疑派是否能够研究非显明之物”这种语义陷阱（参见 *PH* 2. 1-11）。

个对象，这样就很容易说论证是真的，如果它为对象所证实；或者说论证是假的，如果它为对象所否证。[①] 然而，一旦对象是非显明的，对我们是隐蔽的，那么论证与对象的参照关系（anapompē）就不再可能是确凿无疑的，因此心灵留下的只是似乎可信的东西，由或然性驱使予以赞同。但当这个人做出这种而那个人作出那种或然性的（eikazontos）或似是而非的（diapithaneuomenou）判断时，分歧便自然而生。因为错失目标的人不知道他已错失，而命中目标的人也不知道他已命中。［325］这就是怀疑派何以把那些探究非显明之物的人极为精妙地（sphodra charientōs）比作在黑暗中向某个目标射箭的人。正像当中可能有人射中目标，有人没有射中，但谁射中谁没射中是不被知晓的，同样，真理几乎藏于黑暗深处，诸多论证向它进发，但其中哪个与之一致哪个不一致是不可能知道的，因为研究对象远离清楚经验（arthentos ek tēs enargeias）。［326］克塞诺芬尼首次谈到这点：

> 关于神和我所说的一切，
> 无人见过，也将不会有人知道什么是清楚明白的东西。
> 即使十分碰巧地说出绝对完善之物，
> 无论如何他自己也不知道，因为意见铸就一切。[②]

［327］因此，如果出于上述原因自明的东西是人人同意的，而非

① 这里“被证实的”（epimarturoumenon）和“被否证的”（antimarturoumenon）似乎是伊壁鸠鲁派有关真假标准的两个术语。参见 *M* 7. 211-216。

② 又见 *M* 7. 49, 110 和 *PH* 2. 18。

显明的东西是有分歧的，那么作为有分歧的证明一定是非显明的。证明的确是有分歧的东西，这点不需要我们做出过多论证，只需要一个现成的简短提示，既然独断派哲学家和理性派（logikoi）医生肯定证明，而经验派（empeirikoi）医生，或许还有德谟克里特，否定证明（因为他在《准则》一书中对它进行了猛烈抨击），[328] 怀疑派则对之保持存疑（en epochēi），使用“不比什么更”（mē mallon）这一表述。[①] 即使在肯定证明的人当中也存在着诸多分歧，随着论述的进展我们将给予解释。因此，证明是一种非显明的东西。

[329] 再者，如果所有在前提中包含断定（dogma）[②] 的证明直接就是一种断定，而所有断定是有分歧的，那么所有证明必然是有分歧的，是有待研究的东西。例如，伊壁鸠鲁断定（dokei）对于虚空存在他提出这样一个强有力的证明：“如果运动存在，那么虚空存在；但运动存在；所以虚空存在。”[330] 如果这个证明的前提被所有人承认，则必然得到由之推出的并且被所有人接受的结论。[331] 但实际上有些人反对这个证明（我指由前提达致结论），不是因为结论无法由前提推出（mē akolouthein），而是因为前提本身是假的，不是人人同意的。[332] 如果不考虑条件句的诸多判断，而直接表明有效条件句是那种并非始于真而终于假的

---

① 显然在塞克斯都看来，哲学独断论与医学理性派、医学经验派与德谟克里特具有思想的一致性。前者肯定逻辑证明的可靠性，后者则坚持感觉经验的真实性，否定逻辑理性的力量。怀疑派则坚持存疑，对逻辑证明和感觉经验不做肯定或否定。这里注意，怀疑派再次表明他们与经验派医生并非属于同一阵营，一如他们与德谟克里特和伊壁鸠鲁本质有别。

② 希腊文 dogma，指“自认为真的东西”、“意见”、“观念”、“判定”、“断定”、“原理”，源于动词形式 dokeō，其衍生名词 dogmatikos，有“持某种观点者”或“独断论者”等意。

句子，那么按伊壁鸠鲁，“如果运动存在，那么虚空存在”将会为真，因为它始于真前件“运动存在”而终于真后件。但按漫步派它将为假，因为它始于真前件“运动存在”而终于假后件“虚空存在”。[333] 再者按狄奥多罗[①]，由于它始于假前件“运动存在”而终于假后件“虚空存在”，因此它本身将会为真，但他指责小前提（proslēpsis）“运动存在”为假。[334] 而根据怀疑派，由于它终于非显明之物，因此将是非显明的，因为按他们的观点，“虚空存在”是某种不可知的东西。由以上所述，显然证明的前提是有分歧的，既然是有分歧的就是非显明的，因此由它们构成的证明无疑也是非显明的。

[335] 再者，证明是相对之物。因为它并非通过自身显现，而是相对所证明的东西（tōi apodeiknumenōi）被观察到的。相对之物究竟是否存在是有待研究的（ezētētai），有许多人声称它们并不存在。而有分歧的东西是非显明的，因此在这种意义上证明也是非显明的。[336] 此外，证明或由声音（ek phōnēs）构成，如伊壁鸠鲁所说，或由无形的“意谓”（ex asōmatōn lektōn）构成，如斯多亚派所言。但它由哪种东西构成，有赖于诸多研究。因为“意谓”是否存在是有待研究的，有诸多关于它的论证；声音是否“表示”（sēmainousi）某物也是充满疑惑的（diēporētai）。如果证明由何种东西构成是有待研究的，而有待研究的东西是非显明的，所以证明无疑也是非显明的。

让我们把这些东西暂且放下，作为将来某种反对命题的基础，

① 有关狄奥多罗的条件句观点，参见 *PH* 2. 245。

接下来进而探究证明是否存在。

六、证明是否存在？

[337] ① 我们已经解释证明是由什么构成的，随之我们将着手探讨那些试图颠覆（saleuontas）它的论证，探究其真实性是否可以由一般概念和“前见”推出。某些人，尤其是那些来自伊壁鸠鲁派的人，习惯以相当粗鄙的手法反驳我们：“你们要么能思想（noeite）证明是什么，要么不能思想；如果你们能思想并得到它的概念，则证明存在；如果不能思想，那你们如何研究根本不能思想的东西？”[331a] 在说这句话时，他们恰恰自我反驳或自我指涉（peritrepontai），既然“前见”和概念必须先于（proēgeisthai）研究对象是人们所一致同意的。因为如果一个人没有任何有关研究对象的概念，他如何能进行研究？当命中目标他不会知道已经命中，当错失目标他也不会知道已经错失。[332a] 因此我们承认这个观点，不至于说我们没有一切研究对象的概念，恰恰相反，我们宣称有许多有关它的概念和“前见”，由于不能判断它们并发现当中最具权威性的，因此我们回到（periistasthai）存疑和无倾向状态。② [333a] 因为如果我们只有一个研究对象的“前

① 第 337 段以下是对前面第 321 段提出的怀疑派的述说方式的深入讨论，即怀疑派在何种意义上述说或探究作为非显明之物的证明，我们从有关证明的概念或“前见”能否必然推出它的可理解性或真实存在性。可与 *PH* 2. 1-11 对照。

② “存疑”（epochē）和“无倾向”（arrepsia）两者基本为同义词，见 *PH* 1. 190 和 DL 9. 74。

见”，通过紧紧跟随它，我们就会相信这个对象正如按照一个概念所呈现给我们的那样。但实际上，既然关于一个对象我们会有多个概念，它们是形形色色的和相互矛盾的，并因为它们自身的可信性，也因为拥护者的信誉，它们是同等可信的。但我们既不能相信所有，因为它们是相矛盾的，也不能不相信所有，因为没有另外一个概念比它们更加可信，也不能相信一个而不相信另一个，因为它们之间是等效的（isotēta），因此我们必然回到（ēlthomen）存疑。[1]

［334a］但正像前面所指出的那样，我们的确具有对象的“前见”。因此，如果“前见”（prolēpsis）就是理解（katalēpsis），那么当我们承认具有对象的“前见”时，或许就会承认这个对象的可理解性。但实际上，既然有关对象的“前见”和概念不是其真实性（huparxis），那么我们说，由于上述原因，我们可以思想（epinoein）它[2]，但绝非意味着可以理解（katalambanesthai）它。［335a］因为如果“前见”是理解，那就该轮到我们去质问他们，伊壁鸠鲁究竟有没有关于“四元素”的“前见”和概念。如果没有，那他如何理解研究对象，探究那种他没有任何概念的东西？如果有，那他为何不理解“四元素”存在？［336a］但我想，他们会反驳说，伊壁鸠鲁的确可以思想“四元素”，但他肯定不会理解它们，因为概念（epinoia）是心灵的一种纯粹简单的运动，通过诉诸这种运动，他反对“四元素”存在。因此我们也具有证明的

① 本段鲜明表达了怀疑派的观点，即怀疑派有诸多关于证明是什么的概念和既有观念，由于它们之间的对立和等效性，无法决断何者为真，最终不得不归于“存疑”和“无倾向”状态。

② 这里使用动词“思想”或“思考”（epinoein），即获得有关对象的概念（epinoia）。

概念，基于这个概念我们将检验（exetasomen）证明是否存在。尽管我们具有证明的概念，但我们不会承认它的可理解性。[①]

［337a］然而，对这些人我们将稍后予以回敬。[②]那么，既然使我们的驳斥具有条理性是恰当的，我们就必须研究哪种证明是最该给予反驳的。但如果我们想反驳那些特殊的、基于每种技艺的证明，我们就会使反驳变得杂乱无章，因为存在着无限多的这样的证明。［338］但如果我们能否弃那种被认为包含所有特殊证明的普遍证明，那么显然以这种方式我们就会否弃所有证明。因为正像如果动物不存在人就不存在，如果人不存在苏格拉底就不存在，特殊随普遍一起被否弃，因此，如果普遍证明不存在，所有特殊证明也将不复存在。［339］但普遍并非完全随特殊一起被否弃，就像人并非完全随苏格拉底一起被否弃，然而如我所说，特殊则完全随普遍一起被否弃。因此，对于那些试图颠覆（saleuousi）证明的人来说，与其动摇其他证明，不如动摇（kinein）那种可由之推出其余证明的普遍证明，这是必然的。

［340］既然证明是非显明的，正如我们所论述的[③]，它就应当已被证明，因为所有非显明之物，如果在未经证明的情况下被接受则是不可信的。因此证明之为某物，或被普遍证明确立，或被

① 第 334a—336a 段怀疑派辨析了概念、前见或前理解（prolēpsis）与理解（katalēpsis）的不同。前者是一种单纯的“思”，即获得某种概念的心灵运动，后者是对这些概念是否“真实存在”做出的认可、断定、赞同。因此怀疑派可以在概念或“前见”意义上探究“非显明之物”，但这种探究并非意味着断定“非显明之物”，而在于通过既有的概念，建立对立命题以达致存疑之目的。

② 对伊壁鸠鲁派的反驳似乎指本卷第 348 段以下。

③ 指本卷第 322 段及其以下。

特殊证明确立。[341] 但它一定不会被特殊证明确立。因为，既然普遍证明尚未得到一致同意，也就不会有任何一种特殊证明存在于此。正像如果“动物存在”尚不清楚，“马存在”也就不为所知，同样，如果“普遍证明存在”没有取得共识，也就没有什么特殊证明是可信的。[342] 此外，我们还会陷入循环推论。为了使普遍证明确凿可靠，我们必须获得可信的特殊证明；为了使特殊证明得以承认，我们必须获得确凿可靠的普遍证明。我们不能先于后者得到前者，也不能先于前者得到后者。因此，普遍证明为特殊证明所证明是不可能的。[343] 但证明之为某物，也不会为普遍证明所确立。因为它是有待研究的东西，既然是非显明的和有待研究的，它就不能确立自己，因为它本身需要某种东西来揭示（ekkaluptontōn）。那么，除非通过假设来把握，这点被说成是能够确立某些东西的。[1] 但如果某些东西可以由假设一次性地把握，并且是可信的，那还需要什么东西来证明它们吗？既然我们能够立刻把握它们，并在没有证明的情况下，因为这个假设而认为它们是可信的。[344] 此外，如果普遍证明能够确立普遍证明，同一个东西将同时既是完全显明的（periphanēs）又是非显明的。完全显明的，仅当它能证明；非显明的，仅当它被证明。它还会是同样可信的和不可信的。可信的，在于它能揭示某物；不可信的，在于它被某物揭示。但声称同一个东西既是显明的又是非显明的，既是可信的又是不可信的，则是极其悖谬的。所以宣称普遍证明能确立自身是荒唐的。

---

① 指“假设”论式，即直接把有待研究的问题设定为当然的前提（参见 *PH* 1. 173）。

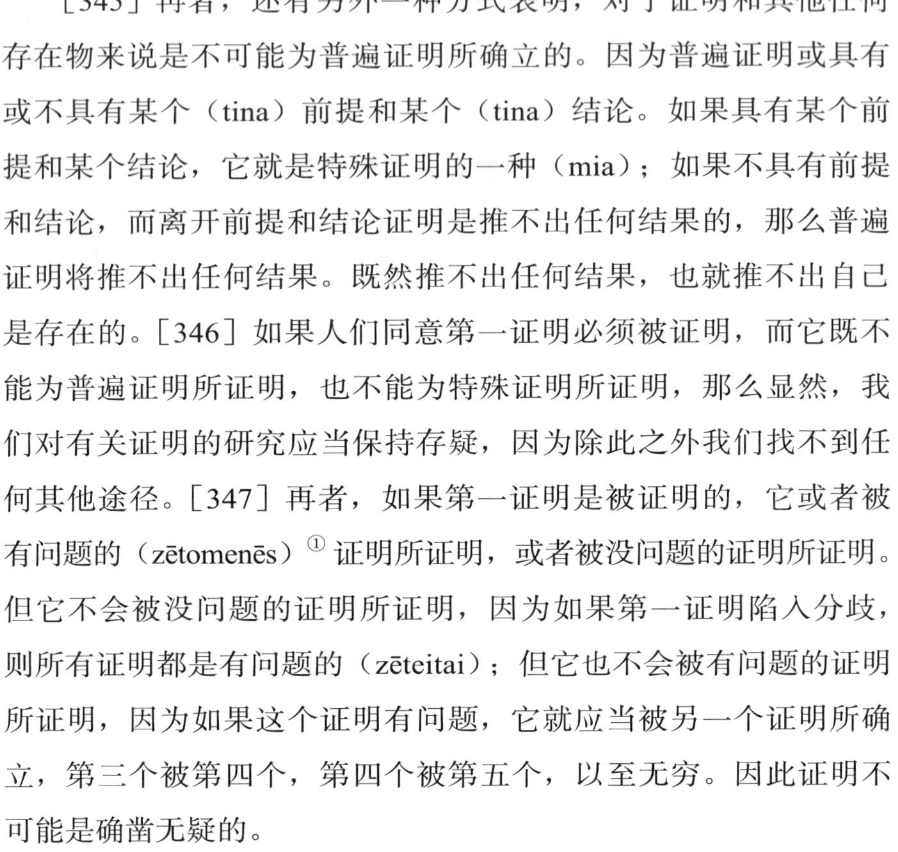

［345］再者，还有另外一种方式表明，对于证明和其他任何存在物来说是不可能为普遍证明所确立的。因为普遍证明或具有或不具有某个（tina）前提和某个（tina）结论。如果具有某个前提和某个结论，它就是特殊证明的一种（mia）；如果不具有前提和结论，而离开前提和结论证明是推不出任何结果的，那么普遍证明将推不出任何结果。既然推不出任何结果，也就推不出自己是存在的。［346］如果人们同意第一证明必须被证明，而它既不能为普遍证明所证明，也不能为特殊证明所证明，那么显然，我们对有关证明的研究应当保持存疑，因为除此之外我们找不到任何其他途径。［347］再者，如果第一证明是被证明的，它或者被有问题的（zētomenēs）[①] 证明所证明，或者被没问题的证明所证明。但它不会被没问题的证明所证明，因为如果第一证明陷入分歧，则所有证明都是有问题的（zēteitai）；但它也不会被有问题的证明所证明，因为如果这个证明有问题，它就应当被另一个证明所确立，第三个被第四个，第四个被第五个，以至无穷。因此证明不可能是确凿无疑的。

［348］拉戈尼亚人德谟特里乌[②]，伊壁鸠鲁派的名人，曾说这种反对论证是很容易被破解的（euapoluton）。他说，当我们建立一个特殊证明（比如，推出“不可分割的元素存在”或“虚空存在”这一结论），并表明它是确切可靠的，我们将立即

① zētomenēs 是源于动词 zēteō（研究、究问、质疑、追问、有疑问等意）的分词形式，根据语境可译为“有待于研究的”、“所研究的”、“有疑问的”、“有问题的”、“受质疑的”等等。

② 德谟特里乌（Demetrius，约公元前 150—前 75 年），拉戈尼亚（Laconia）人，伊壁鸠鲁派的著名人物，曾为原子与虚空的存在做出逻辑论证。又见 *PH* 3. 137。

（autothen）得到蕴含其中的可信的普遍证明。哪里有属于某种普遍的特殊，哪里就一定会找到特殊所归属的普遍，正如我们上面所提到的。[349] 然而，这点似乎是可信的，但却是不可能的。因为首先无人会允许这个拉戈尼亚人在普遍证明并未事先存在（prouuphēstōsēs）的情况下建立特殊证明。正像他自己所认为的，如果得到特殊证明就会立刻得到普遍证明，同样怀疑派也会坚持，为了特殊证明成为可信的，普遍证明必须首先得以证明。[350] 然而，即便他们允许他这样做（我是说，建立特殊证明以便使普遍证明成为确凿可靠的），但某些来自同类学派的人[①]也不会消停（oux hēsuchasousin），而是无论他提供何种作为可信的证明，他们都会推翻它，他会遇到一大群不允许他设立这个证明的人。例如，如果他拿关于原子的证明，无数人将反唇相讥；如果他拿有关虚空的证明，大批人将群起攻之。如果他拿有关影像[②]的证明，情况同样如此。[351] 即使怀疑论者与他的选择高度一致，因独断论者之间的矛盾，他也不可能使任何一种特殊证明得以确信。

另外，他声称自己将拥有的是何种确凿可靠的特殊证明？因为它或是在所有证明当中自身能让他满意的那种，或是其中任何一种，或是被证明的那种。但从所有证明当中拿一种自身能让他满意的，则是一厢情愿的（authades），更像是抽签选定的（apoklērōsei）。[352] 如果拿任何一种，他将肯定所有证明。一方面肯定伊壁鸠鲁派的，一方面肯定斯多亚派的，一方面

① 指其他独断学派的哲学家（参见下边第 351 段）。

② 参见 M 8. 65。

肯定漫步派的。但这是荒谬的。如果拿一种被证明的，它就不是证明。因为如果它是被证明的，就是有待研究的；如果是有待研究的，它就不是可信的，而是需要有些东西来确证它。所以，获得任何一种作为可信的特殊证明是不可能的。[353] 再者，那个拉戈尼亚人所说的证明的前提，或是有分歧的和不可信的，或是无分歧的和可信的。但如果它们是有分歧的和不可信的，那么无疑，由之构成的证明对建立任何东西来说将是不可信的；但说它们是无分歧的和可信的，这与其说是真理（alētheia）不如说是祈愿（euchē）。[354] 因为如果所有存在物或是可感的或是可思的，则证明的前提也应当或是可感的或是可思的。但不管是可感的还是可思的，它们都是有待研究的。因为可感对象或"真是"（hupokeitai）像它们显现的那样，或是空洞的感受（kēnopathemata）和心灵的臆造（anaplasmata），或它们当中某些除了"显得是"（tōi phainesthai）而且就"是"（esti），某些仅仅"显得是"（phainetai）但并非"真是"（hupokeitai）。[1] 人们可以看到那些知名人物，每种立场的领袖。[355] 德谟克里特试图推翻一切感觉的实在性，伊壁鸠鲁则声称所有可感之物是确凿可靠的，而斯多亚派的芝诺对它们做出划分[2]，因此如果前提是可感的，它们就是有分歧的东西。如果前提是可知的，则同样如此。因为对于这种东西，一方面在生活中一方面在哲学中，我们都会发现

① 这里我们根据语境取 phainetai 和 hupokeitai 两个动词的本意，译成"显得是"和"真是"（又见 *M* 8. 368）。

② 即斯多亚派把某些可感之物视为真的，某些视为假的。参见 *M* 8. 10 及其以下。

它们存在着若干纷争，人们各有所好[1]。[356] 再者，除以上所述，如果一切可思之物由感觉获得确切可靠的出发点和源泉，而通过感觉认识的东西是有分歧的，如我们所论述的那样，则可思之物也必然是有分歧的。因此，证明的前提无论来自哪一方都是不可信的和不可靠的。出于这个原因，证明不是可信的。

[357] 说的更普遍一些，前提是显现之物（phainomena）[2]，而显现之物是否真实存在是有待研究的，有待研究之物是不能直接作为前提的，而应当通过某物来确证。那么，通过什么我们能确立显现之物正像它所显现的那样真实存在？[358] 当然，或通过非显明之物，或通过显现之物。但通过非显明之物是荒谬的。因为非显明之物远不能揭示任何东西，乃至相反，它自己需要某种东西来呈现；[359] 通过显现之物则更加荒唐。因为它本身是有待研究的，没有任何有待研究的东西能确证自己。所以试图确立显现之物，以便以这种方式获得证明的可信性是不可能的。[360] 但独断论者说，无论如何显现之物必须得到肯定，因为首先没有任何东西比它们更加可信，其次那些推翻它们的论证自我反驳（peritrepetai）。因为对它们的否弃，或仅仅使用一种说辞，或使用显现之物，或使用非显现之物。但使用一种说辞是不可信的，因为提出与之相反的说辞也是很容易的。[361] 但如果

① allois allōn areskomenōn，字面意义指“不同的东西适宜于不同的人”。

② 在本书中，塞克斯都使用的“显现之物”或“现象”（phainomena）与“显明之物”（dēla）或“自明之物”（prodēla）是同义词。但两者语义略有差别，前者源于中动态动词 phainomai，有“自我呈现”或“自我显现”之意；后者源于动词 dēloō，有主动“表明”，使某物“可视”和“可知”等意。

使用非显现之物，这更是不可信的，因为它试图通过非显现之物反驳显现之物。如果使用显现之物推翻显现之物，那么前者当然是可信的，那么这样一来，显现之物将立刻是可信的。因此这个论证实际上是反对他们自己。[①]［362］但我们前面已经论述，显现之物究竟是可感的还是可思的，无论在哲学家中还是在生活中都充满大量的争议。那么当下针对所提出的分歧，这些是必须要说的：我们不是通过使用一种说法或非显明之物来推翻显明之物，而是通过对它们本身进行比较，如果发现可感之物与可感之物，可思之物与可思之物，以及可感之物与可思之物两者之间是互为一致的，我们或许会承认它们正是如其显现的那样。［363］但在比较中我们发现其矛盾是不可判定的，据此一些为另一些所排斥。既然由于这种矛盾我们不能肯定它们所有，同时由于对立命题（antikeimenōn）之间的等效性（isostheneian）我们也不能肯定它们某些，再者由于无物比显现活动更加可信我们也不能排斥它们所有，于是我们回到（katēntēsamen）存疑。[②]［364］“但那种由显现之物获得其可信性的论证，在推翻显现之物的同时连自己也一起否弃。”[③] 然而这个说法是来自于把有待研究的问题

① “他们”指怀疑派。

② 第 362—363 两段刻画了怀疑派由对立物之间的不可判定性或等效性走向存疑的思想历程，其核心词和基本观念同《皮浪学说概要》有关段落高度一致（参见 *PH* 1. 8-10; 1. 31）。注意“存疑”（epochē）一词与动词的搭配。这里使用的是 katēntēsamen，指“回到”或“达致”之意，与本卷 332a 使用的 periistasthai 接近，后者也用来刻画经过各种可能的探究过程，终归不得不“回到”存疑状态。

③ 这段话引用的是独断论对怀疑派的反驳，即怀疑派基于显现之物所建立的推翻显现之物的论证无疑等于自己推翻自己。

设定为前提的那些人的借口。[①] 因为不是论证由显现之物来确证（bebaioutai），而是显现之物由论证来加强（kratunetai）。[365] 这是自然合理的。因为如果显现之物是有分歧的，有些人说它们真实存在，有些人说它们根本不存在，那么它们就应当由论证来确立（katastathēnai）。而拥有其证据的人不外是那些持不同观点的人（heterodoxoi）[②]，他们试图通过论证来证明显现之物为真，否则人们凭什么应当相信显现之物？[③] [366] 所以，不是显现之物比论证更可靠，而是论证比显现之物更可靠，因为它既让自己，也让显现之物得以信服。

当然，如果证明的前提是非显明的并且结论也是非显明的，再者如果由非显明之物构成的东西是非显明的，那么证明就是非显明的并且需要某种东西来建立其可信性——然而这并不是证明。

[367] 但他们说人们不必向所有东西要求证明，而应通过假设去设定某些东西，因为如果不承认某种东西本身是可信的，我们的论证将无法往前迈进。但我们将首先回答：对于独断的推证来说往前迈进是无必然性的，因为它们是虚构的。[368] 此外，它们将前往何处？既然显现之物仅仅表明它们“显得是”（phainetai），不再能告诉我们它们实际“是”（hupokeitai），那就

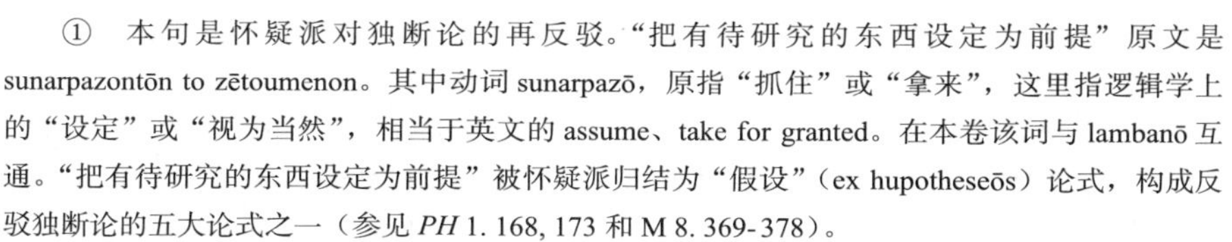

① 本句是怀疑派对独断论的再反驳。“把有待研究的东西设定为前提”原文是 sunarpazontōn to zētoumenon。其中动词 sunarpazō，原指“抓住”或“拿来”，这里指逻辑学上的“设定”或“视为当然”，相当于英文的 assume、take for granted。在本卷该词与 lambanō 互通。“把有待研究的东西设定为前提”被怀疑派归结为“假设”（ex hupotheseōs）论式，构成反驳独断论的五大论式之一（参见 *PH* 1. 168, 173 和 M 8. 369-378）。

② 指怀疑派的论证对手们。

③ 本句文本存在异议（参见 Teubner 本第 187 页脚注 7—8），这里我们采用 Bekker 校注意见译出。

让我们设定（tithesthō）[①] 证明的前提“显得是”，结论也是这样。即便如此，所寻求的结论仍将无法推出，真理还是无从产生，因为我们依然停留在纯粹的说辞和自身的感受上。试图确立显现之物不仅“显得是”而且实际就“是”，乃是不满足于实用之必需而急于设定可能之物的那些人的表征。[②]

［369］一般说来，既然独断论者宣称，不仅证明而且几乎整个哲学都从假设出发（prokoptein），那么我们将试图尽可能地简要回答那些通过假设来设定某物的人。［370］如果那些他们声称通过假设所设定的东西，因为是通过假设所设定的就是可信的，那么与之相对立的东西，一旦它们也是通过假设所设定的，也将显得是可信的。这样一来，我们将设定相互矛盾的东西。如果就后者而言，我指的是与之相对立的东西，假设对其可信性是无力的（asthenēs），那么就前者来说假设也将是无力的。因此，我们还是没有假设任何东西。［371］再者，某人所假设的那个东西或者为真，正如他所假设的那样，或者为假。如果为真，则那个假设它的人本身是不公正的（heauton adikei），因为当他有可能不去假定（aiteisthai）它，而是把它作为本身为真的东西来接受时，

① 这里 tithesthō 一词原型动词为 tithenai，同 lambanein（*M* 8. 367）、sunarpazein（*M* 8. 364）、aiteisthai（*M* 8. 371）等基本为同义词，可交替使用，通译为“设定”或“假定”。

② 本段涉及一个颇具经验论色彩的话题，即任何证明都不能由假设推出结论。因为假设基于可能之物，只能表明“显得是”，无法保证结论实际就“是”。由可能性无法推出必然性。而独断论的逻辑证明理论正是不满足于生活必需的实用之物而追求所谓确凿可靠的必然真理的企图。生活必需的实用之物就是现象，尽管它“显得是”，并不告诉我们是否真的“是”，但对我们的感受（pathos）是显明的（dēlos）或清楚明白的（enargēs）。现象或显现之物（phainomana）是生活的向导。我们形成的有关显现之物的经验，也即“常识”或“前见”（prolēpsis）足以指导行动（参见 *M* 8. 157, 321, 337, 331a-333a, 443 以及 *PH* 1. 211; 2. 246）。

他却躲进充满怀疑的东西，也即假设之中，去假定本身为真的东西；如果所假设的东西为假，则使用假设的人本身不再是不公正的，而是对事物的本性是不公正的，因为他宣称自己直接以“非”（to mē on）为“是”（on），而且强迫人们把假的当真的来接受。［372］再者，如果有人坚持一切由假设之物[1]推出的东西都是确切可靠的，他就会把整个哲学研究搞乱。因为我们会立刻假设3即4，通过推理我们将得出6即8。那么“6即8”这个结论就会为真。［373］如果他们要对我们说，这个结论是荒谬的（因为被假设的东西必须是确凿可靠的，以便由之推出的结论被一致认可），那么他们也会听到我们这边的说法，因为我们坚持无物可由自己设定，所有被设定的东西应当被准确地设定（met' akribeias tithesthai）。［374］此外，如果被假设之物，就它被假设而言，是确凿的和可靠的，那就让独断哲学家不去假设那些由之推出非显明之物的东西而去假设非显明之物本身，也即不去假设证明的前提而去假设它的结论。然而，纵使他们成千上万次地假设这个东西，它也是不可信的，因为它是非显明的和有待研究的。显然，如果他们在未经证明的情况下去设定证明的前提，于其可信性终归是无济于事的，因为它们本身是有争议的东西。

［375］他们习惯于打断我们，声称：“是啊，以宙斯的名义，假设的力量（tou errōsthai）之所以是可信的在于由假设之物推出的结论被发现为真。因为如果由之推出的那个东西是有效的，那

---

① tois ex hupotheseōs lēphtheisin 原文字面意思是“通过假设所设定的东西”。这里及以下，为行文方便我们将该短语简化为“假设之物”。

么它所由之推出的东西也是真的和无可争议的。”［376］但人们会问，我们何以能表明由假设之物推出的东西为真？是通过它自身，还是通过它所由之推出的前提？但通过它自身将是不可能的，因为它是非显明的。通过前提？也不可能以这种方式。因为关于这些东西是有争议的，它们必须首先被确证。［377］那就让我们承认由假设之物推出的东西为真。即便如此，假设之物也不会因此而成为真的。因为如果按其说法，仅仅由真推出真，论证才得以进行，那么一旦由假设之物所推出的东西为真，则假设之物也将会为真。［378］但实际上，既然他们说论证可以由假推出假，也可以由假推出真[①]，因此，如果后件为真则前件也将为真就不是必然的，而是有可能尽管后件为真但前件为假。

那么，有关证明何以不应从假设出发，就像他们所说的，作为一种“路边顺手之劳”（hodou parergon）[②]和附带之举，我们就谈这些了。［379］接下来必须指出，它本身还会陷入更困难的（aporōteron）循环论式。因为我们既已确立证明是非显明的，而所有非显明之物需要判定，需要判定的东西则需要标准来确定它是否有效。因为正像应被度量的东西没有尺度本性上是无法被度量的，所有被绳墨之物离开规矩是无法被绳墨的，因此被判断者离开标准是无法被检验的。［380］既然标准是否存在是有待研究的，有人说它不存在，有人说它存在，有人则保持存疑，因此我们将不得不反过来通过某种证明来证明标准存在。但为了使证明可信，

① 即有效条件句有三种形式，并非仅仅由真推出真这一种。参见 *M* 8. 113-114。

② 语出欧里庇德斯，参见 Eruipides, *Elektra*, 509。

又必须回过头来诉诸标准。那么，既然先于前者不会使后者可信，先于后者也不会使前者可靠，因此对于两者我们不得不同意保持存疑。

［381］除以上所述，基于证明的概念来推翻证明也是可能的。即使它是可思的（epenoeito）也未必是真实的（hupērchen）。因为如我所说[①]，有许多可思之物并不分有（metachei）任何真实性。实际，一旦证明的概念被发现是不可能的，无疑对其真实性的希冀也就会被切断。［382］既然有两种证明，一般的和特殊的，我们将当即发现一般证明是不可思的。因为我们无人知道一般证明，也无人曾经能由之确立任何东西。［383］此外，值得一问的是这种证明是否有前提和结论。如果没有，它如何能被思想为一种证明？既然离开其前提和结论所有证明的概念是无法形成的。但如果两者，也即前提和结论皆备，它就是一种特殊证明。［384］因为如果所有被证明者（apodeiknumenon）和所有证明者（apodeiknuon）都是涉及特殊部分的，则证明必然属于一种特殊证明。而当下我们的论证不是涉及特殊的而是一般的；所以一般证明是不可思的。［385］特殊证明也是不可思的。既然证明被独断论者说成是一种基于推理（kat sunagōgēn）由某些显明之物揭示某个非显明之物的论证[②]，那么或整个组合物（sustēma），也即被思想为一种由前提和结论构成的东西是证明，或只有前提是证明，而结论是被证明的东西。但无论他们声称其中哪一种，证明的概

① 参见 *M* 8. 334。

② 参见 *M* 8. 314 和 *PH* 2. 135 以下。

念都会被颠覆（saleuetai）。［386］如果由前提和结论构成的东西是证明，则证明必然当即是非显明的，因为它自身包含非显明的东西。既然如此，它一定需要某个证明，但这是荒谬的。因此，由前提和结论构成的东西将不是证明，因为我们既不能把证明思想为非显明的，也不能将之思想为需要证明的。

［387］再者，证明乃相对之物。因为它既非诉诸自己[①]，也非被孤立地（kata perigraphēn）思想，而是具有某个以之为证明的东西[②]。但如果结论包含于证明中，而所有相对之物都外在于那个相对于它而被说成是相对之物的东西，那么证明，既然结论包含于其中，它就不能被思想成与任何东西相对。［388］但如果我们假设另有一个外在的结论，证明将相对它而被思想，那么这里将出现两个结论，第一个是包含于证明中的，第二个是外在的，相对它证明得以被思想的。但声称一个证明两个结论是荒谬的。所以，由前提和结论组成的东西不是证明。［389］那么剩下要说的，只有来自前提的那一部分是证明，但这是愚蠢的。因为它根本不是论证，而是有缺陷的和不可思的东西，没有一个有心灵的人会声称这样的东西："如果运动存在，则虚空存在；但运动存在"，就其自身而言，是一种论证或蕴含任何思想。［390］因此，如果证明既不能被思想为由前提和结论组成的东西，也不能被思想为仅仅由前提构成的东西，则证明是不可思的。

［391］此外，那个能证明的证明，或是显明之物的显明的证

① 原文 eis heauten neuei，字面意思指"自我首肯"、"自我认可"、"自我承诺"。

② 指结论。

明，或是非显明之物的非显明的证明，或是显明之物的非显明的证明，或是非显明之物的显明的证明；但这些它都不是，如我们将要确立的；所以证明不是任何东西。[392] 证明不可能是显明之物的显明的证明，在于显明之物不需要证明，而是由自身被认识的。再者，证明也不会是非显明之物的非显明的证明，仅当如果它是非显明的，本身将需要某种东西来呈现它，而它不会呈现其他任何东西。[393] 同样它也不会是显明之物的非显明的证明，因为这会遭遇双重困难。被证明之物由于是显明的将不需要任何证明，而证明因为是非显明的将需要某种东西来确立它。因此一个证明将永远不会成为显明之物的非显明的证明。[394] 那么剩下要说的，它是非显明之物的显明的证明，这的确也是一个难题（tōn aporōn）。因为如果证明不是一种在独立和绝对意义上被思想的东西，而是一种相对之物，而相对之物，如我在关于记号的研究中所指出的那样，是相互一起被理解的，而一起被理解的东西并非彼此揭示且本身是显明的[①]，那么证明将不是非显明之物的显明的证明，既然非显明之物与证明一起被理解，因此它通过自身作用于我们。[395] 那么，如果证明既不是显明之物的显明的证明，也不是非显明之物的非显明的证明，也不是显明之物的非显明的证明，也不是非显明之物的显明的证明，此外没有任何可能，那么不得不说证明不是任何东西。

[396] 继以上所述，既然斯多亚派似乎极为精细地

① 相对之物是“相互一起被理解的”（sugkatalambanetai allēlois），且“相互一起被理解的东西”不需要彼此揭示，而是同时由自身打动我们，这一观点是怀疑派建立反对命题的重要论证手段，在文本中多次出现。参见 *M* 8. 165, 168, 174 及其以下。

（exēkribōkenai）完成了证明的形式[①]，那就让我们来简要地回答他们，以表明就其假设而言似乎一切都是不可理解的，尤以证明为甚。[397] 正如人们从他们那里所听到的，理解是对“可理解的表象”的赞同。[②] 这里似乎有两种情况：一是非自愿的（akousion），一是自愿的（hekousion），并依赖于我们的判断。因为表象的生成（phantasiōthēnai）是不自觉的，不在于感受者（paschonti）而在于产生表象的东西（phantasiounti），他就是以这种方式感受的，比如，当白的东西打动他时感到白，或当把甜的东西提供给舌头时感到甜。但对这种运动的赞同却依赖于表象的接受者。[398] 因此，理解以“可理解的表象”，那个它所赞同的东西为先，“可理解的表象”则以表象，那个它作为其“种”的东西为先。因为如果表象不存在，则“可理解的表象”也就不存在，正像当“属”不存在，“种”也不存在；如果“可理解的表象”不存在，则对它的赞同也就不存在，如果对“可理解的表象”的赞同被否弃，则理解也会被否弃。[399] 因此如果可以表明，按照斯多亚派的观点，证明的表象是不可能形成的，那么显然任何证明的“可理解的表象”将不存在；既然这种东西不存在，那么对它的赞同，即理解，也就不会存在。

[400] 证明的表象，就斯多亚派的观点而言，是不存在的，这点首先由他们之间关于表象是什么所普遍存在的分歧得以表明。因为直到当他们同意说表象是一种心灵中枢的“印迹”（tupōsis），

① 塞克斯都引述的证明和记号理论主要来自斯多亚派，为我们提供了已遗失的斯多亚派逻辑学的基本观点。

② katalēptikēs phantasias sugkatathesis，参见 *M* 7. 227。

对这种“印迹”本身他们依然还是莫衷一是，科莱安特在严格意义上（kuriōs）把它理解成那种以凹凸方式被思想的东西，而科律西波则在更宽泛的意义上（katachrēstikōteron）把它理解成一种“变化”的代名词。[1]［401］如果在他们自身当中有关“印迹”至今无法达成共识，那么对于表象以及依赖它的证明，则必然会因为直到目前意见不一而不得不保持存疑。［402］再者，假设让我们承认表象是任何一种他们想要的，不管是一种严格意义上伴随凹与凸的“印迹”，还是一种“变化”，但它如何成为一种证明的表象是最大的疑惑。因为显然，表象的对象应当作用（poiein），而获得表象的心灵中枢应当被作用（paschein），以便前者施加印迹（tupōsēi），后者被施加印迹（tupōthēi），因为表象不可能以其他方式发生。［403］或许有人会承认心灵中枢能被作用，尽管这点是不应当承认的。但证明如何能作用？因为按他们的说法，它或是有形的或是无形的。［404］但它不是有形的，因为它是由无形的“意谓”（lekatōn）构成的[2]；如果它是无形的，而按其说法，无形的东西本性上既不能作用于某物，也不能被某物作用，那么证明，由于是无形的，将不能作用于任何东西；如果不作用于任何东西，也就不会对心灵中枢施加印迹；如果对它不施加印迹，证明就不会把自己的表象施加于它，［405］如若这样“可理解的表象”也不会施加于它。如果在心灵中枢中没有证明的“可理解的表象”，也就不会有证明的理解。［406］所以，按斯多亚派的论

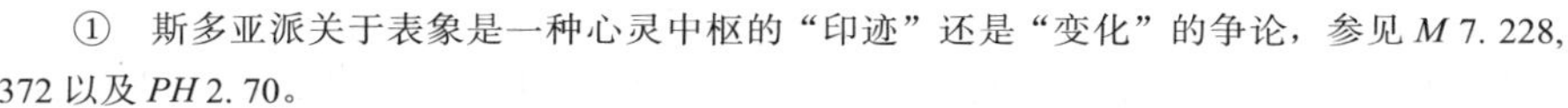

① 斯多亚派关于表象是一种心灵中枢的“印迹”还是“变化”的争论，参见 *M* 7. 228, 372 以及 *PH* 2. 70。

② 参见 *M* 8. 262, 336。

证技艺，证明是不可理解的。

再者，我们不能说无形的东西不发生任何作用，不对我们产生表象，而可以说，我们正是由之获得表象的。因为，如果人们同意离开作用者（drōntos）和被作用者（paschontos）一切结果是不会产生的，那么证明的表象，作为一种结果（apotelesma），离开作用者和被作用者也是不可想象的。[407] 然而，被作用者是心灵中枢，这点是为斯多亚派的哲学家们所承认的，但按其说法，施加印迹者和作用者究竟是何种东西是需要知道的。因为或是证明对心灵中枢施加印迹、形成它自己的表象，或是心灵中枢自我施加印迹、自我表现（phantasioi）。但证明是不可能对心灵中枢施加印迹的，因为它是无形的，按他们的观点，无形的东西既不作用于任何东西，也不为任何东西所作用。[408] 如果心灵中枢自我施加印迹，那么施加印迹者与印迹或是同一种类的东西，或印迹是一类东西，而施加印迹者则是某种并非与之相似的东西。如果不相似，则实体（hupokeimenōn）是一回事，表象将是另一回事，这会再次使斯多亚派陷入万物之不可理解的困境[①]；如果印迹与施加印迹者是相似的，而心灵中枢自我施加印迹，那么它所接受的将不是证明的表象而是它自己的，这又是荒谬的。

[409] 但他们试图通过事例对其所坚持的东西以悦耳动听的

① “实体”或“存在物”（hupokeimenōn）这里指心灵中枢，即论证所假设的自我施加印迹者或自我产生表象者。这句话的意思是说，如果心灵中枢自己所施加的印迹或产生的表象与自己不属于同一种类，两者没有同一性或相似性，那它通过什么能够理解自己，也即理解施加印迹者或产生表象者？因此，所有事物是不可理解的。这里反映出一个古代认识论思想，即表象与表象对象或表象的产生者应具有同一性或相似性。如斯多亚派所说，表象来自于表象对象，并与这个对象一致，才构成真表象或可理解的表象的条件。

言辞进行劝说（paramutheisthai）。因为他们称，正像老师和教官有时通过抓住孩子的手进行操控（hruthmizei），教他完成某些动作，有时则站得远点，通过做出某种有节律的运动，向孩子展示自己以供模仿，同样有些表象对象，如白、黑以及一般物体，好像通过触动和接触心灵中枢在上面产生印迹。有些表象对象，如无形的"意谓"，则并〈不〉[①]具备这种本性，心灵中枢基于它们（ep'autois），但并非通过它们（hup'autōn）获得表象。[410] 那些谈论这些东西的人尽管使用似乎可信的例子，但没有对所提问题进行推证（sunagousi）。因为老师和教官是有形的，根据这些东西是能够对孩子形成表象的。但证明是无形的，据之是否能以表象的形式（pantastikōs）对心灵中枢施加印迹是有待研究的。因此，开始有待研究的问题并未得到他们的证明。

[411] 上述观点既已指出，那就让我们进而考察，根据其辩证法理论，他们对证明做出的承诺是否能得以保证。他们认为，有三种论证[②]是互为关联的：有效的（sunaktikon）[③]、真的（alēthēi）[④]

① 文本有分歧，从 Loeb 校勘意见。

② 这三种论证，参见 *PH* 2. 137-143 以及 *M* 8. 300-314。

③ "有效的"（sunaktikos）指一个论证的结论可由其前提的联结推出。该词和 hugiēs 是同义词，但两者的语义有细微差异，前者倾向于"可推出结果的"或"有结论的"等意，其反义词是 asunaktos。后者倾向于"正确的"、"合理的"、"健全的"等意，其反义词是 mochthēros。

④ "真的"（alēthēs）一词在斯多亚逻辑中有三重含义。其一，真的命题。指作为一个证明的前提或结论的命题与事实相符，例如当白天，命题"这是白天"为真（参见 *M* 8. 412-414）。其二，真的推理形式。指条件句或假言三段论仅当以"有效形式"（en hugiei schēmati）表述。在这种意义上，"真的"与"有效的"（hugiēs 或 sunaktikos）互通互用。斯多亚派和辩证法家认为，一个条件句是有效的或真的，仅当它并非始于真而终于假（参见 *M* 8. 114, 268, 331, 416, 417）。其三，真的论证（logos）。在严格意义上一个论证为真，并非仅当其条件句为真（有效），也并非仅当其前提的联结为真（符合当下事实），而是仅当两者都为真，也即推理形式的"真"与事实的"真"必须同时具备（参见 *M* 8. 418-421）。

和可证的（apodeiktikon）[1]。[412] 其中可证的总是真的和有效的，真的总是有效的但并非必然是可证的，有效的并非总是真的也并非总是可证的。[413] 当这是白天，像这个论证“如果这是晚上，那么这是黑的；但这是晚上；所以这是黑的”是可推出结论的（sunagei），因为它是以有效形式（en hugiei schēmati）表达的，但它不是真的，由于其第二个前提，即小前提（prolēpsis）“但这是晚上”是假的。[414] 然而当这是白天，这样的论证“如果这是白天，那么这是亮的；但这是白天，所以这是亮的”，既是有效的同时又是真的，因为它不仅以有效形式表达，而且由真的前提推出真的结论。

[415] 他们说，有效论证被判断为有效，仅当结论由其前提的联结（tēi sumplokēi）推出。当这是白天，像这个论证“如果这是晚上，那么这是黑的；但这是晚上；所以这是黑的”，我们称之为有效的，尽管因它得出假的结论而并非为真。[416] 因为，当我们这样来联结前提“这是晚上，并且如果这是晚上那么这是黑的”，就构成一个条件句，它始于这样的联结而终于结论“这是黑的”。这个条件句为真（有效）[2]，因为它永远不会始于真而终于假。当这是白天，它将始于假的“这是晚上，并且如果这是晚上那么这是黑的”而终于假的“这是黑的”，因此它将为真（有效）。当这是晚上，它将始于真而终于真，出于这个原因它也将为真（有

① “可证的”（apodeiktikos）指一个论证不仅其推理形式是有效的以及其前提的联结是真的，而且其结论是通过前提本身的力量揭示出来的。

② 此处的“真”指逻辑推理的有效性。为避免语义混淆，以下凡逻辑上的“真”皆以小括号内标注“有效”。

效）。[417] 因此有效论证之为有效，仅当在我们把前提联结起来并形成一个始于前提的联结而终于结论的条件句之后，发现这个条件句本身为真（有效）。

[418] 真的论证被判断为真，不仅在于始于前提的联结而终于结论的条件句为真（有效），还在于由前提构成的联结为真（hugies）[①]。因为如果前提中任何一个被发现为假，则论证必然为假。当这是晚上，像这个论证“如果这是白天，那么这是亮的；但这是白天；所以这是亮的”就是假的，因为它有一个假的前提“这是白天”。[419] 然而，尽管由前提构成的联结为假，因它有一个假的前提“这是白天”，但始于前提的联结而终于结论的条件句将会为真（有效），因为它永远不会始于真而终于假。当晚上它始于假的联结（而终于假的结论），而当白天，正如它始于真，同样它也终于真。[420] 再者，这样一个论证为假（无效）：“如果这是白天，那么这是亮的；但这是亮的；所以这是白天”，因为它能够让我们由真的前提推出假的结论。[421] 当我们仔细考察，由前提构成的联结能够为真，例如当白天，这个联结：“这是亮的，并且如果这是白天那么这是亮的”。但始于前提的联结而终于结论的条件句可以为假，比如这个条件句：“如果这是亮的，并且如果这是白天那么这是亮的〈；所以这是白天〉[②]。”因为当晚上，这个条件句能够始于真的联结而终于假的结论“这是白天”，并因此而为假（无效）。所以一个论证为真，并非仅当前提的联结为

① 这里 hugies 一词与 alēthēs 意思互通，指事实的“真”。

② Kochalsky 和 Heintz 所补缀。

真，也并非仅当条件句为真（有效），而是仅当两者都为真。

［422］可证的论证有别于真的论证，因为真的论证其所有部分，我指的是前提和结论，可以是清楚明白的，可证的则意在具备更多的条件，我是说，其结论作为非显明的东西必须为前提所揭示。［423］像这样一个论证："如果这是白天，那么这是亮的；但这是白天；所以这是亮的"，既然具有显明的前提和结论，因此它是真的但不是可证的[①]。而这个论证："如果她的乳房有奶，那么她已怀孕；而她的乳房的确有奶；所以她已怀孕"，除了是真的而且是可证的，因为它具有非显明的结论"所以她已怀孕"，并通过前提揭示这个东西。

［424］既然有三种论证：有效的、真的和可证的，如果某个论证是可证的，它首先是真的和有效的；如果某个论证是真的，它并非必然是可证的但一定是有效的；如果某个论证是有效的，它不一定是真的，正如它不一定是可证的。［425］既然有效之特征一定共同属于所有这些论证[②]，那么如果我们表明有效论证是不可能被斯多亚派找到的，我们就会表明真的和可证的论证也是不可能被找到的。［426］认识到不存在任何一个有效论证是很容易的，因为如果他们称一个论证是有效的，仅当有一个始于其前提的联结而终于结论的条件句为真，那么这个为真的条件句就不得不首先得以判定，然后被认为依赖于它的有效论证才会被确切地把握。［427］但至今为止有效条件句是不可判定的，因此

① 即不需要证明，或不证自明（参见 *M* 8. 311-313, 223-224）。

② 从外延上看，有效的≥真的≥可证的。所以有效的是真的和可证的先决条件，共同属于所有论证。

有效论证也是无法认识的。因为正像一种尺度没有确定性，有时这样变有时那样变，被量度之物就不会有确定性，同样既然有效条件句类似于论证进行推导的尺度，如果前者是不可判定的，那就会推出后者也是不清楚的。[428] 斯多亚派的《推理引论》（*Eisagōgai*）[①] 告诉我们，有效条件句是不可判定的，里面提出许多有关它的判断，充满分歧，至今无法确定。既然有效论证尚且如此，那么真的论证也一定如此，因此对可证的论证也应当保持存疑（en epochēi）。

即使我们撇开这一反驳，进而考察“能推出结论的”（perainontōn）和“推不出结论的”（aperantōn）[②] 逻辑技艺，也会发现可证的论证构成是不可能的。[429] 有关能推出结论的论证有许多细致的研究，当下无需讨论，而就推不出结论的论证应当做出某些解释。[③] 他们称，推不出结论的论证是以四种方式形成的：或基于“无关”，或基于“多余”，或基于“以无效形式表达”，或基于“缺失”。[430] 基于“无关”（kata diartēsin），仅当前提相互之间以及前提与结论之间没有任何共通性和紧密性，像这个论证：“如果这是白天，那么这是亮的；但麦子在市场上出售；所以这是亮的。”因为我们看到，就这一事例而言，“如果这是白天”与

① 参见 *M* 8. 223。

② “能推出结论的”（perainontōn）源于动词 perainō，指“有效地得出结论”，与 sunagō 是同义词。其形容词 perantikos 同 sunaktikos 和 hugiēs 一样，都是指“有效的”，经常混用。这里为了对应原文词汇，我们把 sunaktikos 一般译为“有效的”，把 perantikos 译为“可推出结论的”，把 hugiēs 译为“有效的”、“正确的”、“合理的”。以下第 429—434 段可与 *PH* 2. 146-150 对照。但注意 *PH* 中相对应的段落使用的是 sunaktikos 及其反义词 asunaktos，并未出现 perantikos 及其反义词 aperantos。

③ *M*. 429-434 可与 *PH* 2. 146-150 对照。

“麦子在市场上出售”毫不相干，并无瓜葛，两者任何一个与“所以这是亮的”也无关系，它们每个之间没有关联性。[1]［431］论证基于“多余”（kata parolkēn）成为推不出结论的，仅当某个外在的、多余的部分被纳入前提，比如这样一个论证：“如果这是白天，那么这是亮的；但这是白天并且德性是有益的；所以这是亮的。”因为“德性是有益的”被多余地插入其他前提，即使将之省去，由其余前提“如果这是白天，那么这是亮的”并且“这是白天”推出结论“所以这是亮的”也是可能的。［432］论证因为“以无效的形式表达”（en mochthērōi hērōtēsthai schēmati）[2]成为推不出结论的，仅当它被视为以某种与有效形式相悖的形式来表达。比如，既然“如果第一，那么第二；第一；所以第二”这种形式是有效的，［433］并且“如果第一，那么第二；并非第二；所以并非第一”这种形式也是有效的，那么我们说，以这种形式表达的论证：“如果第一，那么第二；并非第一；所以并非第二”则是推不出结论的。这并非因为一个由真的前提达致真的结论的论证不可能以这种形式来表达（因为像这个例子，“如果 3 是 4，则 6 是 8；但 3 不是 4；所以 6 不是 8”就是可能的），而是因为一个无效论证被以这种形式安排是可能的，如这个论证：“如果这是白天，那么这是亮的；但这不是白天；所以这不是亮的。”［434］论

① 这里说“如果这是白天”和“这是亮的”没有任何关系似乎有些牵强。而在 *PH* 2. 146 中“无关联”的例子“如果这是白天，那么这是亮的；麦子在市场上销售；所以迪翁在走路”似乎更为恰当。

② 这个短语同“以合理的或正确的形式表达”（en hugiei hērōtēsthai schēmati）相对（参见 *M* 8. 413）。

证基于“缺失”成为推不出结论的，仅当某个有效的前提缺失，如“财富或是坏事或是好事；但财富不是坏事；所以财富是好事”。因为在析取句中（diezeugmenōi），缺失了“财富是无所谓的（adiaphoron）”。因此有效的表述应当是这样的：“财富或是好事或是坏事或是无所谓的；但财富既不是好事也不是坏事；所以财富是无所谓的。”

［435］这些就是斯多亚派提出的逻辑技艺。但或许就它们而言，一个论证被判定为推不出结论的是不可能的，甚至像“如果这是白天，那么这是亮的；但麦子在市场上出售；所以这是亮的”这样一个基于“无关联”的论证。因为他们或只是通过一种纯粹的说辞声称前提是无关联的，它们相互之间以及与结论之间没有任何共通性，或通过某种技艺和可传授的方法来建立这个论断。［436］但如果他们只是使用未经证明的说辞，那就很容易以一种说辞来反驳他们，即声称所有被说成是基于“无关联”而推不出结论的论证是可以推出结论的。如果他们出于纯粹的说辞即可相信，那么声称相反观点的人也是可信的，因为他们使用的说辞是等效的（isosthenē）。如果他们以某种方法来传授，我们将追问这会是一种怎样的方法。［437］如果他们说，基于“无关联”推不出结论的论证，其表征（tekmērion）在于其结论并非总是由前提的联结推出（akolouthein）[①]，并且始于前提的联结而终于结论的条件句不是有效的，那么我们将表明他们会再次陷入开始的困境（aporian）。因为如果我们为了认识基于“无关联”推不出结论的

① 该词同 perainō 和 sunagō 属于同义词，可互通互用，都指“推出”或“达致”之意。

论证，我们就必须具有已被判定的有效条件句，但直到目前我们并没有使这种东西得以判定，当然我们也就无法辨识基于“无关联”推不出结论的论证。

[438] 还有第二种，即基于“多余”推不出结论的形式——仅当某种外在的东西被纳入前提，对建立结论实属多余。就这点而言，以第一不证自明式（en tōi prōtōi）[①]表达的论证将一定是基于“多余”推不出结论的，因为其中大前提（tropikon）[②]是多余的。通过对论证进行比较我们可以认识这点。[439] 他们称这样一个论证：“如果这是白天，那么这是亮的；但这是白天并且德性是有益的；所以这是亮的”是推不出结论的。在这个事例中，“德性是有益的”对于结论的建立纯属多余，因为即使省去，也能由剩下的两个前提完整无损地推出结论。[440] 但怀疑派会反驳说，如果一个论证是基于“多余”推不出结论的，当从中去掉某个前提，结论也会由剩下的前提推出，那么我们必须要说，以第一不证自明式表达的论证也是推不出结论的，如这个论证：“如果这是白天，那么这是亮的；但这是白天；所以这是亮的。”因为在这个例子中大前提（to tropikon）“如果这是白天，那么这是亮的”对结论的建立实属多余，仅仅从“这是白天”即能推出“所以这是亮的”。[441] 这个结论本身是自明的，并且也能为它与前者之间的推理关系（akolouthias）所支持。因为他们[③]会说，由“这是白天”或

① 斯多亚派认为有五种不证自明式（参见 *M* 8. 224 以下）。*M* 8. 438-443 可与 *PH* 2. 156 对照。

② 该词原指“转向的”、“转动的”、“转折的”。这里是斯多亚逻辑的专门术语，指推理（sullogismos），尤其是假言推理或条件句（sunēmmenon）的“大前提”。

③ 这里“他们”指作为反驳方的怀疑派。

能推出（akolouthein）或推不出“这是亮的”。如能推出，则一旦“这是白天”被承认为真，就会立即得出“这是亮的”，因为后者必然随之而来，这即为结论。[442] 如果推不出，那么在条件句中也推不出，由于这个原因条件句将会为假，因为其中后件由前件推不出来。因此，就上面提到的逻辑技艺而言，两种结果或具其一：以第一不证自明式表达的论证，或被发现因其中大前提多余而推不出结论，或被发现因其中大前提为假而完全为假。[443] 而声称只有一个前提的论证（monolēmmatous logous）并没有让科律西波满意（或许有人会驳斥这种反对观点）是极其愚蠢的。因为不必相信科律西波的话如同相信德尔菲神谕的指示，也不必诉诸〈……〉[①] 持反对意见的那些人的证据。因为安提帕特[②]，斯多亚派中最出名的一位，声称只有一个前提的论证是能够建立的。

[444] 此外一个论证还基于第三种方式，即由于以无效形式表达而被说成是推不出结论的。那么，他们或将再次声称一个论证只是因为满足于纯粹的说辞而以无效形式表达，或将拿出某个支持它的理据。如果只是满足于纯粹的说辞，我们也会提出一个相反的说辞，称它不是以无效形式表达的。[445] 如果引入论证，

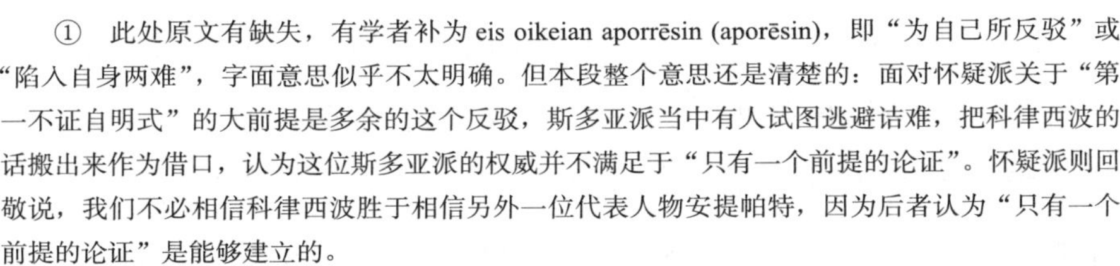

① 此处原文有缺失，有学者补为 eis oikeian aporrēsin (aporēsin)，即“为自己所反驳”或“陷入自身两难”，字面意思似乎不太明确。但本段整个意思还是清楚的：面对怀疑派关于“第一不证自明式”的大前提是多余的这个反驳，斯多亚派当中有人试图逃避诘难，把科律西波的话搬出来作为借口，认为这位斯多亚派的权威并不满足于“只有一个前提的论证”。怀疑派则回敬说，我们不必相信科律西波胜于相信另外一位代表人物安提帕特，因为后者认为“只有一个前提的论证”是能够建立的。

② 安提帕特（Antipater，约公元前 200—前 130 年），塔尔索斯（Tarsus）人，斯多亚派领袖，与卡尔内亚德论战，捍卫斯多亚派立场。

那它一定为真。然而，我们如何表明这个论证（我是指表明一个论证以无效形式表达的那个论证）为真？显然通过以有效形式表达这种方式。因此，为了认识那个以无效形式表达的论证的确是以无效形式表达的，就不得不引入一个有效论证；而为了这个论证是有效的，它就不得不以有效形式来表达。既然一个有效论证先于它的形式是不可能被相信有效的，而一种形式先于判定它的论证也不可能被相信是一种有效形式，因此这就导致循环论式，这种最困难的东西（aporōtatos）。

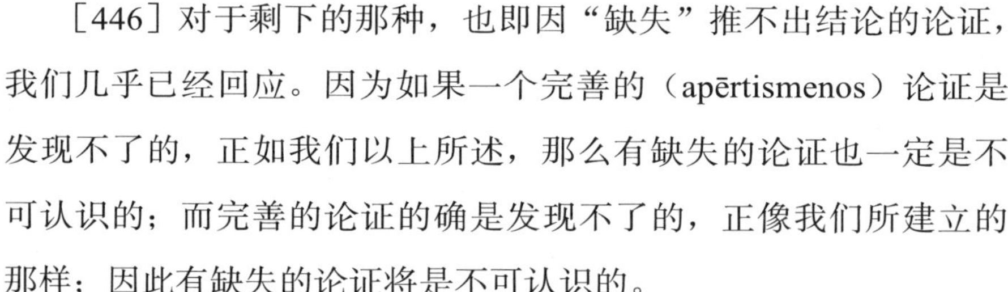

［446］对于剩下的那种，也即因“缺失”推不出结论的论证，我们几乎已经回应。因为如果一个完善的（apērtismenos）论证是发现不了的，正如我们以上所述，那么有缺失的论证也一定是不可认识的；而完善的论证的确是发现不了的，正像我们所建立的那样；因此有缺失的论证将是不可认识的。

［447］如果按斯多亚派的说法存在着四种形式，据此一个论证成为推不出结论的，并且我们已经表明，基于每种形式的推不出结论的论证都是不可认识的，那么我们将得出：推不出结论的论证是不可认识的。如果这是不可认识的，则可证的论证也将是发现不了的。

［448］再者，就所有真的论证来说，前提必须是被判定的（因为仅当这些前提得到承认，结论才被作为由之推出的东西接受），但正像我们所确立的那样，就证明而言前提是不可判定的；所以证明将不可能是一个真的论证。［449］因为，如我们前面所指出的，他们宣称条件句是有效的，仅当始于真而终于真，或始于假

而终于假，或始于假而终于真，只在一种形式中条件句为假[①]，即仅当始于真而终于假。既然如此，就证明而言，条件句将被发现是不可判定的。[450] 因为在所有情况下，它始于小前提（apo tēs proslēpseōs）而终于结论，正像这个论证所例示的："如果运动存在，那么虚空存在；但运动存在；所以虚空存在。"因为这里，条件句始于小前提"运动存在"而终于结论"虚空存在"。[451] 而结论或是显明的并为我们所认识的东西，或是非显明的和不可知的东西。但如果结论是显明的和可知的，则论证就不再是可证的，因为它全部由显明之物构成——一方面是前提，一方面是结论。但如果结论是非显明的，条件句则必然是不可判定的。[452] 因为，一方面它所由之出发的东西是我们所认识的，因为它是显明的，另一方面它所达致的东西，因其非显明性是我们所不知道的。如果我们不知道这种东西究竟为真还是为假，我们也就不可能对条件句做出判定。如果它是不可判定的，则论证就是无效的。

[453] 再者，证明是一种相对之物。而相对之物（ta pros ti）仅仅是被思想的（epinoeitai），并不是真实的（huparchei）。因此，证明只在概念中，不在现实中。处于某种状态下的（pōs echonta）相对之物只被保存于概念中，不具有实在性，这点由独断论者所达成的共识可以表明。[454] 因为他们在描述"相对"时，异口同声地说："相对（pros ti）是相对于他者而被思想的东西。"如果它分有实在性，他们就不会那样解释，而宁肯这样："相对是相对于他者而真实存在的东西（huparchon）。"所以"相对"本质

① 此处"为假"即"无效"。关于无效条件句参见 *M* 8. 114, 268, 331, 416。

上不属于某种“存在之物”（en tois ousi）。[455] 另外，所有真实的东西如无影响是不可能经受任何改变或变更的。例如，白色不能成为黑色，除非已经变化和转变；黑色也不可能变为其他颜色，仍然是黑色；同样，甜的东西也不会成为苦的，依然是未受影响的和不曾变更的。[456] 因此，所有真实的东西离开某种影响是不会经受向他者的转变的。但相对之物可以在未受影响，或自身未发生任何变更的情况下发生改变。比如，当一根一尺长的木棍与另一根一尺长的比较，则被说成是与之“相等”。但当它与一根两尺长的相比，就不再被称作与之“相等”而是“不等”，尽管就其自身来说没有发生任何变化和改变。如果我们设想一个人从陶罐往外倒水，当另一个陶罐被置于其下，那么这个人就被说成是在“倒入”（egcheein），当下面并无陶罐，则被称作“倒出”（ekcheein），尽管这个人本身并未经受任何变化或改变。[457] 因此，如果“没有影响则保持不变”是真实的东西的属性，而“相对”不具备这种属性，那么我们不得不说“相对”不是真实的。[458] [①] 此外，“相对”是与自身分离的（tou chōris），因为“上”和“下”是分离的。[459] 但如果“相对”是真实的，不是一个纯粹的概念，则同一事物将是对立的（to hen ta’nantia）[②]。但声称同一事物是对立的乃是荒谬的。所以“相对”不是真实的，而仅仅是被思想的。因为再者，一个一尺长的物体，当它与一个半尺

① 有关本卷第 458 段的位置存在着分歧。Bett 译本根据 Kochalsky 校勘意见，将之放在第 461 段之后（参见 Bett 译本第 179 页及注释）。

② 这里的观点及其表达方式似乎源自赫拉克利特。在《皮浪学说概要》中塞克斯都提到赫拉克利特的类似表述：to ta’nantia peri to auto，即“同一事物的对立性”（参见 *PH* 1. 210）。

长的相比被称作“较长的”，当它与一个两尺长的相比则被说成是“较短的”。但同一事物在同一时间既是“较长的”又是“较短的”，也就是对立的，则是不可能的事情。或许根据与这个或那个事物相比较，它可以被思想，但不可能“是”（einai）和“真是”（huparchein）。所以，相对之物并非真实存在。

［460］无论如何，如果相对之物存在，就会存在一个与自己完全相同且与自己对立的东西（esti ti tauto enantion heautōi）；但这样的东西并不存在；这样，就一定不能说“相对”是真实的。再者，如果相对之物是真实的，将会存在一个与自身对立的东西；但存在一个与自身对立的东西是没有理据的（ouk eulogon）；因此相对之物真实存在也是没有理据的。［461］因为“上”和“下”是对立的，同一事物相对于下面的东西为“上”，相对于上面的东西为“下”。如果有三种东西——“上”、“下”和介于上下之间的“中”，那么“中”相对于在其之下的东西将为“上”，而相对于在其之上的东西将为“下”，同一事物将既是“上”又是“下”。但这是不可能的。所以“相对”不是真实的。因为如果“相对”是真实的，同一事物将既是“上”又是“下”。因此，即使有这样的东西，同一事物也是根据它与这种或那种东西的相对状况而被称作“上”和“下”的。所以，同一事物将与自身分离，这是极其荒谬的。

［462］如果相对之物是非真实的，那么作为相对之物的证明也一定会是非真实的；而相对之物已被表明是非真实的；所以，证明也将是非真实的。

［463］这些是针对“证明不存在”所谈论的内容。让我们考察一下反对论证。因为独断论哲学家认为，凡宣称“证明不存

在”的论证被自己推翻，正是通过那些由之否定证明的论证肯定了证明。他们在批判怀疑派时说：“凡声称证明不存在者，他们或使用一种纯粹的和未经证明的说辞声称证明不存在，或通过论证对此做出证明。[464] 如果使用纯粹的说辞，将没有一个接受证明的人会相信他，既然只是纯粹的说辞，而且一旦有人说证明存在，他将止于（epischethēsetai）这个相反的说辞；如果证明‘证明不存在’（他们所说的东西），那么他们会立即同意‘证明存在’。因为那个表明‘证明不存在’的论证就是‘证明存在’的证明。[465] 一般说来，反驳证明的论证或是证明或不是证明；如果不是证明，则是不可信的；如果是证明，则证明存在。”[466] 有人还这样提出：“如果证明存在，则证明存在；如果证明不存在，则证明存在；或证明存在或证明不存在；所以证明存在。”实际上，这个论证的前提的说服力（paramuthia）是显而易见的。因为第一个条件句“如果证明存在，则证明存在”作为重复的复杂命题[①]是真的。因为其第二个肢命题由第一个推出，与之无别。而第二个条件句“如果证明不存在，则证明存在”也是有效的，因为“证明存在”由作为前件的（hēgoumenōi）“证明不存在”推出。[467] 那个证明“证明不存在”的论证本身，既然是可证的（apodeiktikos），它确证了“证明存在”。而析取句“或证明存在或证明不存在”，既然是由“证明存在”和“证明不存在”构成的矛盾（antikeimenōn）析取句，就应当有一个为真的肢命题并因此而为真。因此，既然前提为真，则结论可由之推出。[468] 再

① 有关重复的复杂命题（diaphoroumenon），参见 *M* 8. 108-109。

者，以另外一种方式告诉我们结论可由前提推出也是可能的。如果析取句为真，仅当它有一个为真的肢命题，那么无论我们假设哪个为真，结论都会被推出。让我们首先假设肢命题“证明存在”为真。既然在第一个条件句中它是前件，那么在第一个条件句中后件将由之推出；而条件句的后件为“证明存在”，也就是结论（epiphora）。所以，如果承认在析取句中“证明存在”为真，则论证的结论就会被推出。[469] 同样的说服方式也可用于另一个肢命题“证明不存在”。因为它作为前件引导（hēgeito）第二个条件句，可由之推得论证的结论。

[470] 这就是独断论者的反驳，对此怀疑论者的回应是简明扼要的。因为他们会说，如果独断论者不能回答他们自己所追问的问题，即反对证明的论证究竟是不是证明，那他们就得掂量一下自己是否有能力回答如此困难的问题。[471] 如果他们指派怀疑论者做的事对他们来说是易如反掌的，那就让他们做一下易如反掌的事，并回答我们，他们说那个反对证明的论证究竟是不是一种证明。如果它不是一种证明，那就不可能由之表明证明存在。他们也不能说由于这个论证是证明，因此证明将会存在，既然他们已经同意它不是证明；[472] 如果它是一种证明，那它当然具有为真的前提和结论，因为正是由于这些东西的真实性证明才得以想象；但它的结论是“证明不存在”；所以“证明不存在”为真，它的矛盾命题“证明存在”为假。因为，试图以这种方式证明反对证明的论证是可证的，他们与其说肯定证明，不如说否定证明。[473] 然而，如果怀疑论者自己不得不回答，他们会以安全的方式（asphalōs）回答。因为他们会说，反对证明的论证仅

仅是可信的（pithanon）[①]，此时这个论证使他们觉得可信并引导他们给予赞同，但由于人类心灵的繁复多变，他们不知道以后是否还会如此。一旦这样回答，独断论者将无话可说。因为他或将表明那个被提供用来反对证明的论证并非为真，或将确定他无法让怀疑论者相信。[474] 如果表明第一点，他们与怀疑论者就没有矛盾，因为对那个论证[②]后者并未确切地断定（bebaiousthai）为真，仅仅说它是可信的。[475] 如果确定第二点，他便是鲁莽的，试图通过论证来颠覆他人的感受。因为正像无人能通过论证使一个快乐的人相信他不快乐，或使一个痛苦的人相信他不痛苦，因此也无人能使一个信服的人相信他不信服。[476] 此外，如果怀疑论者以赞同的态度（meta sugkatatheseōs）确切断定（diischurizonto）证明不存在，或许他们会受到那些坚持证明存在者的攻讦；但实际上，他们只是就反对证明的论证做出一个纯粹的陈述，并非赞同它们，远不至于被那些建立相反论证的人损害，而是受益于他们。[477] 因为，如果所提供的那些反对证明的论证依然是不可反驳的（anantirrētoi），如果被用来支持证明存在的那些论证也是强有力的（ischuroi），那就让我们既不诉诸前者，也不诉诸后者，而是同意保持存疑。[478] 即使承认反对证明的论证是可证的，就证明存在而言，独断论者也不会因此而得到什么帮助，正如我们已表明的那样。因为它推出证明不存在，如果这个结论为真，则证明存在为假。[479] 那好，他们会

① 这里第 473—478 段可对照 *PH* 2. 187。

② 指反对证明的论证。

说，既然推出证明不存在的论证本身是可证的，那它将推翻自己。对此我们必须说，它未必推翻自己。因为许多东西是基于例外（kat'hupexairesin）来说的。就像我们称宙斯是诸神和人类之父，正是基于他自己这一例外来说的（因为他不是他自己的父亲），同样当我们说证明不存在时，也是基于这一例外，即揭示“证明不存在”的论证来说的，因为只有这个论证是证明。［480］即使它推翻自己，“证明存在”也不会因此得到保证（kuroutai）。[①] 因为有许多东西对待自己如同对待他物。例如，就像在火燃尽质料之后也毁灭自己，又像泻药[②] 在祛除体内的液汁之后也排出自己，因此反对证明的论证在否弃所有证明之后也能消解自己。［481］再如，对于一个爬梯登高者，当他爬上去之后用脚蹬掉梯子不是不可能的，同样对于怀疑论者，当他通过揭示“证明不存在”的论证之阶（epibathras）达到预设目标之后，否弃这个论证本身也不是不可能的。

目前有关逻辑学领域的方法我们已提出许多诘难（aporēsantes），此后我们将进而针对物理学家进行究问。

---

① 参见 *PH* 2. 188。

② 有关“泻药”（ta kathartika）的比喻参见 *PH* 1. 206; 2. 188。

附　录

学园派怀疑论[①]

崔延强　译注

① 学园派怀疑论指以阿尔克西劳和卡尔内亚德开启的以回到苏格拉底为宗旨，以怀疑论为本质特征的“中期学园派”。这里我们从第欧根尼《名哲言行录》第4卷、西塞罗《论学园派》及塞克斯都《皮浪学说概要》等有关章节辑录翻译了学园派怀疑论文本，为读者进一步研究希腊怀疑论和学园派思想的流变提供一手文献。

一、中期学园派评传[①]

1. 阿尔克西劳

［28］按阿波罗多鲁斯（Apollodorus）在《编年史》第三卷所说，阿尔克西劳，修提斯（Seuthes）之子，来自爱奥利斯地区（Aeolis）的皮坦（Pitane）。他是中期学园派的创始人，是第一个因论证的矛盾（dia tas enantiotētas）而搁置陈述（epischōn tas apophaseis）的人，是第一个按问题的两面进行论证的人，也是第一个改变自柏拉图传承下来的学说，并以问和答的方式使之更接近雄辩术的人。[②] 他是这样投奔格兰特[③] 的。他是四兄弟中最小的

① 本文选自第欧根尼·拉尔修《名哲言行录》第4卷有关段落（DL 4. 28-67）。根据 R. D. Hicks, *Diogenes Laertius: Lives of Eminent Philosophers*, Loeb Classical Library (London, Hermann, 1925) 从希腊文译出。另参阅英译本 P. Mensch, *Diogenes Laertius: Lives of Eminent Philosophers* (Oxford University Press, 2018); S. White, *Diogenes Laertius: Lives of Eminent Philosophers* (Cambridge University Press, 2021)。

② 本句刻画出学园派怀疑论的两个核心观念：**一是通过建立正反矛盾命题的论据走向搁置判断，一是通过问与答的诘难方法回到苏格拉底，改变自柏拉图以降的学园派传统。**这里尽管没有使用中期学园派经典用语“存疑”（epochein）一词，但“搁置陈述”就是“存疑”。“存疑”（epochē）一词由阿尔克西劳首次引入哲学和学园派。他认为**“存疑”的方法是将苏格拉底的“辩难”或“诘难”(aporētikē) 推向极端的产物**。按西塞罗的说法，阿尔克西劳的方法在于为论证双方建立同等可信的论据，使听众对任何一方都不做赞同（adsensio）（*Acad* 1. 45）。卡尔内亚德则推而广之，用“存疑”消解一切信念，奠定了“存疑”在辩证法中的唯一地位。他把“存疑”比喻为“拳击手的防御措施”，又比喻为“驾车人的勒马急停”（*ad Att* 13. 21），科雷托马科说：“当卡尔内亚德祛除了我们心中的赞同，即那些像野蛮凶残的妖魔一样的信念和鲁莽时，他完成了赫拉克勒斯般的伟业。”（*Acad* 2. 108）。塞克斯都则把“存疑”比喻为心灵的“站立”（stasis），刻画出怀疑论者在对立的论证之间处于一种无所倾向、无从选择、悬置判断的状态。因此“存疑”这一概念构成怀疑论的出发点和归宿。

③ 格兰特（Crantor，约公元前336—前276年），色诺克拉底和珀勒蒙（Polemo）的学生，“老学园”最重要的代表人物之一。

一个，两个同父，两个同母。同母长兄是佩拉德斯（Pylades），同父长兄是摩伊莱阿斯（Moereas），也是他的养育人。[29] 起初在他到雅典之前，曾是同邦数学家奥托利克斯（Autolycus）的学生，一起去过萨尔迪斯（Sardis）；而后师从雅典音乐家克珊图斯（Xanthus）；后来成为第奥弗拉斯特的学生。最后他投奔学园派，追随格兰特。前面提到的他的那位长兄摩伊莱阿斯，曾执意让他学习修辞术，但他却对哲学情有独钟。格兰特对他有爱慕之情，为此引述欧里庇德斯《安德罗米达》（*Andromeda*）诗句：

少女，如果我救了你，你如何感激我？

下一行是回答：

陌生人，带我走吧，无论做女仆还是做枕边人。

从此，他们彼此结合在一起了。[30] 第奥弗拉斯特曾为此十分懊恼（knizomenon），发出这样一句感叹：“一个天资优异（euphuēs）、极易上手的（euepicheirētos）年轻人就这样离我们学校而去了。”因为他除了侧重论证、极善写作，还专注作诗。他为阿塔洛斯[①]撰写的碑铭流传下来，是这样写的：

① 阿塔洛斯（Attalus，公元前 269—前 197 年），佩尔伽蒙（Pergamon）国王。他发动了对塞琉古（Seleucus）二世和三世的战争，占领大片疆土。

佩尔伽蒙（Pergamon）不仅以武器出名，通常还以
驰骋在神圣的比萨（Pisa）的骏马著称。
如果凡人被赋予权力（themiton），说出宙斯的意愿，
不久将传来诗人许多美妙的歌声。

他还给他的一个同窗美诺多洛斯（Menodorus），尤伽莫斯（Eugamus）之所爱，写了碑铭：

[31] 遥远的佛律葵亚（Phrygia），遥远而神圣的泰阿提拉（Thyatira）
你的故乡，卡达努斯（Cadanus）之子，美诺多洛斯。
通往不可言说的冥河（Acheronta）的道路是相等的，
不管从哪里丈量，正如人们的谚语所说。
尤伽莫斯为你竖起了清楚可见的墓碑，
因为你是为他辛勤耕耘的许多人当中最亲密的一个。

他欣赏荷马远超过其他诗人，睡前无论如何总要读上一段。每当早晨想去读荷马，便说他要去见他所爱的人。他称品达令人叹为观止的（deinon）在于其遣词造句的丰富性，为词（onomatōn）和句（rēmatōn）提供了丰富宝藏。在他年轻时曾对伊翁[①]作品的特征做过深入解释。

[32] 他曾听过几何学家希波尼科斯（Xipponicus）的课，他

① 伊翁（Ion），公元前5世纪诗人和悲剧家。

揶揄此人一方面邋里邋遢、哈欠不断，但在技艺上却造诣深厚。他说："几何学是在他打哈欠时掉进嘴里的。"当此人疯疯癫癫的时候，他将之带回自己家里细心照看，直至康复。他在克拉特[①]去世之后接管了学园，某个叫苏格拉提德（Socratides）的人愿意让贤。一些人说，因为他对一切事物保持存疑（epechein）[②]，故而没有撰写任何著作。但另一些人说人们发现他修改过一些作品，这些东西有人说确已发表，还有人说已被烧掉。他似乎敬仰柏拉图，收集了其文献抄本。[33] 按某些人的说法，他还对皮浪[③]心存妒意（ezēlōkei）。他致力于辩证法并采用伊莱特里亚派[④]的论证方法。为此阿里斯图称他：

> 头是柏拉图的，尾是皮浪的，中间是狄奥多罗的。[⑤]

提蒙是这样说他的：

> 心头挂着美涅德摩斯的铅块（molibdon），

① 克拉特（Crates，约公元前 4 世纪末一前 265 年），雅典人，学园派代表人物，公元前 270/269 继承珀勒蒙短暂主持学园，大概 2—6 年。其观点与珀勒蒙相差不大，没有多少新的建树。

② 参见上面第 28 段注释。

③ 皮浪（Pyrrho，约公元前 360—前 270 年），皮浪怀疑派的创始人。其思想来源主要有三种学说：麦加拉派、德谟克里特派和他随亚历山大东征结交的所谓的印度裸体智僧。

④ 伊莱特里亚（Eretria）学派由美涅德摩斯（Menedemus，约公元前 340—前 265 年）创立，存在的时间很短。美涅德摩斯是苏格拉底传统的辩证法家，其论辩术似乎与麦加拉派的斯提尔波（Stilpo）有关。

⑤ 本段同样出现在塞克斯都《皮浪学说概要》一书（*PH* 1. 234）。

> 却转动着（theusetai）皮浪或狄奥多罗的整个身体。

进而又这样说他：

> 我将游到皮浪那里，游到心术不端的狄奥多罗那里。

他最善使用逻辑命题（axiōmatikotatos），语句言简意赅（sunegmenos），在言谈中善于分辨词义，其话风辛辣有余、口无遮拦。[34] 于是提蒙这样说他：

> 〈诙谐中〉夹杂着苛责。

因此，当一个年轻人说话比任何人胆子都大时，阿尔克西劳说道："没人在玩骰子的游戏中教训过他？"对一个自认为洞悉一切原因、提醒他人一物似乎不比一物更大的人，他反问10个指头的距离是否比6个指头的长。开俄斯某个叫赫蒙（Hemon）的人，长相丑陋，却假装自己很漂亮，总是身着丽服四处游荡，放言智者似乎不应陷入爱欲。他说："也包括像你这样漂亮和爱穿漂亮衣服的人吗？"一个下流猥琐的人称阿尔克西劳似乎很自负，说道：

> [35] 我的王后，允许我说话，还是必须沉默？

阿尔克西劳听后回答：

这个女人，为何对我粗鲁地说话，不像平常的样子？[①]

当一个夸夸其谈的无名之辈给他惹了麻烦，他引述诗句说道：

无规矩地交往（homilein）孕育奴隶之子。[②]

他对另外一个编造大量无稽之谈的人说道，此人大概缺少一个严厉的乳母，而对某些人他甚至不屑回答。当一个喜欢学习的放债人声称不知道某些事情时，阿尔克西劳说：

雌鸟不知风向，
除非繁殖（tokos）期来临。[③]

这句话出自索福克勒斯的《俄诺玛俄斯》（*Oenomaus*）。

[36] 当阿莱克西努斯学派[④]的某个辩证法家未能按老师的要求复述论证时，阿尔克西劳给他讲述了菲洛塞努斯[⑤]同制砖人所发生的故事。当菲洛塞努斯发现他们把自己的小调唱得很糟糕时，便踩踏他们的砖，说道："就像你们践踏我的作品，因此我也践踏

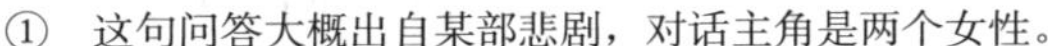

① 这句问答大概出自某部悲剧，对话主角是两个女性。

② 该句来自欧里庇德斯某部无名作品。

③ 希腊语 tokos 有两个意思：一是繁衍、繁殖，一是子息、利息。这句话是影射放债人的双关语。字面意思出自索福克勒斯的悲剧。

④ 参见 *M* 7. 13 注释。

⑤ 菲洛塞努斯（Philoxenus，约公元前 339—前 265 年），来自西泰拉（Cythera），悲剧诗人，生活于叙拉古国王第奥尼修斯一世王朝。

你们的。”阿尔克西劳讨厌那些没有按时（kath’horan）从事学业的人。出于本能，他常使用“我说”、“某某人（他会说出名字）不会赞同”诸如此类的口头语。许多学生羡慕他，包括演说和整个仪态。

［37］他极其善辩（heuresilogōtatos），从而能准确地应对问题，能把整个论证过程带到所提出的问题上来，善于把一切要素结合得恰到好处（sunarmosasthai）。其说服力超过所有人，可以把许多学生拉到自己的学校，尽管他们害怕其咄咄逼人的锋芒。然而他们却乐意承受这些，因为他是极为善良的，满怀希望地激励学生。在日常生活中，他极善交往（koinōnikōtatos）、乐善好施，但却低调地（atuphotatos）掩饰自己的好意。有一次，他去看望生病的科泰西比俄斯（Ctesibius），发现此人穷困潦倒，便偷偷地把钱袋放在他的枕头下面。当被发现后他说：“这是阿尔克西劳的一个玩笑。”在另外的时间他还送给此人另外 1000 个德拉科马。

［38］阿尔克西劳通过向尤美尼斯（Eumenes）国王[①]引荐阿卡迪亚的（Arcadia）阿尔基亚（Archias），使此人逐步地位显赫。由于他自由洒脱、不爱金钱，所以总是第一个出席有偿席位的节日表演，尤其热心参加阿凯格拉底（Archecrates）和卡里格拉底（Callicrates）的此类活动，其席位价格直逼黄金。他非常乐于助人，为他们募集善款。一次某人为了接待朋友向他借了银器没有归还，阿尔克西劳没有去要，反而假装未曾借过。但有人说阿尔克西劳是故意借的，当此人归还它时，因为他很贫穷，就当作礼

① 指尤美尼斯一世，佩尔伽蒙国王（约公元前 263—前 241 年）。

物赠送给他。阿尔克西劳在皮坦有财产，其长兄佩拉德斯由之向他供给。另外，菲勒泰鲁斯（Philetaerus）之子尤美尼斯时常向他提供大笔费用。出于这个原因，尤美尼斯是现今国王当中唯一一个他为之献书的。

［39］许多人奉承安提柯国王[①]，每当他到来便趋之若鹜，但阿尔克西劳却保持缄默，不愿让自己挤进熟人圈子。他与掌管墨尼吉亚（Munichia）和比雷埃夫斯（Piraeus）的指挥官希洛克勒斯（Hierocles）尤为友爱，每个节日都要下来看望[②]。尽管希洛克勒斯和他人一起劝说阿尔克西劳要向安提柯示好，但阿尔克西劳没有被说服，而是每当走到城门便转身返回。海战之后，许多人纷纷投奔安提柯或写阿谀奉承的信，阿尔克西劳依然保持缄默。他曾代表其家乡城邦出使德谟特里阿斯（Demetrias），前往拜会安提柯，但这次任务并未成功。他在学园度过所有时光，远离城邦政治。

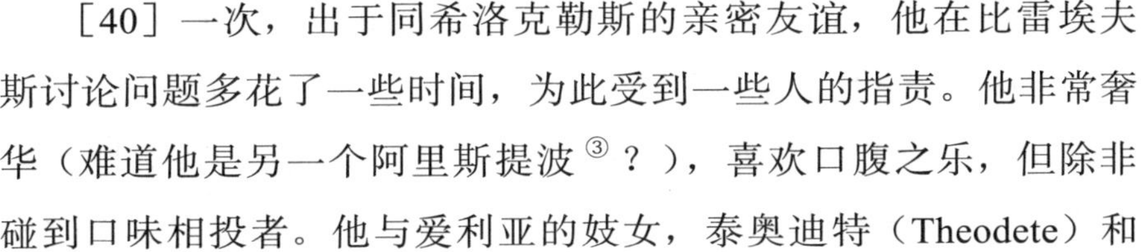

［40］一次，出于同希洛克勒斯的亲密友谊，他在比雷埃夫斯讨论问题多花了一些时间，为此受到一些人的指责。他非常奢华（难道他是另一个阿里斯提波[③]？），喜欢口腹之乐，但除非碰到口味相投者。他与爱利亚的妓女，泰奥迪特（Theodete）和

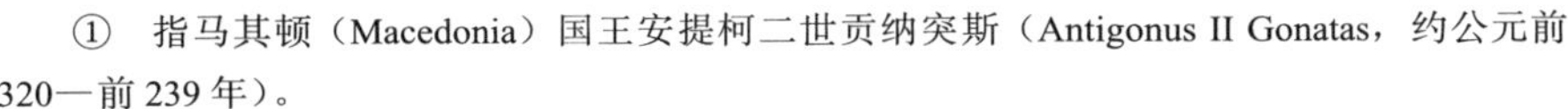

① 指马其顿（Macedonia）国王安提柯二世贡纳突斯（Antigonus II Gonatas，约公元前320—前239年）。

② 墨尼吉亚是防卫比雷埃夫斯港口的小山丘，两地均在雅典城南，故而文中说走“下来”看望。

③ 阿里斯提波（Aristippus，约公元前435—前355年），居勒尼人。年轻时来到雅典，参与苏格拉底的圈子，聆听智者们的演说，后成为一名收取可观的费用进行传授的智者。在其生命的最后一年回到居勒尼创建了自己的学派。

菲拉（Phila）公开同居，对指责他的那些人他引述阿里斯提波的用语。他喜欢男童，多情善感。因此，他被来自开俄斯的斯多亚派的阿里斯图一伙所诟病，称他是年轻人的败坏者和胆大妄为、淫荡下流的说教者。[41] 据说，他尤为爱恋后来去了居勒尼的德谟特里乌（Demetrius）和迈尔尼亚（Myrlea）的科莱奥卡勒斯（Cleochares）。关于后者有个故事：当一群狂热的崇拜者涌到门口，阿尔克西劳对他们说，他很愿意让他们进来，但科莱奥卡勒斯不让。科莱奥卡勒斯也是拉克斯（Laches）之子德谟卡勒斯（Demochares）和布吉勒斯（Bugelus）之子裴多克勒斯（Pythocles）的恋人。当阿尔克西劳发现他们在一起时便强忍怒火让他们离开。为此，上面提到的那些人攻击和挖苦他取悦大众（philochlon）、爱慕虚名（philodoxon）。最激烈的苛责来自希罗努谟斯（Hieronymus），一个漫步派的人及其追随者，因为一次阿尔克西劳召集一帮朋友为安提柯之子哈勒昔奥尼斯（Halcyones）过生日，对于此类事情安提柯通常会送来足够的费用以供享乐。[42] 这种场合他总是避免谈论超出杯中之物（epikulikeious）的话题，有次阿里德罗斯（Aridelus）提出一个论题并要求他解释，他说："这正是哲学的特性（idion）：知道每件事情的恰当时机（ton kairon）。"对于指责他取悦大众，提蒙还谈了其他一些事情，其中这样说道：

> 正如所说，他把自己置于众人的簇拥之中。
> 他们惊诧地看着他，如同燕雀环绕着老鹰，
> 指出他的虚妄，因为他是群氓的马屁精。

你没有什么了不起的（ou mega prēgma），可耻的家伙：
为何把自己装扮成白痴？

但无论如何，他非常谦逊（atuphos）以至于会建议学生去听其他人的课。某位来自开俄斯的年轻人不太满意他的学说，而是喜欢前面提到的那位希罗努谟斯，阿尔克西劳便带着他过去，引荐给这位哲学家，告诫他应当举止得体。

［43］另外还流传着他的一个趣事。当某人问他为什么总是有学生从其他门派到伊壁鸠鲁那里而不是从伊壁鸠鲁那里到其他门派，对此他说："因为由人可以变成阉人（galloi）而由阉人不会变成人。"①

大限将至，他把所有财产留给了他的长兄佩拉德斯，因为在摩伊莱阿斯不知道的情况下，佩拉德斯把他带到开俄斯，并由此地去了雅典。终其一生他没有婚配和生育。他立了三份遗嘱，一份留在伊莱特里亚（Eretria），由阿姆费克里特（Amphicritus）掌管；一份留在雅典，由某些朋友掌管；第三份他送回家乡，交给他的一个亲戚陶马西亚斯（Thaumasias），要求他安全保管。对此人他写了这封信：

阿尔克西劳向陶马西亚斯致敬：

［44］我已托第欧根尼把我的遗嘱转交给你。因疾病频发、身体虚弱，决定立此遗嘱，以免如果有什么意外发生，

① 据第欧根尼记载，伊壁鸠鲁身体孱弱，常被哲学家们讽刺为"女人气的"。

> 对我如此忠诚爱戴的你，不会因我的离去而受到不公。你是当地最值得信任来保护这份遗嘱的人，既因为你的年龄，也因为与我的关系。切记我给予你的绝对信任，竭力为我公正行事，以至于只要依靠你，我制定的遗嘱条款将体面而尊严地得以执行。遗嘱的一份放在雅典由一些朋友掌管，另一份放在伊莱特里亚，由阿姆费克里特处理。

据赫尔米普斯（Hermippus），他因喝了点未混合的酒，神志不清而亡。享年七十五，他赢得了雅典人前所未有的礼遇。

［45］下面是我写的有关他的诗句：

> 阿尔克西劳啊，为何奢侈地喝下这么多醇酒
> 以至夺走你的神志？
> 对你的死我不怎么遗憾，
> 因为你用无度的酒杯冒犯了缪斯。

还有另外三个阿尔克西劳，一个是古代喜剧诗人，另一个是挽歌作者，第三个是雕刻匠，关于他，西墨尼德斯（Simonides）写了这样的碑文：

> 这是阿尔忒弥斯（Artemis）的雕像，耗资二百个
> 帕罗斯（Paros）的德拉科马，上面印有山羊图案。
> 它是亚里士多迪克斯（Aristodicus）那有价（axios）之子，
> 在雅典工艺中训练出来的阿尔克西劳做的。

据阿波罗多鲁斯在《编年史》所说，上面提到的这位哲学家其鼎盛年约在第120届奥林匹亚盛会。

2. 卡尔内亚德

［62］据亚历山大在其《哲学师承录》所说，卡尔内亚德是埃庇考莫斯（Epicomus）或菲洛考莫斯（Philocomus）之子，居勒尼人。他精心研读斯多亚派，〈尤其是〉科律西波（Chrysippus）的著述，进行公平（epieikōs）挑战，并赢得如此声誉（euēmerei），以至他专门谈到这点：

> 如果没有科律西波，就不会有我。

此人非常刻苦，但在物理学上投入精力较少，而在伦理学上较多。因此，他可以因忙于（ascholiai）论证而任凭头发和指甲疯长。他在哲学上吸引力如此之大（ischusen），以至于修辞学家们停下自己学校里的课，跑到他这里听讲。

［63］他的声音极其洪亮，为此体育场的主管派人前来让他不要大声吼叫，他对此人说："请给我声音的尺度（metron）。"此人听后机智地回答："你有一个尺度：你的听众。"他是一个令人望而生畏的批评家，一个难以战胜的探究者。出于上述原因，他常谢绝一些宴请。他曾有一个来自俾泰尼亚（Bithynia）的学生门托耳（Mentor），想引诱他的侍妾。据法博里诺（Favorinus）在《杂史》中说，一天当门托耳前来听课时，卡尔内亚德在讲话中以滑稽诗的口吻直指此人：

[64] 这儿来了一个海上老叟，不会错的，
在体型和声音上很像门托耳，
我宣布将他赶出这所学校。①

此人站起来说：

一边有人宣布，一边有人迅速集结。②

面对死亡，卡尔内亚德似乎显得有些胆怯，他不断地说："聚合的自然将会解体。"当得知安提帕特饮鸩而亡，其离世的勇气备受鼓舞，他说："也给我来一点。"当他们问："什么？"他回答："一点甜酒。"有人称在他死的时候发生月食，另如一些人所说，太阳后面现出最亮丽的星团以示同情。

[65] 阿波罗多鲁斯在《编年史》说，他在第162届奥林匹亚盛会的第四个年头离开人世，享年八十五岁。他给卡帕多西亚（Cappadocia）国王阿里阿拉特斯（Ariarathes）的书信得以幸存，其他东西则由他的学生辑录下来，他自己没留下任何东西。下面是我用混合音步写的有关他的诗句：

为什么，缪斯啊，为什么你让我指责卡尔内亚德？

① 本句源自荷马《奥德赛》的两行（*Odyssey*, 4. 384, 2. 268）和索福克勒斯《安提戈涅》的一行（*Antigone*, 203）。

② 本句引自荷马（*Iliad*, 2. 52, 2. 444 和 *Odyssey*, 2. 8）。

因为他不知道谁不知道他是何等地害怕死亡。[1]
他在恶病缠身中消磨，
无法获得解脱。但当听说
安提帕特饮鸩而亡，他说，
[66]“也给我喝一点吧。”“什么？你要什么？”
“给我一点甜酒喝。”
他常把这句话挂在嘴上：
“使我聚合的自然，也会把我解体。”
无论如何他也要进入坟墓，
带着无数悲戚到达冥府哈德斯。

据说，他的眼睛在夜间就会变盲，而他对此全然不觉。他命家奴点灯，当家奴拿灯进来说：“灯来了。”他回答说：“那就读吧。”

他有许多其他学生，其中最著名的是科雷托马科（Cleitomachus），关于此人后面我要介绍。

还有另外一位卡尔内亚德，是个冷漠的挽歌诗人。

3. 科雷托马科[2]

[67] 科雷托马科，来自迦太基（Carthage）。其原名叫哈斯

---

① 显然这里是借用卡尔内亚德的绝对怀疑论表述“我不知道我一无所知”进行讽刺。

② 科雷托马科（Cleitomachus，公元前 187/186—前 110/109 年），迦太基人，第三代学园派代表，卡尔内亚德的学生，于公元前 129/128 年主持学园。写有 400 卷著述，阐发卡尔内亚德的怀疑论，这些观点为西塞罗、普鲁塔克和塞克斯都所引用。迦太基被罗马攻陷后，写有告慰同胞书。参见 *PH* 1. 220, 230。

德鲁拔（Hasdrubal），他在家乡城邦用当地语言学习哲学。十四岁时到达雅典，成为卡尔内亚德的学生。卡尔内亚德赞赏他的刻苦，便让他学习文法、接受训练。科雷托马科异常勤奋，以至撰写了400多部著作。他继承了卡尔内亚德的学园，以其著述极大程度地昭示了其先师的观点。此人在三个学派都很知名：学园派、漫步派和斯多亚派。提蒙一般这样抨击学园派：

> 没有被腌好的学园派的大杂烩（platuremosunes）。
>
> …………

二、怀疑派与学园派的区别[①]

［220］某些人说学园派哲学与怀疑论相同。因此接下来就这一问题进行探讨。

按多数人的说法存在着三个时期的学园。第一个和最老的是柏拉图的学园，第二个和中间的是珀勒蒙[②]的学生阿尔克西劳的学园，第三个和新近的是卡尔内亚德和科雷托马科的学园。但有人

---

① 本文译自塞克斯都·恩披里柯《皮浪学说概要》第 1 卷有关段落（*PH* 1. 220-235）。依据 R. G. Bury, *Sextus Empiricus*, vol. 1: *Outlines of Pyrrhonism*, Loeb Classical Library (London, Heinemann, 1933)，从希腊文译出。另外参照 H. Mutschmann and J. Mau, *Sexti Empirici Opera,* vol. 1: *Pyrroneion hypotyposeon libros tres continens* (Teubner, Leipzig 1958) 希腊文本校阅。

② 珀勒蒙（Polemo，约公元前 350—前 270/269 年），雅典人，老学园哲学家，色诺克拉底的学生，后继任学园主持。他是老学园时代对柏拉图伦理学和物理学进行系统化、理论化阐释的代表。

把菲洛[1]和卡尔米达[2]的学园列为第四个，还有人把安提奥科斯[3]的学园算作第五个。[221] 让我们从最老的学园开始，看看上述这些哲学与我们的区别之处。

有些人说柏拉图是独断的，有些人说他是怀疑的（aporētikon）[4]，还有一些人说他部分是怀疑的，部分是独断的。因为在带有训练性质的对话里[5]，苏格拉底或以调侃众人或以舌战智者的角色被引入，他们说柏拉图在这里表现出来的特征是训练性的和怀疑性的，但在以苏格拉底，或以提迈欧，或以其他人物之口严肃表达（spoudazōn）的作品中则是独断的。[222] 对那些声称柏拉图是独断的，或部分是独断的部分是怀疑的人，这里再说什么实属多余，因为他们自己承认柏拉图与我们的区别。关于柏拉图是不是纯粹的怀疑论者，我们会在提要[6]那一部分更为详尽地

① 菲洛（Philo，约公元前 159—前 84 年），拉利萨人（Larissa），科雷托马科的学生，继任学园主持。早期受卡尔内亚德影响，持温和怀疑论立场。后在流放罗马期间著有《罗马书》，放弃并反驳怀疑论。

② 卡尔米达（Charmidas），生平不详，怀疑论学园派的最后一代，对修辞学有较大兴趣。

③ 安提奥科斯（Antiochus，约公元前 130—前 68 年），阿斯卡罗（Ascalon）人，学园派菲洛的学生。约公元前 95 年创建自己的学派，他回归老学园和漫步派，同时大量吸收斯多亚派的伦理学和认识论思想以矫正旧传统。在亚历山大利亚时期著有《索苏斯》（*Sosus*）一书，以回应菲洛的《罗马书》。后在雅典教学，西塞罗于公元前 79 年听过他的演讲。

④ aporētikon 一词的名词为 aporos，动词为 aporein，本意“无路可走”（a+pporos），引申为犹疑、怀疑、困难、辩难等。

⑤ 有古代文献把柏拉图的某些著作划分成训练性质的（gumnastikon），如《曼诺篇》和《泰阿泰德篇》（参见 DL 3. 49）。gumnastikon，原指“体训的”或“锻炼的”。

⑥ 塞克斯都多次提及“提要”（hupomnēma），但究竟是指哪一部分，是《反学问家》的一部分，还是已遗失的著述的一部分，尚不清楚。现代学者倾向于认为是指《反学问家》中的后五卷（*M* 7-11）。

讨论，当下我们在这部概要中针对美诺多图斯[①] 和埃奈西德穆[②]（因为他们是这一观点的主要倡导者）进行简短的反驳。当柏拉图表明理念或神意存在，或表明德性的生活比恶的生活更加值得选择时，如果他将这些东西作为真实存在予以赞同，那他就持有信念（dogmatizei）；如果他把这些东西作为更具可信性的东西予以肯定，那他就背弃了怀疑论者的特征，因为在可信性或不可信性上他对一方做出了倾向性选择。由以上所述，这些东西与我们的区别是显而易见的。

［223］即使柏拉图的确像某些人所说的那样，在进行训练时以怀疑的方式表达了某些东西，这也不足以让他变成一个怀疑论者。因为一个哪怕对唯一一种东西持有独断信念的人，或一个在可信性或不可信性方面倾向于选择一种表象而非另一种表象的人，或一个对非显明之物做出表达的人，本身就有独断论的特征。这点恰如提蒙在他谈论克塞诺芬尼[③] 的作品中所表明的那样。［224］他在许多段落对克塞诺芬尼赞誉有加，甚至把自己的《讽刺诗》（*Silloi*）献给他，并以挽歌形式为之代言，说道：

① 美诺多图斯（Menodotus），来自尼各美狄亚（Nicomedia），公元 2 世纪经验派医生，著有大量哲学著作。

② 埃奈西德穆（Aenesidemus，公元前 1 世纪），诺索斯（Cnossus）人。他离开学园派，打起皮浪的旗帜，开创了彻底的怀疑论运动，是十大论式的提出者。他的《皮浪派的论证》成为塞克斯都、第欧根尼·拉尔修研究和撰写怀疑论的主要文献来源，此外他对赫拉克利特哲学也表现出极大的兴趣。有关埃奈西德穆文献的最新评注本，参见 R. Polito, *Aenesidemus of Cnossus: Testimonia*, Cambridge University Press, 2014。

③ 克塞诺芬尼（Xenophanes，约公元前 570—前 478 年），科勒封（Colophon）人，诗人和哲学家，被后代怀疑论者视为思想先驱。

假如我碰巧也有一个充满智慧的心灵，

可以同时观看两边。但我还是被邪恶之路欺骗，

因我如此年迈，无心任何探究①。

无论我把心灵转向何方，万物归于同一个一②。永恒存在的万物，

被从四面八方收回，确立为一个相同的本性。

出于这个原因，他把克塞诺芬尼说成是“半虚夸的”（hupatuphon），因为还没有完全不虚夸。于是他说：

半虚夸的克塞诺芬尼，荷马骗术的嘲笑者，

形塑了游离于人类之外的神，各方相等，

静止不动，不受伤害，比思想更像是思想③。

称其为“半虚夸的人”，因为他在某些方面不自负；称其为“荷马骗术的（homērapatēs）嘲笑者”，因为他蔑视荷马惯用的骗人伎俩。[225] 克塞诺芬尼同其他所有人的既有观念相悖，独断地判定万物是一，神与万物自然地生长在一起④，是球形的、无感受的、不变化的和理性的，那么这就很容易显示出克塞诺芬尼同我们之

① skeptosunēs，这里不译作“怀疑论的”，取其本意“探究的”。

② eis en tauto。“同一个一”，相当于英文 One and the Same，强调“一”的同质性。

③ noerōteron ēe noēma。

④ “生长在一起”（sunphuō）一词，由前缀 sun（共同，一起）和动词 phuō（生长）构成。动词 phuō 演化出名词 phusia（“自然”），因此“自然”在希腊语即为“生长”。该句我们把“自然地”这一词源意义译出，强调克塞诺芬尼具有自然神论倾向的观点。

间的区别。[①] 因此基于以上所述，十分清楚，即使柏拉图在某些事情上犹疑不决，他也不可能是一个怀疑论者，因为有时他似乎表明非显明之物的真实性，在可信性方面对非显明之物做出倾向性选择。

［226］[②] 来自新学园派的那些人，即便他们声称一切都是不可理解的，甚至说“一切都是不可理解的”这句话本身，也是有别于怀疑派的，因为他们对之做出确切的断言，而怀疑派则希望某些事物是有可能被理解的；另外，他们在对善和恶的东西的判断上也明显与我们有别。学园派不像我们那样说某些东西是善的和恶的，而是充满自信地表明，他们称之为善的东西比与之相反的东西更有可能是善的。恶的东西同样如此。但当我们说某种东西是善的或恶的时候，并不认为我们所说的东西是可信的，而是不持有任何信念地（adoxastōs）遵循生活经验，以至于我们不会无所作为。［227］再者，我们说表象就其理据（logos）而言，在可信或不可信方面是等效的；他们则声称有些表象是可信的，有些则是不可信的。

在可信的表象（ton pithanon）[③] 当中他们进行了区分。他们认为，有些表象仅仅是可信的（pithanē haplōs），有些表象是可信的和验证了的（periodeumenē），有些表象则是可信的、验证了的和不可动摇的（aperispastos）。比如，一条绳索被随意盘卷在黑暗屋

① 作为怀疑派的克塞诺芬尼问题，可以比较 *M* 7. 49-52。

② 这里 *PH* 1. 226-228 三节有关新学园派的怀疑论思想，可比较 *M* 7. 159-189。

③ 这里，pithanos 一词的动词形式为 peithō（说服、信服、相信），过去英译常误译为 probable（可能的）（参见 Loeb 译本），后来基本译为 plausible（似乎可信的、貌似有理的）。

子的一角，对于刚从外面匆忙进来的人来说，可由之生成它好像是一条蛇这种“仅仅可信的表象”。［228］但对于经过仔细检视和查证有关特征的人来说，比如它是不动的，具有什么颜色及其他个别特征，基于这些可信的和查证了的表象，它似乎是一条绳索。不可动摇的表象是这样的。据说，当阿尔克斯提斯（Alcestis）死后，赫拉克勒斯把她从冥神哈德斯那里带回并呈现给阿德墨托斯（Admetus），阿德墨托斯曾经获得过关于阿尔克斯提斯的可信的和查证了的表象。他知道她已死去，因而他的心灵迷惑不解，难以确定，倾向于认为这是不可信的。[①]［229］因此来自新学园派的那些人，他们倾向于选择可信的和验证了的表象甚于仅仅可信的表象，倾向于选择可信的、验证了的和不可动摇的表象甚于前两者。

即便来自新学园派和怀疑派的人都说他们相信某些东西，两种哲学在这个问题上的区别也是十分明显的。［230］“相信”或者“信服”（to peithesthai）一词有不同的含义。一是意味着没有抗拒，只是简单地遵从，并无强烈的倾向和意愿，就像一个孩子被说成相信他的老师那样；有时则意味着基于某种强烈愿望，伴随某种选择和类似于一种同感（hoionei sumpatheias）去赞同某个东西，犹如放荡不羁之徒相信奢靡生活的鼓吹者。那么，既然卡尔内亚德和科雷托马科一派声称他们伴有强烈倾向地相信某物，声称这些东西是可信的，而我们仅仅在没有任何意愿、简单跟从（eikein）的意义上说相信某物，在这个方面我们也与之有别。

① 塞克斯都引用的这个例子似乎没有解释“不可动摇的”表象（aperispastos），而是不可信的、犹疑不定的表象。这个例子同样出现在 *M* 7. 254-256。另一个有关墨涅拉俄斯（Menelaus）怀疑海伦的表象的相似例子出现在 *M* 7. 180-181。

[231] 再者，在有关目的问题上我们有别于新学园派。那些声称隶属这一学派的人，把“可信性”原则运用于他们的生活。我们则遵从自己的法律、习俗和自然的感受，从而不持有任何独断信念地生活。[①] 如果不是为了概要这一写作目标，关于两者的区别还会谈得更多。

[232] 阿尔克西劳，我们称之为中期学园派的创建人和领头人，对我来说似乎与皮浪学说拥有共同之处，其规训与我们几乎一样。因为我们没有发现他对任何事物的真实性或非真实性做出表明，也没有在可信性或不可信性方面倾向于选择一方甚于另一方，而是对一切东西保持存疑。他说存疑是目的，宁静随之而来，就像我们所说的那样。[233] 他还说对某些特殊事物的存疑是好的，对某些特殊事物的赞同是不好的，但无论怎么说，我们是基于显现给我们的东西谈论这些问题的，并非确切地肯定，但他谈论这些问题却涉及事物的本性，因为他说存疑本身是好的，赞同本身是不好的。[234] 如果人们应当相信他所谈论的这东西，那么可以说，他表面上显得是一个皮浪派的人，但实质上是一个独断论者。既然他常用诘难的方法（aporetikes）来考验学员，看看他们是否具备获得柏拉图基本信念的良好天分，那么他似乎具有怀疑倾向；但对学园中的那些天分优异者，他着手传授柏拉图学说。因此，阿里斯图这样谈论他：

柏拉图的头，皮浪的尾，狄奥多罗的身子。

① 参见 *PH* 1. 23-24。

因为尽管他使用了狄奥多罗的辩证法，但他却是一个十足的柏拉图主义者。

［235］那些追随菲洛的人说，就斯多亚派的标准即“可理解的表象”而言，对象是不可理解的；就对象的本性而言，它们是可理解的。另外，安提奥科斯把斯多亚学说搬进学园，因此他被说成在学园派里做斯多亚派哲学，因为他试图指出斯多亚的信念内在于柏拉图哲学。因此，怀疑派的规训与所谓第四和第五学园派的区别是十分清楚的。

三、新学园派与斯多亚派的论辩[①]

1. 斯多亚派与老学园派的传承关系[②]

［15］【说话人瓦罗[③]】在我看来，当然也是人们普遍所接受的观点，苏格拉底是第一个呼唤哲学远离那些被自然本身所遮蔽的晦涩话题（这些东西受到所有哲学前辈们关注），使之走进日常生活的人，他研究德性与罪恶，一般意义上的好与坏，意识到天上

① 本文选自西塞罗《学园派》第 1、2 卷主要段落，依据 Cicero, *Academica*, Loeb Classical Library (London, Hermann, 1933)，从拉丁文译出，并参考新近出版的英译本 C. Brittain, *On Academic Scepticism* (Hackett, 2006)。

② 本节选自《学园派》第 1 卷。西塞罗梳理了自“老学园派”到芝诺的斯多亚派哲学发展脉络，介绍了斯多亚派哲学的基本要义。斯多亚派代言人认为斯多亚派是对“老学园派”的继承、修正和革新。

③ 瓦罗（Varro，公元前 116—前 23 年），安提奥科斯的追随者，罗马共和国时期负有盛名、涉猎广泛的学者。这里作为安提奥科斯的代言人，捍卫“老学园”传统和斯多亚派立场，反驳新学园派。

的事物远离我们的认识，或即便可以完全被认识，也与善的生活毫不相干。[16] 在几乎所有为听众所记录的如此丰富多样的对话中，其论证方法千篇一律：他自己不肯定任何东西，只是一味地反驳他人，声称他一无所知，除了知道自己无知这点之外。他超过所有其他人的地方在于他们认为他们知道他们所不知道的东西，而他却仅仅知道他一无所知。他认为，这正是他被阿波罗称为最有智慧的人的原因，因为认为你不知道你所不知道的东西是一切人类智慧的总和。他每每谈论、不断强调这点，无论如何他的所有讨论皆用于赞美德性，激励人们热切地追寻德性，这点可从苏格拉底门人的著述，尤其是柏拉图的著述中看到。

[17] 继柏拉图这位多才多艺、富有创造力的领袖之后，在学园派和漫步派两个称呼之下，发展出一个独一无二、自成一统的哲学体系，两者尽管名称有别但原理一致。因为柏拉图把他的外甥斯彪西波作为哲学继承人，还有两位能力和学识卓著的学生：卡尔西顿（Calchedon）的色诺格拉底和斯塔基拉（Stagira）的亚里士多德。亚里士多德的同伴之所以被称作漫步派，是因为他们经常在吕克昂（Lyceum）散步时进行辩论，其他一些学生则像柏拉图那样，在阿卡德米（Academy），另一个体育场附近聚会和讨论，并因此而得名。两者都从柏拉图的精神财富中吸取营养，形成了一套相当丰富而精细的固定的科目训练形式（disciplinae formulam），但放弃了苏格拉底以怀疑的方式论证所有的东西，不做任何肯定的习惯。其结果恰恰是苏格拉底所指责的东西：一种哲学的系统技艺（ars）、话题的有序安排、科目训练的规程

（descriptio disciplinae）①。［18］起初，如我所言，它们的确是有两个名称的一个体系，因为在漫步派和所谓的老学园派之间没有任何区别。而亚里士多德，至少在我看来，以其富有创造力的心智获得长足进展。但两者拥有同一来源，对我们应当趋避的事物做出相同的划分。……

［19］自柏拉图传承下来，哲学的三个部分既已存在：一是探讨生活（vita）和德性，二是探讨自然的秘密（occultis），三是探讨有关真与假的判断，修辞中的正确与不正确、融贯与不融贯。对于第一部分，即追求善的生活那部分，他们将出发点诉诸自然。声称我们必须遵循自然，作为万物终极目的的最高的善只有在自然中才会发现。他们确信欲望的限度和善的目的在于达致灵魂、肉体和生活方面的种种自然。在肉体的善上，他们确信某些善寓于整个肉体，某些则寓于肉体的部分。健康、力量、美丽是整个肉体的善，而肉体的部分的善则是感官的健全以及任一特殊部分的优异性。如健步如飞，手上有力，声音洪亮，吐字清晰。［20］他们认为灵魂的善是那些能使德性得以把握的特质，这些特

① 据说瓦罗是第一个用disciplinae一词指教育科目的罗马人，在其《自由科目》（*Disciplinarum Libri*）一书中直接继承了当时希腊世界通行的“普通教育科目”（enkuklios paideia）或“基础学习科目”（enkuklios mathemata），参见M. L. Clarke, *Higher Education in the Ancient World*, Routledge, 2012, p. 2。值得注意的是，希腊化和罗马时期不仅普通教育也即所谓的“自由七艺”的科目化业已成熟，而且哲学也逐步走向体系化、科目化和制度化。哲学已经不再是苏格拉底式的自由对话，而是成为一种科目训练的规程（descriptio）。如果哲学科目化的种子早在亚里士多德的著作里已经埋下（据说其著述是学生的听课笔记），那么希腊化和罗马时代就是哲学科目化的生长期。我们从这个时期有关哲学划分的讨论，文本注疏的兴起，哲学史叙述原则方法的形成等知识史视角观察，可略见一斑。

质被划分成“自然的”和“习得的”（mores）[①]。他们把认知的敏锐和记忆归为自然的善，因为两者都属于心灵或理智。他们认为习得的善是一种倾向或习性（consuetudinem）[②]，一部分为勤奋的实践造就，一部分为理性造就，而实践和理性正是哲学自身分内的事。在哲学发展中尚未完成的起始阶段被称作通向德性的“进展”或“改进”（progressio）[③]，一旦完成即为德性，也即自然的完全实现，正如他们所描述的那样，这是所有灵魂的善的终极状态。这就是他们关于灵魂的善的解释。［21］他们说，属于生活领域的善也即第三种善，是导致德性的功用（usum）发生的环境条件（adiuncta），因为德性显然既与心灵的善有关，也与肉体的善有关，当然也与某些与其说属于自然，不如说属于幸福生活的环境条件有关。因为他们认为人是城邦（civitatis）的一部分，也是作为整体的人类的一部分，因此认为人是通过“人类的共通性”（societate）[④]与他者结合在一起的。这些就是他们就自然所赋予的至善做出的探讨，而把其他的善，比如富有、力量、荣耀、感激，作为其增长或守护的手段。这就是他们所介绍的善的三种划分。

［22］这些是多数人将之归为漫步派的有关善的三个划分。这是没错的，因为这种划分的确属于他们，而错误在于如果我们认

① 西塞罗使用的 mores（单数形式 mos），指后天习得的特征、品性、状态、行为、习惯等，与自然的德性同属于灵魂的善。这里我们译为“习得的”。

② 相当于希腊语 ethos。

③ 相当于希腊语 prokopē。但据第欧根尼记载，斯多亚派不同于漫步派，他们否定德性与罪恶之间存在着这种“改进”或“进步”状态。因为“正像一根木棍必须要么是直的要么是弯的，因此一个人必须或是正义的或是不正义的，不存在较正义的和较不正义的”（DL 7. 127）。

④ 相当于希腊术语 hē anthōropinē koinōnia。

为此时的学园派与漫步派有所区别。他们共同享有这一理论，两者都认为善的目的在于获得自然所赋予的所有东西或最高的第一位的东西，即因自身而被追求的东西。而最高的东西恰恰是系于心灵本身和德性本身的东西。相应，种种古代哲学认为幸福仅仅在于德性，但没有肉体的善以及所有上面提到的适合于使德性发生功用的其他善的加入，幸福就不会是最高的。[23] 由这一规程（descriptione），他们会发现生活中的第一行动原则和“义务”本身（offici ipsius），这种主要用来守护自然规定之物的东西。因此，义务养成规避懒惰、蔑视快乐，引导人们为了那些正确和高尚的东西，为了那些与自然要求的规程相一致的东西而经受诸多艰辛，由之生成友爱、正义和公平，生成对这些东西的喜好远胜于对快乐和生活中诸多好处的享受。这就是他们的伦理学体系和我首先给出的这一部分规程的基本框架。

[24] 有关自然的论题，即哲学的第二部分，他们通过划分两种本原予以讨论：一是能动的（efficiens），一是向其提供自身（se praebens），因此是完全被动的（efficeretur aliquid）。他们认为力量的本性在于能动，正如质料的本性在于被动。但两者互为存在条件。如果不包含某种内在的力量，质料自身就无法聚合；如果没有质料，力量也不能发生作用（因为凡不在某处存在的东西必然不存在）[①]。但只有两者的产物，他们称之为物体（corpus），或命名为“质”（qualitatem）。……

① 本段可追溯到柏拉图的《提迈欧篇》（*Timaeus*, 52b）：phamen anagkaion einai pou to on apan en tini topōi。

［26］……这些“质”当中一些是原初的（principes），一些是衍生的（ex his ortae）。原初的质是同质的和单一的，由之衍生出来的质则是复杂多元的。相应，气（aer；该词也在拉丁语中使用）、火、水、土是原初的；而其衍生物是生物的种类和大地上生长的东西。因此前者被称作“第一本原”和“元素”（按希腊语翻译）[①]。在它们当中，气和火具有运动的和能动的力量，而其余元素，我指的是水和土，则具有接受性和被动性。亚里士多德认为存在着某种不同于上述四种元素的独特的“第五元素”，由之形成星体和灵魂。[②]［27］他们认为，在万物之下存在一种质料（materiam），没有任何形式、缺失所有的“质”（让我们不断熟悉该词，用得更加得心应手），由之构成和产生所有的事物，因此这种质料作为整体，能够通过各个部分接受任何东西、经受任何变化。质料可以“灭亡”而归于它的部分，但不是归于“无”。这些部分可被无限地切割和划分，因为事物在本性上没有任何最小的单元，也即没有任何不能划分的东西。再者，所有运动者都是通过间隔（intervalla）运动的，这些间隔同样也是无限可分的。

［28］既然我们称之为“质”的力量以这种方式运动，既然它通过质料如此循环往复，那么他们认为作为整体的质料本身是完

① 即 archai 和 stoicheia。

② “第五元素”，希腊语 pempte ousia，拉丁语对译为 quinta essentia。亚里士多德在其《论天》中论述了第五元素，以解释天体的永恒圆形运动，但并不认为它是灵魂或心灵的构成元素（参见 *Gen. An.* 736 b36）。这里西塞罗的错误（在 *Tusc* 1. 22 重复出现），或许起因于后期漫步派对亚里士多德关于 pneuma（纯净的火的气息）在人类精神中的作用的零散字句的过度阐释，以及把 pneuma 与第五元素不断混同。

全可变的，形成了他们称之为“质性化的东西”（qualia）①，由之在整个自然②中其所有部分持续性的集聚，产生了一个唯一的世界。世界之外没有任何质料的部分，没有任何物体。当中的每种东西都是世界的一部分，所有部分都被有洞觉的自然聚合在一起，这种自然由完善的理性所支配，这种理性是永恒的，因为没有任何更强大的力量使之毁灭。

［29］他们把这种力量称为世界灵魂，也是他们称之为神的完善的理智和智慧，一种对发生在领域范围内的一切事物的“预见”或“预知”（prudentiam）③，尤其是对天体以及地上与人类相关的事物的洞察。有时他们称之为“必然性”（necessitatem），因为无物能够发生，除非受某种“命定的和不可变更的永恒秩序的锁链”④的支配；有时他们称之为“运气”（fortunam），由于其原因的隐秘晦涩和我们的无知，它的活动多半不为我们所预知和期待。

［30］哲学的第三个部分，即涉及理性和论证的部分，两个学派做出如下讨论。真理的标准源于感觉，但不在于感觉，心灵是事物的判断者。他们相信，只有它是可信的，因为只有它才能辨识永远简单的、同一的、“如其所是”（tale quale esset）的东西，这种东西他们称之为“理念”（idean），柏拉图早已给它命名，我们则正确地称之为“形式”（speciem）。［31］他们认为所有感觉

① 相当于希腊语 poia。

② 这里西塞罗使用的“自然”（natura）一词等同于希腊语“本体”（ousia）和“质料”（hulē）。

③ 相当于希腊语 pronoia。

④ 相当于希腊语 katēnagkasmenēn tina kai aparabaton sumplokēn。

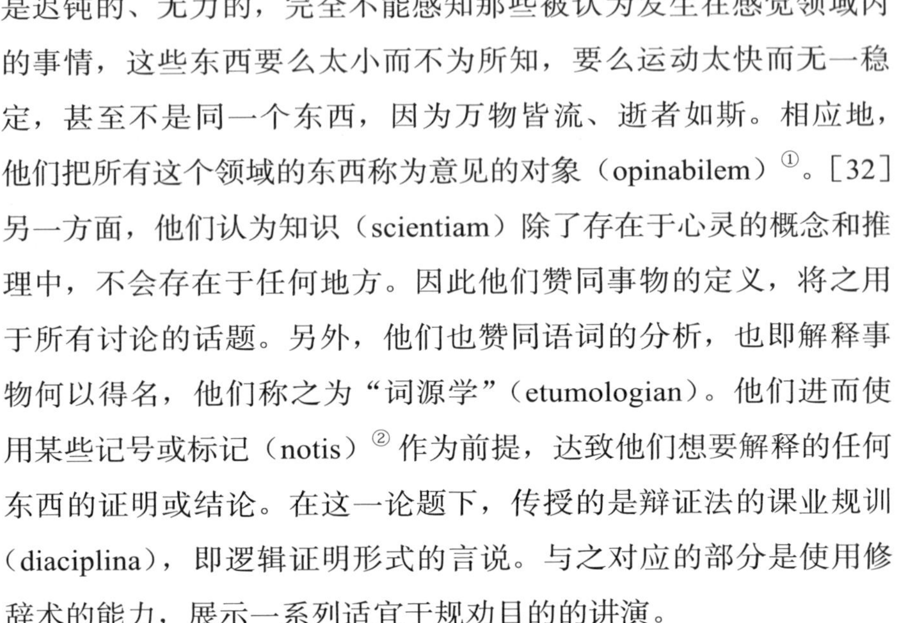

是迟钝的、无力的，完全不能感知那些被认为发生在感觉领域内的事情，这些东西要么太小而不为所知，要么运动太快而无一稳定，甚至不是同一个东西，因为万物皆流、逝者如斯。相应地，他们把所有这个领域的东西称为意见的对象（opinabilem）①。[32]另一方面，他们认为知识（scientiam）除了存在于心灵的概念和推理中，不会存在于任何地方。因此他们赞同事物的定义，将之用于所有讨论的话题。另外，他们也赞同语词的分析，也即解释事物何以得名，他们称之为“词源学”（etumologian）。他们进而使用某些记号或标记（notis）②作为前提，达致他们想要解释的任何东西的证明或结论。在这一论题下，传授的是辩证法的课业规训（diaciplina），即逻辑证明形式的言说。与之对应的部分是使用修辞术的能力，展示一系列适宜于规劝目的的讲演。

[33]……亚里士多德是第一个颠覆我前面刚刚提到的“形式”的人，尽管柏拉图如此出奇地迷恋于它们，以至于称里面有神圣元素。第奥弗拉斯特，一个风格迷人、品性正直而高尚的人，甚至更为猛烈地打破旧有的规训的权威性：他剥夺了德性之美，通过否定幸福生活仅仅依赖它而使之弱化。[34]至于他的学生斯特拉图③，尽管有着敏锐的心智，但确凿无疑地背离了规训。他否弃了哲学最本质的部分，也即涉及德性和伦理命题的部分，全心致

① 参见柏拉图 *Timaeus*, 28a 和 *Republic*, 5. 477-479。

② 相当于希腊语 sumbola。

③ 斯特拉图（Strato），漫步派第三任领袖。他叛离亚里士多德主义传统，放弃哲学对德性和幸福的沉思，开启后期漫步派只关注自然哲学的先河。塞克斯都记载，他把心智理视为感觉本身，就像自某种孔道那样自感官探出（prokuptousan）（*M* 7. 350）。

力于自然研究，即使在这个方面也与同门大相径庭。然而斯彪西波和色诺格拉底，柏拉图理论和权威的第一代继承人，以及在这之后的珀勒蒙和克拉特，连同格兰特，这些所有学园派门人，成为前辈遗产的锲而不舍的捍卫者。接下来珀勒蒙有两个勤奋努力的学生芝诺和阿尔克西劳，[35] 而芝诺[①]，这位年长于阿尔克西劳、极其精细的辩手和敏锐的思想家，竭力修正课业规训。如果你愿意，我将予以展示，就像安提奥科斯平常做的那样……

然而，芝诺绝不是切断德性之类的人，像第奥弗拉斯特所做的那样，而是恰恰相反，把所有构成幸福的东西仅仅系于德性，不允许任何其他东西进入善的范畴，把简单性、唯一性、独有的善命名为"美"或"高贵"（honestum）[②]。[36] 他称，其他所有东西既非善又非恶，但其中有些是合乎自然的，有些是有悖自然的。当然，在两者当中他又加入一个中间系列。他解释说，这些合乎自然的东西是值得选择的，并赋予某些价值。有悖自然的东西则相反，两者都不是的东西则被归于中间系列，他说这些东西不具有任何驱迫力。[37] 在值得选择的东西当中，一些价值大点，一些小点。价值大点的他称之为"倾向选择的"（praeposita），价值小点的则称为"可排斥的"（reiecta）。[③] 正像他做出的这些不过是言词上的而非实质上的改变那样，他还把"义务"（officium）[④] 和

① 指来自喀提亚（Citium）的芝诺（公元前 334/333—前 262/261 年），斯多亚派的创始人。本段以下阐述了芝诺对柏拉图和老学园派学说的传承与革新。

② 相当于希腊语 kalon。

③ 有关斯多亚派的价值学说及其与善的关系，更详细的论述，参见 DL 7. 101-077 以及 *Fin* 3. 16-25, 50-54。

④ 相当于希腊语 kathēkon，原指"落在某人身上"，引申为"义务"、"应为之事"、"恰当之举"等。芝诺被普遍认为是首次使用这一概念者。

“违背义务”（congtra officium）作为中间系列置于正确的和错误的行为之间，仅把正确的行为归为善，把不正确的行为，也即错误归为恶，认为遵循或忽视义务的行为属于中间系列，正如我说的那样。

［38］其前人声称并非所有德性系于理性，某些德性是由自然或习惯（more）形成的，但他把所有德性归结为理性；而他们认为我上面提到的种种德性是孤立存在的，他声辩这是绝对不可能的，不仅德性的活动是“美”或“高贵”（praeclarum），像其前人所认为的那样，而且德性的条件状况本身（ipsum habitum）也是“美”或“高贵”，尽管如果不持续性地活动无人会具备德性。再者，他们没有试图消除人的烦扰或激情（perturbationem）[①]，声称悲伤、欲望、恐惧和快乐是自然的，但要克制它们、减弱其程度。但芝诺认为智者是缺失这些感受（morbis）的。[②]［39］古人称烦扰是自然的和非理性的产物，把欲望置于心灵的一部分，把理性则置于另一部分。他不同意这点，认为烦扰也是自愿的或自主的（voluntarias）[③]，皆因观念的判断而生，一切烦扰的源泉是放任无度。这些或多或少是他的伦理观。

其有关自然原则的观点如下。首先，在讨论公认的四种基本元素时，他并未增加“第五元素”，这种其前人视为感觉和心灵的

① 这个词似乎是希腊语的 taraxia 的对译。

② 这里 morbis 是对希腊语 pathos 的翻译。

③ 芝诺认为激情或烦扰是自愿的，因为它们来自观念，即我们自己对表象的一种弱的赞同，相信某种好的或不好的事情正在发生或将要发生，我们要追求或规避。参见西塞罗 *Tusc* 4. 14, 3. 24-25, 4. 22。

本原的东西。因为他提出火是生成万物，甚至是生成感觉和心灵的自然法则。另外不同于他们的地方还在于他相信非物体性的东西，正像色诺格拉底及其前辈们所声称的心灵，是不可能有任何活动的，任何能动的和被动的东西无论如何也不会是非物体性的。［40］在哲学的第三部分他做出诸多修正。首先就感觉本身他发表了某些新的论断，认为感觉是心灵与某种来自外部对象的作用的结合（iunctos）[①]（这种作用他们称为“表象”［phantasia］，我们叫作“印象”或“映象”［visum］。让我们注意这个词，因为在余下的讨论中还会经常使用），他把这些由感官所获得的印象与心灵的赞同（adsensionem）结合起来，而这种赞同他将之视为自主性的活动（voluntariam），［41］他认为并非所有印象都是可信的，只有那些以特殊方式呈现对象的清楚明白的印象才是可信的。这种印象能自我辨识（cerneretur），因此他称之为“可把握的”或“可理解的”（comprendibile）[②]……一旦印象得以接受和赞同，他就称之为“把握”或“理解”（comprehensionem）[③]，就像某个东西被握在手里。实际上他正是由此演绎该词的，此前无人这样用过，他还使用大量的新词（因为其说教是新的）。为感官所把握的东西他称之为感觉本身，而一种感觉被如此确切地把握以至无法为理性论证（ratione）所撼动，他称之为“知识”（scientiam），不能被这样把握的感觉则称之为“无知”（inscientiam），由之生成观念

① 即来自外部对象的表象和心灵的赞同的结合。

② 是希腊语 katalēptikē 的对译。芝诺有关该术语的论述，参见 *Acad* 2. 18, 2. 112-113 和 *M* 7. 252。

③ 是希腊语 katalēpsis 的对译。

或意见（opinio），一种伴有假的和无知的（incognitiam）虚弱判断状态（imbecilla）。[42] 再者，他把我刚才提到的“把握”或“理解”置于知识与无知之间，认为它既非正确也非错误，而称它仅仅是可信的（credendum）。据此，他认为感觉也是值得相信的（fidem），因为，如我以上所述，他认为由感官所把握的东西是真的和值得相信的，这并非是因为它把握了事物的所有特性，而是因为它不会省略任何为它所觉察的东西，而且还因为自然赋予它作为知识的准则（normam）和出发点（principium），由之事物的概念相继在心灵上打上印记，从中不仅确立了出发点，而且还开启了发现理性真理的宽阔大道。另一方面，他把错误、鲁莽、无知、意见、怀疑，一言以蔽之，把一切有悖于确定性的和融贯性的赞同，从德性和智慧中排除出去。这些或多或少就是所有芝诺与其前人不一致的和发生改变的东西。……

[44]【说话人西塞罗①】我们得知，阿尔克西劳涉足的这场与芝诺的论争，至少在我看来，并非出于固执己见和争强好胜，而是因为事物的昏暗晦涩，这个让苏格拉底自认无知的事实。甚至在他之前，德谟克里特、阿那克萨戈拉、恩培多克勒以及几乎所有早期哲学家完全否认一切认识、感知和知识的可能性，因为感觉是有限的，心灵是脆弱的，生命历程是短暂的，真理是深不可测的，如德谟克里特所言，意见和习惯充斥万物，真理无立锥之地，一切笼罩于漫漫黑暗。[45] 相应地，阿尔克西劳称无物可知，甚至连苏格拉底自己留下来的知识遗产即自认无知的格

① 这里西塞罗作为新学园派的辩护方。

言的真理性也是不可知的。他相信一切深陷昏暗晦涩之中，无物能被辨识和理解，因此他说人们不应断言、确定、赞同任何东西，而应每每克制自己的鲁莽，力避任何疏忽。赞成假的和不可知的东西是尤为突出的鲁莽，没有任何东西比同意或赞成超越知识和感知更加可耻，其行动与论述一致：通过反驳所有观点让多数人接受这一论述，因此一旦发现同一论题对立的证明达致均衡（partibus）[1]，这就很容易对任何一方搁置判断（adsensio sustineretur）[2]。

［46］他们称之为“新学园”，但似乎对我来说是“老的”，如果我们把柏拉图算作老学园的一员的话，因为在他的著作中什么也没有断定，倒是有大量正反双方的论证，一切处于问题探究中（quaeritur），没有做出确切的陈述。那么，权且就把你描述的学园叫作“老的”，这个叫作“新的”吧。这个学园直到卡尔内亚德，自阿尔克西劳继承下来的第四代，一直秉持阿尔克西劳同一理论。卡尔内亚德对哲学任何领域无所不熟，就像我从他的听众那里，特别是从伊壁鸠鲁派的芝诺[3]那里听到的那样，此人尽管与卡尔内亚德分歧很大，但对他的溢美之词超过他人，因为他有着难以置信的能力。……

① 相当于希腊语 isostheneia。

② 相当于希腊语 epechein。

③ 伊壁鸠鲁派的芝诺（Zeno，约公元前 150—前 75 年），来自西顿（Sidon），于公元前 110 年接替阿波罗多鲁斯，担任学派主持。公元前 79/78 年，西塞罗在雅典与之结识。

2. “可理解的表象”是否可能？①

［7］【说话人西塞罗】……就我们而言，既然我们习惯于把自己的观点提出来与各派观点对立，因此就不会排斥其他观点与我们不同。我们的做法直截了当，因为我们想发现毫无争议的真理，真诚而热切地进行探究。尽管知识疑难重重，事物本身昏暗晦涩，我们的判断力软弱无力，以至于最早的一批最有学识的思想家对他们是否能够发现他们想要发现的东西失去信心，但他们始终没有放弃，我们也不会因心神疲惫而失去研究的热情。我们讨论的唯一目的在于通过正反两个方面的论证刻画出（exprimant）某种或者为真，或者最有可能接近真理的结论。［8］我们和那些认为自己具有知识的人之间的唯一区别在于，他们从不怀疑他们所为之辩护的命题为真，而我们认为许多东西是可信的（probabilia），它们易于跟随（sequi），但难以确证（adfirmare）。我们更加自由和无拘无束，因为仅就判断力而言全在我们自己手上，不会出于必然力量而不得不为一套如指令一般强加给我们的说教进行辩护。而其他人则在能够决定什么是最好的之前已被束缚住手脚。再者，在他们人生最不如意的时候，或为朋友所诱导，或被第一次听到的那个人的唯一一次演讲所俘获，从而对他们一无所知的东西做出判断。他们求助于所遭遇的任何一种哲学，如同受暴风雪驱迫而依靠一块岩石。［9］对于他们声称自己完全信任某个他们判定为智者的人，如果一个如此毫无学养的新手具有做出这种判断的

① 本节选自《学园派》第2卷，斯多亚派与学园派代言人就斯多亚的核心概念“可理解的表象”展开精彩辩论。这里西塞罗通过虚构一种论战场景和代言人，把历史上真实存在的哲学流派引入，使哲学史“活”起来，创造了一种哲学论证的新形式，有助于深刻理解哲学思想。

能力的话，我倒是宁愿赞成这个说法，因为似乎只有智者才能判定谁是智者。但即使他们具有这种能力，也只有当他们听完所有论证，了解其他的哲学观点之后才能判断，然而他们却在听了一次演讲之后做出判断，让自己屈从于一个人的权威。不知出于什么原因，多数人宁愿为自己喜欢的观点去针锋相对地辩护而不惜误入歧途，也不肯不带一孔之见地探求最为融贯一致的观点。……

［18］【说话人鲁库洛斯[①]】因此当菲洛[②]声称无物能被理解或能被把握时（这是我对 akatalēpton 一词的翻译），如果他说的这种表象（昨天谈话中我们已充分使用 phantasia 一词）就像芝诺所界定的，是由其所“是”的那个东西（ex eo unde esset quale）获得印迹（impressum）、形塑而成的，以至于它不可能来自非其所“是”的东西（我们说芝诺的定义是绝对正确的，因为事物何以能让你绝对确信它是可理解的或是以可认识的方式来理解，如果有某种假的东西与之相似的话？）——那么，当菲洛削弱和否弃这一点的时候，他就否弃了可知与不可知的标准。这就导致了无物能被理解的结论，所以他一不留神又回到了他竭力避免的结果。出于这个原因，我反驳学园派的整个论说的目的在于坚持菲洛想要推翻的这个定义，如果我的论证无法支撑这个定义，则必须承认无物能被理解。……

［21］上述对象是由感觉把握的。下面这类对象与之相似，但

① 鲁库洛斯（Lucullus，约公元前 115—前 57 年），罗马将军和政治家。这里作为安提奥科斯的代言人，新学园派的对手。

② 这里指的是拉利萨（Larissa）的菲洛，科雷托马科的学生，学园派领袖，持温和怀疑论立场。

我们不说它们是由感觉本身，而是由某种意义上的（quodam modo）感觉把握的，如“这是白的”、“这是甜的”、“这是悦耳的”、“这是香的”、“这是粗糙的”。我们的这类理解来自心灵而非感觉。另如“这是一匹马”、“这是一条狗”。那么，接下来的是联结在一起的更为抽象的概念系列，比如下面的这一概念系列似乎包含了关于对象的完整的理解：“如果某物是人，那它是有理性的动物。”正是通过这一系列表象，关于对象的概念印在（imprimuntur）我们心灵上，没有它们就不会有理解、探究和论证。

［22］但假如存在着错误的概念（我知道你用 notitias 翻译 ennoia）。那么，假如我们的概念是错误的，或这些概念是通过那些无法与假的表象区分开来的表象印在我们心灵上的，我们如何对待它们？我们如何看出什么东西是与当下某物一致的或是不一致的？这种情况就不会给记忆留有余地，而记忆不仅是哲学，而且也是生活经验和所有技艺的唯一储存者。如何可能存在着错误的记忆？一个人何以能记住他所不能理解和无法在心灵中保存的记忆？又如何可能存在着并非由一种或两种而是由一系列理解构成的技艺系统？如果你消除了技艺，如何会分辨行家与门外汉？我们不会偶然称一个人是行家，另一个人不是行家，而是看到一个人具有一系列认知和理解，另一个没有。既然一类技艺仅靠心灵辨识，另一类是活动的和创制的，那么几何学家何以辨识（cernere）那些不存在或无法与假的区别开来的东西？一个乐师何以能完成旋律、奏出妙音？同样的情况也会发生在那些仅靠创制和活动完成的其他技艺。如果不是技艺的践行者拥有一套理解，技艺如何能够发生？

［23］再者，德性的研究也向我们提供了许多东西是可知的和可理解的强有力的证据。我们可以确切地表明，只有理解构成知识的基础（在我们看来，知识不仅是有关某物的理解，而且是一种牢靠的和不变的理解），同样也构成作为一种生活技艺的智慧的基础，它维系这种智慧的贯通性（constantiam）。假设这种贯通性根本不在于任何理解和认知，那我想问问它来自何处、如何产生？我们想想，一个好人宁肯背负种种苦难，遭受难以忍受的痛苦的折磨，也不愿抛弃他应尽的义务或承诺，我要问，如果他没有把握、理解、认识和确立某种能够解释其行为何以应当如此的理由，为什么他要给自己添加如此沉重的负担？因此，绝对不可能有人会对公平和忠诚赋予如此高的价值，以至于为了维系它们可以不拒种种苦难，除非他已认同不可能为假的表象。

［24］至于智慧本身，首先，如果它不知道自己是不是智慧的，那它何以博得智慧这一虚名？其次，如果没有任何确切的结果随之而来，它何以敢运筹帷幄、采取行动？当它迟疑于什么是至善，不知道所有活动所诉诸的最高目的，那它何以可能是智慧的？这点是显而易见的：必须当智慧开始活动时有一个它所跟随的本原（initium），这个本原必须合乎自然。否则，动机或内驱力（adpetitio）（这就是我们对 hormē 一词的翻译），这种迫使我们行动、趋向表象对象（visum）的东西就不可能产生驱迫。［25］产生驱迫的东西首先要被显现出来，而且必须被相信，如果表象对象与假的东西无法分辨，这一切是不可能发生的。如果心灵不理解表象对象究竟是合乎自然还是与自然相悖，那它何以受到驱动以成动机？同样，如果没有合适的东西作用于心灵，心灵根本就

不会做任何事情，就永远不会被驱使达致任何对象，永远不会产生运动。而心灵如果有所活动，那驱动它的东西一定显现为真。[26] 再者如果你们的观点是真的，理性——“生活之光与普照”就会完全被消除，你们会每每坚持这样一种悖谬错乱吗？理性为研究提供出发点，理性成就德性，因为它通过研究而强化自身。研究是知识的内驱力，发现是研究的目的。无人会去发现假的东西，没有任何尚不确定的东西是能被发现的。发现意味着当先前被遮蔽的东西得以揭示。因此，心灵既掌握研究的出发点，也掌握认知和理解的结果。因此，证明（希腊语 apodeixis）被界定为“一种由已被理解的前提达致先前未被理解的结果的推证”。

[27] 但如果所有表象如你们学派所说的那样可能为假，没有任何心灵过程可以区分它们，那我们如何能说有人证明了什么、发现了什么？我们何以相信证明？既然哲学必须通过证明取得进展，那它如何得到结果？对于智慧又将如何？智慧不应怀疑自己及其原则（哲学家们也称之为 dogmata）。如无犯罪也就不会有任何原则的背弃，因为背弃原则意味着背弃真理与道德的律令，反过来又会催生对友爱和公共事物的背弃。因此智者的原则不可能为假是毋庸置疑的，然而对它们来说，不为假是远远不够的，而且必须是稳定的（stabile）、可靠的（fixum）、公认的（ratum）和不为任何论辩所动摇的。这样的特征不属于或似乎不属于主张所有原则所由之生成的表象同假的表象无法区分的那些人的观点。[28] 这些人的观点就引发一个由霍顿西俄斯[①]提出的要求：你们

① 霍顿西俄斯（Hortensius，公元前 114—前 49 年），罗马执政官（公元前 69 年），西塞罗早年的辩论对手。西塞罗著有虚构作品 *Hortensius* 与之进行哲学论辩。

学派至少应当承认智者能够理解“无物能被理解”这句话本身。安提帕特曾提出同样的要求，他说那些宣称无物能被理解的人承认这句话本身是能被理解的，尽管其他东西是不能被理解的，这是相融贯的（consentaneum）。但卡尔内亚德十分强烈地反对他的这个说法，声称这远非融贯，而是严重地不融贯，因为某个声称无物能被理解的人不会有任何例外，既然没有例外，就必然推得说这句话本身也是不能被理解的。［29］安提奥科斯似乎更切近这种理解。他论辩道，学园派既然把“无物能被理解”作为原则或原理（decretum）（现在你就明白我对译 dogma 一词的意思了），他们就一定不能在解释其他东西时对这个原则本身摇摆不定（fluctuare），尤其是因为它构成所有论证的基础，对真与假、知与不知的断定毕竟是用于整个哲学的准则或尺度（regulam）。因此，既然他们采用了这种方法，试图教给人们哪些表象是可接受的，哪些是要拒斥的，毋庸置疑他们应当能够理解原则本身，这个判断真假的一切标准的基础。他称，哲学上两个最重要的问题是真理的标准和善的目的。无人会成为智者，如果他不知道知识的本原或内驱力的目标因而也不知道从哪里来、到哪里去的话。对这些东西犹疑不决、信心不定是完全与智慧相背离的。因此在这个方面应当至少要求他们承认“无物能被理解”这件事本身是能被理解的。我认为，有关他们整个观点的不融贯性——如果不赞成任何东西的人被说成是有观点的，我谈得已很充分。

［30］下一个辩论主题尽管内容丰富但略显晦涩，因为它来自不少物理学的东西，我担心这会允许我的对手有大量机会肆无忌惮。我还会指望那些试图剥夺我们光明的人在深陷黑暗的事情

上做些什么？然而，还是可以详尽地讨论一下自然在创造动物尤其是人方面所大量体现出来的匠心（artificio）——感觉所具有的能力如何首次被表象打动，接着内驱力随表象的刺激而来，然后感觉把我们引向我们想理解的对象。心灵，作为感觉的源泉，甚至本身就是感觉，具有一种通过被驱动之物导向对象的自然能力。相应地，它抓住某些表象以便直接使用，而把另一些表象储存起来作为记忆的源泉，还根据它们的相似性，把所有剩下的表象组合成一个体系，形成对象的概念（希腊语有时称之为 ennoiai，有时称之为 prolēpseis）[①]。加上论述、证明和大量的事实之后，对所有这些东西的理解清楚地显现出来，通过这一阶段得以完善的理性本身最终达致智慧。

［31］人类心灵与事物的知识和生活的一惯性完全相适，因此它尤善认知，热爱 katalēpsis（如我所言我们将它译为“把握”或“理解”），这不仅为了它自身（因为还有什么比真理之光更亲近心灵？），而且还为了它的效用。因此它使用感觉，生成几乎是第二感觉的技艺，它强化哲学以至达乎生成德性的程度，而德性是构成整个生活一以贯之的东西。因此，那些否认有物能被理解的人剥夺了我们生活的手段和必需（ornamenta），或更有甚者，他们从根本上推翻了整个生活，剥夺了动物之为动物的心灵。因此，对他们这种鲁莽批判多少都不为过。……

［37］与那些我已解释的东西相比已了解得很充分了，下面让

① prolēpseis 即未经理性审视和逻辑论证的概念或观念，可译为“常识”或“前见”，参见 *M* 8. 157, 321, 337, 331a-333a 以及 *PH* 1. 211, 2. 246。

我们就“赞同”或“认可”（希腊语称为 sunkatathesis）谈一点看法。虽说这是个大问题，但不久之前我们已有铺垫。首先，当我解释感觉能力时，同时也表明许多东西是能被理解和感知的，但如果没有赞同这是不会发生的。再者，动物和非生命物之间最大的区别在于动物可以完成活动（完全不动的动物是不可想象的东西），因此要么我们剥夺动物的感觉，要么承认作为自主能力的赞同。[38] 另一方面，拒绝感觉或赞同活动在某种意义上是对心灵本身的剥夺。就像一架天平当放上重物就会沉降，心灵必然也会跟从清楚明白的表象。因为正如动物不能不趋向某种似乎亲近于其本性的东西（希腊语称为 oikeion），因此心灵不能不赞同对它呈现出来的清楚明白的东西。尽管，如果我所论述的是真的，那就没有什么必要讨论赞同问题了，因为凡理解某种东西的人就会自动给予赞同，但还有以下系列结果需要明白：没有赞同就不可能有记忆、概念和知识。更重要的是，在不赞同任何东西的人那里也就不存在我们的自主能力了（nostra potestate），假如有这种自主能力的话。但如果一切皆不由我们自主，那么德性何在？[39] 尤为荒谬的是他们认为恶在我们自己，如果没有赞同就不会有人为恶，同样德性也就不会是真实的，因为德性的贯通和力量是由它所赞同和认可的表象构成的。无论如何，在我们活动之前必须获得并赞同表象，因此任何消除表象或赞同的人实际消除了生活的一切活动。

[40] 现在让我们考察一下我们的这个对手通常反驳我们的论证。在此之前，让你们看看其整个论证所依靠的基础。首先，他们构建了一种处理我们所说的表象的技艺，界定其特征和类型，

尤其是界定那种可认知的和可理解的表象，以至于像斯多亚派那样如此细致地进行分析。他们提出了两个命题，构成整个论证的主题：（1）当一种表象以这样一种方式呈现，以至于另一种表象也以同样的方式呈现，两者之间没有任何差别，那么一种是可理解的而另一种是不可理解的，则是不可能的。（2）它们之间不仅在各个部分的特征上没有任何差别，而且就它们是无法分辨的而言也没有任何差别。提出两个命题后，他们把整个论证归结为一个证明式，该证明式如下："某些表象是真的，某些是假的；假的表象是不可理解的；而每个真的表象总是这样，以至于存在一个相同的假的表象；这些表象之间没有任何差别，不可能发生一些表象是可理解的而一些是不可理解的；所以，没有任何表象是可理解的。"［41］他们把两个用来推出结论的前提设定为公认的，的确没人会否认它们。首先假的表象是不可理解的，其次对于相互间没有任何区别的表象，不可能一个是可理解的而另一个是不可理解的。对于其他前提他们用复杂而冗长的论证进行辩护，它们也有两个。首先某些表象为真而某些为假，其次每个来自真实存在物的表象是如此这般，以至于它也会来自假的东西。［42］对于这两个前提他们没有浮光掠影，而是极为仔细和用心地予以阐发。他们首先将之分为几个主要部分：首先是感觉，其次是来自感觉和一般经验（他们认为缺乏清晰性的东西）的推论，然后他们达致这一部分，声称甚至通过理性和推理任何东西也是不可理解的。他们把这些一般性的部分又进一步细化，对所有其他部分使用的方法同昨天在讨论感觉时你们所看到的一样，意在证明在细化部分的每一论题上，所有真的表象都伴有与之无法分辨的假

的表象，既然表象本性如此，因此它们是不可理解的。……

［44］如果他们声称他们可以清楚地认识他们所论证的东西，不受真假表象之间交叠杂陈之阻碍，我们则承认他们能够理解这些东西。但如果他们否认真假表象能够被区分开来，那他们的论证如何往前进行？他们又会遇到前面所遇到的问题。因为一个有效（concludi）证明是不可能的，除非你承认拿来作为前提的命题已被充分证明不可能有一个和它一样的为假的命题。因此，如果一个把整个过程建立在已被理解的东西上的证明，得出一个没有任何东西是可理解的结论，还能发现比这个更自我矛盾的东西吗？精确的论证意在揭示非显明之物，意在使用感觉和显明的表象以便达致这一结果。但他们想要的并非“是”什么，而是“似乎是”什么，这是怎样的一种论证？其最严重的错误在于把两个完全矛盾的命题设定为相融贯的前提：首先某些表象为假，这里显然蕴含了某些表象为真，与此同时在真和假的表象之间完全没有差别。但你的第一个假设蕴含了表象有差别，因此你的大前提和小前提之间是相互矛盾的。……

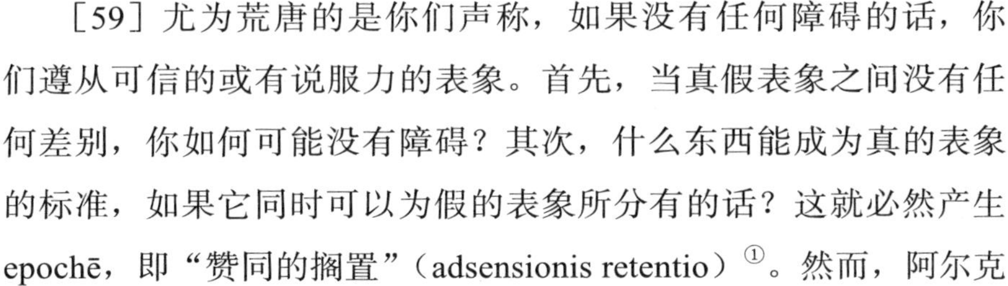

［59］尤为荒唐的是你们声称，如果没有任何障碍的话，你们遵从可信的或有说服力的表象。首先，当真假表象之间没有任何差别，你如何可能没有障碍？其次，什么东西能成为真的表象的标准，如果它同时可以为假的表象所分有的话？这就必然产生epochē，即“赞同的搁置”（adsensionis retentio）[①]。然而，阿尔克

① 这里“赞同的搁置”（adsensionis retentio）就是西塞罗等人对希腊语epochē（存疑）的翻译。

西劳的主张同这点更为贯通一致，如果某些人谈到的有关卡尔内亚德的观点是真实的。[①] 因为如果无物能被理解（这是他们两人的观点），赞同必然被消除。因为还有什么比赞同不可知的东西更无意义的吗？但在昨天的讨论中我们被告知卡尔内亚德对智者是否持有意见，即是否会犯错一直闪烁其词。然而在我看来，我确信存在着可理解的东西（这一观点我已论证很久），更确信智者不会持有意见，也即他永远不会赞同或者为假或者不可知的东西。

［60］剩下来的就是他们声称，为发现真理必须从正反两个方面对所有问题进行论证。那好，我倒想看看他们发现了什么。他会说，“展示我们的观点并非我们的习惯做法”。这有什么可神秘的？为何你们藏着掖着自己的观点好像羞于见人？他说：“这正是为了我们的听众可以为理性而不是为权威所左右。”两者的结合如何？这有什么不好？有一个东西是他们藏掖不住的：无物能被理解。在这点上你们的权威就没有施加拳脚？在我看来似乎有过之而无不及。如果没有阿尔克西劳的权威论证和滔滔雄辩，以及卡尔内亚德更为强力的论辩，谁还会追寻如此显而易见的谬误和怪论？……

［66］【说话人西塞罗】如果当我发现了某种相似于真理的东西而感到高兴，从而并不渴求发现真理该当如何？一如我把获得真理视为无上荣光，我也把以假为真当成莫大羞耻。无论如何我本人不是那种永远不赞成任何假的东西，永远不做赞同，永

① 这句话的意思是说，从逻辑上阿尔克西劳比卡尔内亚德更为彻底地坚持绝对怀疑论立场，对任何东西保持存疑或搁置赞同，包括智者本身也不持有任何意见。但卡尔内亚德在智者是否存疑问题上闪烁其词。

远不持有意见的人。我们要研究的是智者，而我的的确确是一个意见的持有者，不是智者。我不会让小熊星座，也即北极星（Cynosure）引导我的思想，“黑夜里腓尼基人在它的指引下深信不疑”，如阿拉图斯[①]所说，它指引直线距离，因为他们观察这颗星座“按内圈，以短道运行”。我的思想是被闪耀的大熊星座（希腊语 helikē），即北斗七星（Septentriones）指引，也即被宽泛便利的原则引领，而非精细狭窄乃至几近于无的原则。其结果是我可以有所差错（errem），可以徘徊有余。因为如我所言，我们所研究的不是我而是智者。当这些表象锐利地打动我的心灵和感官，我接受它们，甚至赞同它们（尽管我不理解它们，既然我认为无物能被理解）。我不是智者，所以我遵循这些表象，并不拒斥它们。对于智者，阿尔克西劳同意芝诺的说法，认为智者的主要力量在于小心谨慎以防上当，既然他是不可欺骗的。因为没有任何东西比错误、轻率和鲁莽更背离我们为智者的尊严所勾勒出的概念。关于智者的定力我还会说什么呢？实际上，鲁库洛斯，即使你也会同意他不持有任何意见。既然你同意这点（又扯远了，一会儿我们返回），首先考虑这个推理的有效性：[67]“如果智者曾赞同什么东西，他有时会持有意见；他永远不会持有意见；所以他不会赞同任何东西。”阿尔克西劳赞成这个证明，因为他曾为第一和第二个前提辩护。卡尔内亚德有时会对第二个前提做出让步，即同意智者有时会赞同什么，因此由之推出智者会持有意见。这点

① 阿拉图斯（Aratus），斯多亚派诗人。文中所引诗句由西塞罗本人所译。塞克斯都在谈论记号问题时也提到过此人“致力于天体研究”（*M* 8. 204）。

你是不会接受的，我想是这样的。但斯多亚派及其支持者安提奥科斯声称第一个前提，即如果智者赞同什么他就持有意见是错误的，因为他们认为智者能够区分真与假、可理解的与不可理解的。[68] 但在我们看来，首先，即使有物能被理解，赞同的习惯本身似乎也是危险的和不可靠的。既然人们同意对任何假的或不可知的东西的赞同是极为错误的，因此对于智者来说最好搁置所有的赞同，以便不会因鲁莽前行而误入歧途。因为假的与真的、不可理解的与可理解的（假设有这样的东西，后面我们将会看到）高度相近，因此智者不要让自己陷入这样的危险境地。那么，如果基于我们一方假设无物能被理解，并同意你们的智者不持有意见，则会推出智者将搁置一切赞同。你一定会考虑究竟倾向于选择这个结论，还是选择智者会持有意见这一结论。你会说，两者都不会选择。所以，我将试图表明无物能被理解，因为整个争论肇始于它。……

[76] ……以下可以看到，阿尔克西劳与芝诺的这场争论并非为了好胜而是为了发现真理。[77] 芝诺的前人没有任何一个清楚地阐明乃至提及人们不持有意见是可能的，而对于智者来说这不仅是可能的甚至是必需的。阿尔克西劳认为这一观点是真实的、可贵的，对智者是恰当的。我们假设他问芝诺：如果智者不能理解任何东西，并且不持有意见是智者的标志，那么这会发生什么？我想芝诺无疑会回答：智者不应持有意见，因为存在着能被理解的东西。这是什么？我想阿尔克西劳会问。是表象（visum）。什么样的表象？芝诺会把它界定为一种来自其所“是”，并按照其所“是”的样子施加印象（impressum）、留下印迹（signatum）、

塑造形式（effictum）的表象。[1]接下来阿尔克西劳又会问：真的表象是否会和假的一样。对此芝诺足以敏锐地看到，如果一个表象来自其所“是”，以至于还会有一个和它一样的来自非其所“是”的表象，则没有任何表象是可理解的。阿尔克西劳同意对定义的这个补充是对的，因为假的表象或者和假的表象一样的真的表象都是不可理解的。在这场论辩中阿尔克西劳的任务在于表明，没有一个来自真东西的表象会如此这般，以至于不会有一个和它一样的来自假东西的表象。［78］这就是持续到我们今天的一场论辩。“智者不赞同任何东西”这一论点并没有在这场论辩中占关键地位。因为智者尽管不能理解任何东西，但仍可以持有意见——这正是被说成卡尔内亚德所赞成的观点。然而，我遵从科雷托马科而不是菲洛或美特罗多鲁斯[2]的看法，认为这一命题与其说是他真实赞成的观点，不如说是他在论辩过程中提出的论点。然而这点不必在意。显然一旦意见和理解被消除，所有赞同的搁置必定紧跟而来。因此，如果我表明无物能被理解，你就得承认智者将永远不会赞同任何东西。……

［83］把论辩收缩一下，请看我们的分歧有多小。有四个前提推出无物能被认识或被理解的结论，这一争论的唯一主题。首先，存在着假的表象；其次，假的表象是不可理解的；第三，当两个

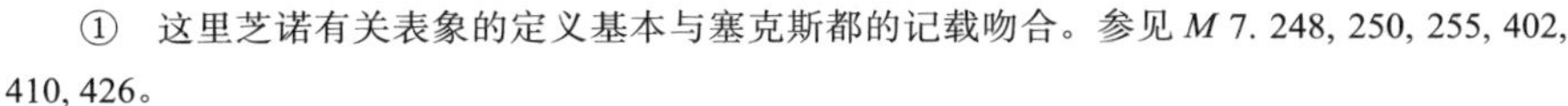

① 这里芝诺有关表象的定义基本与塞克斯都的记载吻合。参见 *M* 7. 248, 250, 255, 402, 410, 426。

② 美特罗多鲁斯（Metrodorus，约公元前 180—前 105 年），新学园派人物，斯托拉托尼吉亚（Stratonicea）人，曾是伊壁鸠鲁主义者，后成为卡尔内亚德的学生，其观点与卡尔内亚德高度相近。注意这个美特罗多鲁斯不是开俄斯的德谟克里特学派的美特罗多鲁斯（约前 420—前 340 年）。

表象没有任何差别时，一个可理解一个不可理解是不可能的；第四，没有任何一个来自感觉的真的表象不伴有一个与之完全没有差别但却不可理解的表象。每个人都会同意四个前提中的第二个和第三个，伊壁鸠鲁不同意第一个，但你，我们当下的对手，会同意的。因此争论完全集中在第四个前提。……

［85］……你们称所有事物都属于自己的那类，无物与他物完全相同。“世界上没有一根头发与另一根头发完全相同，或一粒沙子与另一粒沙子一模一样”，这无疑是斯多亚派的观点，尤为不可信。我可以反驳这一观点，但我不想挑起论争。因为在我们看来，表象的对象究竟完全没有差别，还是有差别但却无法分辨是无关紧要的。再者，如果人与人之间的差别是不可能的，那雕像之间呢？你能说吕西伯[①]做不出 100 个一模一样的亚历山大的雕像，如果他用同样的青铜、同样的流程、同样的工具等等？告诉我，你用什么标示区分它们？［86］如果我把这枚戒指在一块封蜡上打上 100 个印记，你能找到什么方式来区分它们吗？你会需要找一个金银匠就像你们在德洛斯（Delos）找到的那种能辨识鸡蛋的养鸡户吗？但你的确诉诸技艺来为感觉辩护。称画家能看到我们看不到的细节，当乐手刚一演奏行家就能识别音调。那么，如果我们没有那些极少数人（至少在这个国度）所渴求的复杂技艺就不能看或不能听，这不是对你的观点不利吗？……

［95］再者，这种辩证法的技艺，像珀涅罗珀（Penelope）拆

① 吕西伯（Lysippus，约公元前 370—前 320 年），来自叙西翁（Sycion）的雕塑家，以其亚历山大雕像闻名。

解自己的织物那样，最终会摧毁自己的原则？[1] 这是你们的错还是我们的错？显然，辩证法的原则在于每个语句（他们称之为 axioma，即命题）或者为真或者为假。那么，这个语句——“如果你说你在说谎，并说这是真的，那么你在说谎”是真的还是假的？你会说这类问题是“无解的”（inexplicabilia）[2]，比我们所声称的不可理解的和不可感知的表象更为恼火。我们暂且放一下，现在的问题在于如果这些证明是无解的，无法找到能让你回答它们是真还是假的标准，那么你们关于命题的那个或者为真或者为假的定义会发生什么？有两组互为排斥的命题，如果设定任何一组为前提都会推出这样的结论：一组被承认，另一组就会被否认。[96] 你如何判断这种证明形式？——“如果你说这是亮的并且你说的是真的，那么这是亮的；而你的确现在说这是亮的并且你说的是真的；所以这是亮的。”肯定你会赞同这种形式的证明，称它是完全有效证明，这就是之所以在你们的逻辑规训中被视为第一证明式的原因。因此，你要么赞成每个形式相同的证明，要么承认你们整个技艺毫无用处。再来看看你是否接受这个证明：“如果你说你在说谎并且你说的是真的，那么你在说谎；而你的确说你在说谎并且你说的是真的；所以你在说谎。”你怎么会避免赞成这一证明，一旦你赞成前面那个形式相同的证明？这些问题是由科律西波提出的，但实际上

① 珀涅罗珀是《奥德赛》的主角之一，奥德赛的妻子。在丈夫外出的二十年里，千方百计拖延答复当地贵族的无理求婚。她假允要给自己另选新夫，但要在织完公公的椽盖以后。她白天织多少，夜里就拆多少。西塞罗这里用来比喻“说谎者”这样的悖论，目的在于反驳斯多亚派，表明在逻辑上无法回答此类命题为真或为假。既然逻辑不能推证真假，最终对所有命题不得不保持存疑。

② 相当于希腊语 apora。

并没有解决。那他如何看待这个证明？——“如果这是亮的，则这是亮的；而这是亮的；所以这是亮的。”当然他会接受。因为条件句的本性在于一旦你承认前提就不得不承认结论。这个证明同下面这个有什么区别？——“如果你在说谎，则你在说谎；而你的确在说谎；所以你在说谎。”你说，你既不能赞成也不能不赞成这个证明。你还能有其他办法？如果技艺、理性、方法以及推论本身的确有力，则两个证明是一样的。[97] 问题最终在于他们需要把“无解的”证明视为特殊例外。我想他们最好诉诸护民官，他们永远不会从我这里得到这样的例外。他们也不会让伊壁鸠鲁，这个鄙视、嘲笑整个辩证法技艺的人同意“赫尔马库斯或明天将会活着或不会活着”这种形式的证明为真，而辩证法家称“p 或 —p”这种析取句（disiunctum）不仅是真的而且是必然的。看看伊壁鸠鲁，这个被辩证法家视为愚钝之人的机智灵敏：“如果我承认两者其一是必然的，则对于赫尔马库斯来说明天或者活着或者没有活着将是必然的。然而事物的本性中不存在这样的必然性。”因此，那就让你们的辩证法家即安提奥科斯和斯多亚派去同伊壁鸠鲁辩论，因为是他推翻了整个辩证法，如果析取句由矛盾命题构成（这里矛盾是指肯定一个就否定另一个），如果这种析取句为假，则无物为真。[98] 他们同我，一个跟从他们学派的人有什么好争论的？一旦出现此类问题，卡尔内亚德通常会这样戏言：“如果我的证明有效，那我就坚持；如果无效，第欧根尼[①]就要把迈那（mina）还给我。”因为

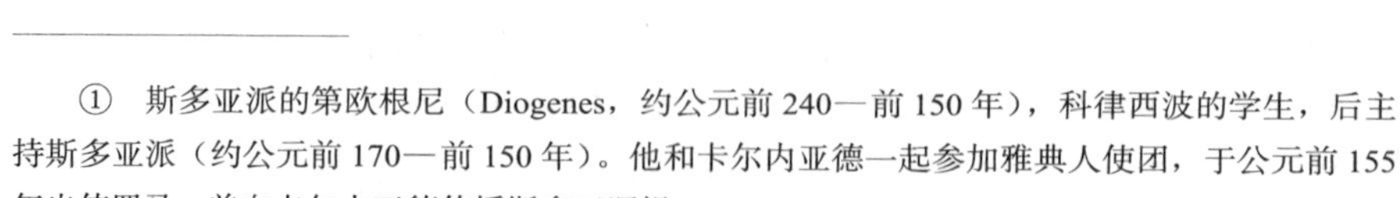

① 斯多亚派的第欧根尼（Diogenes，约公元前 240—前 150 年），科律西波的学生，后主持斯多亚派（约公元前 170—前 150 年）。他和卡尔内亚德一起参加雅典人使团，于公元前 155 年出使罗马，曾向卡尔内亚德传授斯多亚逻辑。

他曾追随这位斯多亚派的人学习辩证法，这是辩证法家通常收取的费用。所以我遵循从安提奥科斯那里学来的方法。但基于我所学到的由一个命题构成的条件句为真，我不明白何以判断“如果这是亮的，则这是亮的”为真，而不判断“如果你在说谎，则你在说谎”是同一形式的条件句。因此，我或者判断两者同样为真，或者如果后者并非为真，则前者也并非为真。

把这类尖酸刻薄、拐弯抹角的论证放在一边，让我们展示出真实想法，因为一旦卡尔内亚德的所有论点得以阐释，你们安提奥科斯的这些学说将完全垮掉。然而我不会陈述任何东西以免有人怀疑我在杜撰。我将援引科雷托马科的表述，他伴随卡尔内亚德直至老去，一位聪明，当然也是刻苦好学、勤奋砥砺的迦太基人。他有四卷本的《搁置赞同》，我所引述的东西来自第一卷。［99］按卡尔内亚德的说法，存在着两类表象，一类分为可理解的（percipi）[①] 和不可理解的，一类分为可信的（probabilia）[②] 和不可信的。学园派对感觉及其清楚明白性的反驳属于第一类，并不涉及第二类。因此他认为没有可理解的表象，只有许多可信的表象。无物可信是与自然相悖的，其结果是你所说的整个生活的颠覆，鲁库洛斯。因此，许多东西对于感觉是可信的，只要记住没有任何表象是这样的，以至于不可能存在一个与之完全没有差别的为假的表象。因此，智者会使用他所碰到的明显可信的表象，只要没有任何与其可信性相反的东西显现出来，那么其所有生

① 相当于希腊语 katalēptikai。

② 相当于希腊语 pithanai。

活（ratio vitae）得以指引（gubernabitur）。实际上，即便是你们所引介的智者也会跟随这种可信的东西，尽管它们不可把握、不可理解、不可赞同，但却近似于真（similia veri）。如果你不认可它们，则整个生活就会被否弃。［100］再者，当智者踏上一艘船，他心里有把握他会如愿以行？他能吗？如果他是从这里出发到普泰奥利（Putepli），30 里（stades）的路程，良好的船只，优秀的船长，像今天这样风平浪静，那么安全到达目的地对他似乎是可信的。因此，他基于这类表象考量行动与否。他会比阿那克萨戈拉更容易认可雪是白的（因为后者不仅否认雪是白的，而且否认雪对他似乎显得是白的，因为他知道雪所由之构成的水是黑的），［101］他会为任何向他呈现出来的可信的、无障碍的表象所打动。他不是由石头雕出来的，或是由木头削出来的，他有肉体，有灵魂，有易动的心灵、易动的感官。因此，许多东西对他来说似乎为真，尽管它们没有显明的特殊的可理解的标志，因此智者不做赞同，因为可能存在着假的表象，与真的并无二致。实际上，我们反对感觉的说法与斯多亚派没有区别，因为他们称许多东西是假的，远不同于向感官所显现出来的表象。

如果感官接受假的表象，你就可以当即否认感官能理解任何东西。这样一来，无需我们一字一句，只需伊壁鸠鲁和你们的原理就足以消除感知和理解。伊壁鸠鲁的哪条原理？“如果感觉表象为假，则无物能被理解。”你们的呢？“存在着假的感觉表象。”结果怎样？无需费我一言，结论自明：无物能被理解。然而他【指鲁库洛斯】说，“我不同意伊壁鸠鲁的原理”。那你们就同伊壁鸠鲁开战，他的学说与你们完全不同。不要和我争辩，至少我赞同你们关于感觉有假的说法。[102] 对我来说似乎最吃惊的是安提奥科斯谈到的那些反对意见，他应该相当熟知我不久前讲过的东西。当然任何人都可以基于自己的判断批评我们否认事物是可理解的，尽管这样的批评相当浅薄。而我们说某些东西是可信的，这似乎也不对你们的胃口！也许是这样吧。当然，我们也要竭力规避你们猛烈发起的辩难，“你什么也不理解吗？”“你什么也听不到吗？”“没有东西对你来说是清楚明白的吗？”我刚才，基于科雷托马科的权威性，解释了卡尔内亚德是如何回答这类问题的。现在听听科雷托马科在其献给诗人盖乌斯·鲁西留斯[①]一书中是如何以同一方式讨论这些话题的，他也在献给卢修斯·森索利努斯[②]的书中——此人与马尼乌斯·马尼留斯[③]同为执政官——写了同样的东西。他写的这些字句，我非常熟悉，因为我们所讨论的问题的精髓就包含在这本书中。他这样写道：[103] 学园派认为，在那些似乎可信的东西和与之相反的东西之间是没有相似性的。但这不足以让你说某些东西是可理解的，某些是不可理解的，因为某些假的东西也是可信的，但没有任何假的东西是可理解的和能认识的。因此他说，那些声称我们被学园派剥夺了感觉的人是完全错误的。因为这一学派永远不会说颜色、滋味、声音什么也不是，而意在证明这些东西中没有特别属于它们而其他东西所

① 盖乌斯·鲁西留斯（Gaius Lucilius，约公元前180—前102/101年），来自卡帕尼亚（Campania）的罗马诗人。

② 卢修斯·森索利努斯（Lucius Censorinus），公元前149年担任执政官，参与第三次进攻迦太基的布匿战争。科雷托马科曾将其著作献给他（约公元前140年），这是已知最早献给罗马人的希腊哲学家著作。

③ 马尼乌斯·马尼留斯（Manius Manilius），与森索利努斯共同担任执政官（公元前149年）。

没有的真理和确定性的标志（notam）。［104］谈完这些，科雷托马科又加上一条："智者搁置赞同"被说成有两个意思。一是他完全不赞同任何东西，一是他制止自己做出回答以表明他赞成和不赞成某物，因此他就不必肯定或否定任何东西。既然如此，智者接受第一个含义，结果是他永远不做赞同；而他坚持第二个含义，通过跟随可信之物（probabilitatem），无论这种东西在或不在，都能相应回答是或否。[①] 实际上，既然我们认为那些搁置赞同的人无论如何也要运动和做事，因此依然存在着某种激起（excitemur）我们活动的表象，同样也仍然存在着当被问及能够做出的两种回答，而我们的回答仅仅跟随相应的表象，对之不做任何赞同。但并非所有这样的表象都会被认可，而是那些没有受到任何阻碍的表象。［105］即使我们无法让你信服这些论证，因为它们或许是错误的，但它们肯定不至于面目可憎。我们没有剥夺你们的光明，只是那些被你们称作可理解的或可把握的东西，我们则称之为"显得是"这样的东西，只要它们是可信的。……

［108］第二点是你们否认在那些不赞同任何东西的人那里能

① 这里非常典型地回答了怀疑派所理解的"两种赞同"问题。一是独断论或知识论意义上的赞同与否，即对产生表象的非显明之物做出肯定或否定的回答。一是日常生活领域或实践活动意义上的赞同与否，通过跟随"可信之物"，也即跟随显现给我们的表象，可以相应做出是与否的回答。怀疑派不会剥夺自己的感觉，不会"感到热或冷"而说"不热或不冷"（*PH* 1. 13）。反复强调"他不是由石头雕出来的，或是由木头削出来的，他有肉体，有灵魂，有易动的心灵、易动的感官"（*Acad* 2. 101）。怀疑派区分"两种赞同"的目的在于表明，对非显明之物的存疑，并不等于弃绝自然本性、规训、行动和生活："通过诉诸现象，我们可以按照生活准则不持有任何信念地（adoxastōs）活着，因为我们不可能完全失去活动"（*PH* 1. 23）。相反，怀疑派不仅不弃绝生活，而且还要为日常生活代言（sunagoreuomen）、与生活为伍（sunagōnizometha）（*M* 8. 158. *PH* 2. 102）。

够发生任何形式的活动。首先必须要有表象，它自身包含着赞同，斯多亚称感觉本身就是赞同，因为内驱力跟随着赞同，活动跟随着内驱力。如果感觉表象被消除，则一切被消除。有关正反双方的论点口头的和书面的已经很多，我们可以就整个论题进行简短地概括。我的观点是最高的活动形式在于反驳（repugnare）表象，在于抗拒（obsistere）意见，在于搁置（sustinere）对那些不可靠的东西的赞同（adsensus）；我同意科雷托马科的说法，他写道：当卡尔内亚德从我们的灵魂中袪除赞同，即意见和鲁莽，如同袪除凶猛野蛮的怪兽时，他的确完成了几乎是赫拉克勒斯般的功业。尽管可以把我的辩护放在一边，但究竟是什么东西在阻碍那些跟随毫无阻碍的可信的表象的人？……

［145］你们否认任何人可以认识任何东西，除了智者。芝诺曾用姿势证明这点。他会当面把手张开，伸直手指，然后说“表象就像这样”；接着他把手指稍微弯曲一下，说“赞同就像这样”；然后他把手指收拢，攥成一个拳头，说“理解或把握就像这样”（这一类比暗示他把这个认知过程命名为 katalēpsis，这种用法前所未有）。最后他把左手放在右拳上，紧紧地用力挤压，称知识就像这样，这种状态唯智者独享——即便如此，对于谁是智者或谁曾经是智者，他们自己也不会轻易奢谈。……

斯多亚派思想评传①

崔延强　译注

① 本文译自第欧根尼·拉尔修《名哲言行录》第 7 卷。第欧根尼在本卷中分别为早期斯多亚派的芝诺、阿里斯图、赫里洛斯、第奥尼修斯、科莱安特、斯法埃洛斯和科律西波等几位代表人物撰写了生平传记。最有价值的是记载了早期斯多亚派有关语言、逻辑、认知、德性、善恶、宇宙、原因、神明等核心范畴，整体勾勒出基本思想框架，是目前为止我们了解早期斯多亚派哲学的最主要文献。本文翻译依据 R. D. Hicks, *Diogenes Laertius: Lives of Eminent Philosophers*, Loeb Classical Library (London, Hermann, 1925)，从希腊文译出。同时参阅希腊文最新考订本：T. Dorandi, ed., *Diogenes Laertius: Lives of Eminent Philosophers*, Cambridge Classical Texts and Commentaries (Cambridge, 2013)。还参阅新近英译本：P. Mensch, *Diogenes Laertius: Lives of Eminent Philosophers* (Oxford University Press, 2018); S. White, *Diogenes Laertius: Lives of Eminent Philosophers* (Cambridge University Press, 2021)。

一、芝诺

［1］芝诺，墨纳西阿斯（Mnaseas）或德米阿斯（Demeas）之子，来自塞浦路斯的喀提亚（Citium），一个接收安置腓尼基移民的希腊城邦。如雅典的提摩修斯[①]在《论生活》一书所说，他的脖子上有块突出的软骨向一侧歪斜。再者，推罗（Tyre）的阿波罗尼俄斯[②]说他单薄、瘦长、黝黑，所以某些人，按科律西波在其《格言集》（*Paroimia*）第一卷的说法，称他是“埃及的葡萄枝”，还说他腿部肥胖、肌肉松弛、体弱无力，所以波萨伊俄斯[③]在其《宴乐记》中记载，多数宴请他都谢绝。人们说他喜欢吃绿色无花果，喜欢晒太阳。

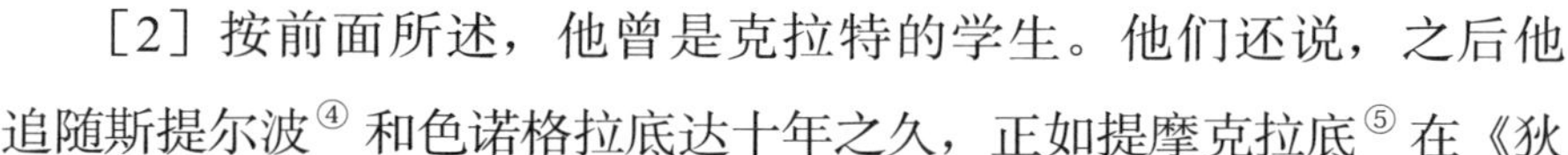

［2］按前面所述，他曾是克拉特的学生。他们还说，之后他追随斯提尔波[④]和色诺格拉底达十年之久，正如提摩克拉底[⑤]在《狄

① 雅典的提摩修斯（Timotheus），生平不详。第欧根尼引述其《论生活》一书大约有三处。

② 阿波罗尼俄斯（Apollonius，约活动于公元前 50 年），其《论芝诺》一书似乎成为第欧根尼有关芝诺及斯多亚派的主要文献来源之一。

③ 波萨伊俄斯（Persaeus，约公元前 306—前 243 年），喀提亚的芝诺的学生。他被送往马其顿国王安提柯二世（Antigonus II Gonatas）宫廷，替换芝诺。在那里他教育安提柯的儿子并产生重大政治影响。后因指挥军事活动失败而羞愧自杀。

④ 斯提尔波（Stilpo，约公元前 355—前 270 年），麦加拉派哲人，以其辩证法技艺而著称。他的学生包括美涅德摩斯和喀提亚的芝诺。

⑤ 提摩克拉底（Timocrades，约公元前 3 世纪），拉姆普萨库斯（Lampsacus）人。伊壁鸠鲁主义者美特罗多鲁斯（Metrodorus）的兄弟，短暂做过伊壁鸠鲁的学生，不时重述伊壁鸠鲁的观点，批评其生活方式。

翁》一书中所说，他还听过珀勒蒙的课。赫卡同[①]，还有推罗的阿波罗尼俄斯在其《论芝诺》第一卷中称，他曾问神谕怎样做才能过上最好的生活，神回答如果他与死者有染（sugchrōtizoito）。明白神意之后，他便阅读先贤的著述。

他是这样投奔克拉特门下的。他乘坐的一艘来自腓尼基做紫色染料贸易的船在比雷埃夫斯失事搁浅，于是他走进雅典，坐在一个书摊旁，那年他三十岁。[3] 书商正在诵读色诺芬《回忆录》第二卷，他兴奋不已，问这样的人在哪里生活（diatriboien）。此时克拉特恰好路经此处，书商便指着他说“跟着这个人”。从此芝诺便成为克拉特的门生，尽管他在其他方面表现出对哲学的强劲势头（eutonos），但对于犬儒派的无耻（anaischuntia）却是相当矜持。于是克拉特想医治（therapeusai）他的这个毛病，便给他一罐扁豆汤，让他穿过塞拉米科斯市场（Ceramicus）。当看到芝诺羞羞答答、遮遮掩掩，就用手杖敲碎罐子。芝诺迅速跑开，扁豆汤沿着大腿流淌下来，克拉特喊道：“为什么跑啊，腓尼基小子？没有东西让你害怕。”

[4] 此后相当一段时期芝诺受教于克拉特。当他在这一时期写《国家篇》时，有些人戏称（paizontes）他是在狗尾巴上写的。[②] 除了《国家篇》他还写了这些著作：

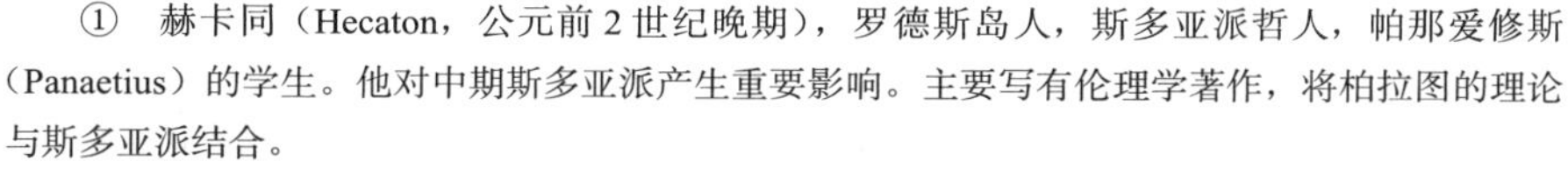

① 赫卡同（Hecaton，公元前2世纪晚期），罗德斯岛人，斯多亚派哲人，帕那爱修斯（Panaetius）的学生。他对中期斯多亚派产生重要影响。主要写有伦理学著作，将柏拉图的理论与斯多亚派结合。

② 即对犬儒派的讽刺。说明早期斯多亚派哲学深受犬儒派的影响。

《论基于本性的生活》

《论动机或论人的本性》

《论感受》

《论义务》（*Peri tou kathēkontos*）

《论法》

《论希腊人的教育》

《论视觉》

《论宇宙》

《论记号》

《毕达戈拉学说》

《普遍性》

《论表述》

《荷马问题》（五卷）

《论诗的诵读》

另有他的作品：

《技艺篇》

《释惑篇》（*Luseis*）

《反驳篇》（二卷）

《回忆克拉特》

《伦理学》

这些就是他的著作。最终他还是离开了克拉特，他在刚才提到的这个人门下长达二十年。一些人称他曾言："当时一次遇难搁浅，今日一段美好航程。"另一些人说他的这句话暗指克拉特。［5］还有版本说他在雅典度过一段时光，当听到商船失事后说："命运如此惠顾，把我抛入哲学。"有些人则称他在雅典处置货物，而后转向哲学。

他常徘徊于（anakamptōn）多彩的柱廊（en tēi poikilēi stoai）讲课，此处也称"佩西阿那克斯（Peisianax）柱廊"，但"多彩的"（poikilēi）得名于波利诺特斯（Polygnotus）的绘画。其用意还在于寻一方清净之地，因为三十僭主执政时期，正是在这里1400人被处死。人们云集此处听他讲学，因此他们被称为"廊下人"或"斯多亚人"（stōikoi），其追随者同样如此，但他们开始被叫作"芝诺主义者"，正如伊壁鸠鲁在书信中所说。但据伊拉托斯提尼斯[①]在其《论古代喜剧》第八卷中说，早期一些在此消磨时光的诗人被称作"斯多亚人"，正是他们使之名声大噪。

［6］雅典人授予芝诺极高荣誉，乃至托他保管城门钥匙，授之以金冠和铜像。其母邦也如法炮制，率先（hēgoumenous）把他的塑像作为城邦的荣耀。西顿的喀提亚人也竞相声明（antepoiounto）以之为荣，安提柯国王[②]如来雅典就去听他的课，并时常召唤他去自己的宫廷。他谢绝了这种邀请，派他的一个朋友波萨伊俄斯过去，此人乃德谟特里乌（Demetrius）之子，喀提亚生人，其

① 伊拉托斯提尼斯（Eratosthenes，约公元前285—前194年），居勒尼人。希腊数学家、天文学家、文学批评家。继罗德斯岛的阿波罗尼俄斯（Apollonius）担任亚历山大利亚图书馆的主持。

② 即 Antigonus II Gonatas，马其顿国王。

鼎盛年在第 130 次奥林匹亚赛会，而此时的芝诺已垂垂老矣。据推罗的阿波罗尼俄斯在《论芝诺》一书中说，安提柯的信是这样写的：

[7] 安提柯国王向哲学家芝诺致敬！

在运气和名气上我自认为在你的生活之上，但在理性和教育上，还有在你所获得的完美的幸福上我远不如你。为此我决定请你到我这里来，相信你不会拒绝这个要求。无论如何你都要尽力与我共聚一堂，你要知道你教育的不仅仅是我一个人，而是集结在一起的所有马其顿人。因为显然，一个教育马其顿的统治者并引导他走向德性之路的人，也会为其臣民成为好人提供必要训练（paraskeuazōn）。因为在极大程度上，领袖可能是怎样的，其臣民同样也将会是怎样的。

芝诺做了如下回复：

[8] 芝诺向安提柯国王致敬！

就你执着于真正的意在达致有益的教育，而非群氓的意在颠覆习性的（ēthōn）教育而言，你的好学让我感到满意。凡追求哲学、抵制使某些年轻人的灵魂被弱化的（thēlunei）群氓之乐的人，显然不仅在自然本性上，而且在主观选择上（proairesei）趋向于高贵。高贵的本性助以适度的训练，加以慷慨无私的教导，将易于达致对德性的完美把握。[9] 我受限于年老体弱，于今已年满八十，因此无法与你共聚。但我可以向你委派我的同仁（suscholastōn），他们在灵魂上毫不逊色于我，在身体上比我强壮得多。如果与之共处，你绝不会实现不了达致最高幸福的目标。

于是他派了波萨伊俄斯和忒拜人菲洛尼德斯（Philonides）。这两位，伊壁鸠鲁在给他的兄弟亚里士多波鲁斯（Aristobulus）的信中曾提及他们与安提柯共处之事。这里，我想把雅典人通过的有关他的法令描述一下。内容是这样的：

［10］在阿壬尼德斯（Arrhenides）统治时期，在五月二十一日，阿卡曼提斯部族（Acmantis）第十五次轮值会议、主权轮值部族第十三次全体大会，轮值主席之一，克拉提斯托特勒斯（Cratistoteles）之子，西波泰昂区的（Xypoteon）希波（Hippon），与共同轮值主席提议表决，阿那开亚区的（Anacaea）的特拉索（Thraso）之子特拉索动议：

鉴于墨纳西阿斯之子，喀提亚的芝诺在城邦长期从事哲学，在其他方面坚持做一个好人，向云集在他身边的年轻人召唤德性和节制，激励他们向往最好的东西，为所有人树立了与其阐述的原理相一致的个人生活之典范，［11］因此对公民来说，赞誉墨纳西阿斯之子、喀提亚的芝诺，按照法律为其德性和节制授以黄金桂冠，在塞拉米科为其公费修筑坟墓，或许是有益的和合适的。为了造冠和修墓，公民需要从雅典人当中选出五位监理。公民书记员（grammatea te demou）将把法令镌刻在两块石碑上，并有权把一块立于阿卡德米，把另一块立于吕克昂。监理负责人将分摊石碑所用开支，以便所有人都知道，雅典公民赋予好人以荣誉，无论当他活着还是死后。[12] 阿那开亚区的特拉索、阿那弗雷斯特斯区（Anaphlystus）的法埃德洛斯（Phaedrus）、阿卡乃区（Acharnae）的麦冬（Medon）和希帕来特斯区（Sypalettus）的密西忒斯（Micythus）被选出来负责建造。

法令就是这样写的。

卡里斯托斯（Karystus）的安提柯（Antignus）说，芝诺从不否认自己是喀提亚人。当他作为浴室重建的贡献者之一，石碑上的名字被刻成“哲学家芝诺”时，他请求加上“喀提亚的”。他曾为油瓶做过一个中间有洞的瓶盖，经常往里投硬币，以备他的老师克拉特的不时之需。[13] 据说他到雅典时至少有 1000 个塔伦，他将之用于海运放贷。他常吃一小块烤食及蜂蜜，喝很少一点芳香薄酒。他几乎不用男童家仆，有一两回的确用过女童家仆，也是为了不被视为“憎恶女性者”（misogunēs）。他曾与波萨伊俄斯共居一室，当后者给他带回一个笛女（aulētridion），他当即把她领回到波萨伊俄斯跟前。他们说他很容易将就环境（eusumperiphoros），以至于安提柯国王经常给他强行安排一些狂放吵闹的宴乐。一次带他一起去亚里士多克勒斯（Aristocles）一个琴手（kitharōidon）那里赴宴，后来芝诺还是偷偷溜掉。[14] 据称，他习惯躲避人群，以至于常坐在凳子的一端，这样最多受到一半烦扰。他不会同两个或三个人以上一起走路。有时还会向围在一旁的人要钱，因此一旦他们担心付钱就不会再来烦扰，这点正如科莱安特在《论铜器》一书所说。当很多人在柱廊里（stoai）围着他时，他会指着位于长廊端头神坛的木栅栏说：“曾几何时这个东西在长廊中间，因为碍手碍脚所以被移到私密处。只要你们高抬贵足离开中间，就会给我们带来少点干扰。”

当拉克斯（Laches）之子德谟卡勒斯（Demochares）向他讨好说道，你给安提柯说点或写点任何需要的东西，这个人都会全部答应的。听后，芝诺再也不与此人交往。[15] 当芝诺死后，据说安提柯感叹道：“我失去一个怎样的听众！”当被问及为何敬仰芝诺时，他说：“我赠予他巨大的财富，但他从不傲慢虚浮，也没有显得卑躬屈膝。”

他是一个勤于研究的人，对一切事物精细推论的人。因此提蒙在《讽刺诗》中这样写道：

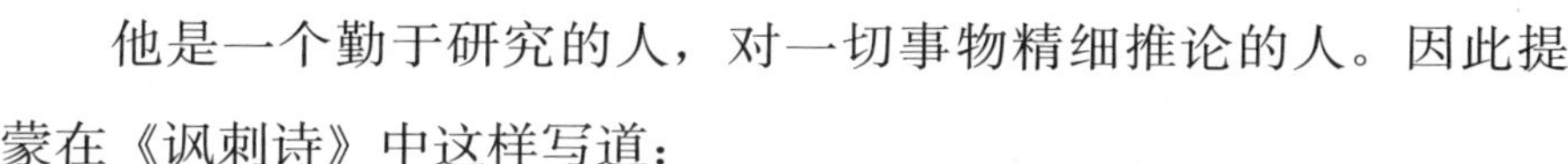

> 我看到一个腓尼基老妪，以其阴郁的傲慢，
> 贪婪地渴求一切东西；可惜她的柳条篓因太小
> 而破损泄露（errei）；她的心智不比一串胡话（kindapsos）更高。

[16] 他常与辩证法家菲洛力辩，并一起钻研学问（sunescholazen）。因此菲洛深受年轻时的芝诺的仰慕，其程度并不

亚于对他的导师狄奥多罗。[①] 如提蒙所说，一群衣不蔽体、食不果腹之辈围在菲洛身边：

> 他集结了一批下人，
> 所有市民中最穷酸、最虚浮之辈。

芝诺本人充满敌意、尖酸刻薄、神色严厉。他极端吝啬，掩盖在精打细算外衣下的是蛮族人的锱铢必较（mikrologia）。如要打击某人，他便暗语道破（periestalmenōs），毫不含蓄内敛，而是拒人千里之外。我是指，比如一次他对一个注重外表打扮的人（kallōpizomenou）说的话。[17] 当此人小心翼翼地越过水沟时，芝诺说："他担心泥巴是对的，因为他未能照照泥巴里的自己。"当某个犬儒派的人说他瓶子里没油了，向芝诺提出请求，遭到拒绝。当此人转身离去时，芝诺让他思考一下两人究竟谁更无耻。他对克莱墨尼德斯（Chremonides）心存爱意，当他和科莱安特与这个人坐在一起时，他站了起来，科莱安特感到吃惊，他说："我听优秀的医生讲，对欲火最好的治疗是熄灭。"他在宴会上与别人共享一桌，挨着他的那个人用脚踢他们旁边的人，他就用膝盖顶

① 斯多亚的逻辑学深受麦加拉学派的影响，尤其是在条件句的真值问题上。狄奥多罗以其善辩闻名，被称作"最富辩证能力的人"（dialektikōtatos），甚至连他的五个女儿也擅长逻辑。据说，他受邀在托勒密宫廷宴会上与斯提尔波论辩，因无法当场解决斯提尔波提出的难题，回去后写专文解释这个难题，竟气绝而亡。狄奥多罗留下了两个重要逻辑定义：（1）一个命题是可能的仅当它现在是真的或将是真的。（2）一个条件句是真的仅当它现在或过去不可能前件为真和后件为假。麦加拉的菲洛是狄奥多罗的学生、芝诺的朋友。他的卓越贡献在于提出了现代意义上的真值表定义：条件句为假，仅当前提为真，结论为假。其他三种情况皆为真。参见 B. Mate, *Stoic Logics*, pp. 5-6。

这个人，当此人转过身来，他说："你知道坐在一旁的人对你是如何感受的吗？"[18] 他曾对一个娈童恋者说："正像一个教师因整天在孩子堆里消磨时光而倒胃口，你们这些人也是如此。"他曾说，刻意雕琢、精准无误的（asoloikōn）言辞类似亚历山大的银元（argurion），除了娱目和像硬币那样滚圆别无长处。而他把相反的表达比作阿提卡的四德拉科马的硬币（tetradrachmois），虽打造得粗糙笨拙（soloikōs），但远比雕琢精美的表述（lexeis）有分量得多。他的学生阿里斯图论辩冗长不当，有时还鲁莽胆大，他说："这种情况没其他可能性，除非是你父亲喝醉后生了你。"他称阿里斯图为"话匣子"（lalon），而他自己的语言则短小精悍。

[19] 有个贪食者（ton opsophagon）几乎不给同桌留下任何东西，有一回上了一条大鱼，芝诺端起来像是要整个吃掉，当这个人看着他时，他说："如果你连我这次贪食都不能忍受，你想同桌们天天如何感受？"当一个年轻人提出某个超越年龄段的问题时，芝诺便把他领到镜子前，让他照照，然后问他是否认为像他这种模样的人提出这种问题是恰当的。某人称安提斯泰奈斯[①] 在许多方面令他不满意，芝诺便援引索福克勒斯的用语问他是否认为有某些可取之处，他说不知道。芝诺说："如果只挑出和记住安提斯泰奈斯说的某些缺点，如果不去尝试捕捉某些优点，难道你不觉得羞耻吗？"

① 这里或许指雅典人安提斯泰奈斯，而不是指著有《哲学家传承录》的活动于公元前200年左右的罗德斯岛人安提斯泰奈斯。雅典的安提斯泰奈斯（Antisthenes，约公元前445—前365年），苏格拉底的朋友，据说出席过苏格拉底的审判，他写有苏格拉底的对话，与柏拉图抗衡。第欧根尼认为他创建了犬儒派的生活方式，并专门辑录了其生平思想（DL 6. 1-19）。

［20］当某人声称他认为哲学家的论述（logaria）应短小精悍，芝诺说：“你说的对，如果可能，其遣词也应简短。”当某人向他谈及柏莱谟如何提出某个话题，却讨论另外的话题。芝诺眉头一皱，说道：“什么？难道你对他谈的东西不高兴（hegapas）？”他说，一个有感染力的论辩者应当像演员那样声音洪亮、铿锵有力，但嘴巴不能张得很大，这是那些唠叨无谓琐事的人的姿态。他说，一个优秀的演说者就像一个优秀的技师，不应留下任何让人们欣赏自己的技艺的余地。相反，听众应如此沉浸于所说的东西本身以至于顾不上记录。

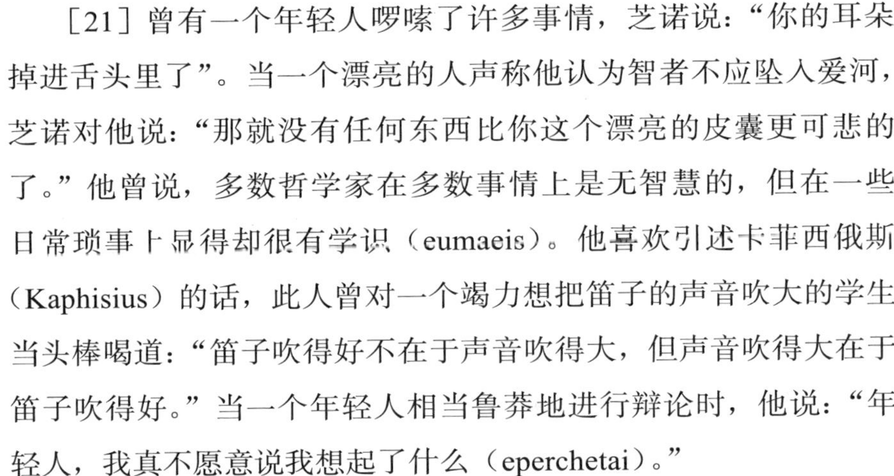

［21］曾有一个年轻人啰嗦了许多事情，芝诺说：“你的耳朵掉进舌头里了”。当一个漂亮的人声称他认为智者不应坠入爱河，芝诺对他说：“那就没有任何东西比你这个漂亮的皮囊更可悲的了。”他曾说，多数哲学家在多数事情上是无智慧的，但在一些日常琐事上显得却很有学识（eumaeis）。他喜欢引述卡菲西俄斯（Kaphisius）的话，此人曾对一个竭力想把笛子的声音吹大的学生当头棒喝道：“笛子吹得好不在于声音吹得大，但声音吹得大在于笛子吹得好。”当一个年轻人相当鲁莽地进行辩论时，他说：“年轻人，我真不愿意说我想起了什么（eperchetai）。”

［22］有个漂亮而富有，但其他一无所是的罗德斯岛人，执着地要投身芝诺门下，但芝诺根本不想待见他，于是首先让他坐在一条沾满灰尘的凳子上以便弄脏他的外衣，然后让他坐到乞丐的位子上以便与他们的破衣烂衫厮磨。最终这个年轻人还是溜掉了。他说，万事最为不当的是自大，年轻人尤甚。他说，我们不应记住语词和表达，好像享用美食华服那样，而应专心

于（ascholeisthai）心灵使用的状态。他说，年轻人在走路、形态和穿着上应端庄得体。他不断引述欧里庇德斯关于卡帕纽斯（Capaneus）的字句：

［23］尽管他的生活富足，
但并不陶醉于自己的福分（olbōi），
他的欲望（phronema）不比一个穷人更大。①

他常说，对于知识的把握没有任何东西比自负更加格格不入，我们也没有任何东西比时间更为必需。当被问及谁是朋友，他说："另一个我。"他们说，有次他惩罚一个偷窃的奴隶，当这个奴隶说"我命该（eimarto）偷窃"，他说"你命该挨鞭子"。他把美称为"节制之花"，但另有人说他把节制称为"美之花"。一天当他看到一个熟人的奴隶身上有伤痕，说道："我看到了你愤怒的足印（ta ichnē）。"他曾对一个涂抹香膏的人说："这是谁，闻起来满身女人气？"当那个皈依他门的第奥尼修斯②问芝诺为什么只不批评他，芝诺说："因为我不信任你。"他曾对一个爱说大话的年轻人说："我们之所以长着两只耳朵和一个嘴，就是为了可以多听少说。"

［24］有次他因在宴会上斜躺在那儿被追问原因，于是他给批评者说，去告诉你们的国王，这儿有个知道如何缄默的人。当时

① Euripides, *Suppliant Maidens*, 861-863. 本段来自阿耳戈斯（Argus）国王阿德剌斯托斯（Adrastus）对卡帕纽斯的描述。

② 第奥尼修斯（Dionysius，约公元前 328—前 248 年），斯多亚派芝诺的学生。绰号"改换门庭者"（Metathemenos）第奥尼修斯，称快乐是目的（DL 7. 166-167）。或许来自伊壁鸠鲁派。

责问他的人是来自托勒密王朝的使者，他们想知道从他这里带什么样的口信给国王。他们问他如何看待羞辱，他说："就像一个使者，在没有得到任何回复的情况下被打发走了。"据推罗的阿波罗尼俄斯称，当克拉特揪着芝诺的领子把他从斯提尔波那里拖回来时，芝诺说："克拉特，抓住一个哲学家的正确做法是抓住他的耳朵。通过说服，以这样的方式把我拉回来。如果动武，我的身体在你这儿，灵魂却在斯提尔波那里。"

［25］希波珀图斯[①]说，芝诺曾与狄奥多罗一起度过一段时光，在他那里刻苦钻研（exeponēsen）辩证法。当他取得一定的进步后，非常低调地（hup'atuphias）到了珀勒蒙门下，以至于据称珀勒蒙对芝诺说："芝诺，不要偷偷摸摸，从花园的窗户溜进，盗走了我的原理，换上了腓尼基的外衣。"一位辩证法家曾向他卖弄所谓"剃刀论证"（toi therizonti logoi）中的七种辩证法图式[②]，他问此人需要支付多少钱。当听到他要 100 个德拉科马之后，芝诺便给了他 200 个德拉科马。如此好学可见一斑。他们称他首次命名了（ōnomakenai）"义务"（kathēkon）一词，并做了有关该词的论述。[③]再者，他还这样改写赫西俄德（Hesiod）的一行诗句：

听取有益忠告的人是至善者，

① 希波珀图斯（Hippobotus，活动于公元前 2 世纪早期），希腊作家，著有《论哲学流派》，介绍学派理论，梳理师承关系，成为第欧根尼写作的文献来源之一。

② 当时辩证法家讨论的几种语义悖论。参见 DL 7. 44。

③ 据第欧根尼，"义务"（to kathēkon）一词是由芝诺首次命名的，它源自短语 kata tinas hēkein，即"落到某人身上"或"达乎某人"。它是与自然的安排（kata phusin kataskeuais）相适宜的（oikeion）行为本身（DL 7. 108）。另西塞罗也记述了芝诺对该词的用法，与第欧根尼基本相同（*Acad* 1. 37）。

独立思考一切的人也是善者。[①]

［26］因为他说，能兼听和善用良言者优于自己思考一切事物者。因为后者只是善思（suneinai），而善听规劝者付诸（proseinai）行动。

据说，当他被问及作为一个冷峻严肃的人，何以在宴会上十分慵懒散淡（diacheitai），他说："羽扇豆虽苦，但泡久了也会变甜。"赫卡同在其《逸闻录》（*tōn Xreiōn*）第二卷也谈到芝诺在此类公共聚餐中自由放松（aniesthai）。他曾说："失足比失言好点"；"好事来自小事，但好事无论如何不是小事"。而有人把此话归于苏格拉底。

他忍受力极强、生活至简，常吃生食、着薄衣，因此有诗谈到他：

［27］不管严冬寒风，苦雨绵绵，
还是烈日炎炎，病苦惨淡，
不充数于公共庆典，而孜孜不倦于
传道授业，不管黑夜还是白天。

喜剧家们无意间以诙谐口吻（dia tōn skōmmatōn）谈到他。菲勒蒙[②]在其《哲学家》一剧这样说：

---

① 本句是对赫西俄德《工作与时日》第 293 和 295 行的改写，原句的顺序刚好相反，即独立思考一切的人是至善者，听取有益忠告的人也是善者。

② 菲勒蒙（Philemon，公元前 368/360—前 267/263 年），新喜剧诗人，多数时间生活于雅典。

一块面包，几个干果，喝一点水，
此人便探讨起（pilosophei）新的哲学，
他教的是贫困，收获的是学生。

其他人则把这段诗句归于波西第伯斯[①]。

他几乎一度成为谚语。有关他的流行说法是：

比哲学家芝诺还要自制。

波西第伯斯也在《改头换面的人》（*Metapheromenos*）一剧中说：

于是在这十天里，
他似乎比芝诺还要有节制。

[28] 实际上，在这些德性上，在尊严上，以宙斯的名义，在福祉上，他超过了所有人。九十八岁时他的生命走到尽头，无疾而终。但波萨伊俄斯在《伦理论说集》中说，他是七十二岁那年死的，到雅典是二十二岁。而阿波罗尼俄斯称他领导学校达五十八年之久。他是这样死的：当他离开学校时，摔了一跤，折断了指头。他用手在地上拍打，引用《尼奥伯》（*Niobe*）的一句说道：

① 波西第伯斯（Poseidippus，活动于公元前 290 年左右），新喜剧诗人，以把做厨师的奴隶搬上舞台作为新喜剧的风格特征。

我来了，你为何还要呼唤我？[①]

于是，通过自我窒息而亡。

［29］雅典人把他埋葬在塞拉米科斯，授予他前面提到的法令中的那些荣誉，追加了其德性的证言。西顿的安提帕特为他做了这样的墓志铭：

这里躺着的是芝诺，亲爱的喀提亚人，他攀上了奥林匹斯山，
尽管没有把皮立翁山（Pelion）堆到奥萨山（Ossa），
也没有经受赫拉克勒斯功业之磨难，但他发现了
自制，通向星空的唯一道路。

第欧根尼的学生，斯多亚派的芝诺多托斯[②]做了另外一个墓志铭：

［30］你确立了自足（autarkeian），放逐了傲慢的财富，
芝诺，以你那灰白而冷峻的眉骨。
因为你发现了充满阳刚之气的（arsena）原理，
以你的洞见创立了学派，无畏无惧的自由之母。
如果腓尼基是你的祖国，我们为什么还要嫉妒？

① 援引米利都的诗人提摩泰俄斯（公元前 446—前 357 年）已遗失的一行诗。

② 芝诺多托斯（Zenodotus，约公元前 4 世纪人），斯多亚派哲人，居勒尼派第欧根尼的学生。

如果不是卡德莫斯（Cadmus）①，
希腊人从哪里得到字与书？

讽刺诗人阿泰那爱俄斯②以这样的方式谈到了整个斯多亚派：

擅长斯多亚派妙语（muthōn）的人啊，
你们把世间最好的原理珍藏于神圣的书籍，
告诉人们灵魂的德性是唯一的善。
因为唯有它保护人们的生命和城池。
而肉体的快感（hēdupathema），为其他人所爱恋的目的，
只有记忆女神（Mnēmē）的一个女儿才可达致。

［31］我们自己在《长短集》（*pammetros*）③中这样谈到芝诺之死：

喀提亚的芝诺死了，据说是因厌倦于年老悲苦，
通过绝食得以解脱；
还有人说，当他摔倒后用手拍打着地面，喊道：
“我自己来了，你为何还要呼唤我？”

---

① 希腊神话中的腓尼基王子，其妹欧罗巴（Europa）被宙斯诱拐。他为寻找其妹来到希腊，并建立忒拜（Thebes）城，做了国王。据说他首次把字母引入希腊。

② 阿泰那爱俄斯（Athenaeus），生平不详，第欧根尼在安提斯泰奈斯、斯多亚的芝诺和伊壁鸠鲁三处引用。

③ 第欧根尼《讽刺诗》（*Epigrams*）的别称，以各种韵律描述了各色闻人名流。pammetros 一词即“所有韵律”之意。

有些人声称芝诺就是以这种方式死的。关于芝诺之死谈的够多了。

马格尼西亚的德谟特瑞俄斯[①]在其论《同名录》一书中声称，芝诺的父亲墨纳西阿斯作为商旅，经常往返雅典，给孩提时的芝诺带回许多有关苏格拉底的书籍。[32] 因而在童年时期他就受过良好的训练。于是当他步入雅典，便投身克拉特门下。他说，似乎当其他学生还在迷茫于（planōmenōn）如何表述自己的观点时，他已确定自己的生活目的。他们说，他习惯以刺山柑（kapparin）的名义发誓，正像苏格拉底以狗的名义发誓。有些人，包括怀疑论者（skeptikon）卡西俄斯[②]及其门生对芝诺进行了多方面指责。首先他们说，芝诺在《国家篇》[③]的开头宣称普通教育（egkuklion paideian）是无用的，其次他说一切无德者乃是仇人、敌人、奴隶以及与他者不和的人，如父母与子女不和，兄弟与兄弟不和，乡亲与乡亲不和。[33] 再者，他在《国家篇》中声称只有有德者才是公民、朋友、亲人和自由人，而对于斯多亚派来说，父子乃仇敌，因为他们没有智慧。同样，他在《国家篇》中明确主张妇女公有，在第二百段他认为不应在城邦建造神庙、法庭和体育场。关于货币，他这样写道："我们认为货币不应为交换而造，也不应为出行而造。"他还呼唤男女同服，无需遮掩身上任何部位。[34]《国家篇》的确是芝诺的著作，这点科律西波在他的《国家篇》一

① 德谟特瑞俄斯（Demetrius，活动于公元前 50 年前后），马格尼西亚（Magnesia）人，著有记载同名城市和名人的《同名录》。第欧根尼在本卷中引述三次。

② 怀疑论者卡西俄斯（Cassius），生平不详。第欧根尼在本卷中引述了他对芝诺《国家篇》的批判。此人或许是医学家盖伦（Galen）提到的批判从相似事例进行推理的皮浪主义者卡西俄斯（*Subfiguratio Empirica* 4），因此他不会早于公元前 1 世纪皮浪主义复兴的代表埃奈西德穆（Aenesidemus）。

③ 有关芝诺及科律西波的《国家篇》基本观点的记述，又见 *PH* 3. 200, 205-206, 245-248。

书中也曾谈到。芝诺还在本书的开端，被冠以“爱的技艺”的标题下讨论了爱欲问题。[①] 另外，他在《闲谈录》（*Diatribē*）中也写了同类话题。如此之多的批评意见不仅来自卡西俄斯，还来自修辞家佩尔伽蒙的伊西多洛斯[②]。后者声称，那些在斯多亚派当中有争议的段落被负责佩尔伽蒙图书馆的斯多亚派学者阿泰诺多洛斯[③]从书中删除。当阿泰诺多洛斯被人发觉并身处不利境况时，后来这些段落被处理为对手的观点（antitethēnai）。

［35］有八个叫芝诺的人。第一个是爱利亚的，有关此人我们将在后面一卷介绍。第二个就是现在谈到的。第三个是罗德斯的，写过一卷本的地方史。第四个是历史学家，写过皮鲁斯（Pyrrhus）对意大利和西西里的远征，此外还写过罗马与迦太基的功绩简况（epitomēn）。第五个是科律西波的学生，写的书很少，留下的弟子很多。[④] 第六个是希罗费洛派（Herophilus）的医生，思想力很强，写作力不强。第七个是语法家，此人除了其他作品，另有格言诗传世。第八个是西顿生人，伊壁鸠鲁派哲学家，思想与阐释清晰流畅。

［36］芝诺有许多学生，其中著名的有德谟特里乌的儿子，喀提亚的波萨伊俄斯，有人说他是芝诺的朋友，也有人说他是安提柯送来做芝诺的文书的一个家奴，他曾是安提柯之子哈勒西奥涅

① 关于芝诺《国家篇》的反教化思想，可与塞克斯都文本作比较。参见 *PH* 3. 245-269 及 *M* 11. 189-194。

② 伊西多洛斯（Isidorus），生平不详，来自佩尔伽蒙（Pergamon）的演说家。曾攻击阿泰诺多洛斯引述芝诺的段落似乎是不可接受的（DL 7. 34）。

③ 阿泰诺多洛斯（Athenodorus，活动于公元前 1 世纪），佩尔伽蒙图书馆负责人，斯多亚派学者。从第欧根尼本卷记载的有限段落看，阿泰诺多洛斯与芝诺的观点似乎并非完全一致，比如对“所有罪恶都是相等的”这一斯多亚派主流观点持不同看法（DL 7. 121）。

④ 这个芝诺应该指的是塔尔索斯（Tarsus）的芝诺，后继承科律西波成为斯多亚派主持。

斯（Alcyoneus）的宫廷教师。一次安提柯想考验他，给他报了个假信，说他的财产已被敌人抢走。当他脸色阴沉下来时，安提柯说："你看，难道财富是无所谓（adiaphoron）的吗？"①

他的著作流传下来的有：

《论王政》

《拉戈尼亚政制》

《论婚姻》

《论虔敬》

《忒爱斯特斯》（*Thyestes*）

《论爱欲》

《劝勉篇》

《闲谈录》

《逸闻录》（四卷）

《回忆录》

《驳柏拉图〈法律篇〉》（七卷）

[37] 他的学生还有，弥勒提亚德斯（Miltiades）之子、开俄斯的阿里斯图，他引入了"无差别"或"无所谓"（adiaphoria）观念；迦太基的赫里洛斯②，那个讲述知识是目的的人；第奥尼修斯，一

① 这里安提柯是用斯多亚的观点调侃波萨伊俄斯的失态。因为斯多亚派主张，除了德性和罪恶，其他东西，如富有与贫穷、高贵与低贱、美丽与丑陋等处于中间状态，都是"无差别的"或"无所谓的"（adiaphoron）。

② 赫里洛斯（Herillus），其生平和观点第欧根尼在本卷专门列出一节介绍。

个改信快乐学说者（metathemenos eis tēn hēdonēn），因患有严重的眼疾，故而迟疑于声称痛苦是无所谓的（adiaphoron），其出生地是赫拉科里亚（Heraclea）；还有博斯普鲁斯（Bosporus）的斯法埃洛斯[①]；法尼阿斯（Phanias）之子、阿索斯（Assos）的科莱安特，学派的继承人，他曾被芝诺比喻为粗糙的蜡板，尽管难以书写，却能保持上面的字迹。斯法埃洛斯，当芝诺死后又成为科莱安特的学生，我们将在有关科莱安特生平中谈到他。[38] 据希波珀图斯说，芝诺的学生还有：忒拜的菲洛尼德斯、科林斯的卡里普斯（Kallippus）、亚历山大利亚的波西多尼俄斯、索里（Soli）的阿泰诺多洛斯、西顿的芝诺。

我决定在芝诺的生平一卷中对所有斯多亚派的原理给予一般性的解说，因为他是学派的创始人。我还给出他撰写的大量书籍，里面谈到任何斯多亚派学人所没有谈到的东西。其一般原理如下，正像我们习惯于对其他哲学家所做的那样，让我们给出其主要观点。

[39] 他们说哲学的论述（logos）有三部分。一部分是有关物理的，一部分是有关伦理的，一部分是有关逻辑的。喀提亚的芝诺在其《论理性》中首次做出划分，科律西波在其《论理性》第一卷、《物理学》第一卷也是如此划分的，阿波罗多鲁斯[②]和希洛斯（Syllos）在《原理导论》第一卷、尤德洛摩斯[③]在《伦理学要素》、

① 斯法埃洛斯（Sphaerus，活动于公元前 3 世纪），斯多亚派芝诺和科莱安特的学生。据西塞罗，他尤其欣赏自己有关“定义”的理论。第欧根尼记述了其主要生平和观点（DL 7. 177-178）。

② 阿波罗多鲁斯（Apollodorus，公元前 1 世纪），爱菲勒斯（Ephelus）人，斯多亚派哲学家，生活于波西多尼俄斯执掌学派时期。在本卷中第欧根尼提及他写过《原理导论》、《物理学》、《伦理学》等，同芝诺、科律西波等人的主流观点基本没有区别。

③ 尤德洛摩斯（Eudromus），生平不详，斯多亚派哲人，著有《伦理学要素》。

巴比伦的第欧根尼和波西多尼俄斯同样如此。阿波罗多鲁斯把这些部分称为“论题”（topos）。科律西波和尤德洛摩斯则称之为特殊的“种”（eidē），其他一些人称之为一般的“属”（genē）。

［40］他们把哲学比喻成动物，把逻辑学比作骨骼和腱，把伦理学比作肉的部分，把物理学比作灵魂。或又把哲学比喻成卵，因为外边的部分是逻辑学，其后的部分是伦理学，最中心的部分是物理学。[①] 或把哲学比喻成围起来的田地，其中逻辑学是周围的防护栏，伦理学是果实，物理学是土地或树木。或把哲学比喻成防备良好、按照理性治理的城邦。正如他们某些人所说，没有任何部分与其他部分是可分离的，而是交织在一起的，他们综合传授这些部分。另一些人把逻辑学放在第一，物理学放在第二，伦理学放在第三。这些人当中有芝诺（在其《论理性》一书）、科律西波、阿卡德莫斯[②] 和尤德洛摩斯。

［41］据波西多尼俄斯的学生法尼阿斯[③] 在其《波西多尼俄斯论说集》一书中称，托勒密的第欧根尼由伦理学开始，阿波罗多鲁斯把伦理学放在第二，帕那爱修斯[④] 和波西多尼俄斯则由物理学

① 这里第欧根尼与塞克斯都的记载略有不同。根据后者，伦理学被比喻为“灵魂”和“蛋黄”；而根据前者，物理学被比作“灵魂”和卵的“最中心的部分”。

② 阿卡德莫斯（Archedemus，约活动于公元前 140 年前后），塔尔索斯人。斯多亚派哲人，被认为是巴比伦的第欧根尼的学生。他著有《论虚空》和《论元素》（DL 7.55, 134）。

③ 法尼阿斯（Phanias，公元前 2 世纪），波西多尼俄斯的学生，著有《波西多尼俄斯论说集》，主张哲学教育从物理学开始。前面提到的科莱安特的父亲也叫法尼阿斯（DL 7. 37），显然不是同一个人。

④ 帕那爱修斯（Panaetius，约公元前 185—前 109 年），罗德斯岛人。继承安提帕特成为斯多亚派领袖。公元前 140 年左右客居罗马，与罗马执政官 Cornelius Scipio Aemilianus 有交往，后亡于雅典。

开始。科莱安特声称有六个部分：辩证法、修辞术、伦理学、政治学、物理学和神学。但另外一些人，如塔尔索斯的芝诺，声称这些不是哲学论述的组成部分，而是哲学本身的组成部分。某些人说逻辑学部分可以划分成两种知识，即修辞术和辩证法。而另一些人说还可以划分成定义的形式（eidos）以及准则（kanonōn）和标准，但有些人删除了定义。

［42］他们把有关准则和标准的部分用于真理的发现，因为正是基于这一部分他们裁量表象的差异。定义同样用于真理的辨识，因为对象是通过概念来把握的。修辞术是一种如何在持续性论说中进行优美表达（tou eu legein）的知识，辩证法则是一种如何以问与答的方式进行正确对话（tou orthōs dialegesthai）的知识，因此他们也把辩证法界定为真、假以及既非真又非假的知识。

他们说修辞术本身有三部分：一是商谈性的（sumbouleutikon），一是司法性的（dikanikon），一是赞颂性的（egkōmiastikon）。［43］修辞术可划分成构思、遣词、编排和技巧。修辞性的演说可划分为引言、陈述、反驳和结语。

辩证法可划分成被表示者（sēmainomenōn）和语词（phōnēs）两类论题。[①] 被表示者这一论题又可分成表象和“意谓”（lektōn），而隶属后者的东西则有命题（axiomaton）、完善的意谓（autotelōn）和谓词（katēgorēmatōn）以及主动与被动，“属”与“种”，同样

① 按塞克斯都，斯多亚派认为有三种东西紧密相关：被表示者（sēmainomenon）、表示者（sēmainon）和对象（to tugchanon）。表示者是语词，如“狄翁”这组声音，被表示者是为语词所揭示的事实本身也即语词的意义，对象则是外部存在物，例如狄翁本人（*M* 8. 11-12）。

还有论证、形式、推理以及源自语词或事实的诡辩，[44] 其中包括“说谎者辩”、“说真话者辩”、“否定者辩”、“谷堆辩”以及类似的诡辩，无论是有缺陷的、有疑惑的，还是有效的，如“面纱者辩”、“有角者辩”、“无人者辩”、“剃刀辩”。

辩证法也包括前面提到的有关语词本身的论题。在这一论题中解释了书面语以及语词的某些构成部分，涉及语法错误、蛮族语、诗体语、歧义语、韵文（emmelous phōnēs）和音律（mousikēs），按某些人的说法，还涉及定义、划分和表达。

[45] 他们说，有关推理或三段论的（sullogismon）理论是最为有用的。因为一方面它揭示能提供证明的东西（to apodeiktikon），因而大大有助于论断的正确性（diorthōsin）、有序性和记忆性，另一方面它揭示一种确切可靠的（epistatikon）理解。

论证本身是由前提和结论构成的体系。推理（sullogismon）则是由这些东西构成的可推的（sullogistikon）论证。而证明（apodeixis）则是由把握性较大的东西推证（perainonta）把握性较小的东西。

表象是灵魂中的印迹（tupōsis），这一名称贴切地借自指环在封蜡表面打上的图案（tupos）。[①] [46] 表象一种是可理解的（katalēptikē），一种是不可理解的。可理解的，他们称之为事物的标准，它来自真实存在物，并按照真实存在获得印象、留下印迹[②]。不

---

① 把表象理解为灵魂中的一种“印迹”（tupōsis）是芝诺对表象的经典定义，而科莱安特修正了他的定义，将之理解为一种灵魂的“变化”状态（DL 7. 50）。

② 第欧根尼使用的两个词“获得印象”（enapesphragismenē）和“留下印迹”（enapomemagmenē），与塞克斯都使用的完全一致，可推测两人看到的斯多亚派文本应当相同。参见 *M* 7. 248, 250, 255, 402, 410, 426。

可理解的，则并非来自真实存在物，或即使来自真实存在物，也不会与真实存在物本身一致。它是不清晰的和不凸显的（ektupon）。

辩证法本身是必需的而且也是一种包含某些特殊德性的德性。“不犯错”（aproptōsia）是一种有关何时给予赞同（sugkatatithesthai），何时不做赞同的智识；[47]“不迷茫”（aneikaiotēs）是一种面对似乎可能之物（to eikos）的理性定力（ischuron logon），以至不会为之所惑。“驳不倒”（anelegxia）是一种论证中的力量，以至不会被它带到相反的立场。“不虚妄”（amataiotēs）是一种把表象诉诸正确理性的习性。他们说，知识本身或是一种确切可靠的理解，或是一种在接受表象过程中不为论证所动摇的习性[①]。如果没有辩证法的沉思，即便智者在论证中也不会不犯错误，因为它使我们辨识真与假，判定可信之物和似是而非的说法，离开它就不存在有条不紊的问与答。

[48]表述中的鲁莽可延展至（diateinein）实际所发生的事情上，因此那些在处理表象方面缺乏训练的人往往陷入混乱无序和茫然无措。智者没有任何其他办法可以表明自己在论证中是敏锐的、机智的和普遍令人敬畏的，因为能正确对话者也是能正确论辩者，能对所立命题进行究问者也是能对所提问题做出回答者。这正是一个在辩证法方面训练有素者的特征。

这些就是他们在逻辑学方面的主要观点。为了做出以下详细解释，也即他们在入门手册里所涉及的内容，这里我将引用马格

① “习性”一词 hexis，源于动词 echō（获得、占有），指事物持有某种永久性的同一性的状态（*M* 7. 102）。

尼西亚的第奥科勒斯[①]在其《哲学家概览》一书中的说法。他是这样说的：

［49］对斯多亚派来说，他们喜欢把有关表象和感觉的论述安排在前面，因为我们所由之认识事物真理的标准普遍说来是一种表象，并且因为有关赞同和有关理解与思想的论证，这些先于他者的东西，离开表象是无以确立的。表象前导，而后继之以具有释读能力（eklalētikē）的心智，它用语句（logōi）表达自己由表象所获得的感受（paschei）。

［50］表象（phantasia）与想象（phantasma）有别。因为想象是类似于梦中生成的心灵幻象（dokēsis），而表象则是灵魂中的印迹，也就是变更或变化过程（alloiōsis），正像科律西波在《论灵魂》第二卷所提出的那样。“印迹”不应被当成类似于指环印出的图案来接受，因为诸多图案在同一时间、同一场所生成是不可能的。表象被认为是一种来自真实存在物，并按照真实存在物获得印象、打上印记、留下印迹的东西，它如此这般以至于不可能来自非真实存在物。[②]

［51］按他们的说法，表象中一些是可感的，一些是不可感的。可感的是那些由某个或某些感官来把握的表象，不可感的则是那些由心智来把握的表象，比如非有形体以及其他一些被理性把握的东西。可感的表象中一些是由真实存在物生成的，并伴随

① 第奥科勒斯（Diocles，约活动于公元前1世纪中后叶），来自马格尼西亚。著有《哲学家概览》（*Epidromē tōn philosophon*）和《哲学家生平》（*Bioi tōn philosophon*），成为第欧根尼写作的主要文献来源，有关斯多亚派辩证法的内容（DL 7.49-82）摘自第奥科勒斯的《哲学家概览》。

② 这里可与塞克斯都的记载比较（*M* 7.228, 372. *M* 8.400. *PH* 2.70）。

着顺从（eixsōs）和赞同（sugkatatheseōs），还有一些表象乃是“好像”（hōsanei）由真实存在物生成的幻象（emphasis）。

再者，表象中一些是理性的，一些是非理性的。理性的是那些理性动物获得的表象，非理性的则是非理性动物获得的表象。理性的表象就是“思”（noēseis），而非理性的表象还没有名称。一些表象是技艺性的（technikai），一些则是非技艺性的。但无论如何，一种映象（eikōn）在有技艺者看来是一回事，在门外汉看来是另一回事。

［52］按斯多亚派，感觉被称作一种从灵魂中枢（hēgemonikon）到感官充斥着的气息（pnuma），一种通过感官形成的理解，一种感官的构造，在这个方面一些人生来就是残缺不全的。再者，感官的活动也被称作感觉。按他们的说法，我们通过感官把握白、黑、粗、细，通过理性把握由证明推出的结论。比如，神存在且能预知（pronoein）。在思想对象中，一些是根据直接经验形成的，一些是根据相似性形成的，一些是根据类比形成的，一些是根据位移形成的，一些是根据组合形成的，一些是根据对立面形成的。

［53］根据直接经验形成感觉对象的概念；根据相似性形成与某个身边物近似的东西的概念，比如，由苏格拉底的画像形成苏格拉底的概念；根据类比，一方面通过放大形成某物的概念，如提堤俄斯（Tityos）和独目巨人（Cyclops），一方面通过缩小形成某物的概念，如侏儒族（Pugmaios）。“地心”是根据类比由某个较小的面积形成的概念。根据位移形成的概念，如长在胸上的眼睛；根据组合形成的概念，如马人（hippokentauros）；根据对立面形成的概念，如死亡。还有一些概念是根据抽象（kata metabasin）

形成的，如“意谓”和空间。某些正义和善的东西的概念则是基于本性形成的。根据缺失形成的概念，如无手的人。这些是他们所主张的有关表象、感觉和概念的基本原则。

［54］他们说，真理的标准是可理解的表象（katalēptikē phantasia），即来自真实存在物的表象，正如科律西波在《物理学》第十二卷中所说，也如安提帕特和阿波罗多鲁斯所说。波爱修[①]则承认多种标准：心灵、感觉、欲望（orexin）和知识。而科律西波在其《论理性》第一卷中自相矛盾，声称感觉和“前见”（prolepsis）[②]是标准，而“前见”是与生俱来的一般概念（ennoia phusikē ton katholou）。另外一些早期斯多亚派的人承认“正确的理性”（ton orthon logon）是标准，如波西多尼俄斯在其《论标准》一书中所说。

［55］他们多数人一致认为辩证法的理论应当从言语（phōnē）开始。言语是被敲击的（peplēgmenos）气流，或是合适的听觉对象，正像巴比伦的第欧根尼在《言语技艺》中所说的那样。动物的言语是由本能驱动的被敲击的气流，而人的言语则是一种音节（enarthros），由心智发出，如第欧根尼所说，到十四岁臻于成熟。按斯多亚派，音节是一种有形物，如阿卡德莫斯[③]在其《论言

① 波爱修（Boethus，约公元前2世纪），西顿人，斯多亚派哲学家，师从巴比伦的第欧根尼。

② 该词指未经理性审视和逻辑论证的自然形成的一般概念或“前认识”，有时根据语境也可译为“常识”，是希腊化时代哲学普遍使用的一个概念。参见 *M* 8. 157, 321, 337, 331a-333a. *PH* 1. 211, 2. 246. *Acad* 2. 30。

③ 阿卡德莫斯（Archedemus，约公元前140年），塔尔索斯人。斯多亚派哲人，被认为是巴比伦的第欧根尼的学生。著有《论言语》和《论元素》。

语》一书，第欧根尼和安提帕特以及科律西波在其《物理学》第二卷所说。[56] 因为一切作用者（poioun）是有形的东西，当言语从说者传到听者时的确发生作用。如第欧根尼所说，据斯多亚派，“语词”（lexis）是以字母拼写的（eggrammatos）言语，如“Hēmera”（白天）。“句子”（logos）则是由心智发出的能表意的（sēmatikē）言语，例如“Hēmera esti”（这是白天）。“方言”（dialektos）是一种既可标示希腊人也可标示某种族群特征的语词，或是一种地域性的，即具有某种方言性质的语词。例如按阿提卡方言，“大海”是 Thalatta，按伊奥尼亚方言，“白天”是 Hemerē。

语词的基本元素（stoicheia）是二十四个字母。字母有三种意思。一是语素，一是特征，一是名称，例如 Alpha。[57] 语素中有七个元音：a、e、ē、i、o、u、ō；有六个辅音：b、g、d、k、p、t。言语和语词的区别在于言语还包括噪音（ēchos），语词则仅仅是音节。语词与句子有别，因为句子永远是能表意的（sēmatikos），但语词可以是无意义的（asēmos），如 blituri，句子则不会这样。“说话”（to legein）与“发声”（tou propheresthai）不同，因为声音是被发出的，事实是被说出的，也就是“意谓”（lekton）。

正如第欧根尼在其《论言语》一书中所说，也如科律西波所说，句子有五个部分：专有名称（onoma）、普通名词（prosēgoria）、动词（hrēma）、连词（sundesmos）和冠词（arthron）。安提帕特在其《词与意》一书又加上“中间词”（ten mesotēta）。

[58] 据第欧根尼，普通名词是表达共同性质的句子部分，比如“人”、“马”；专有名词是表明特殊性质的句子部分，例如“第欧根尼”、“苏格拉底”；正如第欧根尼所说，动词是表示非组合的

谓词（asuntheton katēgorēma）的句子部分，或如某些人所说，动词是没有格的变化的（aptōton）句子要素，表示某种系于一个或一些主词的东西，例如“我写”、“我说”；连词是没有格的变化的句子部分，它联结句子各个部分；冠词则是有格的变化的句子要素，它限定名词的性和数，如 ho、hē、to、oi、ai、ta。

［59］句子的德性（aretai）有五个：纯正希腊语、清晰、简洁、恰当、优雅。纯正希腊语（Hellēnismos）是一种语法无错、无含混用法的辞令；清晰（saphēneia）是一种把所思之物以一种易于被认识的方式呈现出来的语词；简洁（suntopmia）是一种只包含澄清对象所必需的东西的语词；恰当（prepon）是一种贴近于（oikeia）对象的语词；优雅（kataskeuē）是一种避免流于俚俗（ton idiōtismon）的语词；在劣等语词中，蛮族语是一种有悖于希腊语良习的用语。语法错误（solokismos）是一种组织不融贯的句子。

［60］正如波西多尼俄斯在其《论语词》引论中所说，诗句（poiēma）是一种对仗性的（emmetros）或韵律性的（enruthmos）语词，带有避免散文体的刻意性。这种韵文如下：

> 最伟大的土地和宙斯的天空。

而诗（poiēsis）就是能表意的（sēmatikon）诗句，包含对神与人的事迹的模仿（mimēsin）。[①]

正如安提帕特在《论定义》第一卷中所说，定义是一种完整

① 即“诗”（poiēsis）是由“诗行”或“诗句”（poiēma）构成的复合体，还包括歌唱、表演和史诗叙事。

表达意义的分析性的（kat'analusin）语句。或如科律西波在《论定义》中所说，定义是一种特征的自我指称（idiou apodopsis）。概括（hupographē）是一种提纲挈领地（tupōdōs）介绍对象的语句，或是一种简单发挥定义功能的定义。“属”是关于诸多不可分离的（anapharetōn）概念的集合（sullēpsis），例如“动物”，因为它包含所有特殊动物。

［61］概念是心智的想象，它既不是某种事物也不是某种性质，而是“类事物”（hōsanei ti）和“类性质”（hōsanei poion），比如，当马实际上并不存在的时候，我们也会生成马的影像。

“种”是被“属”包含的东西，正像“人”被“动物”包含。最大的“属”是那种没有“属”的“属”，比如“存在”（to on）；最小的“种”是那种没有“种”的“种”，例如苏格拉底。

划分（diairesis）是把“属”分成相近相关的“种”，比如动物中一些是理性的，一些是非理性的。“二分法”（antidiairesis）是根据对立面把“属”分成“种”，比如，根据否定性，存在物中一些是好的，一些不是好的。“再划分”（hupodiairesis）是关于划分的划分，比如，存在物中一些是好的，一些不是好的，不好的东西中一些是坏的，一些是无差别的。

［62］按科利尼斯[①]，区分（merismos）是把“属”归结为论题，比如，好的东西中一些是有关灵魂的，一些是有关肉体的。

歧义（amphibolis）是在字面上（lektikōs）和严格意义上（kuriōs）按同一用法表示两种或多种对象的语词，以至同一个语

① 科利尼斯（Crinis），生平不详，斯多亚派哲人，著有《辩证法的技艺》。

词可同时含有多种意思。例如 aulētrispeptōke 一词，因为它一方面可表示“房屋倒塌了三次”，一方面可表示“笛女摔倒了”。①

如波西多尼俄斯所说，辩证法是有关真和假以及既非真也非假的知识，又如科律西波所说，它涉及表示者（sēmainonta）和被表示者。这些就是斯多亚派在有关言语理论中所谈论的东西。

［63］在涉及对象和被表示者这一论题中，他们安排了有关“意谓”的论述，包括完整的“意谓”、命题、推理以及有缺失的“意谓”和谓词，包括主动的和被动的谓词。

他们说“意谓”是根据理性的表象（to kata phantasian logiken）而存在的东西。而“意谓”当中，斯多亚派称，一些是完整的，一些是有缺失的。有缺失的是未完成的表述，例如“写”，因为我们要问“谁写”？完整的是已完成的表述，如“苏格拉底写”。因此谓词被归于有缺失的“意谓”，而命题、推理、问题和询问则被归于完整的“意谓”。

［64］谓词是述说（agoreuomenon）某个主词的东西，或是与某个或某些主词相联结的东西，正如阿波罗多鲁斯及其追随者所说；或是一种有缺失的“意谓”，同某个主格（orthos ptōsis）联结以生成一个命题。谓词中一些是偶性（sumbamata），如“穿过礁石航行”。〈……〉一些是主动的，一些是被动的，一些则既不是主动的也不是被动的。主动谓词是那些与某种间接格（plagios ptōsis）结合而生成的谓词，如“听”、“看”、“会话”；被动谓词是那些

① 希腊语单词的书写经常不留空格，由此造成歧义性。比如，aulētrispeptōke 一词，空格之处不同则意思不同。“房屋倒塌三次”（aulē tris peptōke），“笛女摔倒”（aulētris peptōke）。

以被动态构成的谓词，如“被听到”、“被看见”；既非主动也非被动的谓词，如“思想”和“走路”。反身谓词（antipeponthota）是那些在被动谓词中尽管形式上是被动的但具有主动含义的谓词，如“理发”（keiretai），因为“理发师”（keiromenos）在活动中涉及自身。[65] 间接格是属格、与格和宾格。

命题是或真或假之物，或是仅当能由自己陈述的完善的对象，如科律西波在《辩证法的定义》中所说：“命题是仅当能由自己肯定或否定的对象”，例如“这是白天”，“狄翁在走路”。命题一词axiōma得名于动词axiousthai，意味着“确认”或“否认”。因为当说“这是白天”时，似乎“确认”（axioun）这是白天，如果事实上这是白天，则当下的命题为真；如果不是白天，则命题为假。[66] 命题与问题、询问、命令、宣誓、祈愿、假设、呼唤以及“类命题”或“准命题”（pragma homoion axiōmati）不同。问题（erōtēma）一方面像命题那样是自我完善的东西，一方面则需要回答，比如“这是白天吗？”它既非真又非假，因此“这是白天”是命题，而“这是白天吗？”是问题。询问（pusma）是这样一种对象，对它不能像对问题那样象征性地（sumbolikōs）回答“是”，而是一定要给出具体答案（eipein），如“他住在这样一个地方”。

[67] 命令（prostaktikon）是一种当我们给出指令时所说的东西。例如，

> 你去伊那科斯河（Inachus）。[①]

① 希腊悲剧未名残篇，177 Nauch 2。

宣誓（horkikon）是一种东西〈……〉呼唤（prosagoreutikon）是一种当呼唤某人时说出的东西，例如，

最高贵的阿特柔斯（Atreus）之子，
万民之王，阿伽门农（Agamemnon）！①

“类命题”是具有命题表达形式，但因对某部分过分强调（pleonasmon）或附加情感色彩（pathos）从而超出命题范畴的东西。例如，

美哉，帕泰农神庙（Parthenon）！
这位牧者好像普里阿摩斯（Priams）之子！②

［68］还有某种犹疑不定（epaporētikon）的东西与命题有别，一旦有人说出这种东西，便表达某种疑惑（aporoiē）。

悲哀与生命是近亲（suggenes）？③

问题、询问以及类似的东西既非真又非假，而命题则或真或假。

命题中某些是简单的，某些不是简单的，正如科律西波派、阿卡德莫斯、阿泰诺多洛斯、安提帕特和科利尼斯所说。简单

① Homer, *Iliad*, 2. 434.
② 希腊悲剧未名残篇，286 Nauch。
③ 米南德（Menander）遗失的悲剧诗行。

命题不是由重复的（diaphoroumenou）命题或多个命题构成，例如“这是白天”。非简单命题是由重复的命题或多个命题构成的。[69] 由重复的命题构成的，例如“如果这是白天，〈那么这是白天〉”；而来自多个命题构成的，例如“如果这是白天，那么这是亮的”。

在简单命题中有否定句、否认句、缺乏句、直陈句、限定句和非限定句，在非简单命题中有条件句、准条件句、合取句、析取句、因果句及表达更多与更少的比较句〈……〉否定句（to apophatikon）如“并非（ouxi）这是白天”。其中还有一种双重否定句（to huperapophatikon），双重否定乃否定之否定，如“并非（ouxi）这不是（ouk esti）白天”，它肯定了这是白天。

[70] 否认句（to arnētikon）是由一个否定词项和谓词构成的，例如，“没有一个人（oudeis）在走路”。缺乏句（to stērētikon）是由一个否定前缀和潜在的（kata dunamin）命题构成的，如“此人是无爱心的（aphilanthōrpos）”。直陈句（to katēgorikon）是由一个主格形式的名词和谓词构成的，如“狄翁在走路”。限定句（to katagoreutikon）是由一个主格形式的指示词与谓词构成的，如“这个人（houtos）在走路”。非限定句（to aoriton）是由单数或复数的非限定性词项和谓词构成的，如“某人（tis）在走路”，“他（ekeinos）在运动”。

[71] 非简单命题当中，条件句（to sunēmmenon）是由条件联结项“如果”（ei）联结成的，正如科律西波在《辩证法》以及第欧根尼在《辩证法的技艺》中所说。这个联结项（sundesmos）表明“第二”由“第一”推出（akolouthein），例如：“如果这是

白天，那么这是亮的。”类条件句（parasunēmmenon），如科利尼斯在其《辩证法的技艺》中所说，是这样一种命题，它由联结项“既然”（epei）联结起来，始于一个命题而终于一个命题。例如：“既然这是白天，那么这是亮的。”联结项表明“第二”由“第一”推出并且“第一”是真实存在的（huphestanai）。[72] 合取句（to sumpeplegmenon）是由某个合取联结项构成的命题，例如“这是白天并且（kai）这是亮的”。析取句（to diezeugmenon）则是由析取联结项“或者”（ētoi）构成的命题，例如“或者这是白天或者这是晚上”。这一联结项表明其中一个命题为假。因果句是由“因为”联结起来的，例如：“因为这是白天，那么这是亮的。”因为“第一”似乎是“第二”的原因。表达“甚于”（mallon...ē...）的比较命题是由表达“甚”（mallon）的联结项和介于命题之间的联结项“于”（ē）联结起来的，例如“这是白天甚于（说）这是夜晚”。[73] 表达“不如”的比较命题（hētton...ē...）则与上述情况相反。例如“这是夜晚不如（说）这是白天”。①

再者，有些命题在真假方面是彼此矛盾的，其中一个是对另一个的否定，比如“这是白天”和“这不是白天”。条件句为真仅当其后件的矛盾命题（antikeimenon）与前件不相容（machetai），例如“如果这是白天，那么这是亮的”这一命题为真。因为其后件的矛盾命题“这不是亮的”与前件“这是白天”不相容。而条件句为假仅当其后件的矛盾命题与前件并非不相容（ou machetai），比如“如果这是白天，那么狄翁在走路”。因为“狄

① 比较命题译成汉语的一般句式是“A 比 B 更”（mallon A ē B），或“A 不比 B 更”（hētton A ē B）。这里为了兼顾文本和汉语表达习惯，译作“A 甚于 B”和“A 不如 B”。

翁不走路”与“这是白天”并非不相容。

[74]“类条件句”为真仅当始于一个真的前件而终于一个由之推出的（akolouthon）后件，比如“既然这是白天，那么太阳在大地之上”。而“类条件句”为假仅当或始于一个假的前件，或终于一个并非由之推出的（mē eis akolouthon）后件，例如“既然这是晚上，那么狄翁在走路”，如果这句话是在白天说的。真的因果句乃始于一个真的前件而终于一个由之推出的后件，但前件并非由后件推出，例如：“因为这是白天，那么这是亮的。”因为“这是亮的”由“这是白天”推出，但“这是白天”并非由“这是亮的”推出。假的因果句或始于一个假的前件，或终于一个并非由之推出的后件，或前件由后件推出，例如“如果这是晚上，则狄翁在走路。”

[75]可信性命题（to pithanon）是一种引向赞同的命题[①]，例如：“如果某物生出某物，则某物就是某物的母亲。”但这一命题为假，因为鸟不是卵的母亲。

再者，一些命题是可能的，一些是不可能的；一些是必然的，一些是不必然的。可能的是那种可被承认为真的命题，如果外部条件与之为真不矛盾的话，如“第奥科勒斯活着”。不可能的是那种不会被承认为真的命题，如“地球在飞”。必然的是那种既然为真就不会被承认为假的命题，或是那种可被承认为假，但外部条件与之为假相矛盾的命题，如“德性有益”。不必然的是那种既可

① 可信的或有说服力的东西（to pithanon）在希腊哲学中一般指日常生活中的经验判断，也即作为一种行动准则或生活向导，引向一种或然性的赞同，但不具备逻辑推证的必然性。斯多亚派的认识论排斥这种或然性的可信之物，但怀疑派坚持这种东西在生活中的“准则”意义。

为真同样也可为假的命题，仅当没有外部条件与之矛盾，如“狄翁在走路”。[76] 合理的（eulogon）则是那种具有为真的机会更多（to pleionas aphormas）的命题，如“明天我将活着”。

命题中还有其他差别以及由真及假和由假及真的变化。有关这些东西我们在宽泛意义上予以说明。

如科利尼斯所说，一个论证（logos）是由大前提、小前提和结论组成的。如这样一个论证：“如果这是白天，那么这是亮的；这是白天；所以这是亮的。”大前提（lēmma）是“如果这是白天，那么这是亮的”；小前提或附加前提（proslēpsis）是“这是白天”；结论为“所以这是亮的”。形式（tropos）是某种论证的图式（schēma logou），例如：“如果第一，那么第二；第一；所以第二。”

[77] 论式（logotropos）则是论证与形式两者的结合，例如：“如果柏拉图活着，那么柏拉图呼吸；第一；所以第二。”论式之所以被引入，是为了在组织较长的论证时，不再重述冗长的小前提和结论，而是尽可能简洁地达致结论：“第一；所以第二。”

论证中一些是无效的或推不出结论的（aperantoi），一些是有效的或是能推出结论的（perantikoi）。无效论证是那种其结论的矛盾式与其前提的结合（sumplokēi）并非不相容的论证，例如：“如果这是白天，那么这是亮的；这是白天；所以狄翁在走路。”

[78] 在有效论证中，有些是根据它们的“属”以同名方式都被称作“有效的”，有些则被称作三段论的（sullogistikoi）[①]。三段论

① 三段论（sullogismos）这里指斯多亚派逻辑的五种“不证自明式”之一，或被分析为五种形式之一的论证。其形容词形式为 sullogistikos，该词根据语境可译为“推理的”、“推演的”、“演绎的”等等。根据 Philoponus，漫步派和斯多亚派创立的三段论的术语体系不尽相同。参见 B. Mate, *Stoic Logic*, p. 135。

是那些不证自明的（anapodeiktoi），或被归于某个或某些不证自明的原理的有效论证，例如："如果狄翁在走路，则狄翁在运动；狄翁在走路；所以狄翁在运动。"特殊形式的有效论证是那些并非以三段论方式推出有效结论的论证，例如："这是白天并且这是晚上为假；这是白天；所以这不是晚上。"不可推演的（asullogistoi）是那些在可信性上与三段论相似但结论却是无效的论证，例如："如果狄翁是马，则狄翁是动物；但狄翁不是马；所以狄翁不是动物。"

［79］再者，一些论证是真的，一些是假的。真的论证是那些由真的前提推出有效结论的论证（hoi di'alēthōn sunagontes），例如："如果德性有益，那么罪恶有害；而德性有益；所以罪恶有害。"假的论证是那些或具有某个假的前提，或推出的结论是无效的论证，例如："如果这是白天，那么这是亮的；这是白天；所以狄翁活着。"再者，有一些论证是可能的和不可能的、必然的和不必然的。还有一些论证是不证自明的，因为它们不需要证明。对于它们不同人有不同看法，科律西波派认为有五种，由之构成所有论证。[①] 这些不证自明式被用于有效论证、三段论及各种形式（tropikōn）。

［80］第一不证自明式是那种其中整个论证由条件句和条件句所由之出发的前件构成，并推出后件的证明形式。例如："如果第一，那么第二；第一；所以第二。"第二不证自明式是那种由条件句及其后件的矛盾命题得到其前件的矛盾命题这一结论的证明形式，例如："如果这是白天，那么这是亮的；这不是亮的；所以这

① 以下五种形式的不证自明式可对比 *M* 8. 224-226 和 *PH* 2. 157-158。

不是白天。”因为小前提来自后件的矛盾命题，结论则来自前件的矛盾命题。第三不证自明式是那种由合取句的否定式（apophatikēs sumplokēs）和一个合取肢推出其余合取肢的矛盾命题的论证形式，比如：“并非柏拉图既是死的又是活的；柏拉图是死的；所以柏拉图不是活的。”［81］第四不证自明式是那种由析取句和一个析取肢推出其余析取肢的矛盾命题的论证形式，例如：“或者第一或者第二；第一；所以不是第二。”第五不证自明式是那种其中整个论证由析取句和一个析取肢的矛盾命题构成，并推出其余析取肢的论证形式，例如：“或者这是白天或者这是晚上；这不是晚上；所以这是白天。”

按斯多亚派的观点，真由真推出（hepetai），正像“这是亮的”由“这是白天”推出；假由假推出，正像“这是黑的”由“这是晚上”推出；真由假推出，正如“地球存在”由“地球会飞”推出；但假不能由真推出，因为“地球会飞”不能由“地球存在”推出。①

［82］另外还有一些两难（aporoi）论证，如“面纱者辩”、“隐藏者辩”、“谷堆辩”、“有角者辩”、“无人者辩”。“面纱者辩”是这样一种论证〈……〉②“并非 2 为少而 3 不为少；也并非 2 或 3 为少而 4 不为少，由此直到 10；但 2 为少，所以 10 也为少”。〈……〉“无人者辩”（outis）是由一个不定的和一个确定的联结项构成，并拥有小前提和结论的论证。例如：“如果有人（tis）

① 有关条件句的四种真值情况可对比 *M* 8. 113-117。

② 此处文本缺失，其中包括下述“谷堆辩”或“连锁推理”（soritai）的引导文字。

在这里，则他不在罗德斯；有人在这里；所以并非有人在罗德斯。”〈……〉

［83］这些就是斯多亚派在逻辑学领域所谈论的观点，其目的在于竭力强调智者永远是辩证法家。因为所有事物都要通过逻辑学的沉思来辨明，无论是物理学的论题，还是伦理学的论题。如果逻辑学家被认为应当谈论词项的正确使用，那他何以不应当谈论现实活动的正名问题（dietaxan oi nomoi epi tois ergois）？① 再者，有两种习惯用法被归于辩证法的德性之下，一是探究每种存在物是什么，一是探究它被称作什么。他们的逻辑学就是这些东西。

［84］他们把哲学的伦理学部分划分成有关内驱力、善与恶、感受、德性、目的、首要价值（tēs prōtēs axias）、行动、义务、进取与规避等论题。这就是科律西波派的人、阿卡德莫斯、塔尔索斯的芝诺、阿波罗多鲁斯、第欧根尼、安提帕特和波西多尼俄斯做出的二次划分。而作为较早的一代的喀提亚的芝诺和科莱安特，对这一对象并未细分，但对逻辑学和物理学的确做了进一步划分。

［85］他们说，动物的第一内驱力（hē prōtē hormē）在于自我保护，因为自然从一开始就使动物与自身亲近（oikeiousēs），正如科律西波在《论目的》第一卷所说，那里他声称，对于所有动物，第一亲近之物是自身的构造（sustasis）和对这种构造的自我意识（suneidēsis）。因为自然似乎不可能使动物与自身疏离（allotriōsai），也不可能在创造动物时既不使其与自身疏离也不使其与自身亲近（oikeiōsai）。那么剩下不得不说，当形成动物时自

① 本段文本意思模糊，学者们的断句和理解分歧也较大。

然使其与自身亲近。因此动物排斥有害之物，趋向亲近之物。[①]

他们表明，某些人所说的动物第一内驱力在于趋向快乐是错误的。[86] 他们称，快乐，如果有的话，则是一种当自然本身寻求并找到与动物的构造相适宜的东西之后所产生的衍生物（epigennēma），正是以这种方式动物嬉戏欢愉，植物含苞待放。他们称，自然没有使植物与动物区分开来，因为在没有内驱力和感觉的情况下自然也会主导植物的生命，甚至在我们身上也会生成某些类似植物那样的过程。当在动物身上增添内驱力，并用之趋向亲近之物时，对它们来说，合乎自然（to kata phusin）就是由内驱力主导（to kata tēn hormēn dioikeisthai）。当理性作为一种更完善的向导被赋予理性动物，对它们而言，据于理性正当地生活即为合乎自然的东西。因为理性是驾驭内驱力的工匠。

[87] 因此，芝诺在《论人的目的》一书率先把目的称作与自然和谐一致地（homologoumenōs）生活，即合乎德性地（kat' aretēn）生活，因为自然引导我们通向德性。科莱安特在《论快乐》，波西多尼俄斯以及赫卡同在《论目的》也是这样认为的。再者，如科律西波在《论目的》第一卷所说，合乎德性地生活与根据自然所发生的经验生活[②]是等同的。因为我们的自然（本性）是整个宇宙的自然（本性）的一部分。[88] 因此，目的是顺应自然（akolouthōs tēi phusei）生活，也即合乎自己的自然、合乎宇宙

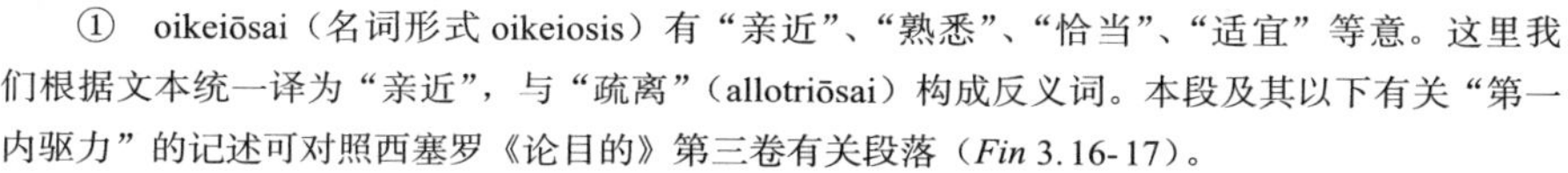

① oikeiōsai（名词形式 oikeiosis）有“亲近”、“熟悉”、“恰当”、“适宜”等意。这里我们根据文本统一译为“亲近”，与“疏离”（allotriōsai）构成反义词。本段及其以下有关“第一内驱力”的记述可对照西塞罗《论目的》第三卷有关段落（*Fin* 3.16-17）。

② 原文：kata empeirian tōn phusei sumbainontōn。

的自然，不做任何共同法律习惯上所禁止的事情，这种共同法律是正确的理性（orothos logos），它充斥于万物，等同于宙斯，这一主宰万物的统帅。这种东西本身构成幸福者的德性和生活的静好（euroian biou）[①]，仅当一切事情是根据每个人的精神（daimōn）与宇宙主宰者的意愿（boulēsis）相一致的原则做出的。因此第欧根尼坦承地表明，目的是一种在选择合乎自然之物过程中的深思熟虑（to eulogistein）。阿卡德莫斯则称，目的是践行一切义务（panta ta kathēkonta）的生活。

［89］科律西波把人们的生活所应当与之顺应的自然理解成既是宇宙共同的，也是专属人类的。但科莱安特认为，只有共同的而非特殊的自然才是人们所应当顺应的（akolouthein）。

他们认为德性是一种和谐一致的状态。它因自身而被选择，并非因某种恐惧或希望，或某种外在的东西而被选择。幸福系于德性，既然德性是一种使我们整个生命和谐一致的灵魂状态。理性动物有时会因外部对象的诱导而逆转（diastrephesthai），有时会因同伴的影响而逆转。但自然所赋予的本初（aphormē）是不会逆转的（adiastrophous）。

［90］一般说来德性是一切事物的完成状态（teleiōsis），如雕像。再者一些德性是非思辨性的，如健康；一些是思辨性的（theōrēmatikē），如明辨（phronēsis）。因为赫卡同在《论德性》第一卷说，那些由思辨之物（thōrēmatōn）构成的德性是知识性的（epistēmonikas）和思辨性的，如明辨和正义；而那些被

---

① 原意即“生活的平静流逝”，同样的表述也见于 *PH* 3.172 以及 *Ecl* 2.77.20-21。

认为从思辨之物所构成的德性延展出来的东西则是非思辨性的，如健康和力量。因为健康恰好是伴随并由作为思辨之物的节制延展出来（parekteinesthai）的东西，就像力量源自拱廊的构造。［91］它们之所以被称作非思辨性的在于它们并不涉及灵魂的赞同（sugkatatheseis），而是后发的或次生的（epiginontai），甚至在蠢人那里也会发生，比如健康和勇敢。

波西多尼俄斯在其《伦理学》第一卷中表明，德性真实存在的证据在于苏格拉底、第欧根尼和安提斯泰奈斯[①]及其追随者使德性得以改进（prokopē），而恶真实存在的证据在于它是德性的对立面。科律西波（在《论目的》第一卷）、科莱安特、波西多尼俄斯（在《劝勉篇》）以及赫卡同声称，它（我指的是德性）是可教的（didaktēn）。德性之可教，这点由坏人变好是显而易见的。[②]

［92］帕那爱修斯声称德性有两种，思辨的和实践的；其他人则把德性分成逻辑的、物理的和伦理的；波西多尼俄斯声称德性有四种，科莱安特、科律西波、安提帕特及其追随者甚至声称有许多种。而阿波罗法尼斯[③]声称只有一种德性，即明辨。

德性中一些是首要的，一些是从属的。首要的有明辨、勇敢、正义和节制。其中特殊形式有宽容、自制、忍耐、敏锐和慎思（euboulia）。明辨是一种有关善、恶以及不善不恶的东西的知识；

---

① 这里指犬儒派安提斯泰奈斯（Antisthenes），参见 DL 7. 19 注释。

② 本段表明中后期斯多亚派修正了芝诺的立场，主张德性“改进论”，认为德性是可教的，有进步过程。

③ 阿波罗法尼斯（Apollophanes，活动于约公元前 250 年），斯多亚派哲人，生于安提奥克（Antioch），是开俄斯（Chios）的阿里斯图（Ariston）的密友，著有《阿里斯图》和《论自然哲学》。

勇敢是一种应当选择（aireteon）什么，应当规避什么，以及无所谓选择与规避的知识。〈……〉[93] 宽容（megalopsuchia）是一种使人超然于物外的知识或习性（hexis），不管是坏的还是好的一视同仁。自制是一种不僭越正当理由的态度，或是一种不屈从于快乐的习性。忍耐是一种坚持什么，不坚持什么，以及无所谓坚持与否的知识或习性。敏锐是一种能够迅速发现应为之举或义务（tou kathēkontos）的习性。慎思是一种如何考量做什么和怎样做以有利于我们的行动的知识。

同样，恶的东西中一些是首要的，一些是隶属它们的。如愚蠢、怯懦、不义和放纵是首要的恶，不自制、迟钝和缺乏慎思（kakoboulia）则是隶属性质的恶。恶是一种对构成其德性的知识的无知。

[94] 善，一般说来是某种有益之物所由之产生的东西，特殊意义上它与有益相同或“无异于有益”（ouks heteron ōpheleias）。因此德性本身和分有它的东西在三种意义上被说成是善的：一是有益之所出；一是有益之所依，如依据德性的行动；一是有益之所为，如分有德性的好人。[1]

另外，在特殊意义上善还被界定为：“理性之为理性其本性的完全实现。”[2] 德性就是这样的东西，而德行（praxeis tas kat’aretēn）和好人则是对德性的分有，其衍生物（epigēnnmata）是愉悦、快乐以及类似的东西。[95] 同样，恶当中一些是愚蠢、怯懦、不义

① 可与塞克斯都的文本比较，参见 *PH* 3.169-171 以及 *M* 11.22-30。

② 原文：to teleion kata phusin logikou ōs logikou。

等等，而恶行和坏人则是对恶的分有，其衍生物是沮丧和焦虑以及类似的东西。

再者，善的东西中一些是关乎灵魂的，一些是涉及外部对象的，还有一些既不是关乎灵魂的，也不是涉及外部对象的。关乎灵魂的善是德性和德行；涉及外部对象的善是拥有优良的城邦和善良的朋友以及福祉；既非涉及外部对象，又非关乎灵魂的善是对某人自身而言的好的和幸福的东西。[96] 同样，恶的东西中一些是关乎灵魂的，即恶和恶行；另一些是涉及外部对象的，如具有昏庸之邦和愚蠢之友以及此类的不幸；还有一些既不是涉及外部对象的，也不是关乎灵魂的，即对某人自身而言的坏的和不幸的东西。

再者，善的东西中一些是目的性的（telika），一些是工具性的或创制性的（poiētika），还有一些既是目的性的又是工具性的。朋友以及由之带来的有益是工具性的善；胆识、自信（phronēma）、自由（eleutheria）、愉快、喜悦、无痛以及所有德行都是目的性的善。

[97] 德性既是工具性的善也是目的性的善。就其使幸福得以实现而言，它是工具性的善；就其充斥于（sumplērousin）幸福以至成为幸福的一部分而言，它是目的性的善。同样，恶的东西中一些是目的性的，一些是工具性的，一些则两者兼具。敌人和来自敌人的伤害是工具性的恶；惊恐、低沉、奴役（douleia）、不快、沮丧、悲痛以及所有不好的活动都是目的性的恶。而两者兼具的恶在于，就其造成不幸而言，是工具性的；就其充斥不幸之中以至成为不幸的一部分而言，则是目的性的。

[98] 在关乎灵魂的善当中，一些是习性（hexeis），另一些

是状态（diatheseis），一些既非习性又非状态。德性是状态，秉持（epitēdeuma）是习性，活动（energeiai）则既非习性也非状态。一般说来有些善是混合的（mikta），如拥有优秀的子女和安逸的晚年，而知识则是单一的（haploun）善。有些善是永久性的（aei），如德性，一些则是非永久性的，如愉悦和散步。

一切善是便利的、必需的、有利的、有用的、实效的、美好的、有益的、值得选择的和公正的。[99] 便利的（sumpheron）在于它带来这样一些东西以至当它们发生时我们可以受益；必需的（deon）在于它使我们专注于应为之事；有利的（luoiteles）在于投桃报李，乃至所得到的回报超过付出；有用的（chrēsimon）在于它使有益得以使用；实效的（euchrēston）在于它创造令人称赞的实用性；美好的（kalon）在于其自我使用是和谐一致的；有益的（ōphelimon）在于它是一种可使人受益（ōphelein）的东西；值得选择的（haireton）在于它是这样一种东西以至有充分理由对它做出选择；公正的（dikaion）在于它与法律和谐一致并能创生公众交往（koinōnias poiētikon）。

[100] 他们称至善（teleion agathon）为美，因为它具备自然所需求的一切特征，或具有完美的和谐性（summetron）。美的形式有四种：正义的、勇敢的、有序的（kosmion）和知识的（epistēmonikon），因为美的行动（kalas praxeis）正是在这些形式之下完成的。同样，丑的形式也有四种：不义的、怯懦的、无序的和愚蠢的。美，在独一无二的意义上，意味着让拥有者值得赞美，或简单说来是一种值得赞美的善；另外，美意味着一种与其自身活动相适的自然倾向；再者，美还意味着一种美化或赞誉（to

epikosmoun），正像当我们说，只有智者是善的和美的。

［101］他们称只有美是善的，如赫卡同在《论善》第三卷以及科律西波在《论美》一书所说。这是德性及其对德性的分有，等于说，所有的善是美的，善实际上等同于（to isodunamein）美，是同一种东西。“既然这是善的，那么这是美的；这是美的；所以这是善的。”他们认为一切善都是相等的（isa），一切善都是绝对（ep'akron）值得选择的，不承认善有程度的宽与严。[①] 他们说，存在物中一些是善的，一些是恶的，一些既不是善的也不是恶的。

［102］德性，如明辨、正义、勇敢、节制等是善的，其对立者，如愚蠢、不义等是恶的。那些不善不恶的是既非有益也非有害的东西，如生命、健康、快乐、漂亮、有力、财富、美誉、高贵，以及其相反者，如死亡、疾病、痛苦、丑陋、虚弱、贫穷、恶名、低贱等类似的东西，正像赫卡同在《论目的》第七卷，阿波罗多鲁斯在《伦理学》以及科律西波所言。因为他们称这些东西本身并不是善的，而是“无差别的”（adiaphora），归属“倾向选择之物”（proēgmena）。［103］因为，正如热的特性在于产生热而不是冷，因此善的特性在于有益而不是有害；但财富和健康并非有益多于有害；所以，财富和健康不是善的。再者他们还说，既可能用好也可能用不好的东西本身不是善的；财富和健康可能用好也可能用不好；所以，财富和健康不是善的。然而，波西多尼俄斯声称这些东西也属于善的范畴。但赫卡同在《论善》第九

① 本段表明斯多亚派的善恶观，即一善俱善，一恶俱恶，所有善或所有恶都是绝对相等的，善或恶无程度上的差异。有关恶无程度差异，参见 DL 7. 120。

卷以及科律西波在《论快乐》中声称快乐不是善的。因为存在着可耻的快乐，但没有任何可耻的东西是善的。［104］有益是合乎德性的行（kinein）与止（ischein），有害是据于邪恶的行与止。[①]

“无差别的”（adiaphora）一词有两个意思。一是指无助于幸福和不幸的东西，像财富、名誉、健康、有力及类似的东西。因为没有这些东西也可能过得幸福，如果幸福或不幸在于如何使用这些东西的话。另外，那些既不产生趋向性（hormēs）也不产生排斥性（aphormēs）的东西也被称作“无差别的”，如头发是奇数或偶数，伸直或弯曲手指，因此上述第一类东西就不能在这个意义上被称作“无差别的”，因为它是可以产生趋向性和排斥性的。［105］这就是为什么它们当中一些是可取的（eklegetai），一些是不可取的，而一些对于选择和规避来说是等同的。

“无差别之物”当中，一些被称为“倾向选择的”（proēgmena），一些被称为“避免选择的”（apoproēgmena）。[②]“倾向选择的”是那些有价值的东西（ta echonta axian），“避免选择的”则是那些无价值的东西。首先他们把某些有助于和谐的生活，也即关涉一切善的东西称为“价值”（axia）；其次他们把某些有助于合乎自然的生活的能力（dunamis）或用处（chreia）称为“价值”，等于指“财富或健康为合乎自然的生活所带来的价值”；再者“价值”还是估价者的“价值”，是由熟悉交易的行家所设定的，就像说小麦

① 可对照西塞罗的记载：“我赞同第欧根尼把善定义为本性上完善的东西（natura absolutum）。随之他还把‘有益’（prodessert，我们用这个词对译希腊语 ōphelēma）定义为合乎本性上完善的东西的行（motum）与止（statum）。”（参见 *Fin* 3. 33）

② 关于“无差别之物”的解读可对照塞克斯都文本，参见 *M* 11. 59-67。

可以换一倍半的大麦。

［106］“倾向选择之物”是那些有价值的东西，如关乎灵魂的东西，天分、技艺、上进等等；涉及肉体的东西，生命、健康、有力、良习、健全、漂亮以及类似的东西；涉及身外之物，如财富、名誉、高贵等等。“避免选择之物”，如有关灵魂方面，无天分、无技艺等等；有关肉体方面，死亡、疾病、虚弱、恶习、残缺、丑陋以及类似的东西；有关身外之物，贫穷、恶名、低贱等等。两者都不属于的东西则既非“倾向选择的”，也非“避免选择的”。

［107］再者，“倾向选择之物”一些是因自身而倾向选择的，一些是因他者而倾向选择的，一些是既因自身又因他者而倾向选择的。因自身，如天分、上进等等；因他者，如财富、高贵等等；既因自身又因他者，如有力、敏感（euaisthēsia）、健全。因自身，在于它是合乎自然的；因他者，在于它保证一定的使用价值。基于相反的理由，“避免选择之物”也同样适应于这种分析。

他们称“义务”（to kathēkon）[①]是那种一旦践行就获得正当理由（eulogon）辩护的活动，正如生命中的融贯一致性（to akolouthon），这种现象也延展到植物与动物，因为义务也会在这些东西中被观察到。

① 关于斯多亚派的义务观，西塞罗在《论目的》中做了比较详细的解释（参见 *Fin* 3. 20-25）。按西塞罗，斯多亚派讲的“义务”或“应为之举”乃发乎自然的驱迫，意在达致与自然的融贯一致，似乎是自然所赋予和规定的先于德性而发生的某种“角色”活动，“就像演员和舞者并非被任意安排一种表演和舞动而是一种确定的角色”。但义务活动并非意味着一定能达致这一目的，也即实现最高的善或德性，除非认识到德性没有任何数量的变化，而是一种绝对价值：“德性的这种价值是特殊的，它意味着形式（genere）而非程度（crescendo）”，因此达致这一目的就像朝某个目标射箭一样，或许是可遇（seligendum）而不可求的（non expetendum）。

[108]“义务”一词是由芝诺首次以这种方式命名的，它源自短语 kata tinas hēkein[①]，是一种与自然的安排（kata phusin kataskeuais）相适宜的（oikeion）活动本身。在基于内驱力的活动当中，一些是义务的，一些是有悖于义务的，一些既不是义务的，也不是有悖于义务的。

义务活动是那些理性责成（hairei）我们去做的事情，正如尊敬父母、兄弟和城邦，与朋友共处；有悖于义务的活动是那些理性禁止我们去做的事情，比如忽视父母、漠视兄弟、与朋友不和、无视城邦以及此类的事情。[109] 既非义务的也非有悖于义务的活动是那些理性既不责成我们去做也不禁止我们去做的事情，比如捡起木棍、手持书写工具或刮刀等。

有些义务活动是无条件的，有些是受条件制约的。无条件的，比如关心健康和感官以及类似的事情；基于条件的，包括自我伤害和放弃财产。有悖于义务的活动同样如此。义务活动中，一些永远属于义务（aei kathēkei），一些则并非永远属于义务。合乎德性地活着永远属于义务，而提问、回答、散步等并非永远属于义务，对于有悖于义务的活动则理由相同。[110] 还有某种中间状态的义务，如儿童应服从侍者（tois paidagōgois）。

他们声称灵魂有八个部分：五种感觉、语言部分、思想部分（也即心智本身）以及生殖部分。来自虚假的东西导致心智发生扭曲或逆转（tēn diastrophēn），由之激发诸多情感，构成不稳定的原因。按芝诺，情感（pathos）是非理性的和有悖自然的灵魂运动，

① 即“落到某人身上”、“达乎某人”、“切近于某人”等意。

或是过度的冲动（hormē pleonazousa）。

据赫卡同在《论情感》第二卷以及芝诺在《论情感》中所说，有四种最高形式的情感：痛苦、恐惧、欲望和快乐。[111] 他们认为情感是一种判断（kriseis），如科律西波在《论情感》中所言。因为爱财是一种关于钱是好东西的假设，酗酒、奢靡等等也是如此。

痛苦（lupē）是一种非理性的紧张感（sustolē）。其种类包括怜悯、羡慕、嫉妒、好胜、沮丧、烦恼、忧伤、悲痛、焦躁。怜悯（eleos）是对蒙冤者所怀有的痛苦，羡慕（phthonos）是一种因他人有好东西而感到的痛苦，嫉妒（zēlos）是一种因他人手里有自己想要的东西而感到的痛苦，好胜（zelotupia）是一种因他人手里也有自己所拥有的东西而感到的痛苦，[112] 沮丧（achthos）是一种心情沉重的痛苦，烦恼（enochlēsis）是一种心绪淤积、缺少空间的痛苦，忧伤（ania）是一种因忧思而产生的绵绵不绝或与日俱增的痛苦，悲痛（odune）是一种肝肠寸断（epiponon）的痛苦，焦躁（sugchusis）是一种心烦意乱（apoknaiousan）、有碍我们整体思考当下情形的非理性的痛苦。

恐惧（phobos）是对坏东西的预期（prosdokia）。以下这些情感可归于恐惧之下：惧怕、畏缩、羞耻、惊诧、惊吓、恐怖。惧怕（deima）是对产生恐惧的恐惧，羞耻（aischunē）是对坏名声的恐惧，畏缩（oknos）是对将来行动的恐惧，惊诧（ekplēxis）是由非常见之物的表象引发的恐惧，[113] 惊吓（thorubos）是伴随突如其来的声音产生的恐惧，恐怖（agonia）〈是对不明之物的恐惧〉。

欲望（epithumia）是一种非理性的冲动（orexis），以下这些东西可归于其名下：渴求、憎恶、好斗、愤怒、爱欲、怨恨、生气。渴求（spanis）是某种受挫的欲望，尽管与对象分离，但为之所吸引，劳而无功地竭力追逐；憎恶（misos）是一种愿某人过得不好的与日俱增的欲望；好斗（philoneikia）是一种涉及门派之见的（peri haireseōs）欲望；愤怒是对那个被认为实施不当的伤害行为的人采取报复的欲望；爱欲（erōs）是某种绝不会涉及有德之人的欲望，因为它是由漂亮的外表赢得爱的关系的欲念；[114] 怨恨是一种积怨已久、敌意满腹的愤怒，它等待着爆发的时机，这点有诗表明：

> 即使一天咽下怒气（cholon），
> 来日也会满腔怨恨（koton），直到有个了结。[①]

生气（thumos）是开始阶段的愤怒。

快乐（hedonē）是对某个被认为值得选择的东西的非理性的喜爱，归于其下的是沉迷、幸灾乐祸、愉悦、欢快。沉迷（kēlēsis）是耳目之乐；幸灾乐祸（epichairekakia）是以他人之不幸为乐；愉悦（terpsis）如"转换"（trepsis）[②]，是灵魂向放松状态的转换；欢快（diachusis）是一种德性的释放（analusis）。

[115] 正像一些孱弱被说成是肉体上的，如痛风和关节炎，同样灵魂上也有好虚名（philodoxia）、图快乐（philēdonia）以及类似的孱弱。因为孱弱（arrōstēma）是一种与无力相伴的疾病（nosēma），而疾病是对某个被认为值得选择的东西的强烈欲念。

---

① Homer, *Iliad*, 1.81-82.

② 这里是借用两个拼写高度相似的词汇，穿凿附会。

再者，正像肉体被称作有一些易发病症，如伤风和腹泻，同样灵魂也有一些易发病症，如嫉妒、怜悯、争斗以及此类的东西。

［116］他们说有三种“好的情感”（eupatheia）：喜悦、敬畏和愿望。他们称喜悦（chara）是与快乐相对的，因为它是合理的喜爱；敬畏（eulabeia）是与恐惧相对的，因为它是合理的规避。智者绝不会恐惧，但他会敬畏。他们说愿望（boulēsis）是与欲望相对的，因为它是合理的冲动。正像一些情感归于首要的情感之下，同样，一些“好的情感”也归于首要的“好的情感”之下。归于愿望之下的是善意、善良、敬意、爱意；归于敬畏之下的是尊敬、纯洁；归于喜悦之下的是愉悦、高兴、欢乐。

［117］他们说智者是无情的（apathē），因为他不会身陷其中。而在另一种意义上，即在麻木不仁（sklēros）、冥顽不化（ategktos）的意义上，愚者也可以被说成是无情的。智者是不自负的（atuphon），因为他对好名声和坏名声一视同仁。还有一种不自负，可以被归为浑浑噩噩（eikaios）之类，这是愚者的特征。他们称一切有德之人是“苦行的”（austēron），不仅自己不与快乐为友（homilein），也不容忍他人做这种事情。该词还有另一种意思，即那种用于治疗而不是用来喝的酒被称作“苦的”①。

［118］有德者通过种种躲避邪恶、彰显真实的善的手段，忠诚于和守护着自己的德业。他们无造作之态（aplastous），因为他们在腔调和外表上剥去了伪饰。他们无庸碌之举（apragmonas），因为他们避免做任何有悖于义务的事情。他们会畅饮，但不会酩

① austēron 一词兼有“苦的”、“苦行的”、“严厉的”、“朴素的”等意。

酊大醉。他们不会疯狂，尽管有时会因黑色胆汁过多或因谵妄而形成一些异常的表象，这些东西并非合乎选择的理由而是与自然相悖。智者不会感到痛苦，因为痛苦是灵魂的非理性的紧张状态，正如阿波罗多鲁斯在《伦理学》一书中所说。

［119］他们是神性的（theious），因为他们自身具有某种像神一样的东西（oionei theon）。愚者则是非神性的（atheon）。“非神性”有两个意思，一是与神相对，一是蔑视（exouthenētikon）神性，而这个意思并非涉及所有愚者。有德者是敬神的，因为他们具备有关神的礼法的经验，而虔敬则是供奉神的知识。再者，他们会向神献祭，保持圣洁，以免冒犯神。神赞赏他们，因为他们是神圣的，对神是公正的。只有智者是祭司，因为他们研究献祭、建庙、净化以及其他适合于神的事情。

［120］他们认为，继神之后第二位的是应尊敬父母和兄弟。他们说爱抚子女对智者是自然的，对愚者则并非如此。他们相信罪过是相等的（isa），正如科律西波在其《伦理学研究》第四卷以及波萨伊俄斯和芝诺所说。因为如果一个真理不比另一个真理更是真理，则一个错误也不比另一个错误更是错误；同样，一个欺骗不比另一个欺骗更是欺骗，一个罪过不比另一个罪过更是罪过。因为正像一个距离卡诺普斯（Canopus）100 斯泰底（stadion）的人和一个距离 1 斯泰底的人同样都不在卡诺普斯，因此一个罪过大点的人和小点的人同样都不在正确的路上。[①]［121］但塔尔索斯的赫拉克利德斯，即塔尔索斯的安提帕特的一个门生和阿泰诺多

① 本段“一切罪过都是相等的”同前面提到的“一切善都是相等的”（DL 7. 101），清楚地表明了早期斯多亚派不承认善恶有程度差异的绝对价值观。

洛斯声称罪过不是相等的。

他们声称，如无阻碍智者将参加城邦生活（politeusesthai），如科律西波在其《论生活》第一卷所言，因为他将抑制罪过、砥砺德性。他会结婚生子，如芝诺在《国家篇》所说。[①]智者不持有意见，也即不会赞同任何错误的东西。他会过犬儒的生活，因为犬儒学说是通向德性的捷径，正像阿波罗多鲁斯在其《伦理学》中所说。在一定条件下他会吃人肉。只有智者是自由人，愚者是奴隶，因为自由（eleutheria）是一种行动自主权（exousia autopragias），被奴役（douleia）是行动自主权的丧失。[122] 还有一种被奴役是从属关系上的（en hupotaxei），第三种则既是财产关系上的（en ktēsei），也是从属关系上的，与之相对立的是主人的权力（despoteia），这也是恶的东西。智者不仅是自由人，而且是王者（basileas）。王治是一种不需要做任何解释的绝对统治，只有智者能执掌维系，正像科律西波在《论芝诺的精准用词》一书所说。他说，统治者必须认识善恶之物，没有任何愚者可以获得这些东西的知识。同样，只有智者能做执政官、法官和演说家，没有任何愚者可以胜任。再者，智者是无过错的（anamartētous），因为他们不会犯错。[123] 智者是无伤害性的（ablabeis），因为他们既不会伤害别人也不会伤害自己。他们是无同情心的（eleēmonas），不会原谅任何人。他们永不放宽法律规定的惩罚，因为妥协、怜悯和公平本身是灵魂的卑微软弱，

① 早期斯多亚派的国家观，绝非柏拉图所鼓噪的逻各斯与政治的结合体。“城邦”已不是一个政治概念，而是基于自然律法所构想的“智者”共同体，表达了一种反城邦教化的世界主义理想，这种理想无疑深受犬儒派的影响。有关早期斯多亚派的国家观的记述另参见 *PH* 3. 245-248。

试图假装（prospoioumenēs）善良以替代惩罚。他们从来不会认为惩罚过于严酷。再者，智者不会对那些被认为匪夷所思的事情（paradoxōn）[①]感到吃惊，如卡戎（Charon）的独木舟[②]、潮起潮落、地热温泉、火焰喷发。他们还说，有德者不会离群索居，因为他本性上是交往的（koinōnikos）和实践的（praktikos）。为了身体的忍耐力，他也会接受锻炼。

［124］他们说智者会祈祷，会向神祈求好的东西，正如波西多尼俄斯在《论义务》第一卷以及赫卡同在《论奇迹》第三卷所说。他们称友爱只存在于有德者之间，因为其本性相近。他们称友爱是一种生活必需品的共享（koinōnian），因为我们待友如待己。[③]他们表明，朋友是因其自身的原因而被选择的，朋友多是好事。愚者中不存在友爱，愚者无友。所有愚蠢的人都是疯狂的，因为他们不是明智的，而是在等同于愚蠢的疯狂状态下做一切事情。

［125］智者善为一切，正如我们说伊丝美尼亚（Ismenias）善奏各色笛音。万物皆备于智者（tōn sophōn de panta einai），因为法律赋予他们绝对的权威性（exousia）。但有些东西被说成在于愚者，正像有些事情被说成在于不公正者。在一种意义上我们说它们在于城邦，在另一种意义上说它们在于使用者。

他们说德性相互继随或互为融贯（antakolouthein alllēais），具

① paradoxos 一词在构词意义上指“有悖于观念的”（para+doxos），因此有“悖论的”、“奇怪的”、“奇迹的”等意。

② 卡戎是希腊神话中地府哈德斯（Hades）的摆渡人，专门运送亡灵渡过冥河斯提克斯（Styx）。

③ 这里表明斯多亚派主张财产共有。

其一者则具其所有，因其原理（theōrēmata）是共通的（koina），正如科律西波在《论德性》第一卷，阿波罗多鲁斯在《早期物理学家》以及赫卡同在《论德性》第一卷所说。[①] [126] 有德者既能思辨（theōrētikon）也能践行（praktikon）应为之事。而应为之事就是应选择的、应坚持的、应恪守的和应合理分配的事。因此，如果一个人通过选择做某件事，持之以恒地做某件事，以合理的分配方式做某件事，恪守原则地做某件事，那么他就是明辨的、勇敢的、正义的和节制的。每种德性可被概括为有关自己的某个专属论题，如勇敢关乎应当坚持的东西，明辨关乎应当做的和不应当做的，以及既非应当做的也非不应当做的事情。同样，其他德性也关乎自己的恰当论题。审慎和参悟（sunesis）与明辨相随，律己和秩序则与节制相随，平等和正直与正义相随，坚定和气魄与勇敢相随。

[127] 他们相信在德性与罪恶之间没有任何中间状态，而漫步派声称在德性与罪恶之间存在着德业的改进（prokopē）。因为斯多亚派说，正像一根木棍要么是直的要么是弯的，因此一个人必须或是正义的或是不正义的，不存在较正义的和较不正义的，其他德性同样如此。科律西波主张德性是可丢失的，而科莱安特认为是不可丢失的。可丢失的，是因为醉酒和黑色胆汁过多；不可丢失的，是因为确凿可靠的理解（dia bebaious katalēpseis），德性是因自身而被选择的。无论如何我们羞于恶行，好像我们认识

① 斯多亚派的“德性继随原理”，也即一善俱善、一恶俱恶，是对善恶无大小的绝对价值观的解释。

到只有美才是善的。德性对于幸福是自足的，正如芝诺以及科律西波在《论德性》第一卷，赫卡同在《论善》第二卷所说。[128]他说："如果高尚（megalopsuchia）能使我们超越一切，而高尚是德性的一部分，那么德性对于幸福就是自足的（autarkēs），因为它蔑视一切似乎令人烦恼的东西。"而帕那爱修斯和波西多尼俄斯说德性不是自足的，称健康、生计、力量也是需要的。

他们认为德性永远处在使用中（dia pantas chrēsthai tēi aretēi），正如科莱安特门派的人所说。因为德性是不会丢失的，有德者无时不在使用处于完美状态下的（ousēi teleiai）灵魂。按科律西波在《论美》一书所说，正义是本性上的（phusei）而非习惯上的（thesei），法律和正确的理性也是如此。[129]他们认为不应因为观念的分歧而放弃哲学，因为以此为由就会弃绝整个生活[①]，如波西多尼俄斯在《劝勉篇》所说。科律西波称基础课业（ta egkuklia mathemata）[②]是有用的。

再者，他们认为我们与其他动物之间不存在正义问题，因为两者无相似性，如科律西波在《论正义》第一卷以及波西多尼俄斯在《论义务》第一卷所说。智者会爱上那种由外貌表现出在德性上

① 本句显然是针对怀疑派而言的。因为怀疑派试图通过"分歧"这一论式，也即通过建立对立命题之间理据的等效性而否弃哲学。斯多亚派认为否弃哲学意味着否弃整个生活。但怀疑派认为生活恰恰在于否弃各色独断哲学，否弃哲学意味着切断逻各斯与幸福之间虚设的天然联系，意味着跟随现象（phainomenon），守护常识（prolēpsis）。怀疑派认为"不持有任何信念地（adoxastōs）活着"不仅是可能的，而且是幸福与宁静的唯一含义。怀疑论的目的正是在观念上不受烦扰，在不可避免的事情上保持节制（*PH* 1. 23-24, 30）。

② 即希腊化时代的"普通教育科目"（enkuklios paideia），罗马人称之为"自由科目"（*Disciplinarum Libri*），包含七门，又称"自由七艺"。参见 M. L. Clarke, *Higher Education in the Ancient World*, p. 2。

具有良好禀赋的年轻人，如芝诺在《国家篇》，科律西波在《论生活》第一卷以及阿波罗多鲁斯在《伦理学》中所说。［130］爱欲是因美貌而试图结交的冲动，其目的并非在于性爱（sunousias）而是友爱（philias）。他们说忒拉索尼德斯[①] 尽管具有支配所爱之人的权力，但他还是因为她的憎恨而不得不放手。因此爱欲（erōta）即友爱（philias），如科律西波在《论爱欲》中所言，它是不受谴责的（theopempton）。他们称青春之美乃德性之花。

有三种生活，思辨的（theōrētikos）、实践的（praktikos）和理性的（logikos），他们称第三种是值得选择的。因为理性动物是为了思辨和行动被自然有目的地（epitēdes）生成的。他们说智者会出于充足理由（eulogōs）结束自己的生命（exaxein heauton tou biou），或为祖国和朋友，或如果面对极度痛苦、肢体残害或不治之症。

［131］他们认为在智者中妻子应是共有的，因此任何男人可以同任何女人发生关系，如芝诺在《国家篇》以及科律西波在《论国家》所说，犬儒派的第欧根尼和柏拉图也是这样说的。我们会像父亲那样对所有孩子给予同等的父爱，就会消除对通奸的渴求。最好的政制是由民主制、王制和寡头制构成的混合形式。

这些就是他们在其伦理学原理中所讲述的。不限于此，其中还伴有合适的证明，对这些东西我们已做出简要和基本的论述。

［132］他们把物理学的论述划分成以下几个论题：物体、本

① 忒拉索尼德斯（Thrasonides），米南德（Menander）戏剧残篇中的一位士兵，他爱上了战争中被俘的女奴，但女奴认为他杀死了自己的兄弟，拒绝了他的恩惠，最终从他那里获得自由。

原、元素、神、限、位置和虚空。这是特殊划分，一般划分可归为三个论题：宇宙、元素和原因。

他们说有关宇宙的论题可划分成两部分。一个部分也为数学家所共同研究，在这一部分中他们探究恒星和行星，如太阳是否像它显得那样大，月亮是否也是如此，还探究宇宙运行以及此类问题。[133] 另一部分仅属于物理学家，从中他们探究宇宙的本体（ousia）是什么，宇宙是生成的还是非生成的，是有生命的（empsuchos）还是无生命的，是有死的还是不死的，是否为神意（pronoiai）所主宰以及其他问题。原因论也分成两个领域。一个领域为医学研究所共有，从中研究灵魂的中枢（hēgemonikon）、灵魂中发生的东西、种子以及类似之物。另一个领域数学家也声称从事研究，比如我们如何看，镜子里的表象的原因是什么，云、雷、虹、晕、彗星等是如何形成的。

[134] 他们相信万物的本原有两个，主动者（to poioun）和被动者（to paschon）。被动者是无规定性的本体（ousia），即质料（hulē），主动者是内在于质料的理据或逻各斯（logos），也就是神。因为它是永恒的，通过贯穿所有质料创造（dēmiourgein）每种事物。喀提亚的芝诺在《论本体》，科莱安特在《论不可分割之物》，科律西波在《物理学》第一卷的结尾，阿卡德莫斯在《论元素》，波西多尼俄斯在《物理学论证》第二卷都提出这个原理。他们声称，本原（archē）和元素（stoicheia）存在着差别，因为前者是不生不灭的，元素则在“宇宙大火”中（kata tēn ekpurōsin）毁灭。再者，本原是非物体性的、无形状的，而元素则是有形状的。

[135] 正如阿波罗多鲁斯在其《物理学》中所说，物体（sōma）有三个向度：长、宽、高，它也被称为固体（stereon sōma）。面是物体的限（peras），或是只有长和宽而没有高的东西。波西多尼俄斯在《论天象》第三卷说，这个东西既是概念上的（kat'epinoian）也是实在的（kath'hupostasin）。线是面的限，或是无宽之长，或是只有长的东西。点是线的限，是最小的记号（sēmeion）。

神（theos）、心灵（nous）、命运（heimarmenē）是同一种东西，尽管被冠以许多不同的名称。[136] 太初（kat'archas），神凭自身把整个本体（ousia）从气变成水。正像种子（sperma）被包裹在繁衍生息的母体（en tēi gunēi），因此作为宇宙生殖力的（spermatikon）理性原则或逻各斯也处于这样的湿润状态（en tōi hugrōi），以便使质料活动自如（euergon），易于后续的系列生成。因此，首先生出了四种元素：火、水、气、土。芝诺在《论宇宙》，科律西波在《物理学》第一卷，阿卡德莫斯在一部《论元素》的书中均讲述了这点。

元素是生成物最初由之生成，最后解体而复归于它的东西。[137] 四元素一起构成无规定性的本体（ousia）或质料。火为热，水为湿，气为冷，土为干。而同样的部分也存在于气中。[①] 火在最高处，被称为“以太”（aithera），在这种东西中首先生成恒星的表层，然后生成行星的表层。火之后是气，再之后是水，作为万物

① 本句的意思比较模糊。“相同的部分”或“同样的部分”（to auto meros）究竟指什么？是指其他三种元素的性质，还是指某一种元素的性质存在于气中？如 R. D. Hicks 的 Loeb 译本和 P. Mensch 的牛津译本理解成指最后一种元素的性质即“干”，又如 S. White 的剑桥译本注解为“火”，似乎都比较勉强。这里我们照字面意思翻译。

之基的土，则居于所有东西的中心。

“宇宙”（cosmos）一词有三个意思。一是神本身，即源于整个本体的特殊规定性（ton ek hapasēs ousias idiōs poion）；他是不生不灭的，作为宇宙秩序的创造者或巨匠（dēmiourgos），他按规定的时间周期把整个本体纳入自身（analiskōn eis heaouton），然后再次由自身生成。[138] 再者，他们还把星辰的有序安排本身称作宇宙。宇宙的第三个意思是前两个的结合。另外，宇宙是整个本体的特殊规定性，或用波西多尼俄斯在其《天象学基础》的话来说，是由天、地及其内在本性所构成的体系（sustēma），或是由神、人以及所有因之而生的东西所构成的体系。天是最外边的圆周，里面住着所有神明。

宇宙为心灵和神意所支配，正如科律西波在《论天意》第五卷以及波西多尼俄斯在《论神》第三卷所说，心灵充斥于宇宙的所有部分，犹如灵魂充斥于我们周身，但有的部分多些有的部分少些。[139] 它一方面作为张力（hexis）充斥于（kechōrēken）某些部分，如充斥于骨和腱，另一方面作为心智充斥于某些部分，如充斥于中枢。同样，既然整个宇宙是一种有灵魂的和理性的生命体，它也把“以太”作为中枢，如推罗的安提帕特在《论宇宙》第八章所说。科律西波在《论神意》第一卷以及波西多尼俄斯在《论神》中说天是宇宙的中枢，而科莱安特说太阳是中枢。但科律西波在同一著作中给出较为不同的解释，他说正是“以太”最纯粹的部分，即被他们称作第一位的神，就像充斥于气中之物那样，以可感的方式（aisthētikōs）充斥于所有动物和植物，而以张力的方式（kath’hexin）充斥于土本身。

［140］他们称宇宙是“一”和有限的，具有球面形状，因为这种形状最适合运动，正如波西多尼俄斯在《自然论》第五卷以及安提帕特学派在关于宇宙的著述中所说。宇宙之外四处弥漫着无限的虚空，一种无形之物。无形之物（asōmaton）是那种能被有形物占据但未被占据的东西。宇宙之内没有虚空，而是完全结为一体的（hēnōsthai）。因为这是天地万物间息息相通（sumpnoia）、紧密相连（suntonia）的必然结果。科律西波在《论虚空》和《自然的技艺》第一卷谈到虚空，阿波罗法尼斯在《物理学》，阿波罗多鲁斯以及波西多尼俄斯在《自然论》第二卷也有论及。此类东西同样都是无形的。[①]

［141］再者，时间作为一种宇宙运动的间隔也是无形的。过去和未来的时间是无限的，现在的时间是有限的。基于感性认识的论证，他们相信宇宙是可毁灭的，既然它是生成的：凡部分是可毁灭的东西，则整体也是可毁灭的；而宇宙的部分是可毁灭的，因为它们相互转化；所以宇宙是可毁灭的。再者，如果某物会变坏，则它是可毁灭的；而宇宙会这样，因为它既会干旱无雨，也会洪水泛滥。

［142］当本体（ousia）由火经过气而转化为水，宇宙便得以生成。然后其粗糙的部分结而成土，其精细的部分化而为气（exaerōthēi），当进一步细化便生成火。基于这些元素的混合，生成植物、动物和其他种类的东西。芝诺在《论万物》（*Peri holou*），

---

① 本句文本疑似有歧义。除上述 Loeb 本外，一种考订意见为“位置和意谓同样也是无形的”（einai de kai ton topon kai ta lekta asōmata homoios），一种为“意谓同样也是无形的”（einai de kaita lekta asōmata homoios）。参见 T. Dorandi 评注本，脚注第 1165。

科律西波在《物理学》第一卷，波西多尼俄斯在《论宇宙》第一卷，科莱安特以及安提帕特在《论宇宙》第十卷都谈到宇宙的生成和毁灭。但帕那爱修斯宣称宇宙是不灭的。

宇宙是一种生命物，是有理性的、有灵魂的和有思想的，这点科律西波在《论神意》第一卷，阿波罗多鲁斯在《物理学》以及波西多尼俄斯都有提及。[143] 它所以是一种生命物在于它是一种能感觉、有灵魂的存在。因为生命物比非生命物更好；而没有任何东西比宇宙更好；所以，宇宙是生命物。它是有灵魂的，因为就我们每个人的灵魂是它的一个碎片（apospasmatos）而言，这是显而易见的。但波爱修说宇宙不是一种生命物。芝诺在《论宇宙》第一卷说宇宙是“一”，科律西波和阿波罗多鲁斯在《物理学》、波西多尼俄斯在《自然论》第一卷也是这样说的。正如阿波罗多鲁斯所说，“万有”（to pan）被称为宇宙，或在另一种意义上被说成是由宇宙和外部虚空构成的体系。宇宙是有限的，而虚空是无限的。

[144] 星体中恒星随整个天一起运行，行星则以其特殊运动方式运动。太阳按椭圆形（loxēn）轨迹穿过黄道带（dia tou zōdiakou kuklou）运动，同样月球以螺旋式（helikoeidē）轨迹运动。太阳是纯粹的火，如波西多尼俄斯在《天象学》第七卷所说；它比地球大，如他在《自然论》第六卷所说；它和宇宙相似，是圆形的，如其追随者们所说。太阳是火，在于它能做火所做的一切；太阳比地球大，在于整个地球被它照亮，天也被它照亮。地球投射的圆锥形（kōnoeidē）阴影也可表明太阳较大。由于太阳体积较大，从地球的所有位置都可以看到它。

［145］月球更像是土质的，因为它离地球较近。这些燃烧物和其他星辰都需要获取养分（trephesthai）。太阳需要由宽阔的海洋获取，因为它是有心智的火团；月球则需要由纯净的水获取，因为它是由气混成的，更接近地球，如波西多尼俄斯在《自然论》第六卷所说；其他星体则由地球获取。他们认为，星体和不动的地球是圆形的。月球自身没有光，而是当被太阳照射时由太阳那里得到光。

当月球在朝向我们这面的太阳前经过时就会发生日食，如芝诺在《论万物》一书中所说。［146］因为显然，当它们交汇时月球逐渐掩盖太阳，将之完全遮蔽，然后退去。这种现象可以拿一盆水来观察。当地球的影子落在月球上就会发生月食。这就是为什么只有满月才有月食。尽管月球每月一次在与太阳径直相对，但由于月球相对于太阳以椭圆轨迹运动，因此就会在维度上发生偏离，要么离得太北要么太南。仅当月球、太阳和黄道带处于同一维度，与太阳径直相对，就会发生月食。当月球位于巨蟹座、天蝎座、白羊座和金牛座，其维度与黄道带齐平，如波西多尼俄斯及其门生所说。

［147］神是不朽的、理性的、幸福之至的、不容一切罪恶的、能预知（pronoētikon）宇宙及宇宙中事物的有生命的存在，但却是无人形的。他是万物的工匠（dēmiourgon），好似万物之父，既是普遍意义上的父，又是其贯穿所有事物的特殊部分的父。根据其能力他被冠以多个名称。他们叫他 Dia[①]，是因为万物“由之”

① Zeus 的因格形式。

(di'hon)而存在；叫他 Zēna[1]，就他是生命的（tou zēn）原因或充斥于生命中而言；叫他雅典娜（Athena），是基于其中枢部分延伸至“以太”（aithera）而言；叫他赫拉（Hera），在于他延伸至气（aera）；叫他赫淮斯托斯（Hephaestus），在于他延伸至技艺之火（technikon pur）；叫他波塞冬（Poseidon），在于他延伸至湿润之物（hugros）；叫他德墨忒耳（Demeter）在于他伸展至大地（gē）。同样，他们还通过诉诸其某些内在品性而赋予他另外一些名称。

[148] 芝诺说神的本体（ousian）是整个宇宙和天，科律西波在其《论神》第一卷以及波西多尼俄斯在其《论神》第一卷也这样说。安提帕特在其《论宇宙》第七卷称神的本体是气状的（aepoeidē）；波爱修在其《论自然》一书把神的本体说成是恒星的表层。

有时他们把“自然”一词解释为维系宇宙的东西，有时则解释为使大地之物得以生长的东西。自然是一种自我运动的习性（hexis），在规定的时间，按生殖的原则（kata spermatikous logous）生成和维系它的产物，造成那些与它的分离物相似的东西。[149] 他们说，自然意在使用和快乐，这点在人类的能工巧匠身上是显而易见的。

科律西波在《论命运》，波西多尼俄斯在《论命运》第二卷，还有芝诺以及波爱修在《论命运》第一卷声称，一切根据命运发生。命运（heimarmenē）是存在者的原因链（aitia tōn ontōn eiromenē），或是一种由之统治宇宙的原则（logos）。再者，他们

① Zeus 的诗体形式。

说一切神谕都是真实的，如果有神意存在的话。他们依据某些迹象或结果（ekbasis）宣称它是一种技艺，如芝诺所说，科律西波在《论神谕》第二卷，阿泰诺多洛斯以及波西多尼俄斯在《自然论》第二卷和《论神谕》第五卷也这样说。但帕那爱修斯说神谕不是真实的。

［150］他们称第一质料（tē prōtē hulē）是一切存在物的本体（ousia），如科律西波在《物理学》第一卷以及芝诺所说。质料是任何事物所由之生成的东西。本体和质料有两个意思，或指万物的本体和质料，或指特殊事物的。一切事物的本体或质料既不会增加也不会减少，特殊事物的则会增加和减少。按他们的观点，本体是有形的（sōma）和有限的（peperasmenē），如安提帕特在《论本体》第二卷以及阿波罗多鲁斯在《物理学》所说。它是被动的或是能受到作用的（pathētē），如同一个作者所说。因为如果它是不可改变的（atreptos），则生成之物就不会由之生成，由此可推出它是可无限分割的。科律西波说，分割本身是无限的〈，但并非达致无限（eis aperon）〉。因为没有任何一种分割可达致无限，但分割本身是无止境的（akatalēktos）。

［151］正如科律西波在《物理学》第三卷所说，质料的混合是彻底的，不只是表面的和并列的。因为当把少量的酒倒进大海，一会儿它就与海水混合，直至完全消融。

他们说，存在着某些同情人类和守护人间事物的精灵（daimon），也存在着英雄，那是有德者的亡灵。

在气的变化上，他们说冬是因太阳远离而导致的地球上方的气的冷却，春是太阳向我们靠近时所产生的气的适度混合

(euchrasia)。[152] 夏是因太阳向北移动所导致的地球上方的气的受热，秋是因太阳从我们这里回归。〈风是气的流动，由其发出的方位〉得到不同的名称。其生成的原因在于太阳对云的蒸发。虹是来自充满水气的云对光的反射，或如波西多尼俄斯在《天象学》中所说，是太阳或月亮的某个片段在一片水分充盈的和空心的云中持续显现的映象（emphasia），正像在镜子里照出的圆弧。彗星（komētēs）、"胡子星"（pōgōnia）和"火把星"（lampadia）[①]是升腾至"以太"区域的较厚的气所形成的火焰。[153] 流星是一束在气中快速运行的闪亮的火焰，呈现出长尾状的映象。雨是一种由云到水的转化，一旦由太阳从大地或大海汇聚起来的水分无法被全部蒸发；当它遇冷叫作霜；冰雹是被风吹破的冻云；雪是来自冻云的潮湿物，如波西多尼俄斯在《自然论》第八卷所说；闪是一束相互摩擦或被风吹断的燃烧的云，如芝诺在《论宇宙》中所说；雷是来自云层相互摩擦和断裂的噪声；[154] 霹雳是当云层相互摩擦或被风吹断时以巨大力量直击地面的一束烈焰，另一些人称之为一团猛力下降的厚厚的火状的气。台风（tuphōna）是一种强烈的风状的巨大霹雳，或是一种由断裂的云生成的烟状的风（pneuma）；飓风（prēstēra）是一种被风与火断开的云。当风灌入大地的空心部分，或被困于大地之中，就会发生地震，如波西多尼俄斯在第八卷所说。其中有些是震动，有些是地裂，有些是滑坡，有些是沸腾咆哮。

① 彗星一词希腊语原意是"长头发"(komētēs)，或称"长头发星"，与"胡子星"和"火把星"同指彗星的表现形态。

［155］他们认为宇宙的构造如下：居于中间的是地球，作为宇宙的中心；此后是环状的水，以地球为同一个中心，因此地球在水中；水之后环绕着气。天上有五个“圈”，其中第一个是每每可见的北极圈；第二个是夏至线，第三个是平分线，第四个是冬至线，第五个是不可见的南极圈。它们叫作“维”（parallēloi）在于它们永远不相交，但可围绕同一个轴心进行刻画。“黄道带”（zōdiakos）是椭圆形的，由于它穿过纬线。地球上有五个“带”：［156］第一个是北极圈以外的北极，因极寒而不可居；第二个是北温带；第三个因酷热而不可居，叫作热带；第四个是南温带；第五个是南极，也因极寒而不可居。

他们认为自然是一种技艺之火（pur technikon），有条不紊地进行生成，也即它是一种火的和技艺性的气息（pneuma）[①]；灵魂是可感知的〈自然〉，是我们与生俱来的（sumphues）气息，因此灵魂是一种有形物（soma），死后持续存在（epimenein）。但灵魂是可灭的，尽管以动物灵魂为其一部分的整个宇宙灵魂是不灭的。［157］喀提亚的芝诺，安提帕特在《论灵魂》中以及波西多尼俄斯声称，灵魂是一种热的气息（pneuma enthermon），我们因之而活（empnoos）[②]、为之而动。科莱安特声称所有灵魂都可持续存在（epidiamenein），直至宇宙大火。而科律西波认为只有智者的灵魂如此。

他们说灵魂有八个部分：五种感觉、我们内在的生殖原则、

① pneuma 一词原指“风”、“呼吸”、“气息”等，常音译为“普纽玛”，斯多亚派将之理解为火与气相交融的神圣之气，充斥宇宙万物，构成“自然”生生不息的理性原则。

② empnoos 一词指“有气息”、“呼吸”、“有生命”、“存活”。

语言和理性。[①] 我们之所以“看”，仅当介于视觉器官和存在物之间的光以锥形延伸（enteinomenos），如科律西波在《物理学》第二卷以及阿波罗多鲁斯所说。气的椎尖部分位于视觉器官，锥底则位于视觉对象。因此，所见之物通过延展的气犹如借助一根拐杖传递给我们。

［158］我们之所以“听”，仅当介于说者和听者之间的气以球状方式受到震动，然后产生气浪，敲击耳鼓，正像池塘里的水被投进去的石头激起层层波澜。我们之所以发生睡眠，仅当在灵魂的中枢部分感觉的紧张程度得以放松。他们把气息的转换（peri to pneuma tropas）归为种种感受的原因。

他们说“种子”（sperma）是能够生成与其分离物同种的东西的东西。人的种子，那种随潮湿物一起由人体排出的东西，按其父代的混成原则同灵魂部分混合。［159］科律西波在《物理学》第二卷中说，它是一种本体意义上的气息[②]，因为这点从撒播到地里的种子来看是显而易见的，一旦变老就不再繁育（puetai），其生殖能量显然已被蒸发（diapepneukuias）。那些斯法埃洛斯派的门生说，种子源于整个肉体，因为无论如何它生成了肉体的所有部分。他们宣称雌性的种子是无生殖力的（agonon），因为它是松弛、稀疏而多水的，如斯法埃洛斯所说。中枢（hēgemonikon）是灵魂最权威的部分（ton kuriōtaton），从中生成表象和内驱力，由此发出言语。它位于心脏。

① 又见 DL 7. 110。

② 原文 pneuma kata ten ousian，即本原意义上的种子，处于潜能状态而非现实的生命物。

[160] 有关物理学的这些论述就我们而言似乎足够，既然我们要保持文字的恰当比例。斯多亚派中某些持有别于他者观点的人如下。

二、阿里斯图

开俄斯的“秃头”阿里斯图，外号“塞壬”[①]。他说，德性的目的在于过一种对所有介于善恶之间的东西持无差别态度（adiaphorōs）的生活，不仅在它们之间不做区分，而且把所有这些东西视为等同的。[②]智者好像优秀的演员，无论戴上忒耳西忒斯（Thersites）的面具还是阿伽门农的，都会恰当地演好每个角色。他否弃物理学和逻辑学的论题，声称前者超越了我们，后者则与我们无关，只有伦理学的论题与我们相关。[161] 他说，辩证法的论证好像蜘蛛网，似乎展示出某种技艺，但却是毫无用处的。他不像芝诺那样引入多种德性，也不像麦加拉派那样以多个名字去称呼一种德性，而是根据相对性（kata to pros ti）看待德性。通过传授此类哲学，并在昔诺萨尔格斯（Cynosarges）举行论辩，他大大增强了影响力，以至被称作学派的创始人。至少，密勒提亚德斯（Miltiades）和狄菲勒斯（Diphilus）被称为阿里斯图主义者。他是一位极有说服力的和善于取悦大众口味的人。因

① 塞壬（Siren），希腊神话中一半女身、一半鸟身的海妖，以迷人的歌声诱惑航海者，使其成为海妖的牺牲品。阿里斯图获此外号，或许来自其论辩术的说服力。

② 参照 DL 7.104-107 有关斯多亚派对“无差别”的解释。

而提蒙称之为：

> 一个秉承了阿里斯图家族狡黠的血统的人。

［162］马格尼西亚的第奥科勒斯称，当他遇到柏莱谟之后，便改换门庭（metetheto），而此时正值芝诺长时间卧病不起。他最为关注的斯多亚派原理是“智者不持有意见（adoxsaston）”[①]。波萨伊俄斯为了反驳这一原理，就让双胞胎兄弟中的一个把一笔钱存放在阿里斯图那里，然后又让另一个去要回。阿里斯图陷入迷惑（aporoumenon），因而被驳倒。他竭力反对阿尔克西劳。一次当他看到一头长子宫的形状怪异的公牛时说道：“唉，这给阿尔克西劳提供了一个反对显明事实的证据。”［163］针对某个声称“无物可知”的学园派的人，他说：“难道你没看到坐在你旁边的人吗？”当此人否认时，他说：“谁弄瞎你的双眼？谁剥夺了你的火炬之光？”

归于他名下的著述如下：

《劝勉篇》二卷

《论芝诺原理》

《对话集》

《讲稿》六卷

《智慧七讲》

① 智者不持有意见，即智者不赞同任何虚假错误的东西（参见 DL 7. 121），因为他拥有知识而非纯粹的意见，因此可以分辨真假，永远不会有错。

《谈爱欲》

《虚名记》

《笔记》二十五卷

《回忆篇》三卷

《逸闻录》十一卷

《驳演说家》

《对阿莱克西努斯（Alexinus）的反驳的反驳》

《驳辩证法家》三卷

《致科莱安特的信》四卷

帕那爱修斯和索西格拉底[1]称，只有书信是他本人的，其他作品均属于漫步派的阿里斯图。

［164］传说，他因秃顶而饱受太阳的暴晒，并由此而亡。我曾以抑扬格诗句予以调侃：

阿里斯图啊，为何在你又老又秃的时候
还要把脑门交给太阳来观照（katoptēsthai）？
因所寻求的热量超过需要，
结果你极不情愿地找到了冰冷的冥府哈德斯。

另外有个阿里斯图，来自尤里斯（Iulis）的漫步派学人；还有一个阿里斯图，雅典艺人；第四个是悲剧作家；第五个是哈莱

① 索西格拉底（Sosicrates，约公元前 2 世纪中叶），克里特人，历史学家。撰有多种哲学家生平传记及克里特史。在其著述中强调哲学的师承关系。

（Halae）人，修辞术入门的作者；第六个则是亚历山大利亚的漫步派学人。

三、赫里洛斯

［165］迦太基的赫里洛斯说目的是知识，也即永远过一种把一切诉诸知识、不为无知所误的生活。知识是一种在接受表象过程中不为论辩所颠覆的（anupoptōton hupo logou）心灵习性（hexin）。有时他说不存在绝对的目的，目的是根据条件和对象而变化的，就像同一块铜，或成为亚历山大的雕像，或成为苏格拉底的雕像。他还区分了目的和“从属性目的”（hupotelida），对于后者即便不是智者也可以追求，而前者只有智者才能达致。介于德性与罪恶之间的东西是无差别的或是无所谓的（adiaphora）。他的作品尽管寥寥数语，但却充满力量，里面包含一些矛头直指芝诺的篇章。

［166］据说，在他孩童时代有不少爱慕者，为了驱赶这些人，芝诺强迫赫里洛斯剪掉头发，于是他们作鸟兽散。

其著述如下：

《论训练》

《论情感》

《论理解》

《立法者》

《助产士》

《对手》

《教师》

《注疏者》(*Diaskeuazōn*)

《校正者》(*Euthunōn*)

《赫尔墨斯》

《美狄亚》

《对话篇》

《伦理命题〈……〉》

四、第奥尼修斯

“改换门庭者”(Metathemenos)第奥尼修斯称快乐是目的，因为他不堪眼疾之缠扰。他遭受如此大的痛苦，以至于不愿声称痛苦是无所谓的(adiaphoron)。

他是赫拉克利亚本地人泰奥凡特斯(Theophantus)之子，据第奥科勒斯说，他最初是同邦人赫拉克利德斯[①]的学生，然后师从阿莱克西努斯和美涅德摩斯[②]，最后追随芝诺。

[167] 起初他热爱文学，着手创作各种形式的诗，之后采用

---

① 赫拉克利德斯(Heraclides)，彭提科斯(Ponticus)人，公元前4世纪漫步派学者。其生平见DL 5. 86-94。

② 阿莱克西努斯(Alexinus)，麦加拉派学者。美涅德摩斯(Menedemus，约公元前339—前265年)，伊莱特里亚(Eretria)学派的创建者。其生平见DL 2. 125-144。

阿拉图斯[①] 的表达方式，竭力效仿此人。当他背弃芝诺之后便投奔居勒尼学派，常光顾妓院，毫无遮掩地体验其他快乐。当他活到八十岁时绝食而亡。

以下著作归属于他：

《论无欲》二卷

《论训练》二卷

《论快乐》四卷

《论财富、感恩和复仇》

《论与人交往》

《论好运》

《论古代君王》

《论美誉》

《论蛮族习俗》

以上这些是持不同观点者。而继承芝诺的是科莱安特，关于他我们必须予以讨论。

五、科莱安特

［168］科莱安特，法尼阿斯之子，阿索斯当地人。据安提斯

① 阿拉图斯（Aratus，约公元前 315—前 240 年），索里（Soli）人，著有关于星象的辩证法诗《论现象》。

泰尼斯在《师承录》(*Diadochos*)一书称，他最初是一位拳击手。按某些人的说法，他怀揣仅有的4个德拉科马来到雅典，当遇到芝诺便极为真诚地投身哲学，并坚守同一种原则。他以吃苦耐劳闻名，因极其贫穷而不得不打工糊口。晚上在菜园里担水浇菜，白天在论辩中刻苦练习。为此他被称为“担水工”(Phreantlēs)。据说他被带进法庭接受质询，如何能以如此良好的品性生活。当传唤他为之担水的菜园主和为之煮饭的店主作证后，他被释放。[169]最高法庭感到满意，决定嘉奖他10个迈那，然而芝诺不准他接受。传说，安提柯国王赠予他3000个德拉科马。有次他带着一帮青年人去看节目，一阵风把他的罩衫剥开，人们看到他竟没穿内衣，为此雅典人鼓掌喝彩，正如马格尼西亚的德谟特瑞俄斯在《同名录》中所说。他也为此受到人们的赞誉。他们说，安提柯国王在听课时问他，为什么他要担水，对此他回答说：“我只是担水？难道我不锄地？难道我不浇菜、不为哲学做一切事情？”因为芝诺以这种方式训练他，要求上交收入的一小部分。[170]一次芝诺捧了一堆铜板来到弟子们中间，说道：“一个科莱安特，如果他愿意，能够养活另一个科莱安特；而那些具备养活自己条件的人却指望从他人那里获得生活必需品，尽管他们可以优哉游哉地(aneimenōs)从事哲学。”因此，科莱安特被叫作“第二个赫拉克勒斯”。他虽然刻苦，但无天赋，非常愚笨。为此，提蒙这样描写他：

这是谁，像只公羊在人群中穿梭游荡？

一个半生不熟的咬文嚼字者，从阿索斯滚下来的胆怯的圆石。

他经得起同窗（summathētōn）的冷嘲热讽，容忍他们把自己呼作“驴”，他声称只有自己才能够挑起芝诺的重担。[171] 一次他被人指责胆小怕事，他说：“正因如此我才几乎不犯错误。”他喜欢自己致富的生活方式，声称在别人玩球（sphairizousin）的时候，自己在刨坚硬而贫瘠的土地。他经常苛责自己，当阿里斯图听到后问：“你在指责谁？”他笑着说道：“一个有白头发但无智慧的老叟。”当有人说阿尔克西劳不做应做之事（ta deonta），他说：“不必苛责他。因为即使他口头上否定义务（kathēkon），行动中也会肯定。”阿尔克西劳说：“不要奉承我。”对此科莱安特回敬道：“说真的，我吹捧你在于表明你说的是一回事，做的是另一回事。”

[172] 当有人问科莱安特应当给他的儿子什么忠告时，科莱安特引用《厄拉克特拉》中的诗句，说道：

安静，安静，你的脚步要轻。①

当一个拉哥尼亚人（Lakōnos）称艰苦即善，科莱安特很高兴，说道：

你的血统优良，亲爱的孩子。②

赫卡同在《逸闻录》中记载，一个外貌英俊的青年说：“如果

① Euripedes, *Orestes*, 140.

② Homer, *Odyssey*, 4. 611.

某人拍一下肚子（gastēr）意味着吃饱肚子（gastrizei），那么某人拍一下大腿（mēros）就意味着有一腿（mērizei）。”科莱安特说：“小伙子，有你的一腿吧。类似的词汇不总是表达类似的事情。”一次与某个年轻人对话，他问道：“你看得见吗？”当年轻人点头后他说：“为什么我看不见你看得见？”

［173］诗人索西泰俄斯（Sositheus）在剧场中对着在场的他说：

就像一群牲口，被科莱安特的愚蠢拉着，

他不动声色（epi tautou schematos），对此听众感到吃惊，他们一面喝倒彩，一面把索西泰俄斯赶下台来。之后当诗人为自己的冒犯向他道歉时，他欣然接受，声称既然第奥尼修斯和赫拉克勒斯被诗人愚弄都没有生气，他对偶然的中伤感到恼怒则是荒唐的。他曾说，来自漫步派的那些人类似竖琴，尽管可以奏出妙音，但却听不到自己。据说，当他声称，按芝诺的说法，“品性（ēthos）是可以通过长相（ex eidos）来把握”时，一个脑袋灵光的年轻人把某个在乡下干粗活的娈童带到他面前，要他描述一下品性。科莱安特踌躇良久（diaporoumenon），打发这个人走开。当此人转身离去，他打了几个喷嚏，“有了，”科莱安特喊道：“他有女人气（malakos）！”［174］他曾对一个自言自语的隐者说：“你不是在和一个坏人说话。”有人苛责他年纪大了，他说：“我很想离开，但仔细一想自己各方面都很健康，可以写，可以读，于是又留了下来。”他们称，由于缺钱买不起纸草（chatia），他把自己所听到的芝诺的观点写在陶片和牛的肩胛骨上。这就是他的品性，因此

能够继承学校，尽管芝诺有许多其他知名的弟子。

他留下一些非常优秀的著作，其中有：

《论时间》

《论芝诺的自然研究》二卷

《赫拉克利特解释》四卷

《论感觉》

《论技艺》

《驳德谟克里特》

《驳亚里斯塔库斯》

《驳赫里洛斯》

《论内驱力》二卷

[175]《古代篇》

《论神》

《论巨人》

《论婚姻》

《论诗人》

《论义务》三卷

《论精明》

《论感恩》

《劝勉篇》

《论德性》

《论天赋》

《论高尔基博斯》

《论嫉妒》

《论爱欲》

《论自由》

《爱的技艺》

《论荣誉》

《论名声》

《政治家篇》

《论意愿》

《论法律》

《论审判》

《论规训或论教育》（*Peri agōgēs*）

《论理性》三卷

《论目的》

《论美》

《论行动》

《论知识》

《论王政》

《论友爱》

《论宴会》

《论男女德性是同一的》

《论玩弄诡辩的智者》

《逸闻录》（*Peri chreiōn*）

《讲稿》二卷

《论快乐》

《论特性》

《论疑难》

《论辩证法》

《论式或论题》

《论谓词》

这些就是他的著述。

［176］其死亡的方式是这样的：他得了严重的牙龈肿痛，根据医嘱绝食两日。病情好转之后，医生允许他恢复日常饮食。但他拒绝接受，而是声称自己万事已备（proōdoiporēsthai），所剩之日继续绝食直至死去，据某些人说，其享年与芝诺相同，他追随芝诺十九个年头。

我是这样调侃他的：

与其赞美科莱安特，不如赞美冥王哈德斯，
当看到他垂垂老矣，实在不忍心拒绝他，
一个担了大半辈子水（antlēsanta tou biou）的人，
在死人堆里得到最后的歇息。

六、斯法埃洛斯

［177］如前所述，博斯普鲁斯的斯法埃洛斯，在芝诺死后成为科莱安特的学生。当他在论辩上取得长足进步后，便前往亚历

山大利亚，投奔托勒密国王菲洛帕特（Philopator）。一次在一场关于智者是否持有意见（doxasein）的论辩中，斯法埃洛斯声称他不持有。国王想驳倒他，命人把一些蜡做的石榴放到桌子上。斯法埃洛斯上当了，于是国王喊道，他对虚假的表象给予赞同（sugkatatetheisthai）。对此斯法埃洛斯进行机智的反驳，声称他所赞同的东西并非它们“是”（eisin）石榴，而是它们之为石榴是有充分理由的（eulogon）。“可理解的表象”（katalēptikēs phsantasia）与“有充分理由的表象”（tou eulogou）不同。针对墨奈西斯特拉图斯（Mnesistratus）指责他否认托勒密是国王〈……〉，他反驳道：“如果托勒密如此这般（toiouton onta），那么他是国王。”

［178］他写有如下著作：

《论宇宙》两卷

《论元素》

《论种子》

《论运气》

《论最小的部分》

《反原子和影像》

《论感官》

《赫拉克利特五讲》

《关于伦理命题的安排》

《论义务》

《论动机》

《论情欲》二卷

《论王政》

《论拉哥尼亚的政制》

《论莱库古（Lycurgus）和苏格拉底》三卷

《论法律》

《论神谕》

《关于爱的对话》

《论爱的哲学》

《论相似性》

《论定义》

《论习性》（*Peri hexeōs*）

《论反驳》三卷

《论理性》

《论财富》

《论名声》

《论死亡》

《辩证法的技艺》二卷

《论谓词》

《论歧义》

《书信集》

七、科律西波

［179］科律西波，阿波罗尼俄斯之子，索里人，或如亚历山

大在其《师承录》中所说，塔尔索斯人，科莱安特的学生。之前他曾练习长跑，后来，如第奥科勒斯和多数人所说，做了芝诺或科莱安特的学生。在科莱安特活着的时候，科律西波离开了他，在哲学上成为一个非同凡响的人物。他极有天赋，在各个方面出乎其类，乃至在多数观点上与芝诺，当然也与科莱安特相左。他常对后者说，只需给出原理，论据他自己来找。每当与科莱安特发生争论，他都后悔不已，于是不断引用这段诗句：

> 在所有其他方面我天生是一个有福之人，
> 除了科莱安特，这是我的梦魇（ouk eudaimonō）。[①]

［180］他在辩证法方面如此出名，以至于多数人认为，如果诸神那里有辩证法，也不外乎是科律西波的辩证法。他有丰富的论证材料，但并未确立恰当的论证形式（katōrthōse）。他的刻苦程度无人堪比，这点由其为数超过705部的著作可以表明。他通过不断重复相同的原理来增加数量，记录所有想到的东西，做出大量的修正，引证诸多的经典，以至于在他的一部著作中几乎抄录了欧里庇德斯的整部《美狄亚》（*Medea*）。当某个捧着他的这本书的人被问及读的是什么，此人回答："科律西波的《美狄亚》"。

［181］雅典的阿波罗多鲁斯在其《原理汇要》一书意在表明，伊壁鸠鲁凭一己之力，无需引证所完成的著作在数量上远远超过科律西波，因此用他的话说，"如果有人试图把科律西波著作中所

① 诗句源于 Euripides, *Orestes*, 540-541。

有引述的多余部分剔除，页面将剩下一片空白”。阿波罗多鲁斯的确是这样说的。又据第奥科勒斯，一位在其身边侍奉的老妪说，他一天可以写 500 行。赫卡同说，他投身哲学是因为他从父亲那里继承的财产被王室没收充公。

［182］他的身材瘦小，这点可由塞拉米科斯市场（Ceramicus）的塑像表明，他几乎被周边的骑手塑像遮住。因此卡尔内亚德称之为“马革”（Crypsippus）。一次他被某人指责没有随众人去听阿里斯图的课，他回敬说：“如果随大流，我就不会从事哲学了。”针对某个攻讦科莱安特，在其面前要弄诡辩论（sophismata）的人，他说：“不要让长者从较严肃的事上分心，此等把戏就向我们年轻人施展吧。”还有一次，某个请教问题的人单独与之安静地会话，当看到一帮人走来便开始慷慨激昂起来（philoneikein），他说：

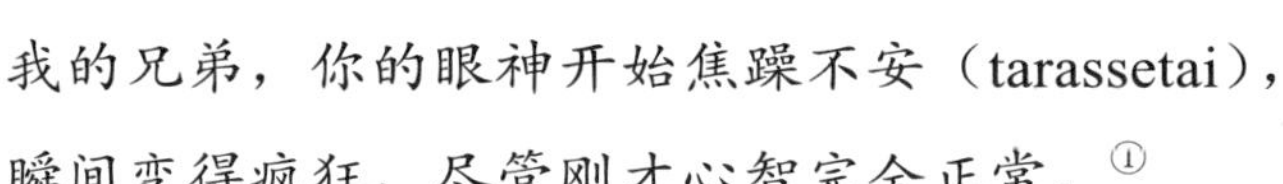

我的兄弟，你的眼神开始焦躁不安（tarassetai），
瞬间变得疯狂，尽管刚才心智完全正常。[①]

［183］他在宴会上通常会保持安静，尽管两腿来回穿梭，因而女仆说道：“只有科律西波的腿醉了。”他相当自负，以至于当有人问：“我应当把儿子托付给谁？”他回答：“给我！因为如果我能想象出有谁比我更好，我就跟他学习哲学。”因此，这行诗据说就是用来描述他的：

① 诗句源于 Euripides, *Orestes*, 253-254。

只有他是有呼吸的生灵（pepnutai），其他皆为瞬间即逝的影子；

又

如果没有科律西波，就不会有斯多亚。

最后，正如苏提翁[①]在其著作的第八卷所说，他加入了学园派，同阿尔克西劳和拉希德斯（Lacydes）一起从事哲学。[184] 这就是之所以他一方面反对，一方面又捍卫伦理习性（sunētheia）的原因，甚至还使用学园派的方法讨论体积和数的问题。

赫尔米普斯（Hermippus）说，一次科律西波在奥德翁（Odeon）讲课时受学生之邀参加一个祭礼（thusia）。在那里喝了几杯未混合的葡萄酒，感到一阵眩晕，五天后便离开人世，享年七十三，在第143次奥林匹亚盛会那年，如阿波罗多鲁斯在其《编年史》中所说。我做了以下调侃他的诗句：

当贪婪地吞下酒神巴克科斯（Bacchus）
科律西波头晕目眩，他无暇顾及
斯多亚，也无暇顾及他的母邦和他的灵魂，
而是直奔冥府哈德斯。

① 苏提翁（Sotion，公元前2世纪），亚历山大利亚人，漫步派哲学史家。著有13卷本《哲学家师承录》。其作品成为第欧根尼以及基督教神学家泰奥德勒图斯（Theodoretus）和尤西比乌斯（Eusebius）的主要文献来源。

[185] 但有些人说他因狂笑而亡。当一头驴吃了他的无花果，他对老妪说："给这头驴来点原汁葡萄酒冲一冲。"然后一阵狂笑而终。

他似乎是一个相当自负的人。尽管写了如此多的著作，但没有把任何一本献给国王。他满足于仅有的一个老妪侍奉自己，正如德谟特瑞俄斯在其《同名录》一书所言。当托勒密写信请他自己来或派人来宫廷，斯法埃洛斯去了，但科律西波却漠然处之（perieide），派他的外甥阿里斯托克莱翁（Aristocreon）和菲洛格拉底（Philocrates）去，并特意教育他们。据上面提到的德谟特瑞俄斯记载，他是第一个敢于在吕克昂（Lyceum）露天办学的人。

[186] 另一个科律西波是来自可尼多斯的医生。关于此人，厄拉希斯特拉忒斯[①]说他欠下了巨额债务；再有一个是前者的儿子，托勒密国王的医生，因诽谤罪被拉出去处以鞭刑；还有一个科律西波是厄拉希斯特拉忒斯的学生；还有一个是《农书》（*Geōrgika*）的作者。

这位哲学家还提出这样一些论证："对无奥秘知识的人（amuētos）讲授奥义（ta mustēria）是不虔敬的；而祭司长（hierophantēs）向无奥秘知识的人讲授奥义；所以祭司长是不虔敬的。"再者，"凡不在城里的东西就不在家里；城里没有井；所以家里也没有井"。再者，"有一个头，而且这个头你没有；的确有一个你没有的头；所以你没有头"。[187] 再者，"如果某人在麦加拉，

① 厄拉希斯特拉忒斯（Erasistratus, 约公元前 315—前 240 年），著名医生，理性派医学代表。参见 *M* 8. 188, 220。

他就不在雅典；的确有一个人在麦加拉；所以没有一个人在雅典”。再者，“如果你说某种东西，就要经过你的嘴巴；你说马车；所以马车经过你的嘴巴”。还有，“如果你没有丢失某种东西，你还拥有它；你没有丢失角；所以你有角”。一些人说这些论证属于优布里德。

有人指责科律西波以淫秽下流、难以启齿的言词写了很多东西。在《论古代自然哲学家》中他诲淫诲盗地改写了有关赫拉和宙斯的段落，在600行附近他描述了那些如果不怕把嘴搞脏则无人能说得出口的东西。[188] 他们说他把这个故事改写得极为淫秽，即使他将之作为自然哲学大加吹捧，但其言词更适合于妓女而非神明。这样的故事未被文献目录家所记载，没有在柏莱谟和乌普西格拉底（Hypsicrates）那里发现，甚至也没有在安提柯那里找到，这是他杜撰出来的。在《国家篇》中他说人们可以与母亲、女儿、儿子性交。在《论并非因自身而被选择的东西》的开篇他讲了同一观点。在《论正义》第三卷1000行左右，他鼓噪人们应当吃死人。在《论生计》一书他说应首先考虑智者何以谋生。[189]“那么，他为什么要谋生（poristeon）？如果是为了活着，而活着是无所谓的或价值无别的（adiaphoron）；如果是为了快乐，而快乐本身也是无所谓的；如果是为了德性，而德性之于幸福是自足的（autarkēs）。谋生的手段也是荒唐可笑的。例如，靠国王豢养，你就不得不屈从于他；靠朋友接济，友爱就会明码标价；靠智慧供养，智慧就会有报酬。”这些就是对他的批评意见。

他的著述久负盛名，我决定将之分门别类，归于不同形式。其著述如下：

1. 逻辑学

《逻辑论题》

《哲学家之反思》

《辩证法的定义，致美特罗多鲁斯》六卷

《论辩证法的名称，致芝诺》一卷

［190］《辩证法的技艺，致阿里斯塔戈拉斯》

《可信性条件句，致第欧斯居里德斯》四卷

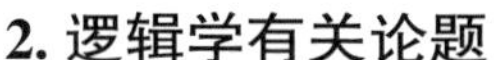

2. 逻辑学有关论题

第一组

《论命题》一卷

《论非简单命题》一卷

《论合取句，致阿泰那德斯》两卷

《论否定句，致阿里斯塔戈拉斯》三卷

《论直陈句，致阿泰诺多洛斯》一卷

《论缺失性语句，致泰阿勒斯》一卷

《论非限定句，致狄翁》三卷

《论非限定句的差别》四卷

《论时间命题》二卷

《论完成时（suntelikōn）命题》二卷

第二组

《论为真的析取句，致高尔基皮德斯》一卷

《论为真的条件句，致高尔基皮德斯》四卷

[191]《选择，致高尔基皮德斯》一卷

《答融贯性》（*Peri akolouthōn*）一卷

《论三个词项的命题，再致高尔基皮德斯》一卷

《论或然性命题，致克利托斯》四卷

《答菲洛的意义说》一卷

《论何为假命题》一卷

第三组

《论命令句》二卷

《论疑问句》二卷

《论询问句》四卷

《疑问句和询问句简论》一卷

《回答简论》一卷

《论探究》二卷

《论回答》四卷

第四组

《论谓词，致美特罗多鲁斯》十卷

《论主格与从格，致菲拉尔克斯》一卷

《论完善谓词（peri sunammatōn），致阿波罗尼德斯》一卷

《致帕西勒斯，论谓词》四卷

第五组

［192］《论五个格》一卷

《论按限定主题的表述》一卷

《论衍生语义（peri paremphaseōs），致斯泰萨格拉斯》二卷

《论普通名词》二卷

3. 有关语词及其所构成的语句的逻辑论题

第一组

《论单数和复数的表述》六卷

《论语词，致索西盖奈斯和亚历山大》五卷

《论语词的不规则性，致狄翁》四卷

《论涉及言语的“谷堆辩”（tōn soritōn）》三卷

《论语病》（*Peri soloikismōn*）

《论病句，致第奥尼修斯》一卷

《有悖于日常用法的语句》一卷

《语词，致第奥尼修斯》一卷

第二组

《论语言的要素和表述》五卷

《论表述的组织》四卷

[193]《论表述的组织和要素，致菲利普》三卷

《论语言的要素，致尼西亚斯》一卷

《论相对表述》一卷

第三组

《答反对划分者》二卷

《论歧义，致阿波拉斯》四卷

《论歧义句式》（*Peri tōn tropikōn amphiboliōn*）一卷

《论条件句式中的歧义》二卷

《答潘多伊德斯的〈论歧义〉》二卷

《论〈歧义问题入门〉》五卷

《歧义问题概略，致爱毕格拉底》一卷

《为〈歧义问题入门〉提供的条件句》二卷

4. 关于论证与论证形式的逻辑论题

第一组

《论证与论证形式的技艺，致狄奥斯居利德斯》五卷

[194]《关于论证》三卷

《关于论证形式的构成，致斯特萨格拉斯》二卷

《形式化（tropikōn）命题之比较》一卷

《关于自我指涉（antistrephonton）论证与条件句》一卷

《致阿伽同或论系列问题》一卷

《论何种前提能够与一个或多个其他前提推出某个结论》一卷

《论结论，致阿里斯塔戈拉斯》一卷

《关于同一论证构成多种形式》一卷

《答关于同一论证构成可推的和不可推的形式的反驳》二卷

《答关于推理分析的反驳》三卷

《答菲洛的〈论推理形式〉》一卷

《逻辑条件句，致提摩克拉底和菲洛马特斯：证明和图式引论》一卷

[195] 第二组

《关于有效论证，致芝诺》一卷

《论第一不证自明式推理，致芝诺》一卷

《论推理分析》一卷

《关于多余论证，致帕西罗斯》二卷

《论推理原理》一卷

《推理引论，致芝诺》一卷

《推理形式引论，致芝诺》三卷

《论基于假的图式（schēmata）的推理》五卷

《通过分析为不证自明式的推证》一卷

《推理形式研究，致芝诺和菲洛马特斯》一卷（疑似伪作）

第三组

《论变化的论证，致阿泰那德斯》一卷（伪作）

[196]《有关中项（mesotēta）变化的论证》三卷（伪作）

《答阿美尼亚斯的〈析取句〉》一卷

第四组

《论假设，致麦雷吉尔》三卷

《基于法律的假设论证，再致麦雷吉尔》一卷

《假设论证引论》二卷

《假设论证原理》二卷

《赫德洛斯〈假设论证〉解析》二卷、

《亚历山大〈假设论证〉解析》三卷（伪作）

《论解释（peri ektheseōn），致拉奥达马斯》一卷

第五组

《“说谎者辩”引论，致阿里斯托克莱翁》一卷

《“说谎者辩”论证入门》一卷

《论“说谎者辩”，致阿里斯托克莱翁》六卷

第六组

《答认为命题既为假又为真的人》一卷

[197]《答由切分（dia tēs tomēs）解决“说谎者辩”的论证的人，致阿里斯托克莱翁》二卷

《非限定句（ta aorista）不可切分的证明》一卷

《答对切分非限定句的反驳的反驳，致帕西勒斯》三卷

《按古人的方式解决，致狄奥斯居里德斯》一卷

《论“说谎者辩”的解决方式，致阿里斯托克莱翁》三卷

《希杜勒斯的假设论证的解决方式，致阿里斯托克莱翁和阿波拉斯》一卷

第七组

《答声称“说谎者辩”的论证前提为假的人》一卷

《论否定句，致阿里斯托克莱翁》二卷

《否定论证练习》一卷

《论渐变论证（para mikron），致斯泰萨格拉斯》二卷

《关于设定的论证和“沉默者辩”（hesuchazontōn），致奥奈特》二卷

[198]《论“面纱者辩”（peri tou egkekalummenou），致阿里斯托布罗斯》二卷

《论“逃逸者辩”（peri tou dialelēthotos），致雅典那德斯》一卷

第八组

《论“无人者辩”(peri tou outidos)，致麦奈格拉底》八卷

《论由非限定句和限定句构成的论证，致帕西罗斯》二卷

《论“无人者辩”，致爱毕格拉底》一卷

第九组

《论诡辩，致赫拉克利德斯和波利斯》二卷

《论辩证法的疑难，致狄奥斯居里德斯》五卷

《答阿尔克西劳的方法，致斯法埃洛斯》一卷

第十组

《驳日常用法，致美特罗多鲁斯》六卷

《为日常用法辩，致高尔基皮德斯》七卷

逻辑学论题还包括游离于上述四种分类之外的 39 种，它们是分散孤立的逻辑研究，难以纳入已列出的主题。其所有逻辑学著作共计 311 部。

[199] **1. 伦理学理论：关于伦理概念的清晰性 (diarthrōsis)**

第一组

《伦理学论纲，致泰奥波罗斯》一卷

《伦理学论题》一卷

《伦理学原理的可信性前提，致菲洛马德斯》三卷

《文雅（asteios）的定义，致美特罗多鲁斯》二卷

《粗鄙（phaulos）的定义，致美特罗多鲁斯》二卷

《价值居中者（anamesos）的定义，致美特罗多鲁斯》二卷

《血统（kata genos）的定义，致美特罗多鲁斯》七卷

《有关其他技艺的定义，致美特罗多鲁斯》二卷

第二组

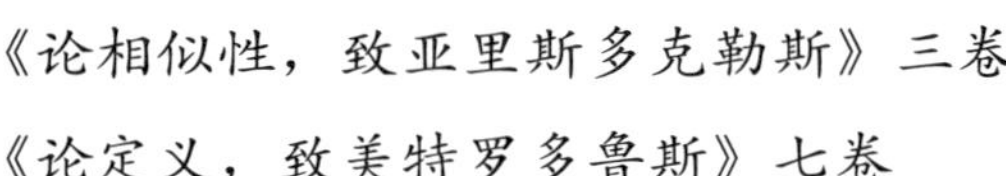

《论相似性，致亚里斯多克勒斯》三卷

《论定义，致美特罗多鲁斯》七卷

第三组

《论对定义的错误反驳，致拉奥达马斯》七卷

[200]《定义的可信性，致狄奥斯居里德斯》二卷

《论种与属，致高尔基皮德斯》二卷

《论划分》一卷

《论矛盾，第奥尼修斯》二卷

《有关划分、属和种及其矛盾的可信性》一卷

第四组

《论词源学，致第奥科勒斯》七卷

《词源学问题，致第奥科勒斯》四卷

第五组

《论谚语，致芝诺》二卷

《论诗，致菲洛马特斯》一卷

《论应如何读诗》二卷

《答批评者，致狄奥多罗》一卷

［201］**2. 伦理学论题：关于共同理性以及由之生成的技艺和德性**

第一组

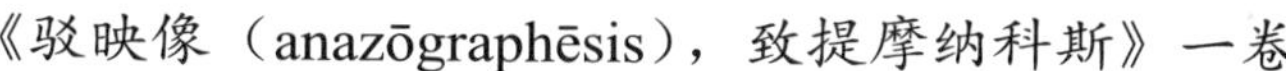

《驳映像（anazōgraphēsis），致提摩纳科斯》一卷

《论我们如何言说和思想每种事物》一卷

《论概念，致拉奥达马斯》二卷

《论设定，致斐多纳科斯》三卷

《对“智者不持有意见”（to mē doxasein）的证明》一卷

《论理解、知识和无知》四卷

《论理性》二卷

《论理性的运用，致莱普提纳斯》

第二组

《论古人对辩证法及其证明的认同，致芝诺》二卷

[202]《论辩证法，致阿里斯托克莱翁》四卷

《关于对辩证法家的反驳》三卷

《论修辞术，致狄奥斯居里德斯》四卷

第三组

《论习性（peri hexeōs），致克莱翁》三卷

《论技艺和无技艺，致阿里斯托克莱翁》四卷

《论德性的差异，致狄奥多罗》四卷

《论德性之为性质》一卷

《论德性，致波利斯》二卷

3. 伦理学论题：关于善和恶

第一组

《论美好与快乐，致阿里斯托克莱翁》十卷

《对“快乐不是目的”的证明》四卷

《对“快乐不是善”的证明》四卷

《论所谓的［……］》[1]

---

① 原文至此中断，科律西波的完整书目没有保存下来。据推测，本卷的遗失部分还应包括对若干晚期斯多亚派学者的生平与观点的介绍。

希腊化哲学术语对照表（希—汉）

说明：本表从塞克斯都和第欧根尼的著作中选取与希腊化哲学相关的主要哲学术语及常见用语，翻译力求贴近文本语用意义。本表的希腊词汇按拉丁字母转写排序。

adēlos 非显明的

adiaphoron 无差别的

adoxastōs 非独断地，不持有信念地

agōgē 规训，学派，方式，生活方式

aidios 永恒的，永远的

aisthēsis 感觉，感知

aisthētērion 感官，感觉者

aisthēton 感觉对象，可感之物

aitia，aition 原因

aitiologia 原因论

akatalēptos 不可理解的，不可把握的

akolouthein，推出，继随，相融贯（动）

akolouthia 结论，融贯性，一致性，可推性，继随性（名）

（hē）altheia 真理，真的东西

（to）alēthes 真，真的

alogos 非理性的，无理据的

anaireō 消除，否弃

anapodeiktos 不可证明的（不证自明的）

anatrepō 推翻，驳倒

anepikritos 不可判定的

anepinoētos 不可想象（思想）的
aneuretos 不可发现的
antikeimai 使对立
antikeimenon 对立命题，矛盾式
antilambanō 把握，感知（动）
antilēpsis 把握，感知（名）
antitupia 抗力，对抗
anuparktos 不是，非真实的，不存在的
anupostatos 非实在的，不存在的
anōmalia 不一致性
aoristia 非限定性，无定义性
apaggellein 报告，记述
apatheia 无欲，无感受，无动于衷
apeiron 无限的，不定的
apemphainein 不协调，不一致
aphanēs 非显明的，不清楚的
apistos 不可信的，无说服力的
apodeiktitos 可证明的
apodeixis 证明，证据
apolutōs 独立地，绝对地
apophasis 陈述，表达
apophatikos 否定，陈述

aporeō 疑惑，犹疑，诘难，辩难（动）
aporia 疑惑，困难，不可行（名）
aporos 疑惑的，困难的，不可行的（形）
archē 本原，原则，出发点
archomenon（条件句）前件
aretē 德性
arithmos 数
asunaktos 无结果的，无效的
asōmatos 无形体的，非物体的
ataraxia 宁静，无烦扰
atopos 荒谬的
axia 价值
axiō 宣称，要求，坚持
axiōma 命题，陈述

bathos 深，高
bebaios 确定的，确凿的，牢靠的
bios 生活
biōtikē tērēsis 生活规训（准则）

chronos 时间

demiourgos 工匠，造物主
deixis 证明
dēlos 显明的
diabebaioumai 确切地肯定
dialektikē 辩证法
di'allēlōn（tropos）循环（论式）
dianoia 思想，心智
diaphōnō 不一致，有分歧
diaphoros 不一致的，有区别的
diathesis 状态
diatribē 消磨时光，讨论，学校
diezeugmenon 析取句，选言命题
dioikeō 主导，支配
dogma 信念，原理，原则
dogmatikōs 独断地、持有信念地
dogmatikos 独断论者
dogmatizein 持有信念，确信
dokeō 认为，相信
doxa 意见，观念
drastērios 主动的，能动的
dunamei 潜在地、意义上，实际上（副）
dunamis 能力，力量（名）
eidos 种，特殊性
eidōlon 幻象，影像
ekkaluptikos 能揭示的
eklogē 选择，选举
ektos hupokeimena 外在实体，外部对象
empeiria 经验
enargeia 显明事实，清楚经验
endeiktikos 指示的
ennoēma 概念，所思之物
ennoia 概念
epagōgē 归纳
epechō 存疑、保持存疑（动）
epibolē 运用，作用，关注
epikrinein 决断，判定（动）
epikrisis 决断，判定（名）
epiphora 结论
epistēmē 知识，科学
epilogizomai 推出结论，推得
epimarturein 确证，证实
epinoeō 形成概念，思考（动）
epinoēsis 概念，思想（名）
epinoia 概念
epithumia 欲望，欲念

epochē 存疑（名）
erōs（paidika，pallakē）爱欲（喜爱，情人）
eudaimonia 幸福
eulogon 合理的，有充分理由的
eupatheia 良好的情感，平静
euroia 生活静好，平静流逝

genesis 生成，出生
genikos 属的，普遍的
gignōskō 认识，知道
gnōsis 知识

haplōs 简单地，纯粹地
hairēsis 体系，学派，选择
haireton 值得选择的
hēgemonikon 灵魂的中枢
hēgomenon（条件句）真前件
heuriskō 发现
hexis 习得，习性，性状
holon 万物，宇宙
hopheleia 有益的
horizō 确定，确断
hormē 内驱力，动机
horos 定义，边界
hugiēs 有效的，健康的，正确的
huparchō 是，真实存在（动）
huparchon 真的，真实的
hupokeimai 存在（动）
hupokeimenon 存在，实体，实在（名）
hupolambanō 假设
hupolēpsis 设定，判断
hupomimnēskō 回忆，想起
hupomnēstikos 记忆的，回忆的
hupomnēmata 记录，研究
hupopiptō 发生，影响，产生印象
hupstasis 实在，实体

idiōma 特殊性
idion 特别的，个人的
isostheneia 等效，相等，均衡
isōs 或许

kakos 恶的，坏的
kalos 美好的，高贵的
kanon 准则，标准
katalambanō 理解，把握（动）

katachrēstikōs 非准确地，非严格意义上，宽泛意义上

katalēptikos 可理解的（形）

katalēpsis 理解，把握（名）

kataphatikon 肯定句

kataskeuazō 建立，构建

katēgorēma 谓词，陈述

katēnagkasmenos 必然的，不可避免的

kathēkon 义务，应为之举

kenon 虚空

kosmos 宇宙

kinēsis 运动，变化

krasis 混合

krinō 判断（动）

krisis 判断（名）

kritērion 标准

kuriōs 严格地

lambanō 把握，抓住

lekton 意谓，所言之物

lexis 词，语词

lēgon（条件句）结论

lēmma 前提

logos 语句，论述，论证，理由，理性

machomai 不一致，冲突

makarios 有福的，福佑的

mixis 混合

mochthēros 错误的，无效的，坏的

noeō 思想，思考（动）

noēsis 思想，概念（名）

noētos 所思的，思想对象

nomos 法律，习俗

nous 心灵，心智

oikeios 适宜的，亲近的

oneiropoleō 想象，幻想

ouranos 天

ousia 本体，本质

pan，to pan 万有，万物

paschon 被动的，遭受的

pathos 感受，影响，情感

parathesis 并置，排放

paristēmi 确立，建立（某种命题、观点）

peras 限，界限

periergons 雕饰，雕琢

peripiptō 发生，作用，影响

periptōsis 偶性，际遇，偶发事件

peristasis 环境，条件

peritrepō 推翻，自我指涉，自我反驳

periōdeumenos 仔细验证的，检验的

phainomai 显现，显得是（动）

phainomanon 现象，显明之物

phantasia 表象，印象

phantasma 影像，幻象

phantaston 表象对象，产生表象之物

phaulos 坏的，愚蠢的

phōnē 语言，语词，声音

phronēsis 明辨，明智，慎思

phusis 本性，自然

phusiologia 自然研究

pithanos 可信的，有说服力的

pistis 可信性

pistos 可靠的，值得相信的，有说服力的

pneuma 风，气息，呼吸

poiōn 主动的，能动的

poiotēs 性质，质

pragma 事物，对象

prodēlos 显明的，自明的

prokrinō 喜欢，倾向于选择

prolēpsis 常识，前识，前见

propeteia 鲁莽

prosbolē 运用，作用于

prosēgoria 词项，普通名词

proslēpsis 小前提

prosēgoria 词项（类名称），普通名词

prospiptō 打动，产生印象，作用，影响

pros ti 相对的，相对某物

protasis 前提，假设命题

pseudos 假的

psuchē 灵魂

schēma 推理图式

schesis 状态，状况

sēmainein 表明，表示
sēmeion 记号，点
skeptikos 怀疑的
skepsis 怀疑论
skeptomai 探究，研究（动）
spoudaios 有福的，优异的
stoicheion 元素，原理
sugkatathesis 赞同，同意，认同（名）
sugkatatithēmi 赞同（动）
sullogismos 推理，三段论
sumbebēkos 属性
sumpatheia 同感，同情，共同感应
sumpeplegmenon 合取句，连言命题
sumperasma 结论，结果
sumphonos 一致的，异口同声的
sumplokē 联结，联结项
sumptoma 偶性，偶然性
sunago（suneisago）推出结论
sunaktikos 有效的，能推出结论的
sundesmos 连词
sunēmenon 条件句，假言命题
sunetos 聪明的
suntonos 强劲的，有力的
sustasis 组合，体系

tarachē 烦扰，打扰
tacha 或许
teleios 完善的
telos 目的
technē 技艺
theos 神
thumos 精神，性情
topos 位置，场所
tropos 论式，推理形式
theōreisthai 被观察到，被看到
theōrēma 原理
theōria 理论，思辨
tuposis 印迹，印记，印象

zēteō 追问，研究，检验
zētēsis 问题，疑问

《反逻辑学家》专名索引

索引包括《反逻辑学家》出现的所有历史人物和学派名称，标明卷数和段数（与标准页码对应关系：如 1. 34 = *M* 7. 34；2. 258 = *M* 8. 258）。但不包括神名和地名。凡同名者加出生地以示区别。索引名称以英文通用拼写方式书写，后加汉语译名。索引按英文字母排序。

译 后 记

又到写后记的时候了。离上次写《皮浪学说概要》后记相隔三年零九个月。盘点一下这三年零九个月所做功课，感念良多，欣慰些许。

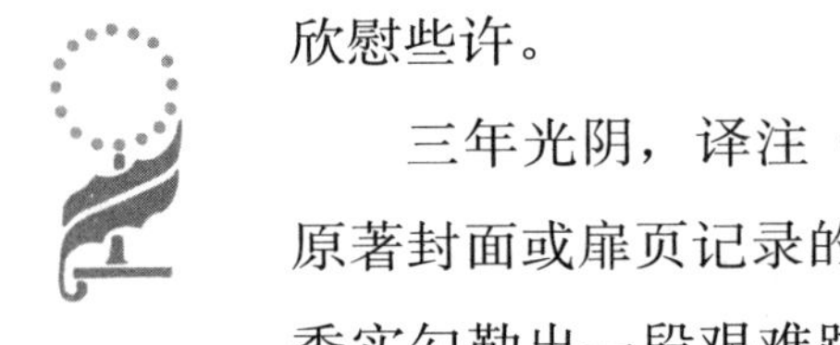

三年光阴，译注《反逻辑学家》成为工作之余的主业。看着原著封面或扉页记录的“某年某月交稿”的不断变化的时间节点，委实勾勒出一段艰难跋涉但却充实饱满的心路历程。其间同步完成了西塞罗的《论学园派》主体部分以及《目的论》、《神性论》、《论命运》等部分内容的翻译，在这个基础上带两位弟子完成全译，以《西塞罗哲学文集》之名结集出版；完成了第欧根尼《名哲言行录》第七卷（斯多亚卷）、第十卷（伊壁鸠鲁卷）全文以及第九卷（皮浪与提蒙）和第四卷（阿尔克西劳和卡尔内亚德）以及 Aristocles 有关章节的翻译，陆续在主编的《nous：希腊罗马哲学研究》辑刊上发出；另外还完成了卢克来修《物性论》前两卷的重译。做这一切的目的只有一个，即把塞克斯都的著作译好，向培养我的二位先生交一份合格的答卷，也向自己的学术兴趣交一份自觉放心的答卷。而做好这个题目并非易事，需要熟知希腊化时代的哲学全貌，通识几大流派，精准把握每个流派的核心范畴、主要观点及来龙去脉。为此自然不敢懈怠，于心惴惴，不计寒暑，历时三载，终有小成。

三年光阴，可喜的是两位弟子学业进步神速，可以独立翻译拉丁哲学文献了。常与弟子言：老师要求你们掌握一门古典语言，给你们布置一个可以做一辈子的题目，剩下的任务就是勤奋、再勤奋。至少老师自己目前还在做我的老师布置的作业。相信我的弟子们也能做到。还有什么比看到弟子超越老师更令人欣慰的？也许这就是为师者的宿命，学术薪火相传、生生不息的宿命。

三年光阴，商务印书馆的编辑们给予不断的鼓励和信心，我们因书结缘，成了未曾谋面的忘年交。微信上我们谈学术问题，谈翻译计划，谈修改意见，他们的专业素养和敬业精神让我感受到了商务印书馆这盏学术出版殿堂的灯火依然澄明如初、温暖如故。

译者

2022 年 7 月 28 日夜于北碚嘉陵江畔

图书在版编目(CIP)数据

反逻辑学家/(古希腊)塞克斯都·恩披里柯著;崔延强译注.—北京:商务印书馆,2024
(汉译世界学术名著丛书:120年纪念版:珍藏本:增订本)
ISBN 978-7-100-23405-4

Ⅰ.①反… Ⅱ.①塞…②崔… Ⅲ.①怀疑论派—研究—古希腊 Ⅳ.①B502.33

中国国家版本馆CIP数据核字(2024)第042070号

汉译世界学术名著丛书
(120年纪念版·珍藏本·增订本)
反逻辑学家
〔古希腊〕塞克斯都·恩披里柯 著
崔延强 译注

商 务 印 书 馆 出 版
(北京王府井大街36号 邮政编码100710)
商 务 印 书 馆 发 行
北京通州皇家印刷厂印刷
ISBN 978-7-100-23405-4

2024年5月第1版 开本 710×1000 1/16
2024年5月北京第1次印刷 印张 29¼
定价:155.00元